미리캔버스 단축키

기능	단축키
실행 취소	Ctrl + Z
다시 실행	Ctrl + Shift + Z
화면 확대 / 축소	Ctrl + + / Ctrl + -
레이어 창 활성화	Ctrl + Shift + Y
눈금자 보기	Ctrl + Alt + Y
안내선 표시	Ctrl + ;
이전 / 다음 페이지로 이동	PgUp / PgDn
요소 복제 / 삭제	Ctrl + D / Delete
요소 다중 선택	Shift + 요소 선택
그룹 만들기 / 해제하기	Ctrl + G / Ctrl + Shift + G
1픽셀 이동	방향키(←, →, ↑, ↓)
맨 앞으로 가져오기 / 맨 뒤로 보내기	Ctrl + Alt +] / Ctrl + Alt + [

캔바 단축키

기능	단축키
실행 취소	Ctrl + Z
다시 실행	Ctrl + Y
빈 페이지 추가	Ctrl + Enter
요소 삭제	Backspace / Delete
요소 그룹화 / 해제	Ctrl + G / Ctrl + Shift + G
요소 맨 앞으로 정렬 /요소 맨 뒤로 정렬	Ctrl + Alt +] / Ctrl + Alt + [
확대 / 축소	Ctrl + + / Ctrl + -

*맥(Mac)에서는 Ctrl 대신 Command 를 누르면 됩니다.

일러두기

- 이 책의 프로그램 화면은 2025년 9월을 기준으로 합니다.
- 이 책의 모든 실습은 한 달 동안 무료로 사용할 수 있는 '프로 버전'을 기준으로 하지만, 무료 템플릿을 활용해 '무료 버전'으로도 진행할 수 있습니다.
- 실습에서 입력하는 요소와 텍스트는 이지스퍼블리싱 홈페이지 자료실의 '템플릿 링크 모음'과 '실습 입력 텍스트' 파일에 있습니다.
- AI 기능을 사용하는 실습을 따라 할 때에는 책 속 이미지와 다른 이미지로 생성될 수 있습니다.
- 모바일 앱 사용법은 따로 다루지 않지만, 이 책과 같은 방법으로 따라 하면 됩니다.

소상공인, 마케터, 직장인을 위한

된다! 미리캔버스 & 캔바 디자인 수업

하루 만에 완성하고 바로 쓰자!

방구석 다람쥐(배가을) 지음

이지스 퍼블리싱

능력과 가치를 높이고 싶다면
된다! 시리즈를 만나 보세요.
당신이 성장하도록 돕겠습니다.

소상공인, 마케터, 직장인을 위한

된다! 미리캔버스 & 캔바 디자인 수업
Gotcha! MiriCanvas & Canva Design Class

초판 발행 • 2025년 9월 15일
2쇄 발행 • 2025년 10월 24일

지은이 • 방구석 다람쥐(배가을)
펴낸이 • 이지연
펴낸곳 • 이지스퍼블리싱(주)
출판사 등록번호 • 제313-2010-123호
주소 • 서울특별시 마포구 잔다리로 109 이지스빌딩 3층(우편번호 04003)
대표전화 • 02-325-1722 | **팩스** • 02-326-1723
홈페이지 • www.easyspub.co.kr | **Do it! 스터디룸 카페** • cafe.naver.com/doitstudyroom
인스타그램 • instagram.com/easyspub_it | **엑스(구 트위터)** • x.com/easys_IT
페이스북 • facebook.com/easyspub

총괄 • 최윤미 | **기획 및 책임편집** • 지수민 | **기획편집 1팀** • 임승빈, 이수경, 지수민
교정교열 • 박명희 | **표지 디자인** • 김근혜 | **본문 디자인** • 트인글터, 김근혜 | **인쇄** • 미래피앤피 | **마케팅** • 권정하
독자지원 • 박애림, 이세진, 김수경 | **영업 및 교재 문의** • 이주동, 김요한(support@easyspub.co.kr)

- 잘못된 책은 구입한 서점에서 바꿔 드립니다.
- 이 책에 실린 모든 내용, 디자인, 이미지, 편집 구성의 저작권은 이지스퍼블리싱(주)와 지은이에게 있습니다.

 이 책을 저작권자의 허락 없이 무단 복제 및 전재(복사, 스캔, PDF 파일 공유)하면 저작권법 제136조에 따라 5년 이하의 징역 또는 **5천만 원** 이하의 벌금을 부과할 수 있습니다. 무단 게재나 불법 스캔본 등을 발견하면 출판사나 한국저작권보호원에 신고해 주십시오(불법 복제 신고 https://www.copy112.or.kr).

ISBN 979-11-6303-762-0 13000
가격 24,000원

디자인은 말없이 당신의 브랜드를 대변한다.
Design speaks for your brand without a word.

_ 미국 그래픽 디자이너, 폴 랜드(Paul Rand)

> 머리말

☑ **디자인, 해본 적 없어도 괜찮아요!**
말하고 싶은 것을 정확히 전달할 수 있게 도와드릴게요

 **단순히 예쁘기만 한 디자인은 오래가지 못해요
실무에 정확히 쓸 수 있어야 좋은 디자인이에요!**

저는 '방구석 다람쥐'라는 이름으로 활동하는 디자이너 배가을입니다. 디자인을 처음 시작할 때 '센스가 있어야 디자이너도 할 수 있는 거 아닌가?', '전문 프로그램을 쓸 줄 알아야 하지 않나?' 이런 고민을 했습니다. 하지만 시간이 지날수록 깨달았어요. ==디자인은 '화려함'보다 '전달력'과 '실행력'이 더 중요하다는 걸요.== 대부분의 사람들은 '예쁘게 만드는 것'을 중요하게 생각합니다. 하지만 실제로 사람들에게 선택받는 디자인은 '전달하려는 바가 명확하게 드러난 것'이죠.

그래서 저는 디자인을 단순히 따라 하는 것이 아니라 '왜 이렇게 배치하는지', '어떻게 하면 더 설득력 있게 보일 수 있는지'를 함께 고민하고 싶어요. 제품이 사고 싶어지는 이미지, 복잡하지 않으면서도 핵심이 보이는 구성, 브랜드의 이야기를 대신 전달해 주는 레이아웃을 만들 수 있도록요.

 **포토샵, 일러스트레이터는 이제 필요 없어요
미리캔버스와 캔바만으로 멋지게 디자인해 보세요!**

저도 디자이너로 처음 일할 땐 포토샵과 일러스트레이터를 사용했습니다. 그런데 두 도구를 사용하다 보니 디자인 요소를 하나하나 만드는 데만 너무 많은 시간이 들고, 수정을 반복하다 보니 오히려 작업 효율이 떨어졌어요. 그렇게 도구를 다루는 데 시간을 더 많이 쓰고 있다는 것을 느끼고부터 다른 디자인 도구를 찾아보기 시작했습니다.

때마침 만난 '미리캔버스'와 '캔바'는 저에게 딱 맞는 도구였습니다. ==디자인 요소를 하나씩 만들 필요 없이 그냥 가져다가 활용==할 수 있으니까요! 누구나 쉽게 다룰 수 있으면서도, 목적에 맞게 디자인을 구현할 수 있는 다양한 장점이 있었죠.

그래서 저는 미리캔버스와 캔바를 중심으로 디자인하는 방법을 알려 드리고 있습니다. 사용법을 가르치기보다 실제 매출과 브랜딩에 도움이 되는 디자인을 완성할 수 있도록 돕는 것이 목표입니다.

**실전 프로젝트 중심 구성! 빈 화면부터 같이 시작해요
따라 하다 보면 나도 모르게 '디자인 감각'이 자라납니다!**

이 책은 그동안 제가 실제로 강의하면서 가장 많이 받았던 질문들을 중심으로 만들었어요. 예제 역시 가장 실용적으로 활용할 수 있는 것 위주로 골라 담았습니다. 템플릿만 제공하고 실제로 만드는 방법을 알려 주지 않으면 아무런 소용이 없다고 생각했습니다. 그래서 이 책에서는 왜 이런 구성으로 템플릿을 만들었는지, 어떤 목적에 맞게 디자인했는지 하나하나 설명하며 함께 만들어 갈 거예요. 디자인이 낯설었던 분들도 "나도 이렇게 만들 수 있구나!" 하고 스스로 감탄할 거예요.

**카드뉴스, 상세 이미지, 메뉴판 디자인까지
직장인, 소상공인 등 모두에게 유용한 예제를 수록했어요!**

요즘은 정말 많은 분이 '나도 디자인을 할 줄 알았으면 좋겠다'라고 하지만 전문 프로그램은 진입 장벽이 높죠. 그렇다고 외주를 맡기기엔 금액이 부담스럽습니다. 하지만 이 책을 읽고 나면 더 이상 내게 필요한 것을 만드는 데 돈을 들이지 않아도 됩니다. 간단한 SNS 콘텐츠부터 상세 이미지, 심지어 홈페이지까지 만들어 보는 경험을 할 수 있을 테니까요! 직장인, 소상공인, 마케터는 물론 미리캔버스나 캔바를 전혀 모르는 사람도 쉽게 배울 수 있으니 걱정하지 마세요.

디자인이 두렵지 않도록, 지금 바로 시작할 수 있도록, 이 책이 든든한 가이드가 되어 드릴게요. 함께 '디자인 자립'을 시작해 봐요!

방구석 다람쥐(배가을) 드림

이 책의 구성

마당&장 페이지
마당&장에서 배울 내용을 살펴볼 수 있습니다.

완성 파일&동영상 강의
완성 파일과 동영상 강의를 확인할 수 있습니다. QR코드를 스캔하면 동영상 강의로 이동합니다.

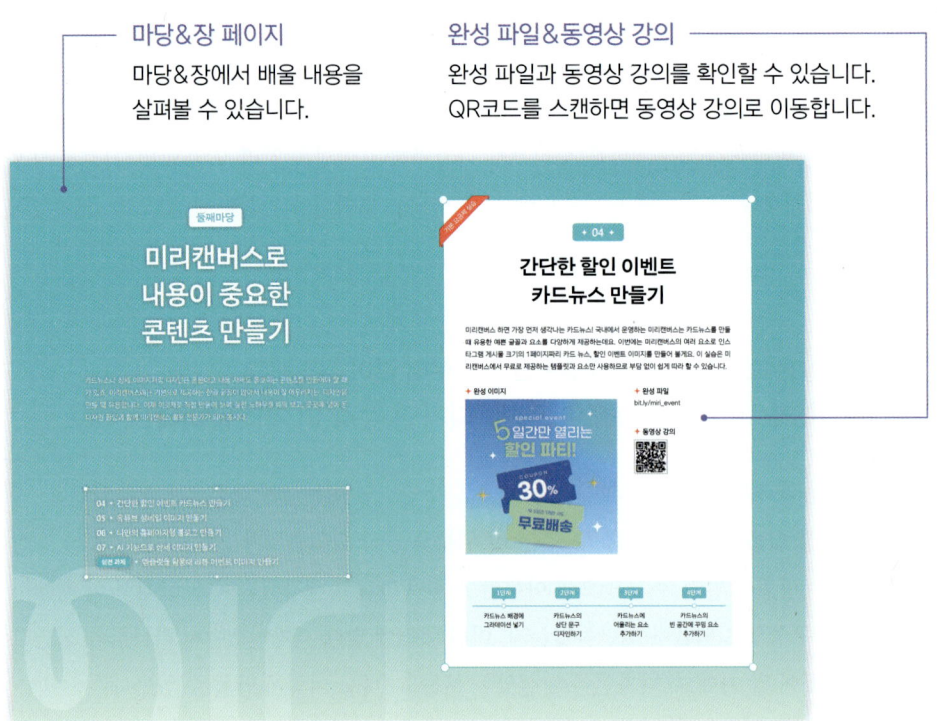

방구석 다람쥐의 깨알 팁!
디자인 기초 학습에 도움을 주는 팁을 담았습니다.

하면 된다!
실습을 통해 기능을 직접 따라 해봅니다.

인덱스
현재 페이지에서 어떤 내용을 다루는지 단번에 알 수 있습니다.

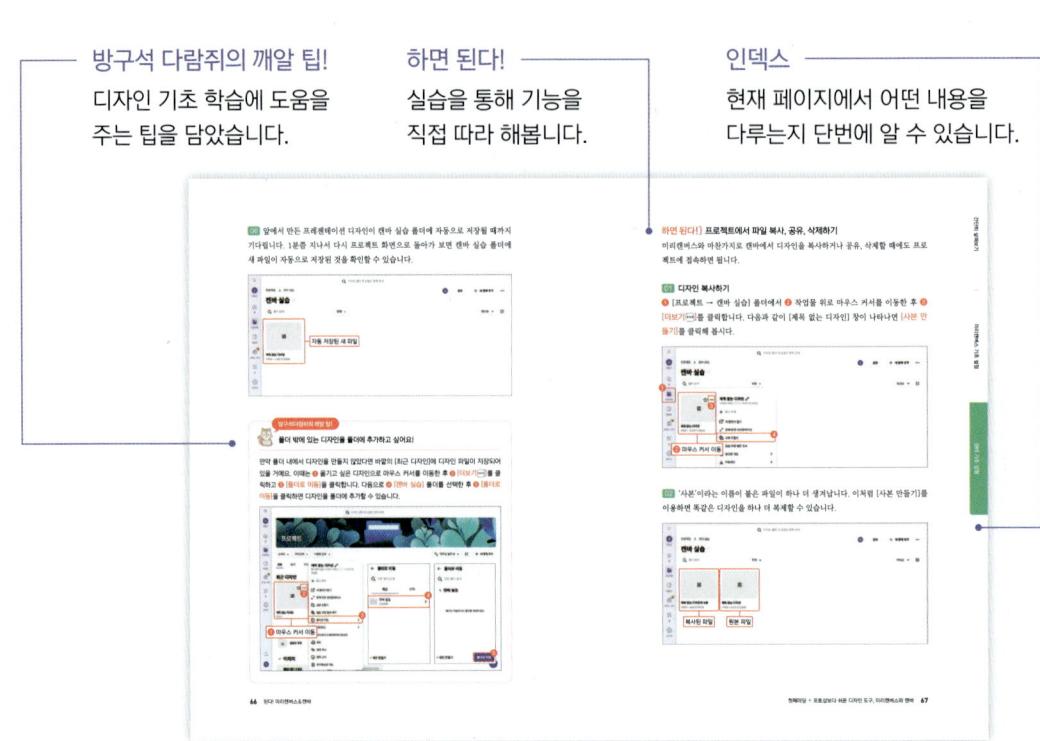

실전 과제

마당에서 배운 내용을 토대로
스스로 도전해 보는 과제 코너입니다.

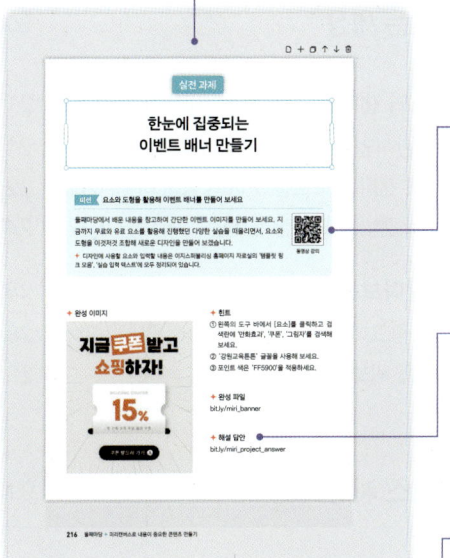

동영상 강의

QR코드를 스캔하면 이 책과 함께
동영상 강의를 시청하면서
막히는 부분을 해결할 수 있습니다.

해설 답안

링크에 접속하면 자세한 해설을
확인할 수 있습니다.

부록

색상 선택, 배치 등 디자인 기초를 배울 수 있습니다.
두고두고 쓸 만한 팁이 가득합니다.

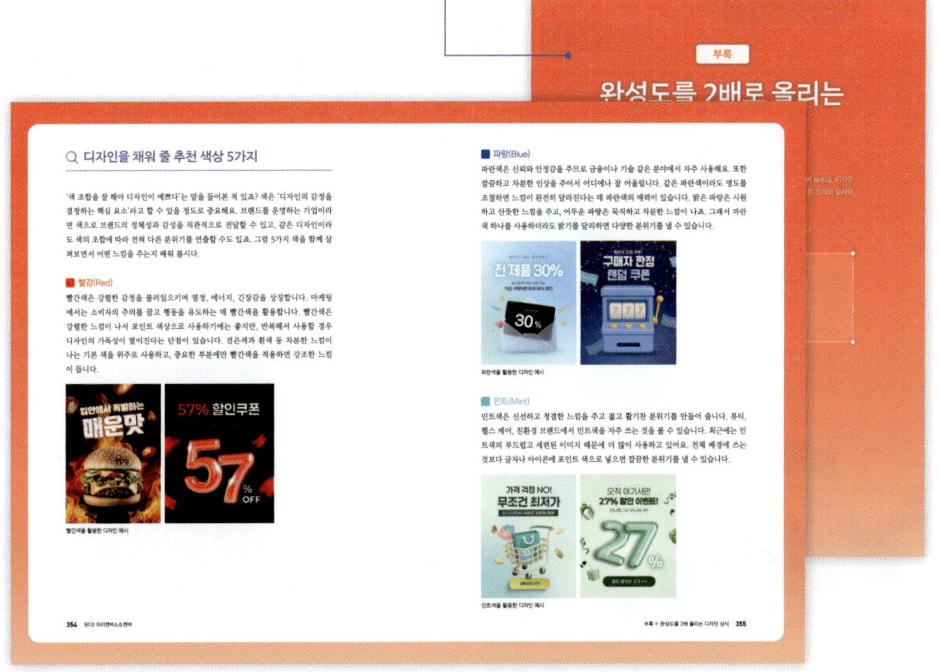

차례

첫째마당 ✦ 포토샵보다 쉬운 디자인 도구, 미리캔버스와 캔바

01 템플릿 조합만으로 디자인을 만들 수 있는 세상 — 20

01-1 미리캔버스와 캔바로 시작하는 디자인 첫걸음 — 21
- 간편하고 직관적인 디자인 도구의 탄생 — 21
- 미리캔버스와 캔바는 포토샵과 어떤 점이 비슷한가요? — 22
- 미리캔버스와 캔바는 포토샵과 어떤 점이 다른가요? — 24

01-2 작업물로 알아보는 미리캔버스와 캔바의 특성 — 28
- 내용 전달이 중요하다면 미리캔버스! — 28
- 다양한 효과를 써보고 싶다면 캔바! — 29

02 국내 사용자에게 완벽 맞춤 — 미리캔버스 시작하기 — 31

02-1 미리캔버스 가입하고 프로 평가판 사용하기 — 32
- 하면 된다!} 미리캔버스 회원 가입하기 — 32
- 하면 된다!} 미리캔버스 프로 버전 평가판 사용하기 — 34

02-2 미리캔버스의 작업 화면 구경하기 — 38
- 상단 영역 자세히 살펴보기 — 39
- 도구 바 자세히 살펴보기 — 39
- 캔버스/하단 영역 자세히 살펴보기 — 45

02-3 미리캔버스에서 파일 관리하기 — 47
- 하면 된다!} 워크스페이스에 파일 저장하기 — 47
- 하면 된다!} 워크스페이스에서 파일 복사, 공유, 삭제하기 — 51

03 추가 기능으로 편의성 확장 — 캔바 시작하기 ... 55

03-1 캔바 가입하고 프로 평가판 사용하기 ... 56
하면 된다!} 캔바 회원 가입하기 ... 56
하면 된다!} 캔바 프로 평가판 사용하기 ... 59

03-2 캔바의 작업 화면 구경하기 ... 64
상단 영역 자세히 살펴보기 ... 65
도구 바 자세히 살펴보기 ... 65
캔버스/하단 영역 자세히 살펴보기 ... 69

03-3 캔바에서 파일 관리하기 ... 71
하면 된다!} 프로젝트에 파일 저장하기 ... 71
하면 된다!} 프로젝트에서 파일 복사, 공유, 삭제하기 ... 75

둘째마당 ✦ 미리캔버스로 내용이 중요한 콘텐츠 만들기

04 간단한 할인 이벤트 카드뉴스 만들기 `기본 요금제 실습` ... 80

1단계 카드뉴스 배경에 그라데이션 넣기 ... 81
하면 된다!} 새 캔버스 만들고 배경에 그라데이션 넣기 ... 81
하면 된다!} 포인트가 될 그라데이션 요소 추가하기 ... 84

2단계 카드뉴스의 상단 문구 디자인하기 ... 87
하면 된다!} 상단 문구 입력하고 부분 강조하기 ... 87
하면 된다!} 글자를 역동적으로 만들기 ... 91

3단계 카드뉴스에 어울리는 요소 추가하기 ... 94
하면 된다!} 요소 추가하고 내 마음대로 수정하기 ... 94
하면 된다!} 쿠폰 요소에 내용 추가하기 ... 96
하면 된다!} 쿠폰 요소 뒤에 그림자 넣기 ... 100

4단계 카드뉴스의 빈 공간에 꾸밈 요소 추가하기 ... 103
하면 된다!} 반짝이는 별 요소 추가하기 ... 103

차례

05 유튜브 섬네일 이미지 만들기 `프로 요금제 실습` 107

1단계 섬네일에 넣을 배경 이미지 추가하기 108
하면 된다!} 사진 불러와 배경에 꽉 차게 만들기 108

2단계 섬네일에 제목과 부제목 추가하기 112
하면 된다!} 제목과 부제목으로 하단의 빈 부분
채우기 112

3단계 섬네일에 어울리는 요소 추가하고
짧은 설명 덧붙이기 115
하면 된다!} 사진 불러와 배경 제거하기 115
하면 된다!} 요소의 밝기 조절하고 그림자 추가하기 118
하면 된다!} 요소를 설명하는 문구 덧붙이기 119

4단계 섬네일에 디테일을 살려 줄 이미지 추가하기 124
하면 된다!} 프레임으로 이미지 추가하기 124
하면 된다!} 프레임에 테두리 효과 넣기 125

06 나만의 홈페이지형 블로그 만들기 `프로 요금제 실습` 129

1단계 홈페이지형 블로그의 프레임 만들고
사진 배경 없애기 130
하면 된다!} 배경 추가하고 폴라로이드 사진
프레임 만들기 130

2단계 홈페이지형 블로그의 카테고리 버튼 만들기 138
하면 된다!} 클릭할 수 있는 버튼 만들기 138
하면 된다!} 요소로 프레임 꾸미고 클릭 버튼
이름 추가하기 143

3단계 홈페이지형 블로그의 이름 배치하기 148
하면 된다!} 그라데이션 요소 추가하고 제목 넣기 148

4단계 홈페이지형 블로그의 빈 공간에 꾸밈 요소
추가하기 152
하면 된다!} 키워드에 어울리는 요소 추가하기 152

07 AI 기능으로 상세 이미지 만들기 `프로 요금제 실습` 157

1단계 상세 이미지의 배경에 넣을 이미지 만들기 158
- 하면 된다!} 사진 불러와 배경에 꽉 차게 만들기 158
- 하면 된다!} 내용이 잘 보이도록 배경에 요소 추가하기 160
- 하면 된다!} 내용을 입력할 칸 추가하기 162
- 하면 된다!} 요소의 배경 제거하고 그림자 추가하기 163

2단계 상세 이미지의 문구 디자인하기 168
- 하면 된다!} 제목 추가하고 정렬 맞추기 168
- 하면 된다!} 부제목 추가하고 정렬 맞추기 170
- 하면 된다!} 잎 요소 추가하고 역동적으로 배치하기 172
- 하면 된다!} 내용을 입력할 공간 구분하기 175
- 하면 된다!} 내용 입력하고 강조 효과 주기 177

3단계 상세 이미지에 추가할 사진 AI 포토로 만들기 182
- 하면 된다!} AI에게 내용을 설명해 이미지 생성하기 182

4단계 상세 이미지에 넣을 구조도 만들기 185
- 하면 된다!} 그라데이션 마스크 넣고 부제목 추가하기 185
- 하면 된다!} 제목과 카피 추가하고 핵심 내용 강조하기 188
- 하면 된다!} 한번에 이해되도록 구조도 추가하기 192
- 하면 된다!} 그라데이션 효과 넣고 내용 추가하기 197

5단계 텍스트 레이아웃 활용해서 상세 이미지 내용 넣기 199
- 하면 된다!} 그라데이션 마스크로 상단 부분 꾸미기 199
- 하면 된다!} 도형으로 공간 나누고 제목 추가하기 201
- 하면 된다!} 프레임과 레이아웃 기능으로 위치 잡기 206

`실전 과제` 한눈에 집중되는 이벤트 배너 만들기 216

차례

셋째마당 ✦ 캔바로 브랜드에 쓰일 콘텐츠 만들기

08　AI 기능으로 명함 만들기　[기본 요금제 실습]　218

1단계　캔바 AI로 명함 앞면에 쓸 로고 만들기　219
　　하면 된다!} 캔바 AI로 이미지 만들기　219
　　하면 된다!} 이미지 편집하고 저장하기　222

2단계　명함 템플릿 활용해서 초간단 명함 만들기　227
　　하면 된다!} 명함 템플릿 불러오고 색감 맞추기　227

3단계　명함 속 정보를 강조할 아이콘 추가하기　231
　　하면 된다!} 명함 템플릿에 입력된 내용 바꾸기　231
　　하면 된다!} 아이콘 추가하고 표의 색감 정리하기　237

09　수채화 느낌의 메뉴판 만들기　[프로 요금제 실습]　245

1단계　메뉴판에 어울리는 배경과 일러스트 추가하기　246
　　하면 된다!} 종이 질감 배경 만들고 요소 배치하기　246

2단계　메뉴판 일러스트 보정하고 설명 써넣기　250
　　하면 된다!} 일러스트의 색감 보정하기　250
　　하면 된다!} 메뉴 이름 추가하기　252
　　하면 된다!} 메뉴별 설명 추가하기　256

3단계　메뉴판에 꾸밈 요소 더하기　261
　　하면 된다!} 요소 속에 제목 텍스트 추가하기　261
　　하면 된다!} 빈 공간에 요소 추가하기　264

4단계　웹 게시물에 활용할 메뉴판 목업 만들기　268
　　하면 된다!} 진짜 같은 메뉴판 목업 제작하기　268

10 앞으로 튀어나오는 모션 광고 만들기 [프로 요금제 실습] 274

1단계 모션 광고에 넣을 이미지 추가하고 배경 바꾸기 275
　하면 된다!} 요소 추가하고 배경색 넣기 275

2단계 모션 광고의 제목과 부제목 입력하기 278
　하면 된다!} 브랜드 글꼴 추가하기 278
　하면 된다!} 제목과 부제목 추가하기 283
　하면 된다!} 레이어 기능과 효과로 제목 돋보이게
　　　　　　만들기 285

3단계 여러 가지 효과로 모션 광고에 생동감 더하기 287
　하면 된다!} 물이 튀는 효과 추가하기 287
　하면 된다!} 망고에 어울리는 잎 요소 추가하기 290

4단계 광고 문구 작성하고 모션 넣기 296
　하면 된다!} 오른쪽 아래에 설명 글 작성하기 296
　하면 된다!} 망고가 튀어나오는 모션 만들기 298

11 진짜 작동하는 브랜드 홍보 홈페이지 만들기 [프로 요금제 실습] 303

1단계 브랜드명 입체적으로 디자인하기 304
　하면 된다!} 기본 서식 활용해 단락 구분하기 304
　하면 된다!} TypeLettering 앱으로 제목 넣기 307
　하면 된다!} 부제목 넣고 효과 추가하기 312
　하면 된다!} 제목과 부제목 주변에 꾸밈 요소 넣기 314
　하면 된다!} 애니메이션과 효과 넣기 322

2단계 다른 웹 사이트로 연결되는 링크 버튼 만들기 324
　하면 된다!} 링크 기능으로 웹 사이트 주소 연결하기 324

3단계 홈페이지의 단락 자연스럽게 연결하기 328
　하면 된다!} 웨이브 모양으로 단락 디자인하기 328
　하면 된다!} Waves 앱으로 자연스러운 물결 모양
　　　　　　추가하기 331

차례

4단계	홈페이지에 넣을 내용 배치하기	335
	하면 된다!} 반짝이는 효과가 나는 제목 만들기	335
	하면 된다!} 부제목과 설명에 쓸 브랜드 글꼴 추가하기	337
	하면 된다!} 부제목 넣고 쿠키 요소 배치하기	339
	하면 된다!} 메뉴명과 간단한 설명 추가하기	345

5단계	강조할 이미지의 위치 미리 잡아 보기	351
	하면 된다!} 프레임으로 레이아웃 잡기	351

| 실전 과제 | 색감이 돋보이는 카페 포스터 만들기 | 359 |

부록 ✦ 완성도를 2배로 올리는 디자인 상식

디자인을 채워 줄 추천 색상 5가지	361
채도와 명도로 디자인의 느낌 바꾸기	364
디자인의 완성도를 높이는 '60:30:10 법칙'	365
실패하지 않는 색 조합 방법 추천	366
작업물의 완성도를 높이는 정렬 팁	368

| 찾아보기 | 370 |

방구석 다람쥐의 깨알 팁!

이 책에서는 저자의 유튜브 채널과 인스타그램에서 가장 많이 받은 질문을 추려서 다루었습니다. 해당 페이지를 찾아가 '방구석 다람쥐의 깨알 팁!'을 확인해 보세요!

미리캔버스 & 캔바 기본 설정

- ✅ 미리캔버스와 캔바에서 학생 및 교사 요금제를 쓰려면 어떻게 해야 하나요? … 27
- ✅ 미리캔버스나 캔바에서 만든 이미지를 상업적으로 사용해도 되나요? … 30

미리캔버스

- ✅ 미리캔버스에서는 어떤 파일 형식을 사용할 수 있나요? … 46
- ✅ 폴더 밖에 있는 파일을 폴더에 추가하고 싶어요! … 50
- ✅ 내 디자인을 다른 사람과 동시에 수정하고 싶어요! … 54
- ✅ 행간/자간 조정은 왜 하나요? … 93
- ✅ 기본으로 있는 그림자 효과를 쓰면 안 되나요? … 102
- ✅ 요소마다 색상 설정 방법이 다른 이유가 뭔가요? … 156
- ✅ 중심선을 더 편하게 볼 수 있는 방법이 있나요? … 181
- ✅ 이미지 묘사를 조금 더 잘하고 싶어요 … 184
- ✅ 상세 이미지를 하나로 길게 연결하고 싶어요 … 215

캔바

- ✅ 캔바에서는 어떤 파일 형식을 사용할 수 있나요? … 70
- ✅ 폴더 밖에 있는 파일을 폴더에 추가하고 싶어요! … 74
- ✅ 내 디자인을 다른 사람과 동시에 수정하고 싶어요! … 78
- ✅ 로고 스타일의 예시가 궁금해요! … 226
- ✅ 명함에 들어가는 글자 크기는 어느 정도가 적당할까요? … 237
- ✅ 메뉴판 속 요소를 다양하게 배치해 보세요 … 249
- ✅ 그래픽과 이미지, 어떤 차이가 있나요? … 260
- ✅ 캔바에서는 디자인을 인쇄해서 배송까지 해줘요! … 267
- ✅ 사용만 해도 디자인이 쉬워지는 6가지 앱 … 273
- ✅ 글꼴을 잘 골라 사용하면 저마다 다른 느낌을 낼 수 있어요! … 281
- ✅ 캔바로 포털 사이트를 만들 수도 있나요? … 327
- ✅ 내가 만든 홈페이지가 어떻게 보이는지 중간 점검하고 싶어요 … 334

학습 계획표

"하루에 하나씩 디자인을 완성해 보세요!"

다음 학습 계획표를 활용하면 단 11회 차로 미리캔버스와 캔바의 필수 기능을 모두 익힐 수 있습니다. 6회 차와 11회 차에서는 실전 과제를 통해 내 실력이 얼마나 늘었는지 직접 테스트할 수 있어요. 학습 계획표 아래에는 어려웠던 점, 배운 점을 정리해 보세요. 11회 차까지 마치고 나서 그 부분만 다시 찾아보면 실력이 빠르게 늘 것입니다!

구분	주제	학습 범위	학습일	
1회 차	미리캔버스/캔바 사용 준비하기	01~03장	__월 __일	준비
2회 차	할인 이벤트 카드뉴스 만들기	04장	__월 __일	미리캔버스
3회 차	유튜브 섬네일 이미지 만들기	05장	__월 __일	
4회 차	홈페이지형 블로그 타이틀 만들기	06장	__월 __일	
5회 차	상세 이미지 만들기	07장	__월 __일	
6회 차	[실전 과제] 이벤트 배너 만들기		__월 __일	
7회 차	명함 만들기	08장	__월 __일	캔바
8회 차	메뉴판 만들기	09장	__월 __일	
9회 차	모션 광고 만들기	10장	__월 __일	
10회 차	랜딩 페이지 만들기	11장	__월 __일	
11회 차	[실전 과제] 카페 포스터 만들기		__월 __일	

어려웠던 점	배운 점

이 책의 독자에게 드리는 선물

동영상 강의와 함께 배워 보세요!

막히는 부분이 있다면 저자 방구석 다람쥐가 꼼꼼하게 설명한 특별 동영상 강의를 참고해 보세요. 책 속 QR 코드를 스캔하면 실습 순서에 따라 예제를 쉽게 완성할 수 있습니다.

▶ 유튜브 링크: www.youtube.com/@banggsuck_daramg

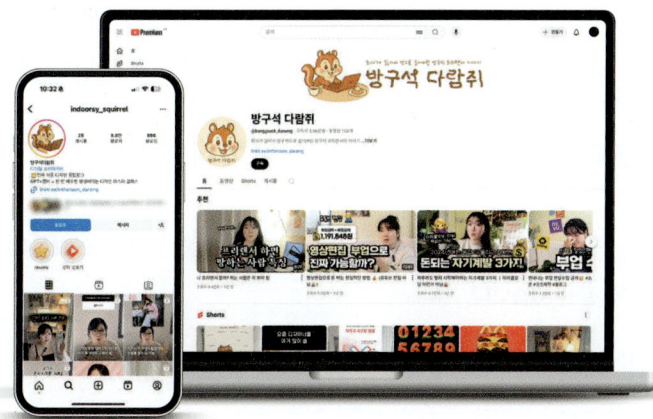

🎁 완성 템플릿 16개 제공!

이지스퍼블리싱 홈페이지에서 제공하는 무료 버전/유료 버전 템플릿을 변형해 나만의 디자인을 만들어 보세요. 심화 학습도 재미있게 할 수 있을 거예요!

🏠 이지스퍼블리싱 홈페이지(www.easyspub.co.kr) 접속 → [자료실] → '미리캔버스 & 캔바' 검색

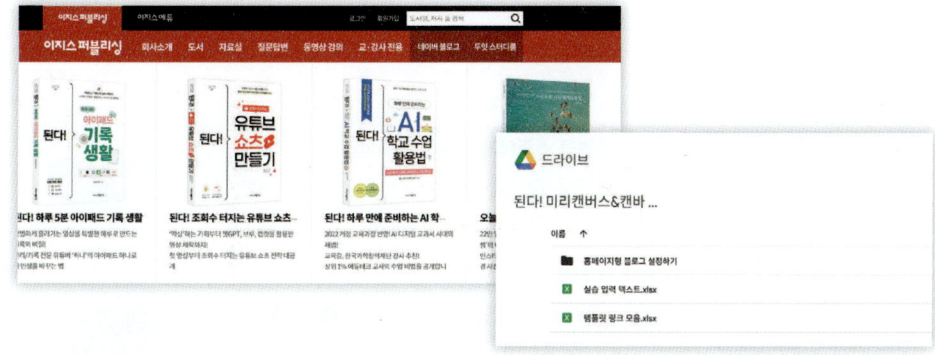

책으로 만나는 독자 커뮤니티

'Do it! 스터디룸'에 방문하세요!

'Do it! 스터디룸'에서 이 책으로 공부하는 독자들을 만나 보세요. 혼자 시작해도 함께 끝낼 수 있어요. '두잇 공부단'에 참여해 책을 완독하고 인증하면 이지스퍼블리싱에서 출간한 책을 선물로 받을 수 있답니다!

> ☕ Do it! 스터디룸:
> cafe.naver.com/doitstudyroom

이지스퍼블리싱 블로그에서 정보를 얻어 가세요!

이지스퍼블리싱 블로그에서 책과 관련한 다양한 이야기를 만나 보세요! 실무에 도움되는 내용은 물론 실생활에 필요한 정보까지 모두 얻어 갈 수 있습니다.

> 이지스퍼블리싱 블로그:
> blog.naver.com/easyspub_it

인스타그램을 팔로우하고 이벤트에 참여해 보세요!

이지스퍼블리싱 공식 인스타그램 계정에서 다양한 소식과 이벤트를 만나 볼 수 있습니다. 이지스퍼블리싱 계정을 팔로우하고 서평 이벤트, 스터디 등 각종 이벤트에 참여할 수 있는 기회를 놓치지 마세요!

> 이지스퍼블리싱 인스타그램:
> instagram.com/easyspub_it

온라인 독자 설문 | 보내 주신 의견을 소중하게 반영하겠습니다!

오른쪽 QR코드를 스캔하여 이 책에 대한 의견을 보내 주세요.
독자 여러분의 칭찬과 격려는 큰 힘이 됩니다. 더 좋은 책을 만들도록 노력하겠습니다.

의견을 남겨 주신 분께 드리는 혜택 6가지!
① 추첨을 통해 소정의 선물 증정
② 이 책의 업데이트 정보 및 개정 안내
③ 저자가 보내는 새로운 소식
④ 출간될 도서의 베타테스트 참여 기회
⑤ 출판사 이벤트 소식
⑥ 이지스 소식지 구독 기회

의견도 보내고 선물도 받고!

첫째마당

포토샵보다 쉬운 디자인 도구, 미리캔버스와 캔바

포토샵보다 난이도는 쉽고 결과물은 똑같이 멋지게 만들 수 있는 도구 '미리캔버스(Miri Canvas)' 와 '캔바(Canva)'! 막상 사용해 보려고 하니 어떤 것부터 시작해야 할지 막막하다고요? 걱정하지 마세요. 미리캔버스와 캔바에 회원 가입하는 것부터 작업 화면 설명까지 꼼꼼히 알려 드릴게요. 디자인을 처음 할 때 가장 헷갈리는 색상 사용법, 정렬 방법까지 모두 담았으니 디자인 초보자라면 꼭 읽고 넘어가세요!

01 ✦ 템플릿 조합만으로 디자인을 만들 수 있는 세상
02 ✦ 국내 사용자에게 완벽 맞춤 — 미리캔버스 시작하기
03 ✦ 추가 기능으로 편의성 확장 — 캔바 시작하기

01

템플릿 조합만으로
디자인을 만들 수 있는 세상

블로그의 디자인을 바꿔 보고 싶은 블로거, 내가 판매하는 제품의 상세 이미지를 만들고 싶은 자영업자, 나만의 특색 있는 명함을 만들어 보고 싶은 직장인이라면 주목하세요! 미리캔버스와 캔바로 이 모든 디자인을 쉽게 해낼 수 있으니까요. 01장에서는 미리캔버스와 캔바를 어디에 어떻게 쓸 수 있는지 예시 이미지와 함께 알아보고, 미리캔버스와 캔바 웹 사이트에 회원 가입한 후 필요한 설정까지 해보겠습니다.

01-1 ✦ 미리캔버스와 캔바로 시작하는 디자인 첫걸음
01-2 ✦ 작업물로 알아보는 미리캔버스와 캔바의 특성

이 장의 목표
- ☑ 미리캔버스, 캔바와 포토샵의 공통점과 차이점 알기
- ☑ 미리캔버스로 만들기 좋은 작업물, 캔바로 만들기 좋은 작업물 예시 살펴보기

01-1

미리캔버스와 캔바로 시작하는 디자인 첫걸음

간편하고 직관적인 디자인 도구의 탄생

디자인을 한 번도 해보지 않은 사람은 없을 것입니다. 직장인이라면 상세 이미지, 카드 뉴스, 포스터 등의 작업을 해봤을 것이고, 학생이라면 발표 자료를 만들며 디자인을 고민하기도 합니다. 심지어 우리가 일상에서 자주 접속하는 SNS의 게시물이나 프로필 이미지도 고민해서 디자인한 결과물이라 할 수 있죠. 디자인이 중요하다는 건 알지만, 막상 포토샵 창을 열어 텅 빈 화면과 수많은 메뉴들을 마주할 때면 막막하기만 합니다. 이때 누군가는 그 텅 빈 화면을 보며 새로운 아이디어를 생각했습니다. "이미 완성된 디자인을 활용해 나만의 새로운 디자인을 만들 수 있는 웹 사이트가 있다면 어떨까?"라고요. 그렇게 미리캔버스와 캔바가 탄생했습니다.

2019년에 출시한 미리캔버스는 국내 스타트업에서 개발한 디자인 프로그램입니다. 한글을 사용해 디자인한 템플릿과 요소가 많아서 상황에 따라 필요한 자료를 찾아 활용하기 좋습니다. 모든 메뉴는 한눈에 보여 직관적이고, 메뉴 종류도 많지 않아서 포토샵과 달리 쉽게 입문할 수 있는 디자인 도구입니다.

미리캔버스 로고

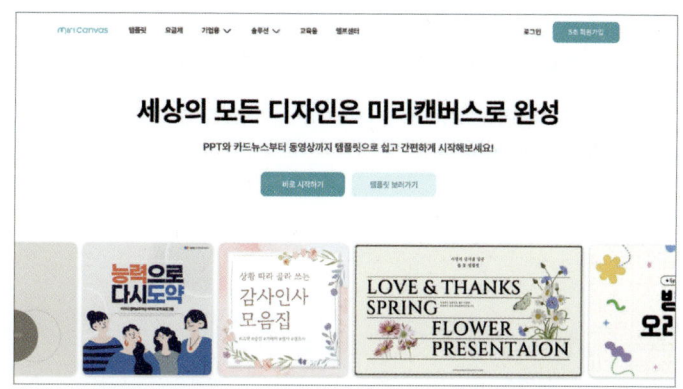

미리캔버스(www.miricanvas.com)

캔바의 공동 창립자인 멜라니 퍼킨스(Melanie Perkins) 역시 대학에서 학생들이 디자인 프로그램을 배우는 데 어려움을 겪는 것을 보고, 더 간편하고 직관적인 디자인 도구가 필요하다고 생각해 캔바를 개발했습니다. 캔바는 2012년 공개된 후 전 세계적으로 사랑받는 디자인 플랫폼이 되었답니다. 190여 개국에서 두루 사용하는 만큼 캔바에는 세계적인 디자인 트렌드에 맞춘 자료와 다양한 템플릿이 있습니다.

캔바 로고

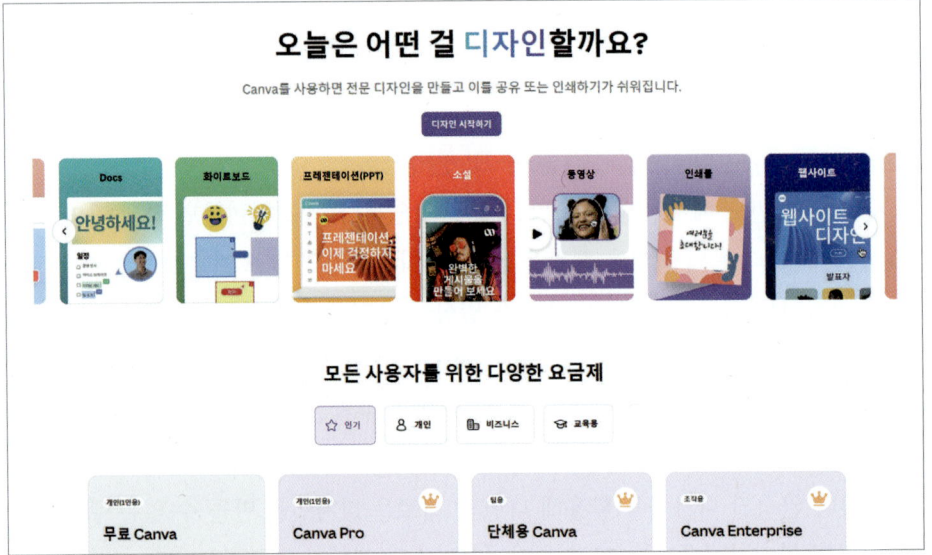

캔바(www.canva.com/ko_kr)

미리캔버스와 캔바는 포토샵과 어떤 점이 비슷한가요?

미리캔버스와 캔바는 작업 형태만 다를 뿐 사실 포토샵과 비슷한 점도 많아요. 이들의 공통점은 무엇일까요? 간단히 정리하면 다음과 같습니다.

공통점	내용
요소를 따로 선택해 수정 가능	요소를 겹치고 순서를 조정하면서 디자인을 구성할 수 있습니다.
AI 기능 사용 가능	AI 기술을 활용한 배경 제거, 이미지 생성, 텍스트 요약 등 스마트 편집 기능을 지원합니다.

첫째, 요소를 따로따로 선택해서 수정할 수 있다!

포토샵을 사용해 보았다면 '레이어'라는 용어가 익숙할 텐데요. 레이어(layer)는 '각각의 분리된 층'이라는 뜻입니다. 작업한 내용이 살아 있어서 언제든 그 레이어를 선택하기만 하면 편집할 수 있죠. 다음 그림으로 레이어를 함께 알아볼까요?

햄버거 재료로 레이어를 표현한 모습

햄버거 재료인 양상추, 토마토, 치즈, 빵이 각각 레이어라고 생각하면 쉽습니다. 레이어를 사용하면 재료 하나하나에 다른 색을 지정하거나 형태를 바꿀 수 있어요. 그뿐만 아니라 햄버거에서 토마토를 치즈 아래로 옮길 수 있듯이 레이어의 순서도 바꿀 수 있습니다. 작업을 모두 마친 뒤 전체 레이어를 모아 보면 수정 사항을 반영한 햄버거 이미지로 완성되죠.

미리캔버스와 캔바 역시 이러한 레이어 기능을 지원하므로 작업하면서 텍스트나 이미지, 아이콘 등 다양한 요소를 겹치고 순서를 조정해 하나의 이미지를 완성할 수 있습니다.

둘째, 필요한 것은 AI 기능으로 바로 생성!

캔바와 미리캔버스 모두 AI 기능을 적극 도입하고 있어요. 이미지 생성은 물론, 프레젠테이션 자료나 문서의 내용을 자동으로 만들어 주기도 합니다. 심지어 원하는 것을 설명하기만 하면 코딩을 자동으로 해주는 기능까지 생겨나고 있습니다. 결과물을 빠르게 만들어 낼 뿐 아니라 완성도도 높아요.

미리캔버스는 최근 들어 로고 제작, 프레젠테이션 구성, 이미지 배경 제거 같은 기능이 훨씬 정교해졌어요. 특히 국내 사용자의 입맛에 맞춘 구조로, 결과물을 빠르게 생성할 수 있도록 최적화되어 있어서 실제 작업에 활용할 때 만족도가 매우 높습니다. 캔바는 텍스트 요약, 이미지 생성, AI 문서 작업, 스타일 변환 등 AI 기능이 전반적으로 다양해지고 고급스러워져서 콘텐츠 기획부터 디자인까지 한번에 해결할 수 있어요.

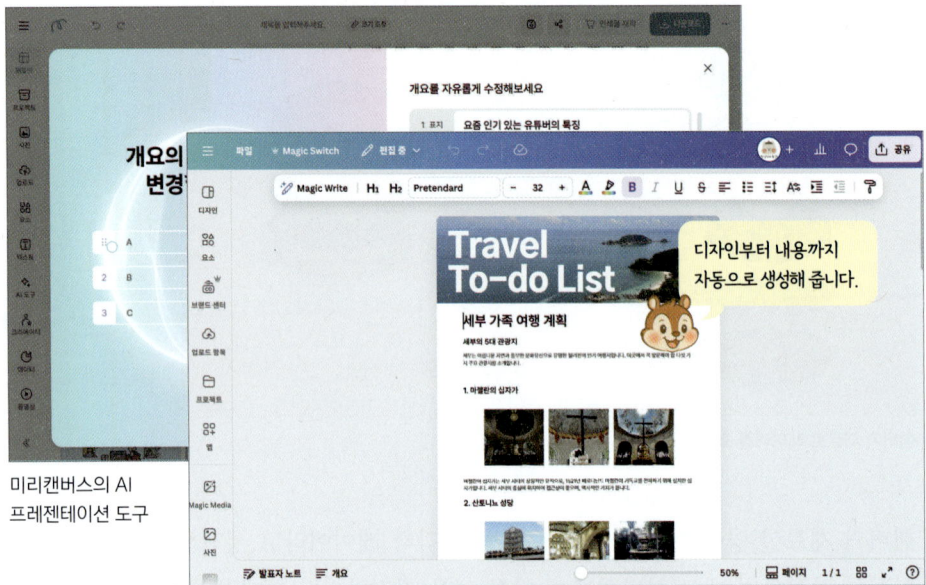

미리캔버스의 AI 프레젠테이션 도구

캔바의 AI 문서 기능을 활용해서 만든 여행 계획

미리캔버스와 캔바는 포토샵과 어떤 점이 다른가요?

미리캔버스와 캔바가 이렇게 편리하다면 기능이 적거나 디자인이 밋밋하지 않을까 걱정할 수도 있겠죠? 하지만 미리캔버스와 캔바는 단점보다 장점이 더 많답니다.

차이점	내용
사용료	• 유료 서비스만 제공하는 포토샵과 달리 미리캔버스와 캔바는 기본적으로 무료입니다. 프로 버전의 월 사용료도 포토샵에 비해 훨씬 저렴합니다.
인터페이스	• 미리캔버스, 캔바는 템플릿을 활용하므로 포토샵보다 쉽습니다.
웹 기반 소프트웨어	• 포토샵은 프로그램이 설치된 PC나 노트북에서만 작업할 수 있지만, 미리캔버스와 캔바는 인터넷만 연결되어 있으면 언제 어디서나 웹 사이트에 접속해 작업할 수 있습니다.
모바일 앱	• 포토샵도 모바일 앱이 있지만 사용할 수 있는 기능이 제한되어 있습니다. • 미리캔버스와 캔바는 앱에서도 웹 사이트와 동일한 기능을 사용할 수 있습니다.

첫째, 초보자도 그럴듯한 디자인을 완성할 수 있다!

포토샵은 디자인 전문 소프트웨어이므로 기능이 다양한 만큼 복잡하다고 느낄 수도 있죠. 포토샵에서 디자인하려면 이미지부터 레퍼런스까지 모든 것을 직접 찾아야 해서 프로그램을 처음 사용한다면 적응하는 데 시간이 걸립니다. 하지만 미리캔버스와 캔바는 포토샵에 비해 초보자가 사용하기에 어렵지 않게 구성되어 있어서 빠르게 감을 잡을 수 있습니다. 디자인을 전혀 할 줄 몰라도 이미 완성된 템플릿을 활용하면 쉽게 만들 수 있습니다.

미리캔버스의 디자인 템플릿

둘째, 인터넷만 연결되어 있으면 언제 어디에서나 작업할 수 있다!

이전에는 노트북 없이 외출했을 때 디자인을 급히 수정해야 하는 상황이 생기면 하던 일을 멈추고 집으로 돌아가야 했습니다. 작업 파일이 모두 내 노트북에만 있어서 다른 컴퓨터에서는 작업할 수 없었죠. 물론 포토샵도 웹 버전을 사용할 수 있지만 기능이 제한되어 있어서 사용하기가 원활하지 않았습니다. 하지만 미리캔버스와 캔바는 웹 사이트에 접속만 되면 언제 어디에서나 이어서 작업할 수 있습니다. 프로그램을 설치하지 않고 웹으로만 동작하므로 장소에 구애받지 않는답니다. 디자인에 사용한 모든 파일이 자동 저장되어서 따로 파일을 찾아 헤맬 필요도 없습니다.

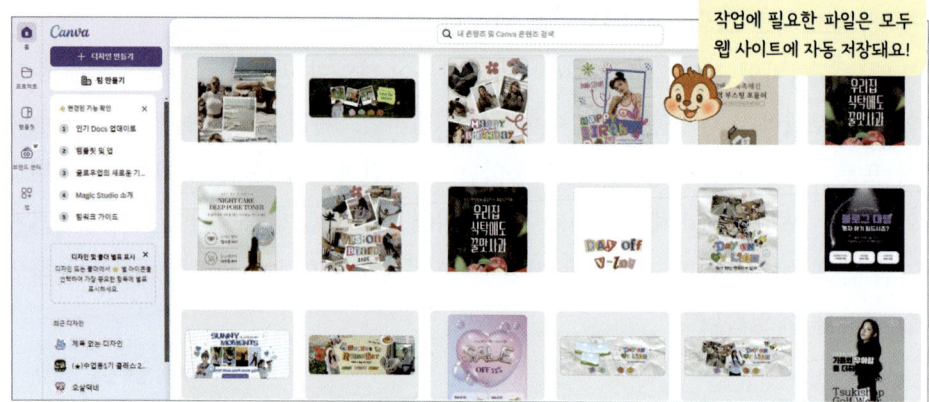

작업물이 모두 저장되어 있는 캔바의 작업 관리 화면

셋째, 급할 때는 스마트폰으로도 수정할 수 있다!

미리캔버스와 캔바는 모바일 앱이 있어서 와이파이만 연결되면 언제 어디서나 쉽게 접근할 수 있습니다. 미리캔버스와 캔바의 모바일 앱은 웹 사이트의 기능과 큰 차이가 없어서 손쉽게 사용할 수 있습니다.

✦ 미리캔버스와 캔바 앱의 사용 방법은 이 책에서 따로 다루지 않습니다. 하지만 웹 사이트와 똑같이 동작하니 직접 사용해 보세요!

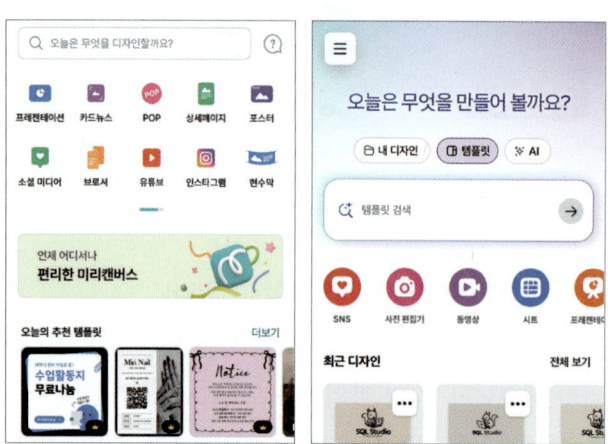

미리캔버스 앱의 초기 화면   캔바 앱의 초기 화면

넷째, 기본 기능은 무료, 유료 구독은 포토샵 대비 반값 이하!

포토샵은 매월 3만 원 넘게 지불해야 쓸 수 있습니다. 하지만 디자인을 매일 하는 것도 아니고, 한 달에 많아야 3~4번 사용하는데 정기적으로 사용료를 내야 한다면 부담스럽죠. 포토샵과 비교했을 때 미리캔버스와 캔바는 훨씬 저렴한 비용으로 다양한 기능을 이용할 수 있습니다.

구분	포토샵	미리캔버스	캔바
기본 요금제	월 30,800원 (연간 결제 시 356,400원)	무료	무료
프로 요금제		월 14,900원 (연간 결제 시 160,800원)	월 9,900원 (연간 결제 시 99,000원)
기타 요금제	• 크리에이티브 클라우드: 　모든 앱 월 78,100원 • 학생 및 교사 할인: 　최대 60% 할인 적용	• 팀 요금제: 팀원 수에 따라 　사용료가 다름 • 학생 및 교사: 프로 요금제 　무료 사용 가능	• 캔바 엔터프라이즈: 　기업 맞춤형 요금제로, 　조건에 따라 사용료가 다름 • 학생 및 교사: 프로 요금제 　무료 사용 가능

방구석 다람쥐의 깨알 팁!

미리캔버스와 캔바에서 학생 및 교사 요금제를 사용하려면 어떻게 해야 하나요?

만약 초, 중, 고등학교에서 일하는 선생님이거나 학생이라면 인증을 통해 미리캔버스와 캔바의 프로 버전을 무료로 사용할 수 있습니다. 미리캔버스에서는 상단의 [교육용]을 클릭한 후 [요금제 → 교육기관 인증하기]를 클릭하면 인증을 요청할 수 있는 양식이 나타납니다.

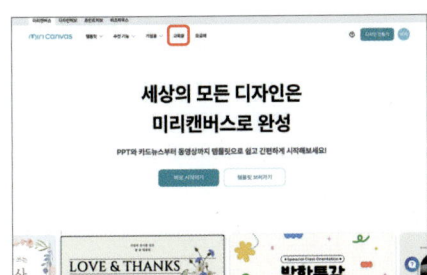 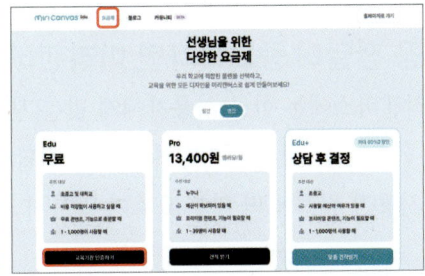

또 캔바에서는 왼쪽 하단의 프로필 이미지를 클릭한 후 [요금제]를 선택하고 [교육용 → 인증받기]를 클릭하면 인증을 요청할 수 있습니다.

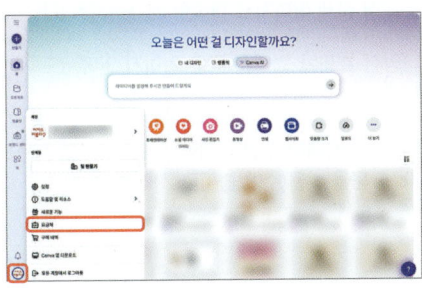 

만약 학생이 사용할 경우 교사가 직접 권한을 주어야 하는 등의 단계를 거쳐야 하므로, 우선 교사 아이디로 요금제를 변경해 두는 것이 편리합니다.

01-2
작업물로 알아보는 미리캔버스와 캔바의 특성

이렇게 매력적인 미리캔버스와 캔바. 그렇다면 둘 중에 하나만 사용해도 되지 않느냐고 질문할 수도 있어요. 물론 하나만 골라서 사용해도 좋지만, 진짜 실력자는 도구를 가리지 않고 상황에 맞게 활용하죠. 두 프로그램은 각자 잘하는 분야가 다르므로 차이점을 알면 작업 효율이 올라갑니다. 이번 절에서는 간단하게 두 프로그램을 비교해 보겠습니다.

내용 전달이 중요하다면 미리캔버스!

미리캔버스에는 한글 사용자에게 맞춘 템플릿과 예쁜 한글 글꼴이 많아서 상세 이미지, 카드뉴스, 광고 이미지처럼 내용 전달이 중요한 작업을 할 때 특히 편리합니다. 국내 사용자 감성에 딱 맞는 요소가 많아서 스토리를 더 효과적으로 풀어낼 수 있어요.

작업물	미리캔버스를 추천하는 이유
전단지, 현수막	• 전단지에 알맞게 글자가 잘 보이는 디자인 템플릿이 많습니다.
상세 이미지	• 국내 쇼핑몰 구조에 맞춘 템플릿이 많습니다. • 한글에 최적화된 구성이어서 스토리형 상세 이미지를 제작할 때 유용합니다.
섬네일	• 한글 텍스트에 적용할 수 있는 다양한 효과가 있어서 작은 이미지 안에서도 시선을 끄는 강한 디자인을 만들 수 있습니다.
프레젠테이션 자료	• 주제를 입력하고 페이지 수나 말투 등을 지정해 주면 프레젠테이션 자료를 자동으로 생성하는 AI 기능이 있어서 구성에 도움을 받을 수 있습니다.

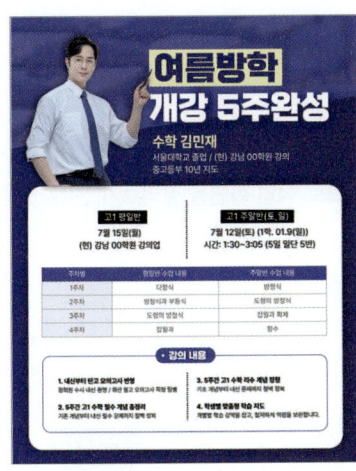

미리캔버스로 만든 작업물

다양한 효과를 써보고 싶다면 캔바!

눈길을 끌고 싶을 땐 캔바를 자주 활용합니다. 불꽃, 연기 같은 시각 효과를 내는 요소가 많아서 섬네일이나 광고 이미지처럼 임팩트가 강한 작업에 좋습니다.

작업물	캔바를 추천하는 이유
온라인 배너	• 광고용 배너에 최적화된 템플릿과 최신 디자인 요소를 다양하게 제공합니다. • 작업을 빠르게 할 수 있고 완성도 높게 디자인할 수 있습니다.
인쇄용 포스터	• 고해상도로 출력해야 하는 인쇄물을 작업하기 좋고 시각적으로 임팩트 있게 구성하기 쉽습니다.
웹 사이트 디자인	• UI를 구성할 때 필요한 프레임, 버튼, 레이아웃 요소가 잘 갖춰져 있어서 시안 작업이나 목업 제작에 효율적입니다.
텍스트 기반 문서, 계획서	• 매직 라이트(Magic Write) 등 AI 문서 자동 생성 기능이 강력해서 빠르게 구성할 수 있습니다.

캔바로 만든 작업물

미리캔버스나 캔바에서 만든 이미지를 상업적으로 사용해도 되나요?

미리캔버스와 캔바에서는 템플릿을 이리저리 수정하며 나만의 디자인을 만들 수 있습니다. 이러한 특성 때문에 저작권 걱정을 하는 분도 많은데요. 본격적으로 작업 화면을 살펴보기 전에 먼저 저작권 방침을 알아 두면 마음 놓고 사용할 수 있겠죠?

미리캔버스
- ☑ 상업적(홍보 및 판매 등)/비상업적 용도에 상관없이 개인, 기업, 공공 기관, 비영리 단체, 동호회, 소모임 등 누구나 사용할 수 있습니다.
- ☑ 단, 사용 목적이 상표권 등록인 로고 제작이나 공모전 출품이라면 오른쪽 QR코드에서 '미리캔버스 상표권 등록 제약에 대한 안내' 게시물을 참고해야 합니다.
- ☑ 미리캔버스에서 제공하는 디자인 템플릿과 디자인 요소(선, 도형, 아이콘, 일러스트, 사진 등)는 반드시 미리캔버스의 '미리캔버스 에디터'로 편집해야 합니다. 만약 템플릿과 디자인 요소를 다른 편집 도구(포토샵, 일러스트레이터 등)로 편집하면 저작권 문제가 발생할 수 있습니다.
- ☑ 개별 디자인 요소(선, 도형, 아이콘, 일러스트, 사진 등)의 저작권은 미리캔버스 혹은 미리캔버스와 계약한 업체에게 있습니다. 따라서 반드시 2개 이상의 요소를 결합해서 디자인해야 합니다. 이미 여러 가지 디자인 요소가 결합된 템플릿을 사용한다면 상관없습니다.

미리캔버스 규정

미리캔버스의 저작권 규정(출처: 미리캔버스 고객센터)

캔바
- ☑ 캔바의 저작권 규정은 미리캔버스와 크게 다르지 않습니다. 하지만 캔바는 해외에서 운영해서 저작권 관련 안내가 모호한 부분이 많으므로 주의해야 합니다. 잘 모르겠다면 '캔바 고객센터'에 문의하는 것이 안전합니다.

캔바 규정   캔바 고객센터

02

국내 사용자에게 완벽 맞춤
— 미리캔버스 시작하기

이제 직접 미리캔버스에 접속하고 이후 실습을 위한 여러 설정을 해 보겠습니다. 앞으로 계속해서 보게 될 화면 구성을 간단히 익힌 뒤, 직접 새 파일을 만들고 저장된 파일 관리도 해 볼 거예요. 복잡한 것은 하나도 없으니 가벼운 마음으로 따라 해보세요!

02-1 ✦ 미리캔버스 가입하고 프로 평가판 사용하기
02-2 ✦ 미리캔버스의 작업 화면 구경하기
02-3 ✦ 미리캔버스에서 파일 관리하기

> **이 장의 목표**
> ☑ 미리캔버스 가입하고 사용해 보기
> ☑ 미리캔버스의 작업 화면 구경하기
> ☑ 워크스페이스에서 파일 관리를 위한 설정하기

02-1
미리캔버스 가입하고 프로 평가판 사용하기

이제부터는 미리캔버스와 캔바를 직접 사용해 보며 기능을 익혀 봅시다. 회원 가입부터 기능 소개까지 꼼꼼히 담았으니 천천히 따라오세요! ✦ 이미 회원 가입이 되어 있다면 이 단계를 건너뛰어도 됩니다.
먼저 미리캔버스부터 시작해 보겠습니다.

하면 된다!} 미리캔버스 회원 가입하기

01 미리캔버스(www.miricanvas.com)에 접속한 후 오른쪽 위에서 [5초 회원가입]을 클릭합니다.

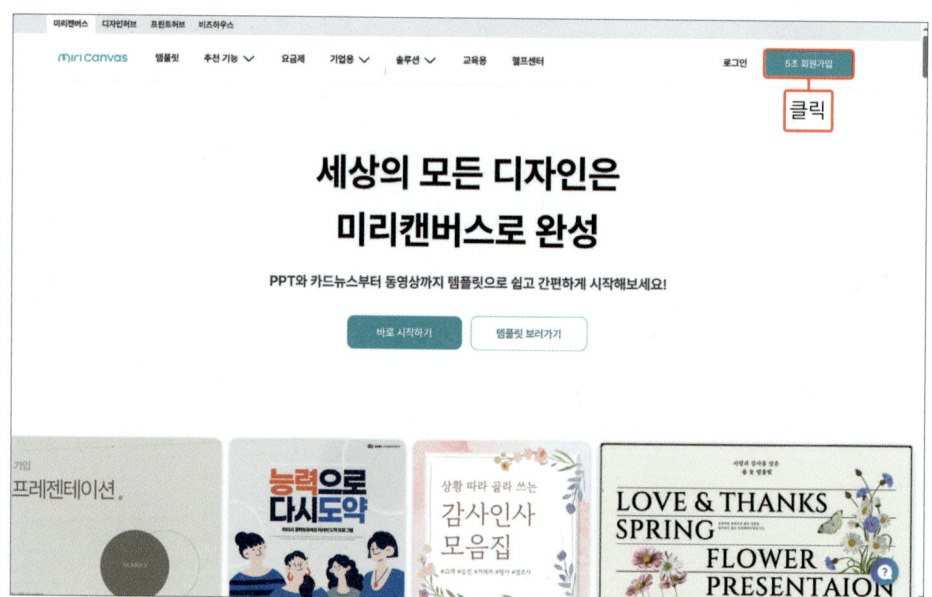

02 여기서는 네이버로 가입을 진행해 보겠습니다. ❶ [Naver로 가입]을 클릭해 네이버 로그인 창이 나타나면 ❷ 네이버 아이디와 비밀번호를 입력한 뒤 ❸ [로그인]을 클릭합니다.

✦ 카카오나 이메일 등 편한 방법으로 로그인해도 됩니다.

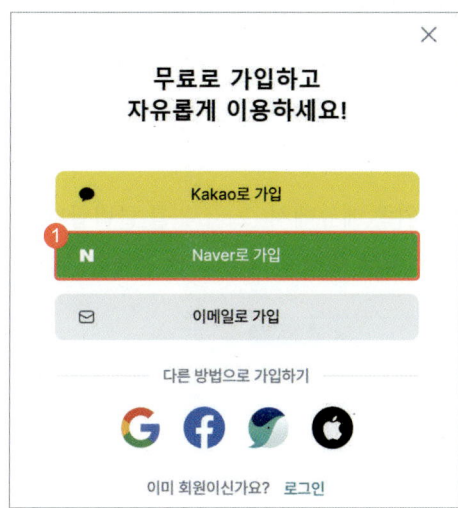
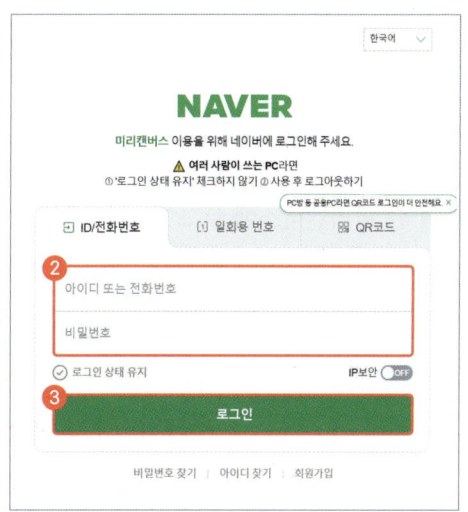

03 [편리하게 로그인하세요] 창이 나타납니다. ❶ [네]를 클릭해 자동 로그인을 설정합니다. 디자인을 만들 수 있는 [디자인 에디터] 창이 나타나면 ❷ ⓧ 버튼을 클릭해서 닫습니다. 이제 미리캔버스에서 회원 가입을 모두 마쳤습니다.

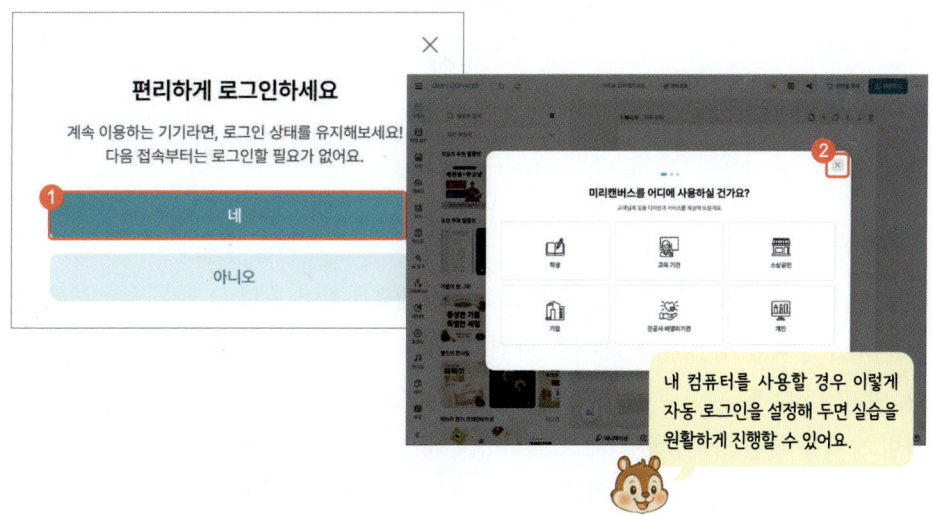

내 컴퓨터를 사용할 경우 이렇게 자동 로그인을 설정해 두면 실습을 원활하게 진행할 수 있어요.

하면 된다!} 미리캔버스 프로 버전 평가판 사용하기

무료 버전으로 실습을 진행할 수도 있지만, 보다 완성도 높고 쉬운 작업을 위해서는 프로 버전을 사용하는 것이 좋아요. 미리캔버스는 30일 무료 체험을 제공하니 프로 버전 평가판으로 실습을 진행해 보세요. 미리캔버스로 디자인을 본격적으로 만들기 전에 프로 버전 평가판을 사용할 수 있도록 설정하고, 자동으로 결제되지 않게 바로 해지해 보겠습니다. 해지하더라도 30일간 프로 버전을 쓸 수 있으니 안심하세요!

01 ❶ 미리캔버스에 로그인한 후 메인 화면의 위쪽 메뉴에서 [요금제]를 클릭합니다.
❷ 요금제 선택 창이 나타나면 [Pro] 요금제에서 [무료 체험 시작하기]를 선택합니다.

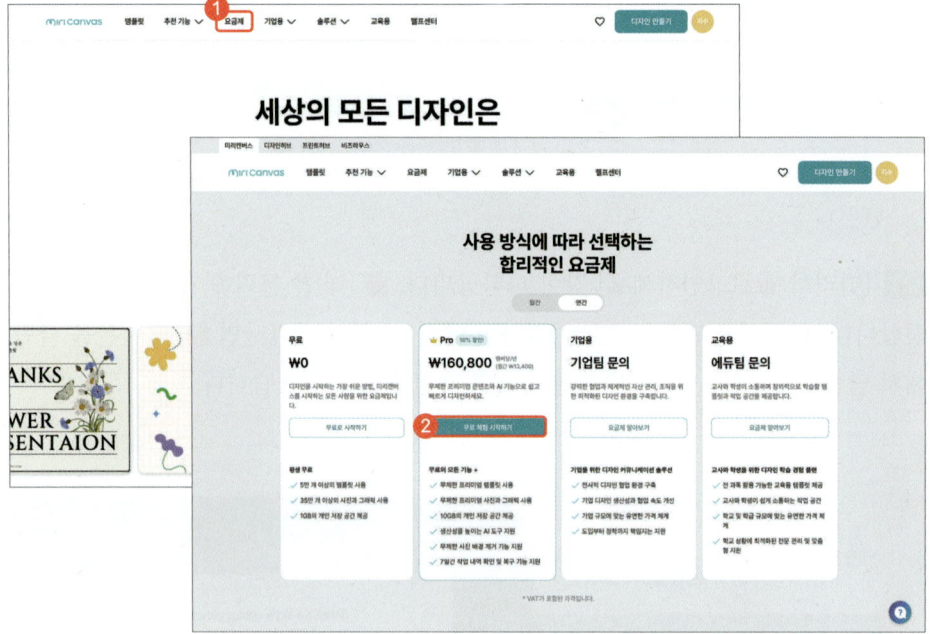

02 ❶ [Pro 요금제를 1개월 동안 무료로 써보세요!] 창이 뜨면 [1개월 무료 체험 시작하기]를 클릭합니다. 무료 체험을 마친 후 결제할 수단을 선택하는 창이 나타납니다. 여기에서는 ❷ [Mpay]로 선택해서 진행해 보겠습니다. ❸ 바로 아래에서 [결제 대행 서비스 이용 약관 동의] 앞에 체크 표시하고 ❹ [1개월 무료 체험 시작하기]를 클릭합니다.

✦ 자동 결제를 바로 해지할 것이므로 편한 방법을 사용해도 됩니다.

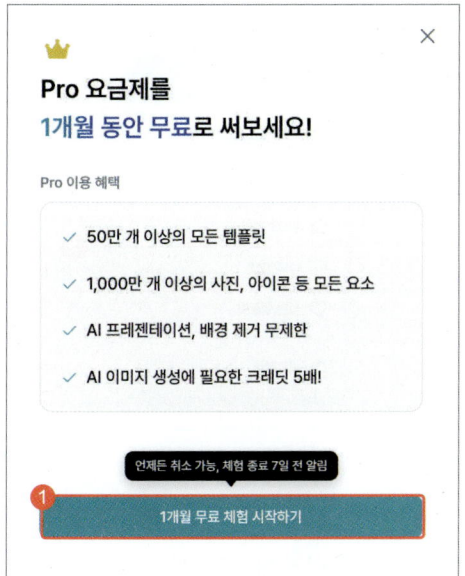
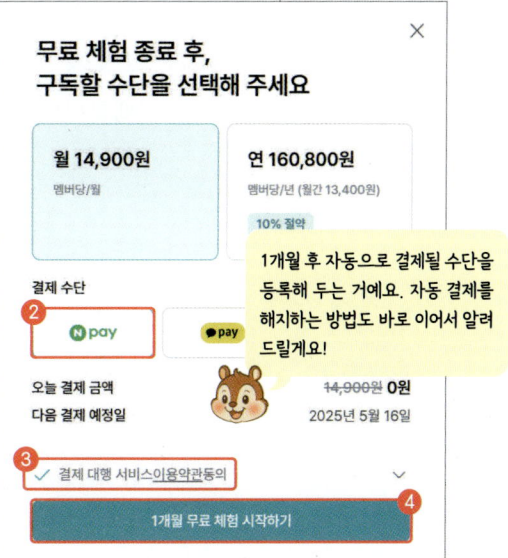

03 결제수단을 선택하는 창이 나타나면 ① [카드 간편결제]를 선택하고 ② [간편결제 카드 추가]를 클릭합니다. 자신의 이름으로 발급받은 카드를 추가한 후 ③ [동의하고 등록하기]를 클릭하면 프로 버전 평가판을 바로 사용할 수 있습니다.

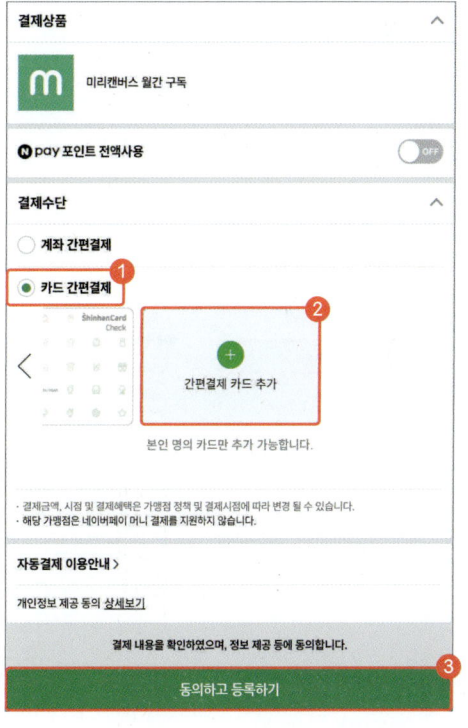

04 이제 자동 결제를 해지해 보겠습니다. 미리캔버스 메인 화면에서 ❶ 프로필 이미지를 클릭하고 ❷ [나의 정보]를 선택합니다.

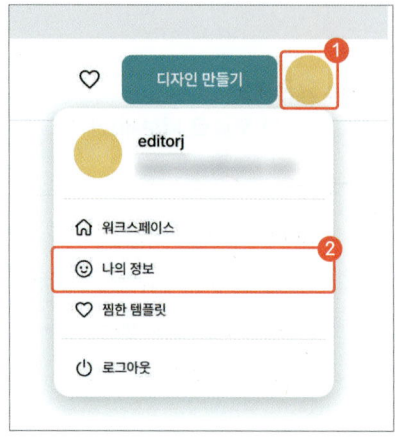

05 내 정보 창이 나타나면 왼쪽 메뉴에서 ❶ [설정]을 선택합니다. ❷ [결제 정보 설정]을 선택하고 ❸ [구독을 해지하시려면 여기를 클릭하세요]에서 [여기]를 클릭합니다.

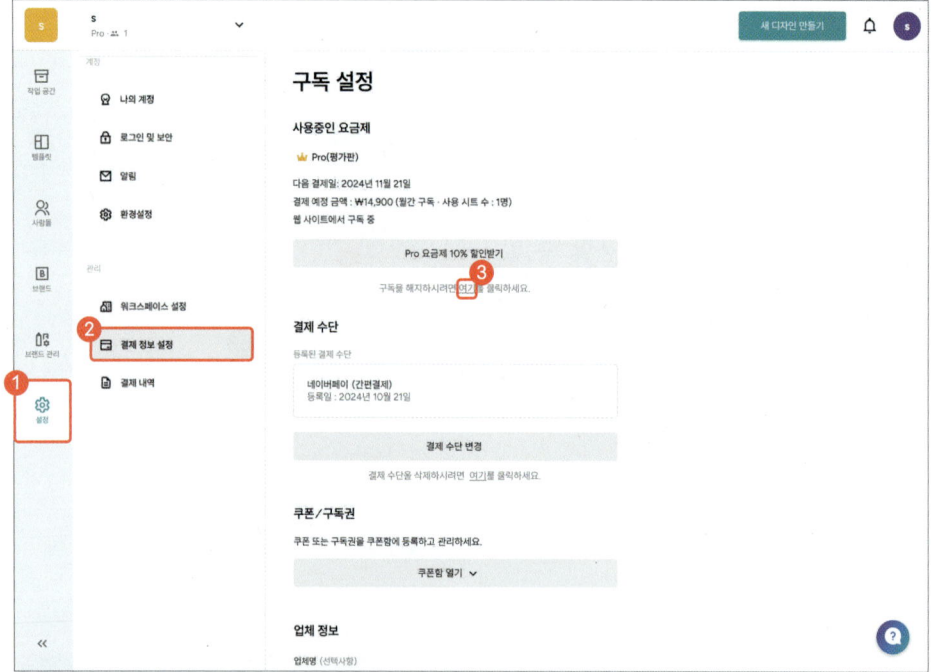

06 [구독을 해지할까요?] 창이 뜨면 옵션에서 ❶ 구독 해지 사유를 선택한 뒤 ❷ [다음]을 클릭합니다. [정말로 구독을 해지할까요?] 창이 뜨면 ❸ [위의 내용을 확인했습니다.] 앞에 체크 표시한 뒤 ❹ [모든 혜택을 포기하고 구독 해지]를 클릭하면 됩니다. 구독을 해지해도 한 달간 무료로 사용할 수 있습니다.

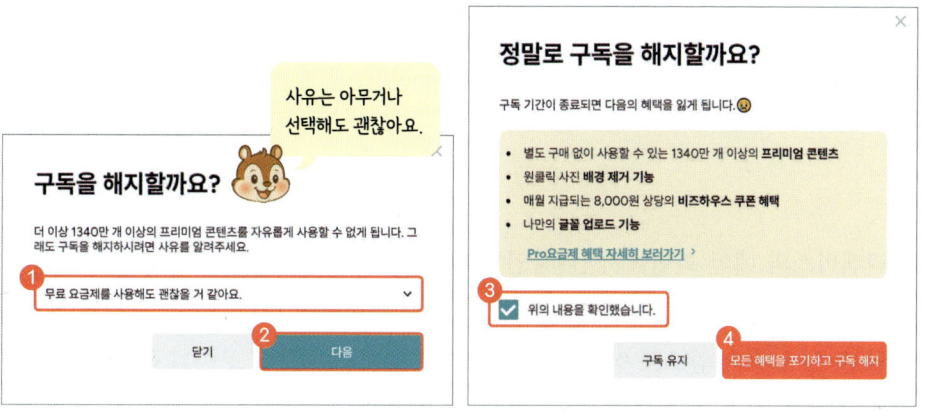

07 이제 미리캔버스 메인 화면의 오른쪽 위에서 [디자인 만들기]를 클릭해 작업 화면으로 넘어가 봅시다.

02-2

미리캔버스의
작업 화면 구경하기

미리캔버스의 메인 화면에서 [디자인 만들기]를 클릭한 뒤 '웹용/동영상 디자인 만들기'와 '인쇄 출력물 디자인 만들기' 중 하나를 선택하면 미리캔버스의 작업 화면을 만날 수 있습니다. 앞으로 실습할 때마다 사용할 기능이 모인 곳이니 꼼꼼히 익혀 봅시다. 하나씩 직접 눌러 보며 어떤 역할을 하는지 배워 보세요!

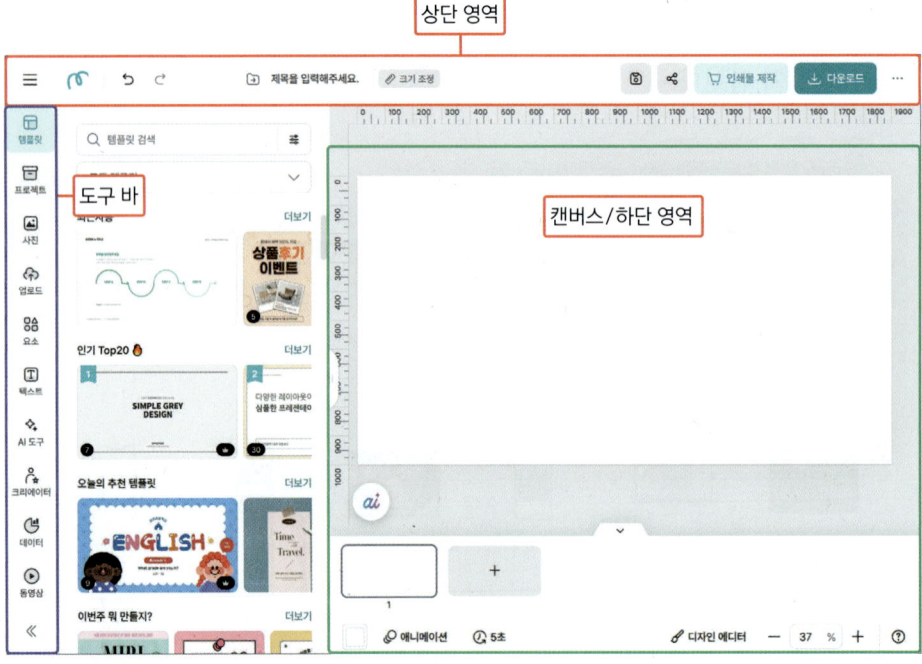

미리캔버스의 작업 화면

상단 영역 자세히 살펴보기

먼저 미리캔버스 작업 화면의 상단에 있는 다양한 메뉴를 살펴보겠습니다.

① **메뉴** ≡: 디자인 파일 관리, 자동 저장 설정 등의 메뉴가 모여 있습니다.
② **되돌리기/다시 실행** ↶/↷: 작업물을 수정할 때마다 자동으로 기록되어 이전 버전으로 되돌리거나 다시 최근에 수정한 상태로 실행할 수 있습니다.
③ **실시간 저장** ⊘: 클릭하지 않아도 자동으로 저장됩니다.
④ **내 드라이브** ⌂: 파일의 위치를 이동할 수 있습니다.
⑤ **제목 입력 창** ⊡: [제목을 입력해주세요.]를 클릭하면 파일 제목을 바꿀 수 있습니다.
⑦ **공유** ⋖: 링크를 복사해 작업물을 다른 사람과 공유할 때 사용합니다.
⑧ **인쇄물 제작** ⛟: 완성한 디자인을 실제 인쇄물로 제작할 수 있습니다.
⑨ **다운로드** ⬇: 작업물의 파일 형식을 지정해서 내려받을 수 있습니다.

도구 바 자세히 살펴보기

미리캔버스의 모든 기능은 왼쪽의 도구 바에 모여 있어요. 어떤 도구를 클릭해야 자신이 원하는 기능을 찾을 수 있는지 알아 두면 빠르게 디자인할 수 있어서 편리합니다. 미리캔버스의 도구 바에서 가장 많이 사용하는 기능을 조금 더 자세히 살펴보겠습니다.

✦ 지금은 간단히 읽어 보는 정도로 넘어가고, 본격적으로 실습할 때 궁금한 기능이 나오면 다시 찾아보는 용도로 활용해 보세요.

① 템플릿 ⊡ ★중요

완성된 디자인 템플릿을 모아 둔 곳으로, 검색 창에 디자인 키워드를 입력하면 관련된 템플릿을 찾을 수 있습니다. 템플릿을 클릭하면 바로 작업 화면으로 이동하는데, 이곳에서 내용만 바꿔서 그대로 사용할 수도 있습니다.

② 요소 ★중요

검색 창에 키워드를 입력해 다양한 도형, 일러스트, 프레임을 찾을 수 있습니다. 일러스트, 도형, 선, 아이콘 등 카테고리로 구분되어 있어 원하는 요소를 찾아 사용하면 됩니다. 앞으로 자주 이용할 도구입니다.

③ 텍스트 ★중요

디자인에 글자를 추가할 수 있습니다. [스타일]에는 제목/부제목/본문의 글자 크기별로 스타일이 정리돼 있어 편리하게 사용할 수 있습니다. 특히 여러 효과가 적용된 문자 디자인이 있어서 찾아 사용하는 재미가 쏠쏠합니다. [폰트]에서는 고딕, 명조, 손글씨 등의 글꼴을 선택할 수 있습니다.

④ 사진 ★중요

자유롭게 쓸 수 있는 사진을 모아 둔 곳입니다. 검색 창에 키워드를 입력해서 원하는 사진을 찾거나, 오른쪽의 [필터] 버튼으로 색상이나 크기를 세부 설정해서 찾을 수도 있습니다.

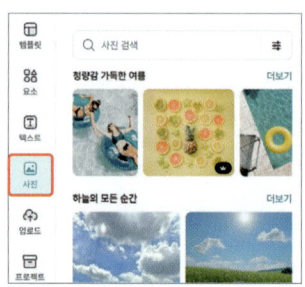

⑤ 업로드 ★중요

드래그&드롭 방식으로 파일을 옮기거나 [업로드]를 클릭해서 내 컴퓨터에 있는 파일을 업로드할 수 있습니다. 업로드한 파일은 모두 자동으로 저장되는데, 무료 요금제는 최대 1GB까지, 프로 요금제는 최대 10GB의 저장 공간을 사용할 수 있습니다.

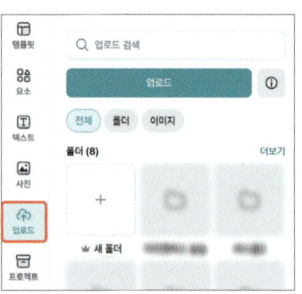

⑥ 프로젝트 🗂

지금까지 내가 미리캔버스에서 만든 디자인을 모아서 볼 수 있는 공간이에요. 폴더로 이동시키는 등의 정리도 여기서 간편하게 할 수 있습니다.

⑦ AI 도구 ✨

아이콘, 동영상, 사진 등을 AI로 만들어 사용할 수 있습니다. 원하는 결과물을 묘사하면 AI가 자동으로 생성해 주어서 마음에 드는 요소를 찾지 못했을 때 사용하기 적합합니다.

✦ 미리캔버스의 AI 도구는 미리클(miricanvas.com/miricle)에 모여 있습니다.

⑧ 배경 ▨

디자인할 때 사용할 수 있는 배경을 모아 둔 곳입니다. 디자인에 무언가 부족한 것 같다면 배경을 추가해 빈 부분을 채울 수 있습니다. 배경을 선택하면 투명도 조절/반전 등의 효과도 자유롭게 추가할 수 있습니다.

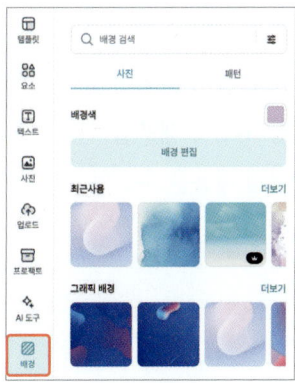

⑨ 크리에이터

디자인허브(www.miricanvas.com/page/contributor)에서 '디자인허브 기여자'로 등록한 사람들의 템플릿이 모여 있습니다. 템플릿과 마찬가지로 자유롭게 사용하면 됩니다.

> 디자인허브는 창작자들이 자신의 작품을 템플릿으로 만들어 올릴 수 있는 미리캔버스의 웹 사이트예요.

⑩ 테마

이미 만들어진 여러 가지 색 조합 중에서 원하는 것을 골라 사용할 수 있습니다. 디자인의 분위기를 정하기 전에 색 조합을 고민한다면 이 카테고리를 클릭해 어울리는 조합을 미리 살펴보는 것을 추천합니다. 또, 템플릿에서 색을 추출해 주는 기능도 있어서 디자인의 톤을 맞출 때 사용하기도 좋습니다.

⑪ 데이터

제안서나 회사 소개서처럼 데이터를 시각적으로 보여 줄 때 사용하기 좋습니다. 인포그래픽, 연혁도, 차트 등으로 잘 구분되어 있어서 필요한 것만 골라 쓰기에 간편합니다. 그래프를 선택하면 파워포인트의 '스마트아트'처럼 내용을 수정할 수 있는 창이 나타납니다.

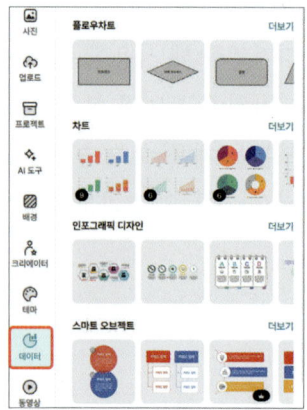

⑫ 동영상 ▶ / ⑬ 오디오 🎵

미리캔버스에서는 간단한 영상 편집도 할 수 있습니다. 영상 편집을 하며 중간중간 영상 자료나 배경 음악이 필요할 때 여기에 있는 요소들을 사용하면 유용합니다.

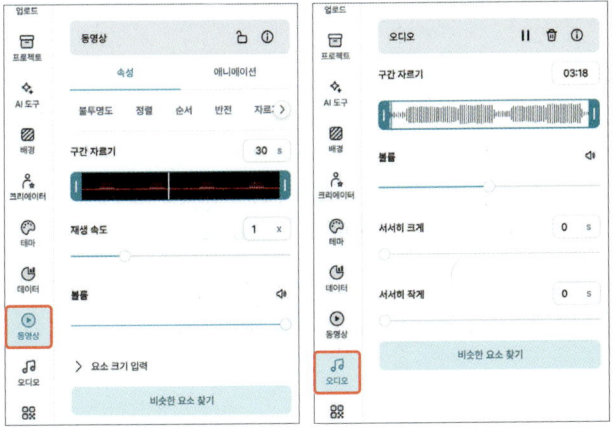

⑭ QR/바코드

주소나 데이터를 입력해서 QR코드와 바코드를 생성할 수 있습니다. 다른 웹 사이트로 이동할 필요 없이 QR코드나 바코드를 바로 만들 수 있어서 편리합니다.

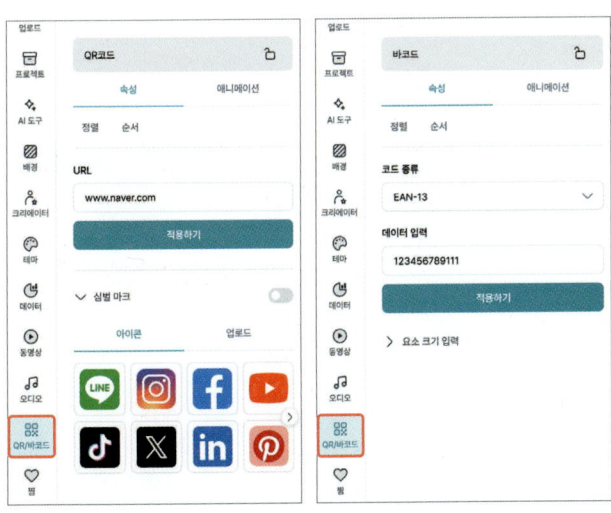

⑮ 찜 ♡

다음에도 사용하고 싶은 템플릿이나 요소가 있다면 여기에 보관해 두었다가 필요할 때 사용하면 편리합니다. 요소의 오른쪽 위에 있는 ⋯ 버튼을 클릭하고 [찜 추가]를 선택하면 최대 200개까지 모아 볼 수 있습니다.

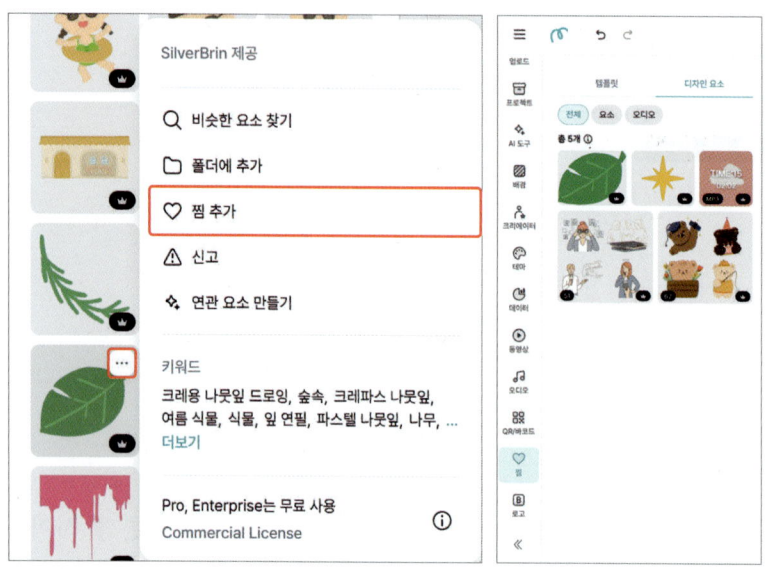

⑯ 로고 Ⓑ

내 브랜드의 로고나 아이콘이 있다면 여기에 업로드해 두고 사용할 수 있습니다. 다른 사진과 섞이지 않도록 브랜드 이미지를 관리하고 싶을 때 추천합니다.

캔버스/하단 영역 자세히 살펴보기

미리캔버스 작업 화면 중앙과 하단에도 여러 가지 메뉴가 있습니다. 먼저 중앙에 있는 흰 백지는 실제 디자인을 하는 곳으로, '캔버스'라고 부릅니다. 캔버스는 크기를 바꾸거나 페이지를 추가하는 등 자유롭게 사용할 수 있습니다.

미리캔버스의 캔버스 화면

이어서 하단 영역에 있는 메뉴도 살펴보겠습니다.

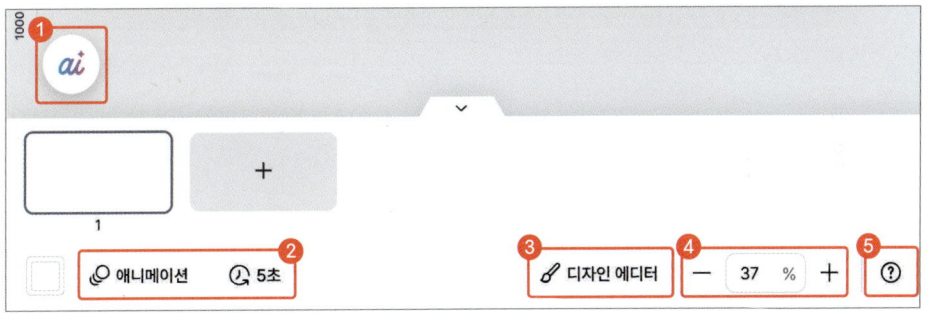

❶ **AI 기능** : 프레젠테이션/글감 만들기 등의 AI 기능을 빠르게 실행할 수 있습니다.

❷ **애니메이션/페이지 재생 시간** : 자료를 만들 때 애니메이션 효과를 추가하거나, 페이지를 화면에 띄울 시간을 설정할 수 있습니다.

❸ **디자인 에디터/동영상 에디터** : 일반 작업 메뉴(디자인 에디터)와 동영상 작업 메뉴(동영상 에디터)를 전환할 수 있습니다.

❹ **축소/확대** : 작업 화면을 작게 또는 크게 보여 줍니다.

❺ **도움말** : 사용법 등 궁금한 것을 간단히 확인할 수 있습니다.

지금까지 미리캔버스의 작업 화면을 모두 살펴봤어요. 포토샵에서 사용하는 도구보다 훨씬 간단하죠? 디자인 실습을 따라 하다 보면 중요한 기능이 저절로 손에 익는 경험을 할 수 있을 거예요!

방구석 다람쥐의 깨알 팁!

미리캔버스에서는 어떤 파일 형식을 사용할 수 있나요?

포토샵과 마찬가지로 미리캔버스에서도 파일을 여러 확장자로 내보낼 수 있습니다. 미리캔버스에서는 내가 만든 콘텐츠를 어떤 파일 형식으로 저장할 수 있는지 확인하고 넘어가세요!

확장자명	설명
PNG	배경이 투명한 이미지, 웹에서 사용할 이미지를 저장할 때 사용합니다.
JPG (웹용, 인쇄용)	용량은 작지만 손상이 있는 웹용 JPG 또는 고품질 이미지인 인쇄용 JPG 중에 선택할 수 있습니다.
GIF	소리 없이 움직이는 짧은 애니메이션을 만들 때 사용합니다.
PDF (웹용, 인쇄용)	문서에 적합한 웹용 PDF나 인쇄용 PDF로 나누어 저장할 수 있습니다.
PPTX	마이크로소프트의 파워포인트 프로그램과 호환됩니다.
MP4	애니메이션, 동영상 등 움직이는 영상 콘텐츠를 제작할 때 활용합니다.

02-3 미리캔버스에서 파일 관리하기

미리캔버스에서 만든 작업물은 홈페이지 내의 '워크스페이스'라는 곳에 자동으로 저장됩니다. 그러므로 자신이 만들어 둔 작업물이 궁금하거나 관리할 때 워크스페이스에 들어가면 됩니다.

✦ 지금은 워크스페이스를 훑어보고 넘어가는 정도로 하고, 앞으로 작업물이 많아져서 관리해야 할 때 자세히 살펴봐도 됩니다.

하면 된다!} 워크스페이스에 파일 저장하기

미리캔버스의 워크스페이스는 '내 드라이브'와 '공유 드라이브'로 크게 나눌 수 있습니다. 나만 봐도 되는 작업물이라면 [내 드라이브]에 저장하고, 다른 사람과 함께 공유할 작업물이라면 [공유 드라이브]에 저장하면 되는데요. 먼저 워크스페이스에 접속해서 [내 드라이브]를 살펴본 후, 앞으로 만들 파일을 저장할 폴더를 만들어 보겠습니다.

01 워크스페이스 화면 구경하기

미리캔버스에 로그인한 후 메인 화면에서 ❶ 프로필 이미지를 클릭하고 ❷ [워크스페이스]를 선택합니다.

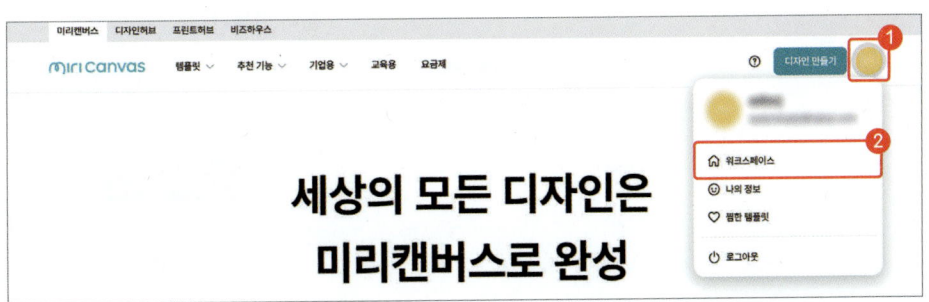

02 ✦ 국내 사용자에게 완벽 맞춤 — 미리캔버스 시작하기

02 작업물을 관리할 수 있는 워크스페이스가 나타납니다. 워크스페이스를 구경해 볼까요? [내 드라이브] 아래에는 자신이 지금까지 작업한 파일이 모두 나타납니다. 앞으로 디자인을 완성하면 자동으로 저장할 폴더를 만들어 봅시다. 먼저 워크스페이스 화면 왼쪽에서 [내 드라이브]를 클릭합니다.

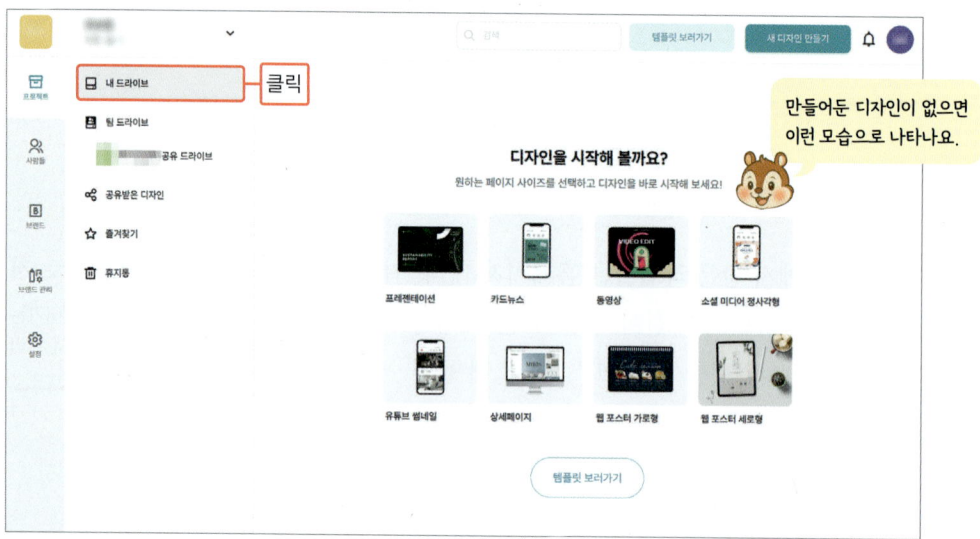

03 폴더 만들고 파일 저장하기

❶ 오른쪽에 [내 드라이브] 창이 뜨면 [새 폴더 추가]를 클릭합니다. ❷ [폴더 만들기] 창이 나타나면 [폴더 이름] 아래 빈칸에 미리캔버스 실습이라고 입력한 후 ❸ [만들기]를 클릭합니다.

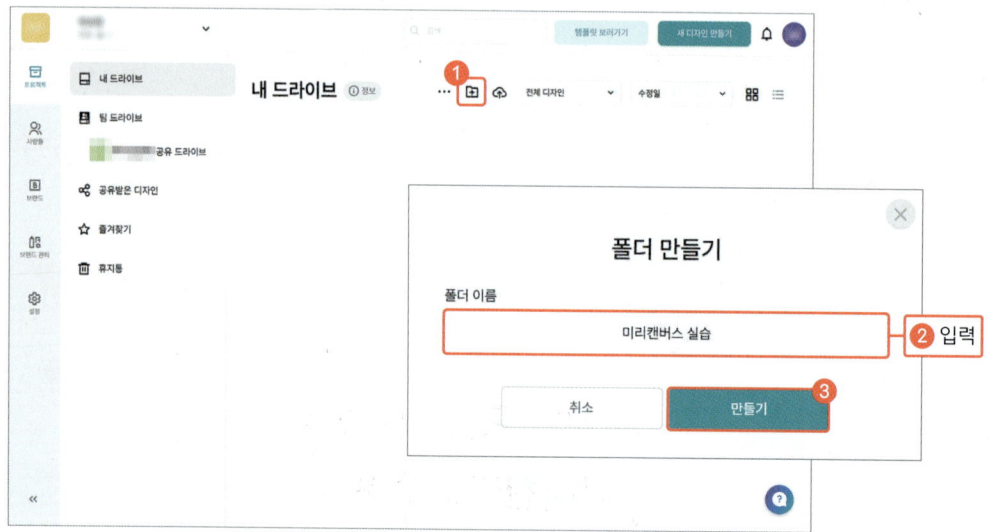

04 이제 새 파일을 만들어 폴더에 저장해 보겠습니다. ❶ 앞에서 만든 [미리캔버스 실습] 폴더를 클릭해 [미리캔버스 실습] 창이 뜨면 ❷ [디자인 만들기]를 선택합니다. 배경 화면 사이즈를 선택하는 창이 나타나면 [❸ 프레젠테이션 → ❹ 프레젠테이션]을 클릭합니다.

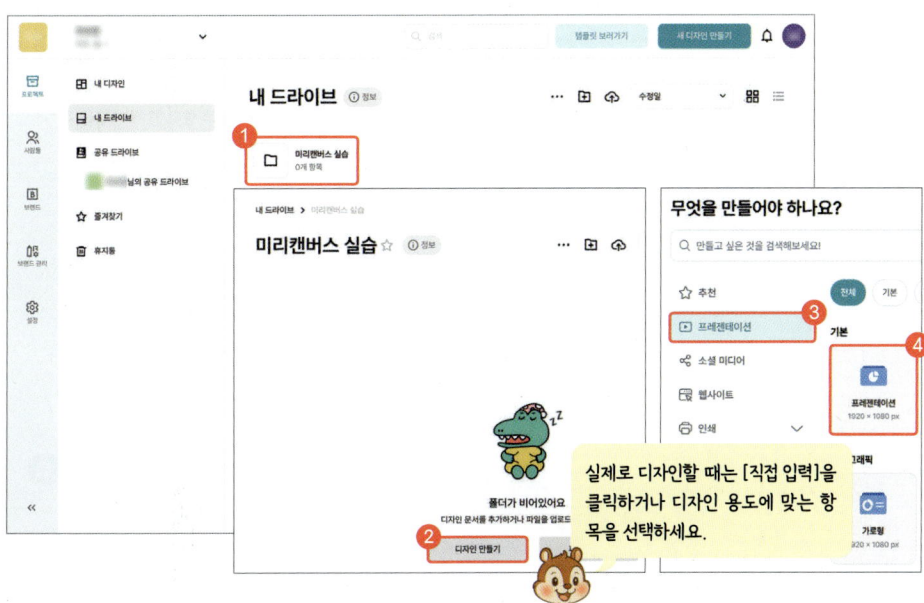

05 다음과 같은 화면이 나타나면 파일이 미리캔버스 실습 폴더에 자동으로 저장될 때까지 약 1분 정도 기다립니다. ❶ 그 후 [메뉴 ☰]를 클릭하고 ❷ [워크스페이스로 이동하기]를 클릭합니다.

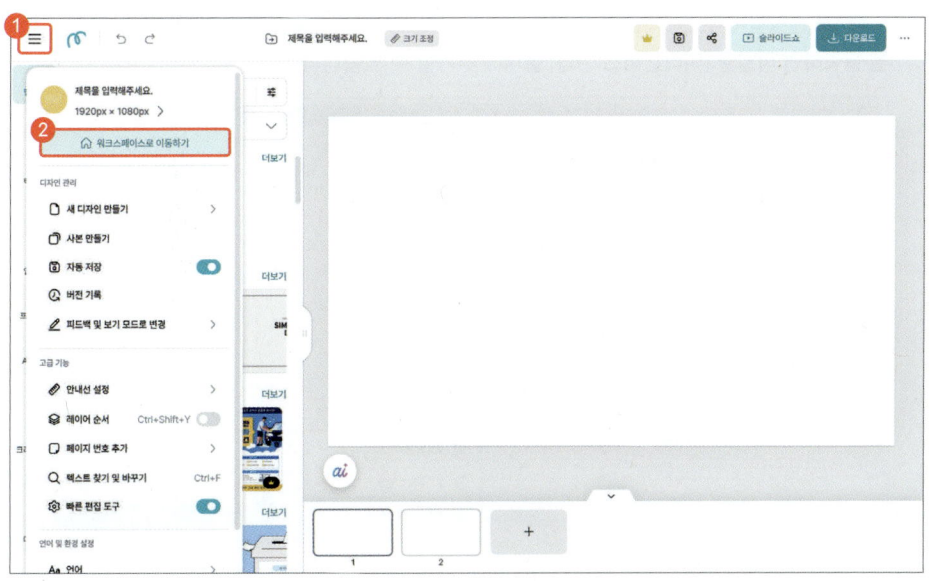

06 다시 워크스페이스 화면으로 돌아가 보면 새 파일이 자동으로 저장된 것을 확인할 수 있습니다.

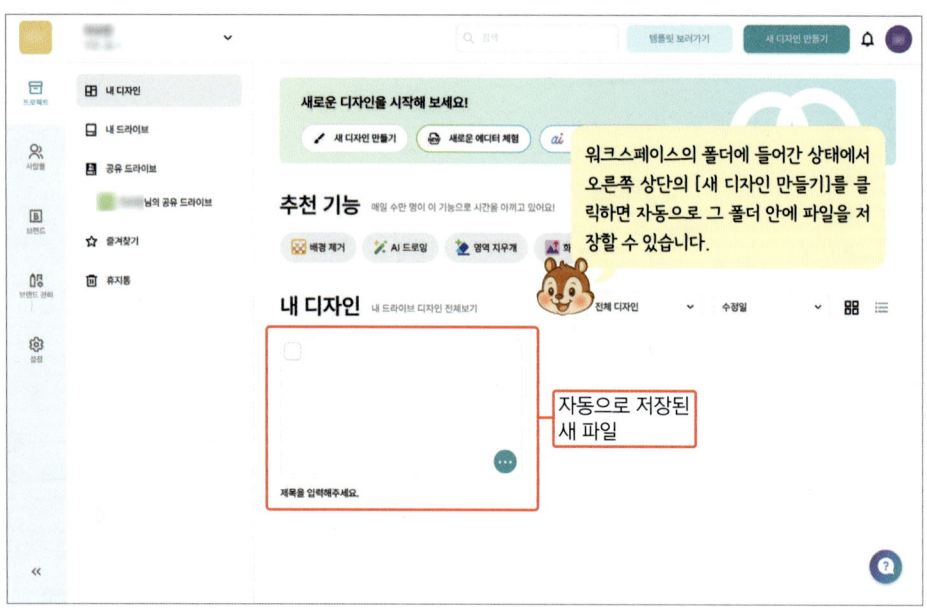

> 워크스페이스의 폴더에 들어간 상태에서 오른쪽 상단의 [새 디자인 만들기]를 클릭하면 자동으로 그 폴더 안에 파일을 저장할 수 있습니다.

자동으로 저장된 새 파일

방구석 다람쥐의 깨알 팁!

폴더 밖에 있는 파일을 폴더에 추가하고 싶어요!

만약 폴더 내에서 파일을 만들지 않았다면 바깥의 [내 드라이브]에 저장되어 있을 거예요. 이때는 ❶ [내 드라이브]를 클릭하고 ❷ 옮기고 싶은 파일 위로 마우스 커서를 이동한 후 ❸ [더보기]를 클릭합니다. ❹ [이동]을 선택하고 ❺ [미리캔버스 실습]을 선택한 뒤 ❻ [여기로 이동]을 클릭하면 파일을 [미리캔버스 실습] 폴더에 추가할 수 있습니다.

하면 된다!} 워크스페이스에서 파일 복사, 공유, 삭제하기

만약 파일을 복사하거나 공유, 삭제할 경우에도 워크스페이스에 접속하면 됩니다.

01 디자인 복사하기

❶ [내 드라이브 → 미리캔버스 실습] 폴더에서 ❷ 파일 위로 마우스 커서를 이동한 후 ❸ [더보기 ⋯]를 클릭합니다. [제목을 입력해주세요.] 창이 나타나면 ❹ [사본 만들기]를 클릭하세요.

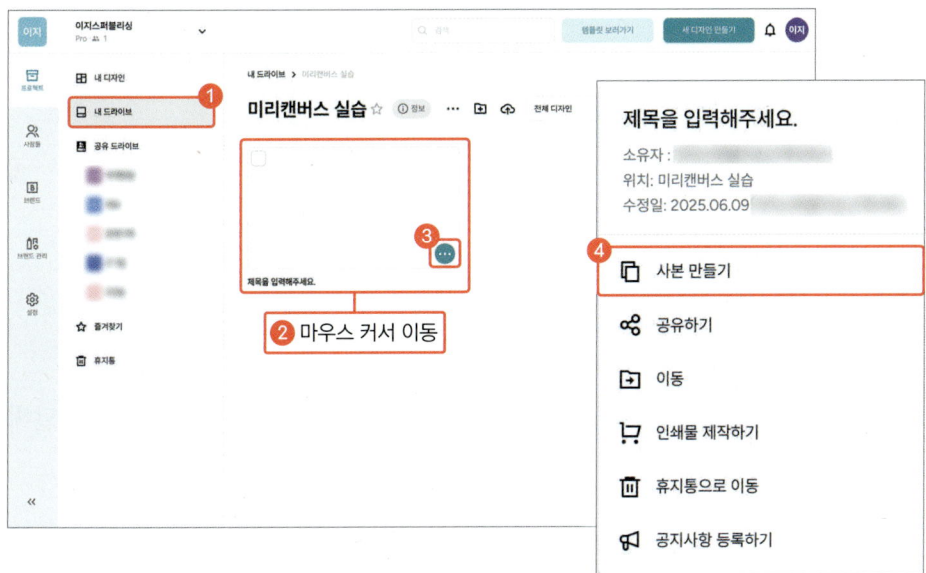

02 '-복사본'이라는 이름이 붙은 파일이 하나 더 생겨납니다. 이처럼 [사본 만들기]를 이용하면 똑같은 파일을 하나 더 복제할 수 있습니다.

03 파일 공유하기

이번에는 내 디자인을 다른 사람과 공유해 보겠습니다. ❶ 원본 파일 위로 마우스 커서를 이동해 ❷ [더보기 ⋯]를 클릭한 후 ❸ [공유하기]를 선택합니다.

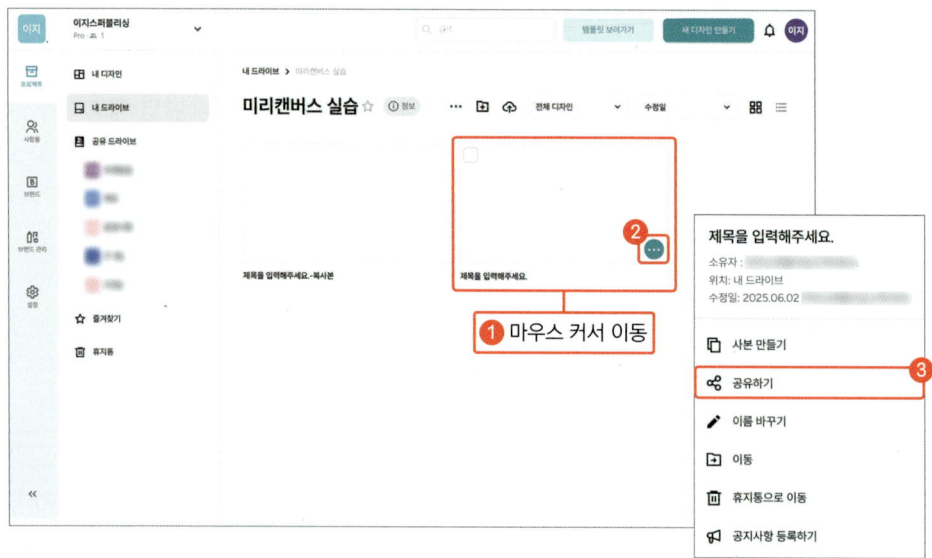

04 링크가 자동으로 복사됩니다. 디자인을 공유하고 싶은 사람에게 링크를 전달해 보세요.

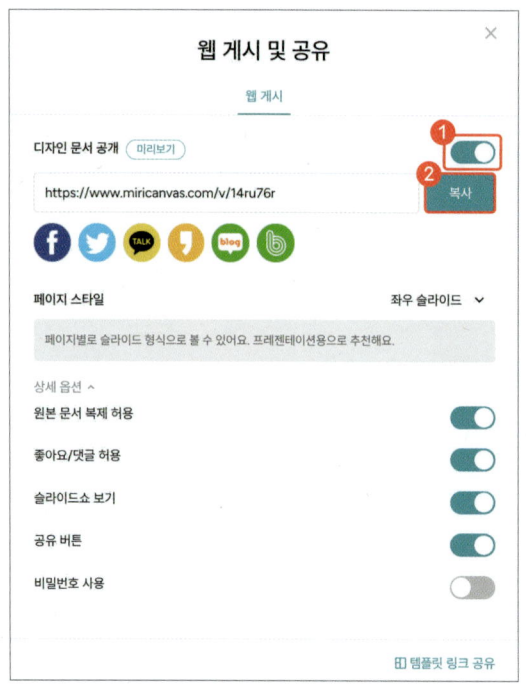

만약 링크가 열리지 않는다면 디자인을 열고 [공유 ⋯]를 클릭한 뒤 [접근 권한]을 [링크가 있는 누구나]로 바꿔 주세요.

05 파일 삭제하기

이번에는 필요 없는 파일을 삭제해 보겠습니다. ❶ 복사한 작업물 위로 마우스 커서를 이동해 ❷ [더보기 ⋯]를 클릭한 후 ❸ [휴지통으로 이동]을 선택하면 파일이 휴지통으로 이동합니다.

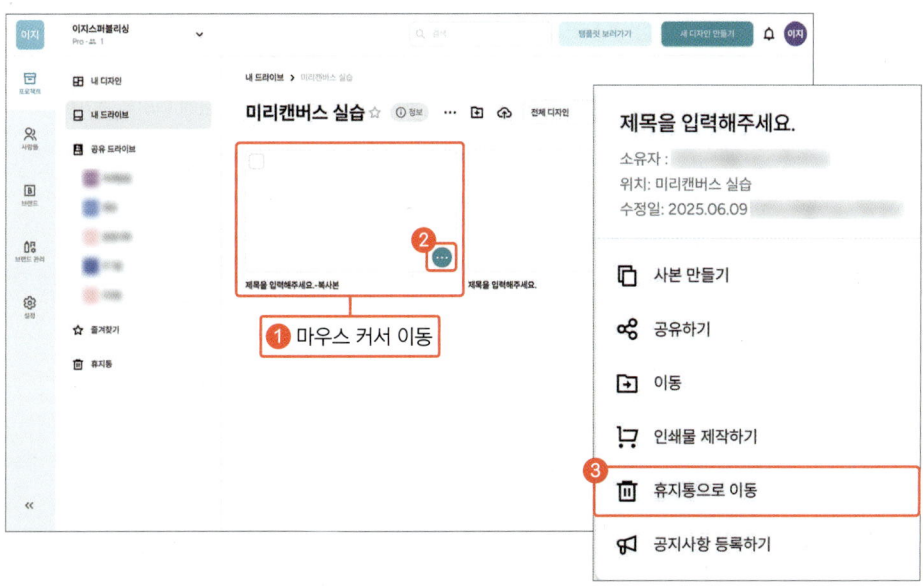

06 ❶ [휴지통]을 클릭해 오른쪽에 [휴지통] 창이 나타나면 ❷ [휴지통 비우기]를 클릭합니다. 이렇게 하면 휴지통에 있는 파일을 모두 삭제할 수 있습니다. 단, 이렇게 삭제한 파일은 복원할 수 없다는 점을 유의해야 합니다.

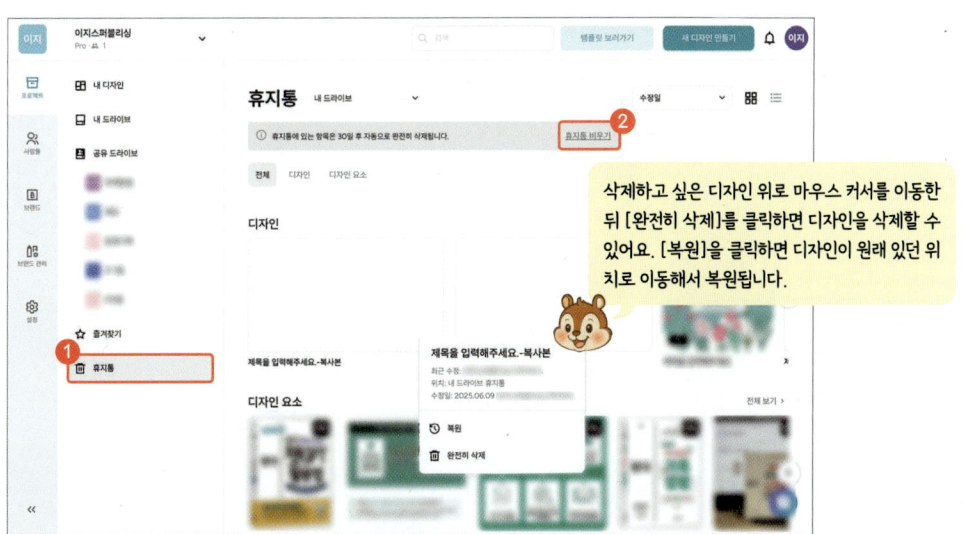

방구석 다람쥐의 깨알 팁!
내 디자인을 다른 사람과 동시에 수정하고 싶어요!

만약 내 디자인을 다른 사람에게 공유해서 동시에 작업해야 한다면 [팀 드라이브]에 폴더를 생성하는 것이 좋습니다. 드라이브에 멤버를 추가하면 디자인이나 이미지, 동영상 등 파일을 정리할 수 있는 권한이 주어집니다. 프로 요금제에서는 팀 드라이브를 최대 10개까지 생성할 수 있어요.

✦ 52쪽의 '공유하기'는 파일 하나만 다른 사람에게 공유하는 것인데, 공유 드라이브에 멤버를 추가하면 이 드라이브에 있는 파일 전체를 드라이브 멤버가 수정할 수 있어요.

팀 드라이브에 멤버를 추가하는 모습

03

추가 기능으로 편의성 확장 — 캔바 시작하기

이어서 캔바에도 접속하고 이후 실습을 위한 설정을 해 보겠습니다. 큰 틀은 미리캔버스와 그리 다르지 않죠? 익숙해지면 오히려 더 쉬워 보일 정도로 직관적이에요. 화면 구성을 간단히 익히고, 마찬가지로 파일 관리도 해 보겠습니다.

03-1 ✦ 캔바 가입하고 프로 평가판 사용하기
03-2 ✦ 캔바의 작업 화면 구경하기
03-3 ✦ 캔바에서 파일 관리하기

이 장의 목표	☑ 캔바 가입하고 사용해 보기
	☑ 캔바의 작업 화면과 기능 살펴보기
	☑ 프로젝트에서 파일 관리를 위한 설정하기

03-1

캔바 가입하고
프로 평가판 사용하기

이번에는 캔바에 회원 가입을 하고 기능을 살펴볼 텐데요. 회원 가입 방법이 미리캔버스와 조금 달라서 낯설 수도 있지만, 어렵지 않으니 걱정하지 마세요!

✦ 이미 회원 가입이 되어 있다면 이 단계를 건너뛰어도 됩니다.

하면 된다!} 캔바 회원 가입하기

01 캔바(www.canva.com/ko_kr)에 접속한 후 메인 화면의 오른쪽 위에서 **[가입]**을 클릭합니다.

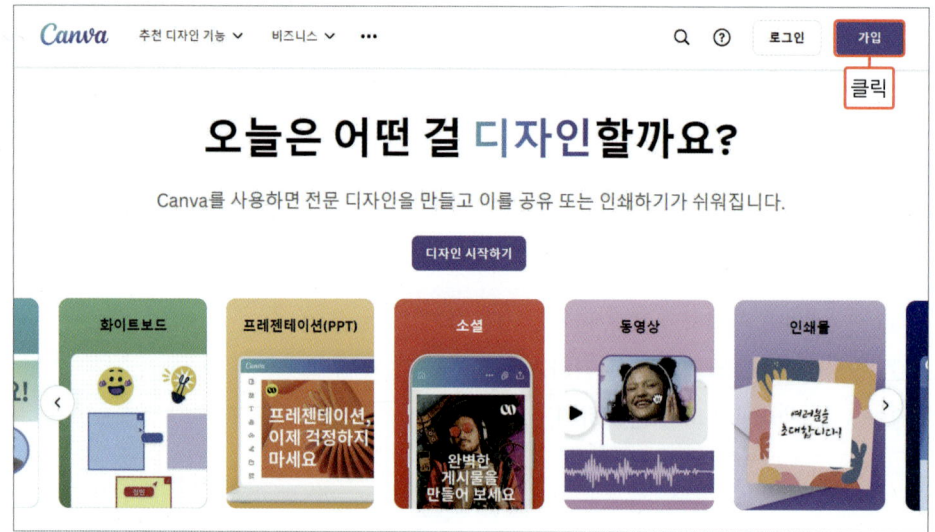

02 [Canva 이용 약관] 창이 나타나면 ❶ [다음 모든 항목에 동의합니다.]를 선택해 체크 표시한 후 ❷ [동의 및 계속하기]를 클릭합니다.

03 [간편 로그인 또는 회원 가입] 창이 나타나면 이용할 이메일이나 서비스 방법을 선택합니다. 여기서는 ❶ [이메일로 계속하기]를 클릭해 보겠습니다. 바뀐 [이메일로 계속하기] 창이 나타나면 [이메일(개인 또는 업무용)] 아래의 빈칸에 ❷ 자신의 이메일 주소를 입력한 후 ❸ [계속하기]를 클릭합니다.

✦ 카카오나 구글 등 편한 방법으로 로그인해도 됩니다.

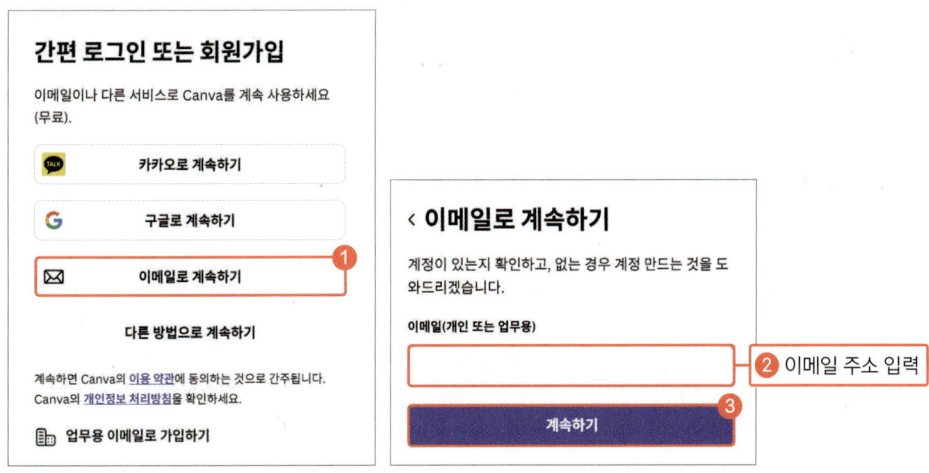

04 ❶ 사용자 이름을 입력한 후 ❷ [계속하기]를 클릭합니다. 이때 이름은 본명을 사용하지 않아도 됩니다.

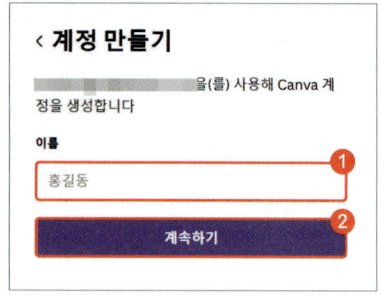

05 04단계에서 입력한 자신의 이메일에 접속한 후 캔바에서 보내 온 내용을 확인합니다. ❶ 전송받은 코드를 입력한 후 ❷ [계속]을 클릭합니다.

06 [Canva를 어디에 사용하실 건가요?] 창에서 자신에게 해당하는 항목을 클릭합니다. 일반 사용자라면 [개인]을 선택하면 됩니다. 이제 캔바에서 회원 가입을 모두 마쳤습니다.

하면 된다! } 캔바 프로 평가판 사용하기

캔바도 미리캔버스와 마찬가지로 30일 무료 체험을 제공합니다. 원활한 실습을 위해 프로 버전 평가판을 미리 활성화해 둡시다. 마지막에는 자동 결제가 되지 않도록 해지까지 해 보겠습니다. 해지해도 30일간 프로 버전을 사용할 수 있으니 안심하고 실습을 진행해 주세요!

01 캔바에 로그인한 후 ❶ 메인 화면의 왼쪽 아래에서 프로필을 선택하고 ❷ 메뉴에서 [요금제]를 클릭합니다.

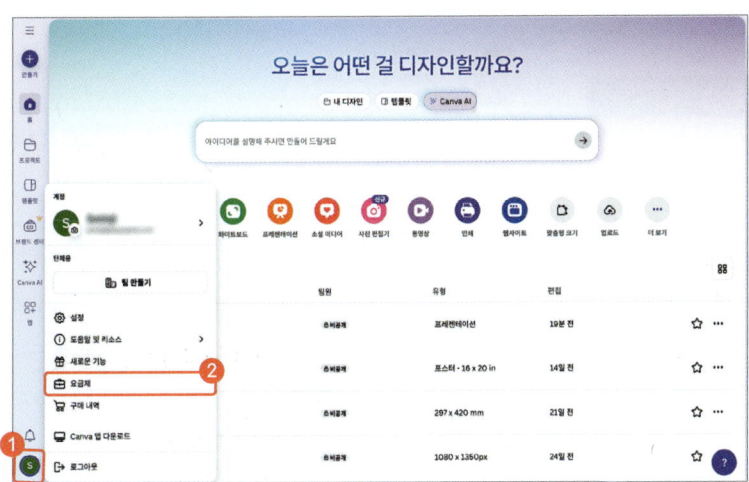

02 요금제 선택 창이 나타나면 [개인 및 단체 → Canva Pro] 바로 아래에서 [무료 체험 시작하기]를 클릭합니다.

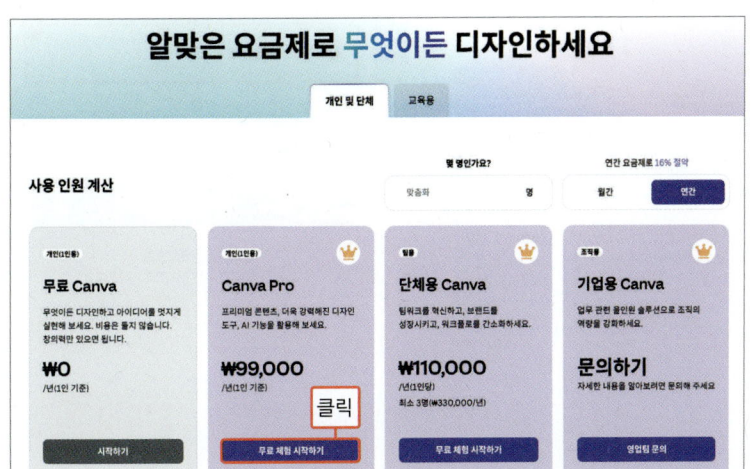

03 [Canva Pro 무료로 사용해 보기] 창이 뜨면 ❶ [월간]을 클릭하고 ❷ [다음]을 선택합니다.

04 [Canva Pro 무료로 사용해 보기] 창이 뜨면 자신의 결제 수단을 선택합니다. 여기서는 ❶ [국내카드]를 선택해 보겠습니다. ❷ 그리고 [무료 체험하기]를 클릭합니다.
✦ 자동 결제를 바로 해지할 것이므로 편한 방법을 사용해도 됩니다.

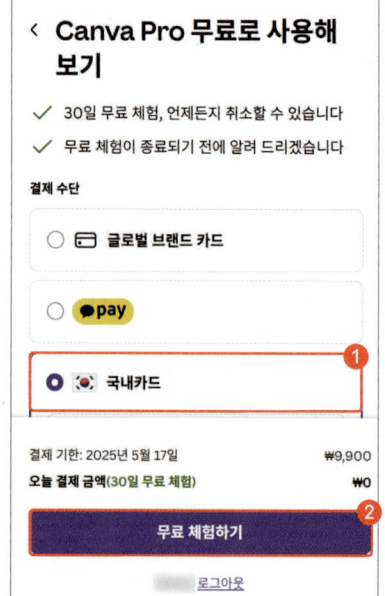

05 ① 결제 정보 창이 나타나면 사용자의 카드정보 등을 모두 입력하고 ② [이용약관 전체동의] 앞에 체크 표시한 뒤 ③ [등록하기]를 선택합니다. [Canva Pro(을)를 어디에 사용하고 싶으신가요?] 창이 나타나면 ④ [개인 프로젝트]를 선택하고 ⑤ [다음]을 클릭합니다. 이제 캔바 프로 버전 평가판을 바로 사용할 수 있습니다.

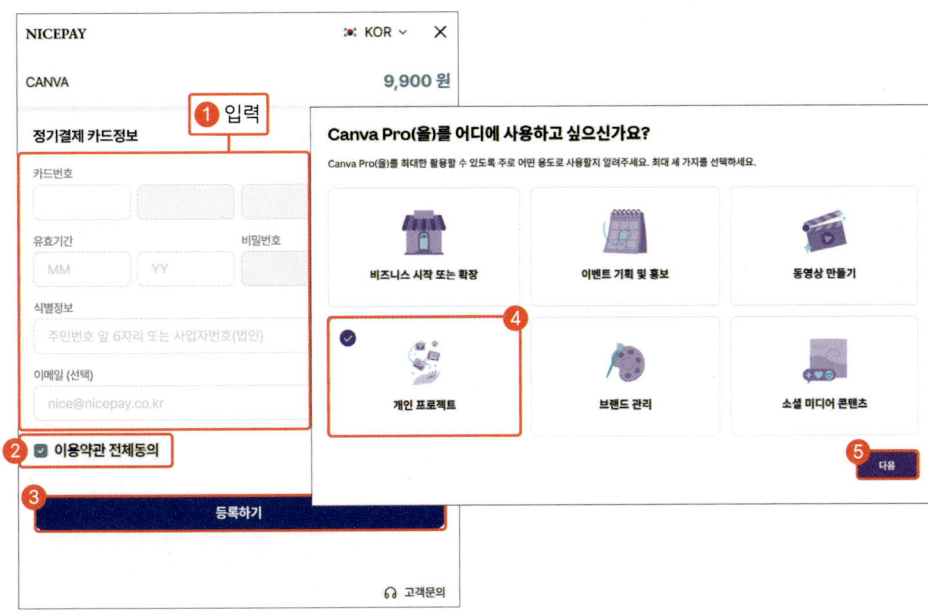

06 이제 자동 결제를 해지해 보겠습니다. 캔바에 로그인한 후 ① 메인 화면 왼쪽 아래에 있는 프로필 이미지를 클릭하고 ② [설정]을 클릭합니다.

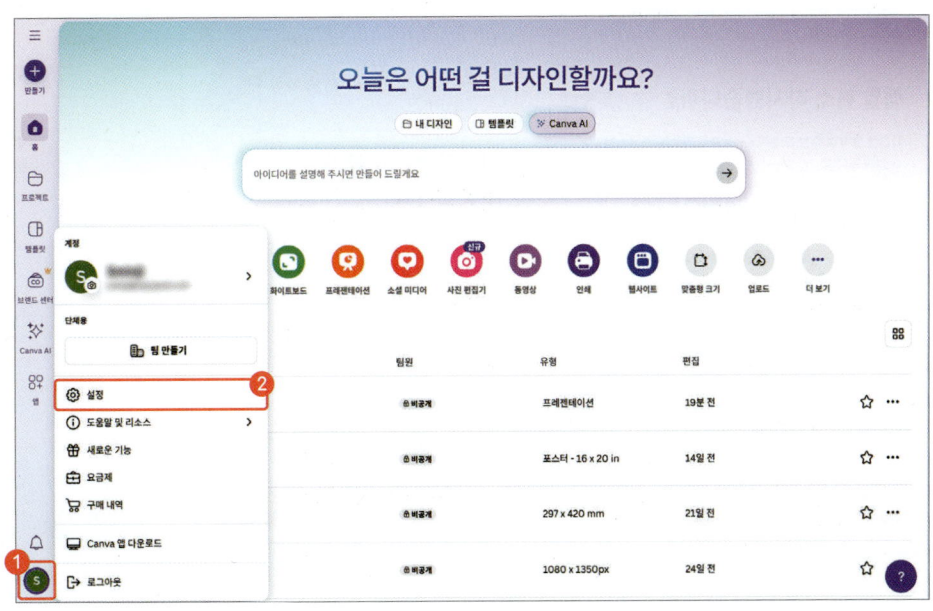

07 왼쪽 메뉴에서 ❶ [결제]를 선택합니다. 오른쪽에 청구 화면이 보이면 ❷ [연간 요금제로 전환] 오른쪽에 있는 ⋯를 클릭하고 ❸ [요금제 해지]를 선택합니다.

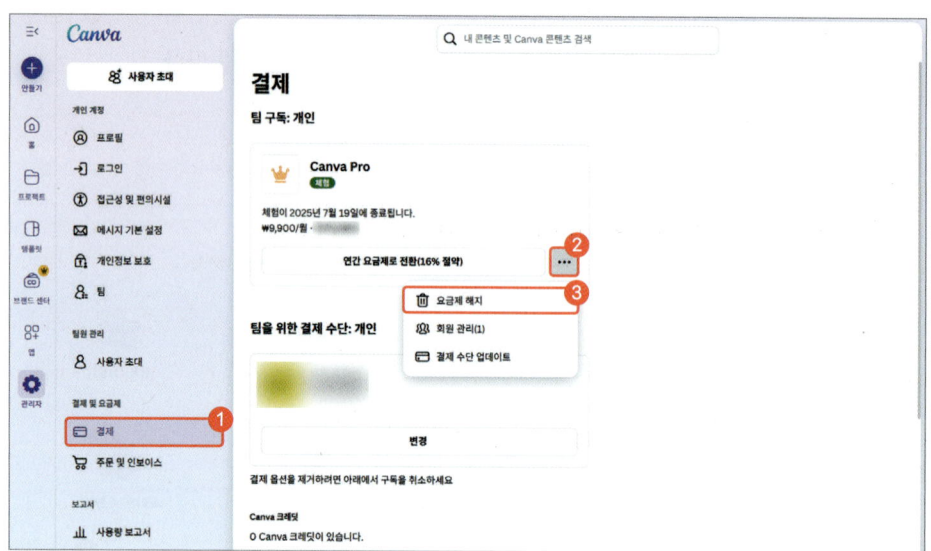

08 [정말 취소하시겠습니까?] 창에서 ❶ [취소 계속 진행]을 클릭합니다. 그리고 [취소하려는 이유가 무엇인가요?] 창에서 ❷ 사유 항목 가운데 하나를 선택한 뒤 ❸ [취소 계속 진행]을 클릭하면 캔바 구독이 해지됩니다. 구독을 해지해도 한 달간 무료로 사용할 수 있습니다.

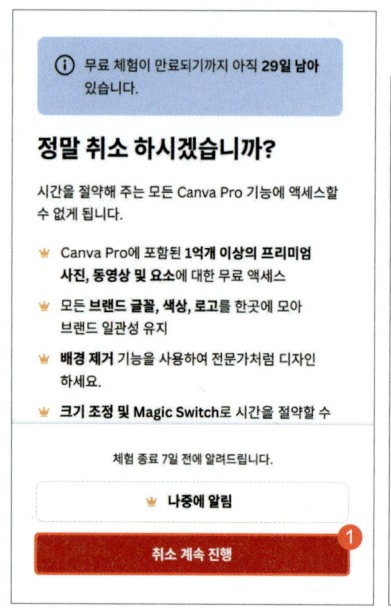
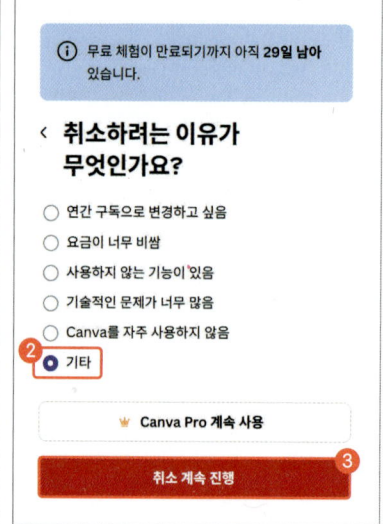

09 이제 메인 화면의 왼쪽 위에서 [프레젠테이션]을 클릭해 작업 화면으로 넘어가 봅시다.

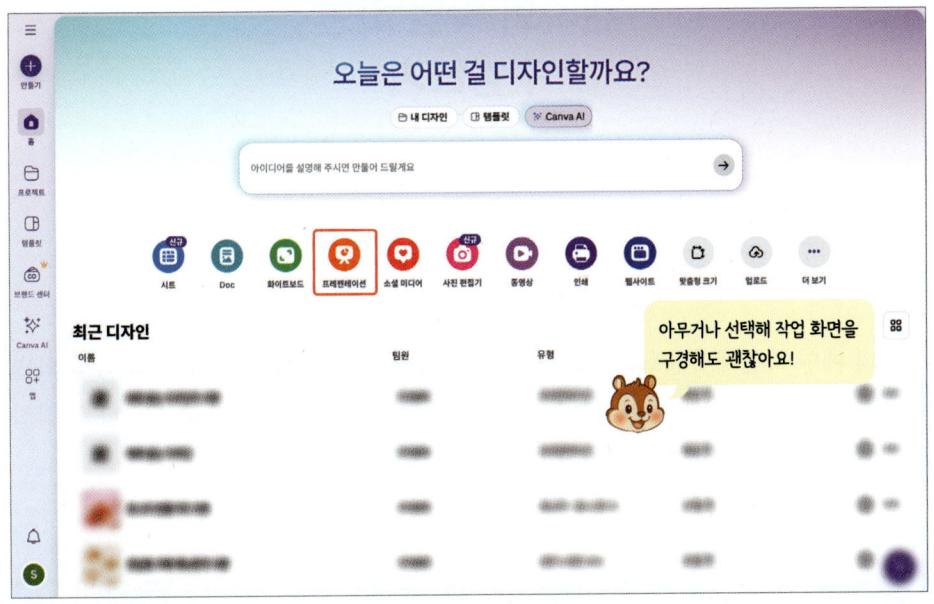

03-2
캔바의 작업 화면 구경하기

캔바의 메인 화면에서 [프레젠테이션]을 누르면 이제 앞으로 계속해서 볼 작업 화면이 나타납니다. 미리캔버스의 작업 화면을 살펴봤던 것과 마찬가지로 하나씩 직접 클릭해 보며 어떤 역할을 하는지 익혀 봅시다.

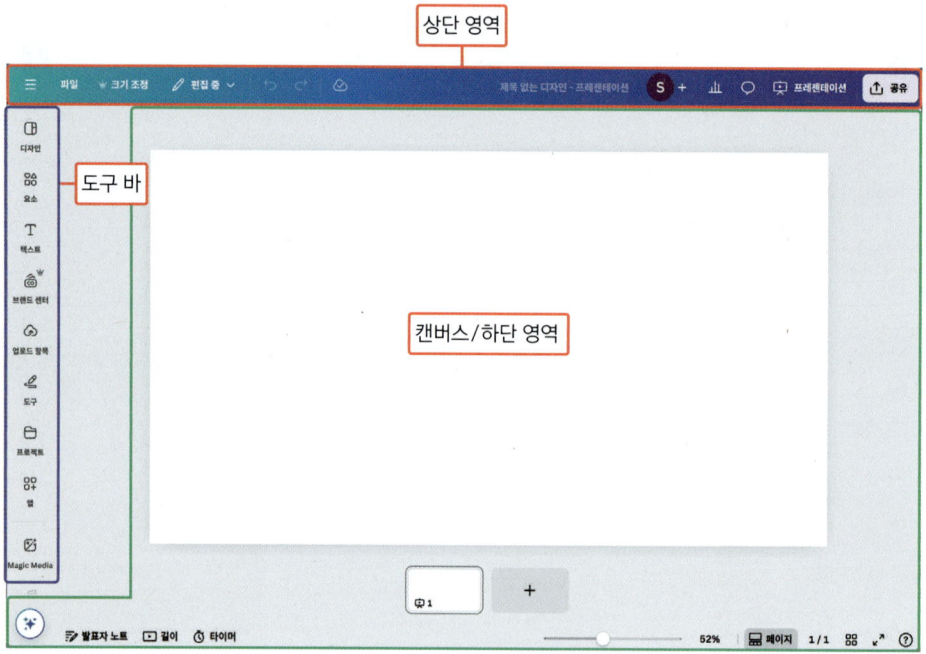

캔바의 작업 화면

각 영역이 어떤 것들로 구성되어 있는지 알아보겠습니다.

상단 영역 자세히 살펴보기

먼저 캔바 작업 화면의 상단에 있는 다양한 메뉴를 살펴보겠습니다.

① **메뉴** ≡ : 메인 화면으로 나가거나 프로젝트 관리, 확장 프로그램 등을 활용할 수 있습니다.

② **파일**: 디자인 파일의 이름 변경, 저장, 버전 기록 확인, 휴지통으로 이동 등을 할 수 있습니다.

③ **크기 조정**: 프로 요금제에서만 쓸 수 있는 기능으로, 디자인의 크기를 다른 형식으로 쉽게 바꿀 수 있습니다.

④ **편집 중**: 파일을 편집 중, 댓글 달기, 보기 모드로 전환할 수 있습니다.

⑤ **제목 입력 창**: 클릭해 제목을 바꿀 수 있습니다. 제목을 입력하지 않으면 자동으로 입력됩니다.

⑥ **분석** : 디자인을 공유했을 때의 조회수나 반응을 분석할 수 있습니다.

⑦ **댓글** : 다른 사람과 협업할 때 특정 요소에 댓글을 남겨 의견을 주고받을 수 있습니다.

⑧ **프레젠테이션** : 디자인을 프레젠테이션 자료 형식으로 화면에 띄울 수 있습니다.

⑨ **공유** : 디자인을 다른 사람과 공유하거나 링크 생성, 다운로드, SNS 업로드를 할 수 있습니다.

다음으로 왼쪽에 있는 도구 바의 기능들도 살펴보겠습니다.

도구 바 자세히 살펴보기

캔바의 도구 바에는 미리캔버스와 비슷하지만 조금씩 다른 기능들이 있어요. 캔바의 도구 바에는 일관된 디자인을 쉽게 유지할 수 있도록 하는 여러 메뉴가 있어요. 이제 이 메뉴를 조금 더 자세히 들여다보겠습니다.

미리캔버스와 마찬가지로 캔바의 도구 바도 잘 알아 두면 도움이 됩니다.

✦ 지금은 이 부분의 내용을 간단히 읽어 보는 정도로 넘어가고, 본격적으로 실습할 때 궁금한 기능이 나오면 다시 찾아보는 용도로 활용해 보세요!

① 디자인 ★중요

미리캔버스의 템플릿 아이콘과 비슷하게 생겼지만, 클릭해 보면 3가지 항목으로 나뉘어 있습니다. 완성된 디자인을 활용할 수 있는 [템플릿], 요소의 위치를 잡는 [레이아웃], 색 조합을 도와주는 [스타일] 중에 골라서 사용할 수 있습니다.

② 요소 ★중요

캔바에서도 요소는 디자인을 꾸밀 수 있는 다양한 그래픽을 말해요. 아이콘, 스티커, 도형, 사진, 동영상 등 여러 가지가 있어서 자유롭게 배치하고 편집할 수 있습니다.

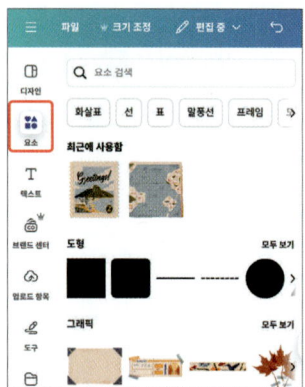

③ 텍스트 ★중요

디자인에 글자를 추가하고 스타일을 자유롭게 변경할 수 있습니다. 글꼴, 크기, 색상, 줄 간격, 정렬 등을 조절할 수 있으며, 다양한 텍스트 효과(그림자, 네온, 곡선 등)도 제공돼요.

④ 브랜드 센터 ★중요

로고, 브랜드 색상, 글꼴을 추가해서 저장해 두고 디자인에 쉽게 적용할 수 있어요.
✦ 단, 프로 요금제에서만 사용할 수 있습니다.

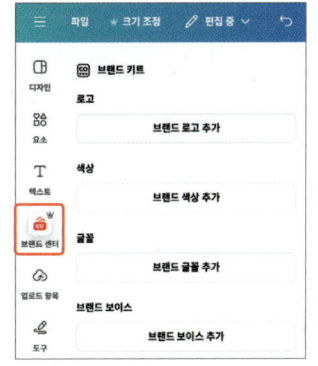

⑤ 업로드 항목

사용자가 파일을 직접 추가하여 디자인에 활용할 수 있어요. 사진, 동영상, 오디오 파일을 업로드할 수 있으며, 한 번 업로드하면 언제든지 다시 사용할 수 있습니다. 개인 또는 팀의 자료를 저장하고 디자인에 쉽게 적용할 수 있어서 작업 효율을 높이기에도 좋아요.

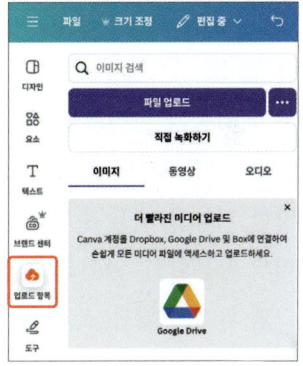

⑥ 도구

연필, 마커, 하이라이터 등의 다양한 브러시 이외에도 도형, 선, 스티커 메모, 텍스트, 표 등을 간편하게 추가할 수 있어요. '빠른 도구 모음'이라고 생각하면 됩니다.

⑦ 프로젝트

사용자가 만든 디자인, 업로드한 파일, 공유 자료 등을 한곳에서 관리할 수 있는 공간이에요. 폴더를 생성하여 디자인을 체계적으로 정리하고, 팀원들과 협업할 수도 있습니다.

⑧ 앱 ★중요

추가 기능과 콘텐츠를 제공하는 확장 도구예요. 사진 편집, 배경 제거, AI 이미지/영상, QR코드 삽입 등 다양한 기능을 앱을 추가하는 것만으로도 도구 바에 불러와 활용할 수 있어요. 인터넷 브라우저의 '확장 프로그램'과 비슷해서, 쓰지 않는 앱은 삭제하면 된답니다.

⑨ 매직 미디어(Magic Media)

캔바의 AI 기능을 활용해 이미지, 그래픽, 동영상을 만들 수 있습니다. 원하는 느낌을 설명해 주면 4개의 이미지를 자동으로 생성해 줍니다.

✦ 문서 작성, 코딩 등의 기능을 이용하려면 캔바 메인 화면의 Canva AI(www.canva.com/ai)로 이동해야 합니다.

캔버스/하단 영역 자세히 살펴보기

캔바의 작업 화면 중앙과 하단에도 여러 가지 메뉴가 있습니다. 먼저 중앙에 있는 흰 백지는 실제 디자인을 하는 곳으로, '캔버스'라고 부릅니다. 캔버스는 크기를 바꾸거나 페이지를 추가하는 등 자유롭게 사용할 수 있습니다.

캔바의 캔버스 화면

이어서 하단 영역에 있는 메뉴도 살펴보겠습니다.

❶ **빠른 작업** ✦ : 디자인에서 자주 사용하는 기능(복사, 삭제 등)을 빠르게 실행할 수 있습니다.

❷ **발표자 노트** 📝/**길이** ▶/**타이머** ⏱ : 발표할 때 참고할 메모를 추가하거나, 특정 요소의 애니메이션 지속 시간을 설정할 수 있습니다.

❸ **축소/확대**: 작업 화면을 작게 또는 크게 보여 줍니다.

❹ **페이지 섬네일 표시/숨기기** 🖥 : 아래에 작게 나타나는 페이지 섬네일을 표시하거나 숨길 수 있습니다.

❺ **그리드 뷰** ⊞ : 전체 페이지가 한눈에 보이는 미리 보기 형태로 정렬할 수 있습니다.

❻ **전체 화면** ⤢ : 디자인을 전체 화면으로 띄워 확인할 수 있습니다.

❼ **캔바에 질문하기** ⓘ : 캔바의 AI 도우미에게 질문하거나 사용법 등 Q&A를 확인할 수 있습니다.

이렇게 해서 캔바의 작업 화면도 모두 살펴봤습니다. 지금 당장 모든 기능을 외워 둘 필요는 없으니, 가벼운 마음으로 읽고 넘어가도 됩니다. 여기서 다루는 기능들은 실습 하나만 따라 해 봐도 모두 익숙해질 테니까요!

방구석 다람쥐의 깨알 팁!

캔바에서는 어떤 파일 형식을 사용할 수 있나요?

포토샵, 미리캔버스와 마찬가지로 캔바에서도 파일을 여러 확장자로 내보낼 수 있습니다. 캔바에서는 내가 만든 콘텐츠를 어떤 파일 형식으로 저장할 수 있는지 확인해 보고 넘어가세요!

확장자명	설명
PNG	배경이 투명한 이미지, 웹에서 사용할 이미지를 저장할 때 사용합니다.
JPG (웹용)	용량은 작지만 손상이 있는 웹용 JPG를 저장할 때 사용합니다. 미리캔버스와 달리 인쇄용 JPG는 따로 제공하지 않습니다.
GIF	소리 없이 움직이는 짧은 애니메이션을 만들 때 사용합니다.
PDF (표준, 인쇄용)	문서에 적합한 웹용 PDF(표준)나 인쇄용 PDF로 나누어 저장할 수 있습니다.
SVG	어도비의 일러스트레이터 프로그램과 호환됩니다. 확대해도 깨지지 않아 로고나 아이콘을 만들 때 적합합니다.
MP4	애니메이션, 동영상 등 움직이는 영상 콘텐츠를 제작할 때 활용합니다.

03-3

캔바에서 파일 관리하기

미리캔버스와 마찬가지로 캔바에서 만든 작업물도 자동으로 저장됩니다. 미리캔버스의 '워크스페이스' 같은 역할인데, 캔바에서는 '프로젝트'라고 불러요.

✦ 지금은 프로젝트를 훑어보고 넘어가는 정도로 하고, 앞으로 작업물이 많아져서 관리해야 할 때 자세히 살펴봐도 됩니다.

하면 된다!} 프로젝트에 파일 저장하기

캔바에는 미리캔버스의 '공유 드라이브'가 없습니다. 그래서 번거롭지만 폴더나 파일 하나하나에 접근 권한을 설정하고 링크를 전달해 공유해야 합니다. 그럼 먼저 프로젝트에 접속해서 작업물을 관리하는 방법을 알아볼까요? 이번 실습에서는 앞으로 만들 디자인을 저장할 폴더를 만들어 보겠습니다.

01 프로젝트 화면 구경하기

캔바에 로그인한 후 메인 화면에서 [프로젝트]를 클릭합니다.

02 폴더 만들고 작업물 저장하기

[최근 디자인] 아래에는 자신이 지금까지 작업한 디자인이 모두 나타납니다. 처음에는 아무것도 없을 것이므로 폴더를 만들어 보겠습니다. ❶ 오른쪽에서 [+ 새 항목 추가]를 클릭하고 ❷ [폴더]를 선택합니다.

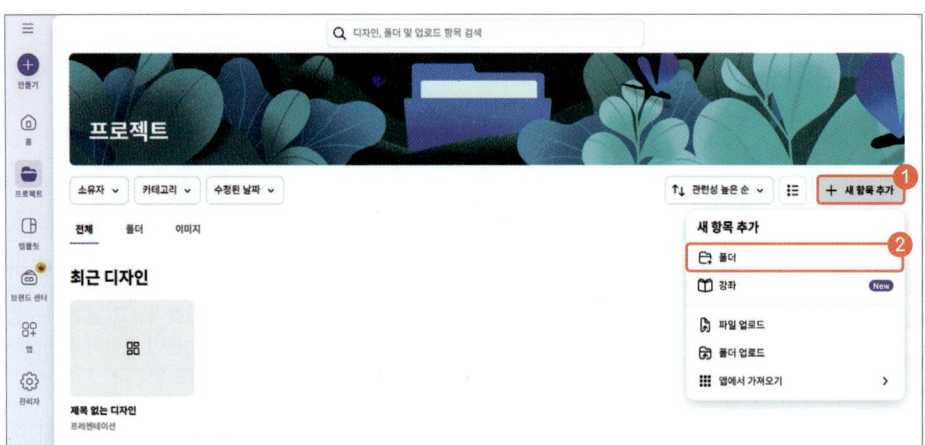

03 ❶ [폴더 만들기] 창이 나타나면 [폴더 이름] 아래 빈칸에 캔바 실습이라고 입력합니다. ❷ [계속]을 클릭하면 새 폴더가 만들어집니다.

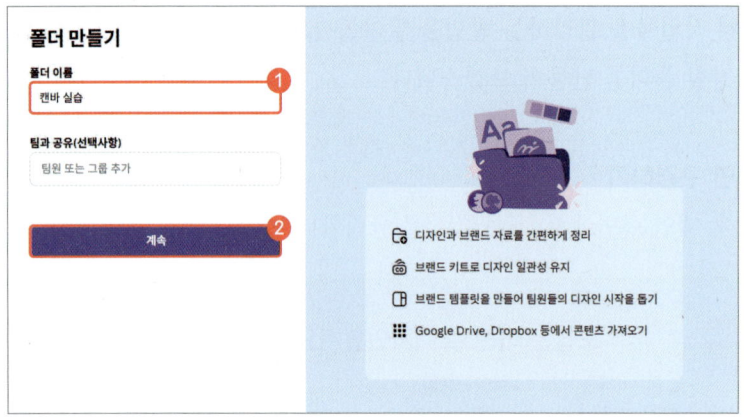

04 이제 새 폴더에 디자인을 만들어 저장해 보겠습니다. ❶ 앞에서 만든 [캔바 실습] 폴더를 클릭해 [캔바 실습] 창이 뜨면 ❷ [디자인 만들기]를 클릭합니다.

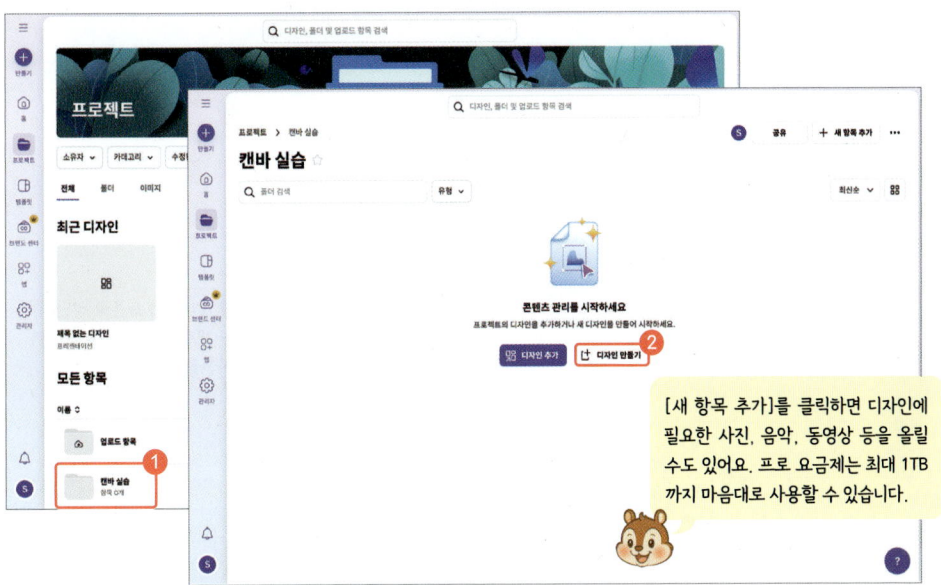

[새 항목 추가]를 클릭하면 디자인에 필요한 사진, 음악, 동영상 등을 올릴 수도 있어요. 프로 요금제는 최대 1TB 까지 마음대로 사용할 수 있습니다.

05 [디자인 만들기] 창이 뜨면 [프레젠테이션]을 클릭합니다.

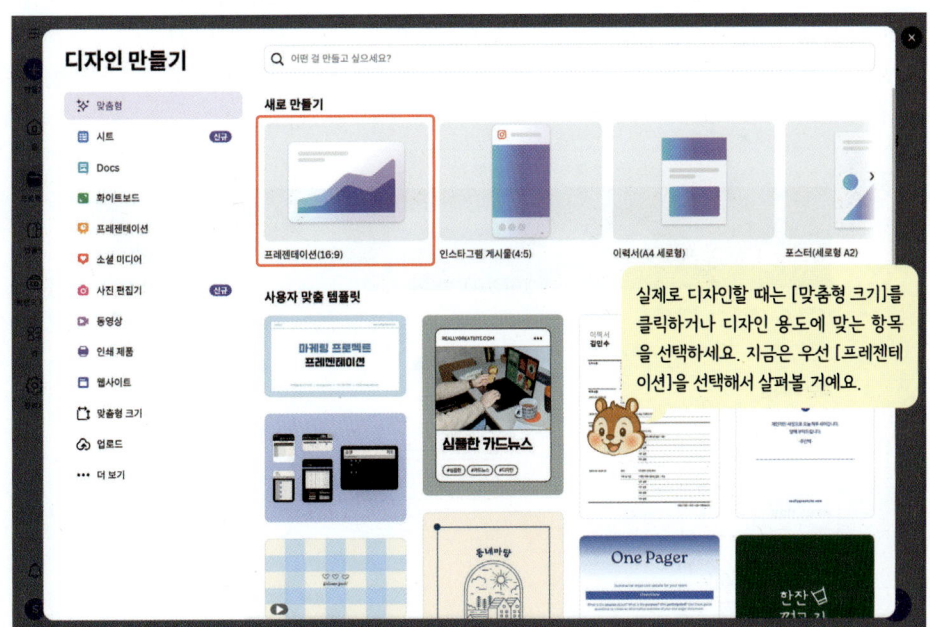

실제로 디자인할 때는 [맞춤형 크기]를 클릭하거나 디자인 용도에 맞는 항목을 선택하세요. 지금은 우선 [프레젠테이션]을 선택해서 살펴볼 거예요.

06 앞에서 만든 프레젠테이션 디자인이 캔바 실습 폴더에 자동으로 저장될 때까지 기다립니다. 1분쯤 지나서 다시 프로젝트 화면으로 돌아가 보면 캔바 실습 폴더에 새 파일이 자동으로 저장된 것을 확인할 수 있습니다.

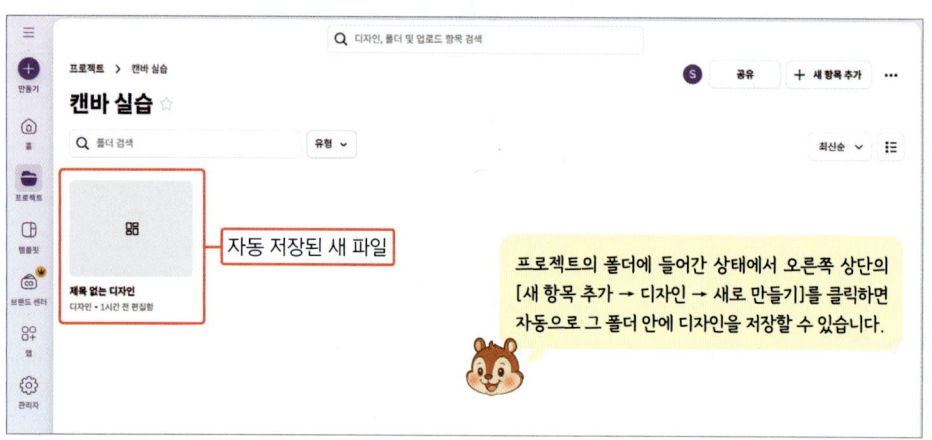

방구석 다람쥐의 깨알 팁!
폴더 밖에 있는 파일을 폴더에 추가하고 싶어요!

만약 폴더 내에서 파일을 만들지 않았다면 바깥의 [최근 디자인]에 저장되어 있을 거예요. 이 때는 ❶ 옮기고 싶은 파일 위로 마우스 커서를 이동한 후 ❷ [더보기 ⋯]를 클릭하고 ❸ [폴더로 이동]을 클릭합니다. 다음으로 ❹ [캔바 실습] 폴더를 선택한 후 ❺ [이동]을 클릭하면 디자인을 폴더에 추가할 수 있습니다.

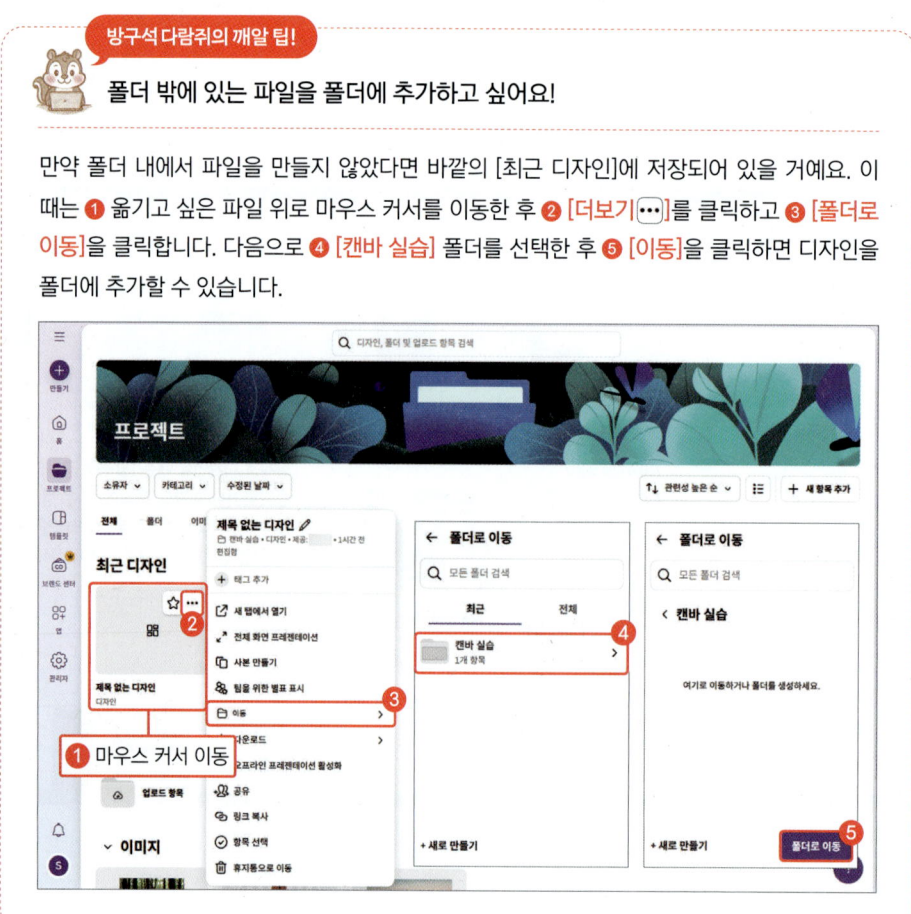

하면 된다!} 프로젝트에서 파일 복사, 공유, 삭제하기

미리캔버스와 마찬가지로 캔바에서 파일을 복사하거나 공유, 삭제할 때에도 프로젝트에 접속하면 됩니다.

01 디자인 복사하기

❶ [프로젝트 → 캔바 실습] 폴더에서 ❷ 파일 위로 마우스 커서를 이동한 후 ❸ [더 보기⋯]를 클릭합니다. 다음과 같이 [제목 없는 디자인] 창이 나타나면 ❹ [사본 만들기]를 클릭해 봅시다.

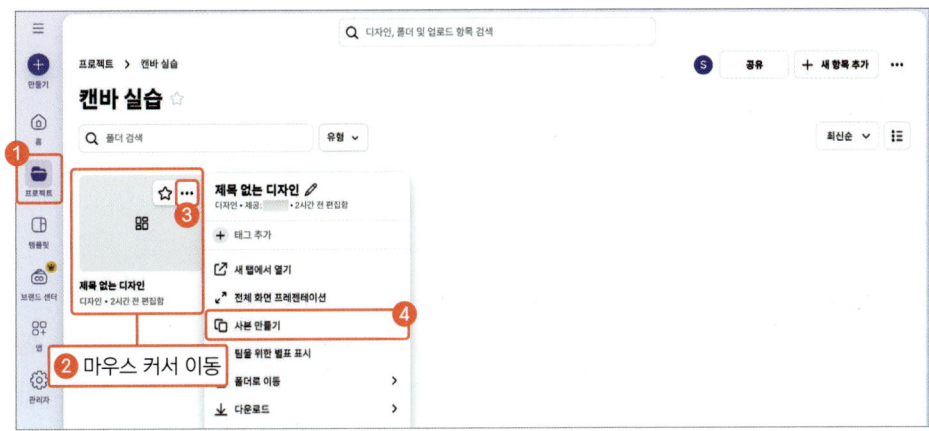

02 '사본'이라는 이름이 붙은 파일이 하나 더 생겨납니다. 이처럼 [사본 만들기]를 이용하면 똑같은 파일을 하나 더 복제할 수 있습니다.

03 파일 공유하기

이번에는 내가 만든 디자인을 다른 사람과 공유해 보겠습니다. ❶ 다시 원본 파일의 작업물 위로 마우스 커서를 이동해 ❷ [더보기 ⋯]를 클릭한 후 ❸ [공유]를 선택합니다.

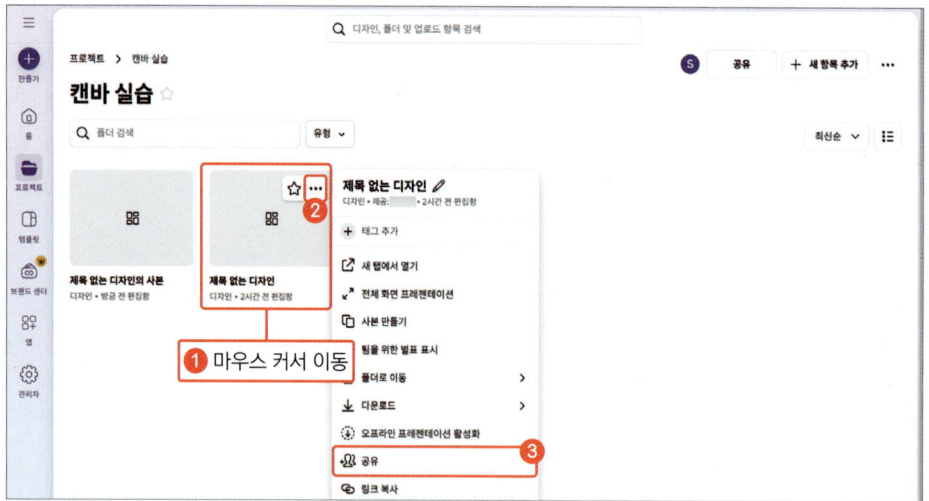

04 [디자인 공유] 창이 나타납니다. ❶ [링크가 있는 모든 사용자]를 선택하고 ❷ [편집 가능]도 선택한 뒤 ❸ [링크 복사]를 클릭하면 내 디자인을 다른 사람과 공유할 수 있습니다.

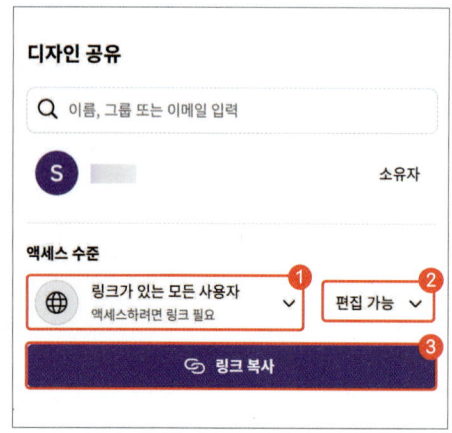

[링크가 있는 모든 사용자]와 [편집 가능]을 선택하면 다른 사람이 내 파일을 자신의 계정에 복제한 뒤 마음껏 수정할 수 있어요.

05 파일 삭제하기

이번에는 필요 없는 파일을 삭제해 보겠습니다. ❶ 복사한 작업물 위로 마우스 커서를 이동해 ❷ [더보기 …]를 클릭한 후 ❸ [휴지통으로 이동]을 선택하면 파일이 휴지통으로 이동합니다.

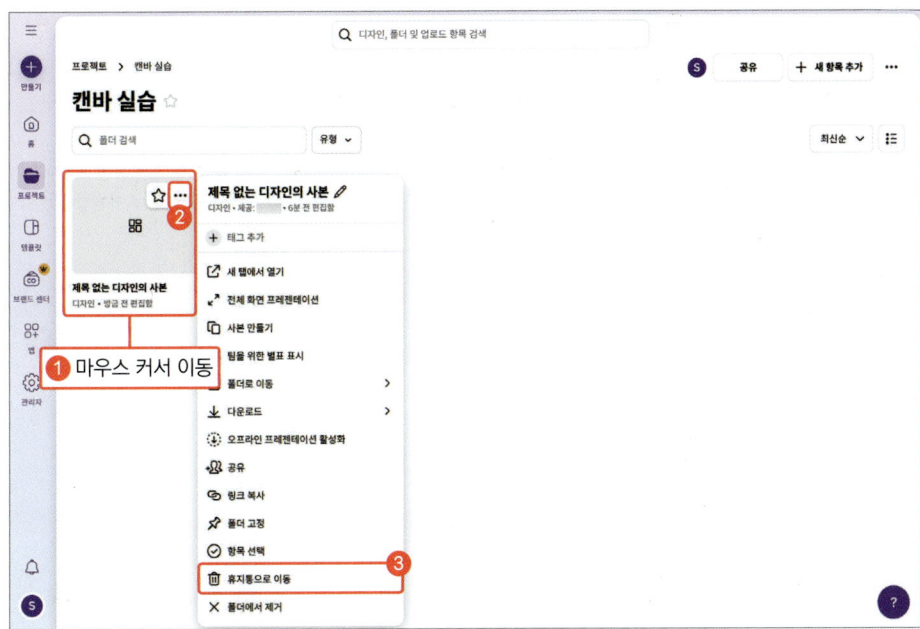

06 휴지통은 접혀 있는 메뉴를 펼쳐야 나타나므로, 먼저 ❶ [메뉴 ≡]를 클릭해 메뉴를 펼쳐 줍니다. ❷ 왼쪽 아래의 [휴지통]을 선택합니다.

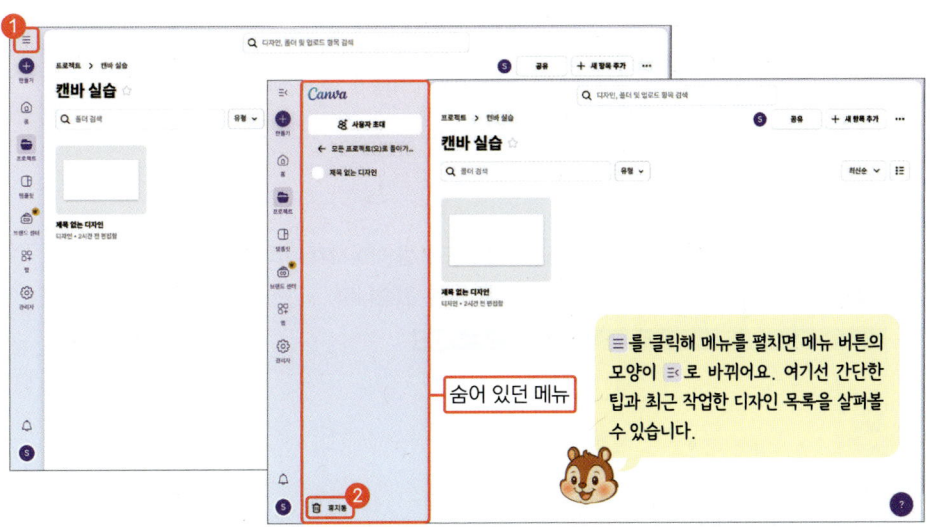

07 오른쪽에 [휴지통] 창이 뜨면 ① 삭제하고 싶은 파일 위로 마우스 커서를 옮긴 뒤 ② [더보기 ⋯]를 클릭합니다. ③ [휴지통에서 삭제]를 클릭하면 휴지통에 있는 파일을 모두 삭제할 수 있습니다.

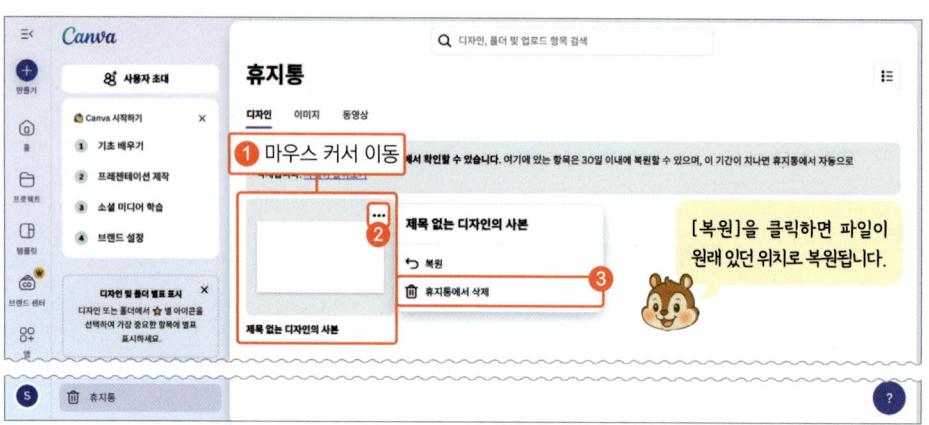

> 방구석 다람쥐의 깨알 팁!

내 디자인을 다른 사람과 동시에 수정하고 싶어요

만약 내 디자인을 동시에 작업해야 한다면 오른쪽 상단의 [디자인 공유 +]를 클릭하고 공유할 사람의 이메일을 입력한 뒤 [공유]를 클릭하면 됩니다.

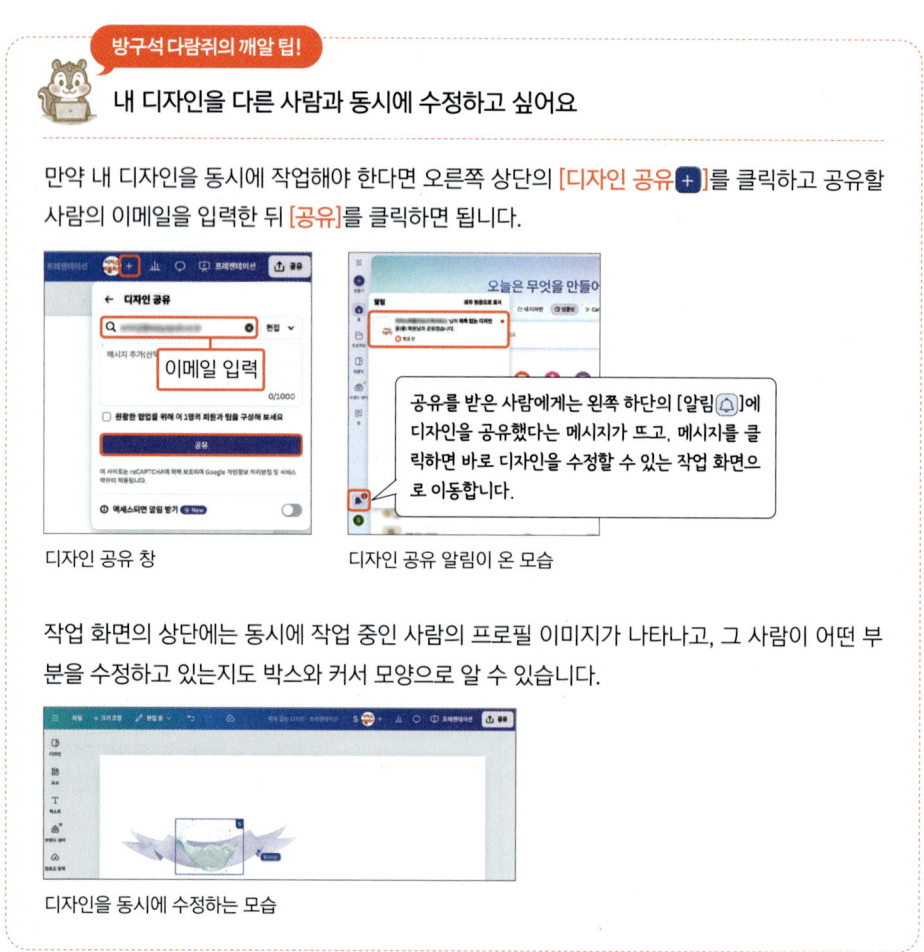

디자인 공유 창   디자인 공유 알림이 온 모습

작업 화면의 상단에는 동시에 작업 중인 사람의 프로필 이미지가 나타나고, 그 사람이 어떤 부분을 수정하고 있는지도 박스와 커서 모양으로 알 수 있습니다.

디자인을 동시에 수정하는 모습

둘째마당

미리캔버스로
내용이 중요한
콘텐츠 만들기

카드뉴스나 상세 이미지처럼 디자인은 물론이고 내용 자체도 돋보이는 콘텐츠를 만들어야 할 때가 있죠. 미리캔버스에는 기본으로 제공하는 한글 글꼴이 많아서 내용이 잘 어우러지는 디자인을 만들 때 유용합니다. 이제 이것저것 직접 만들어 보며 실전 노하우를 배워 보고, 곳곳에 넣어 둔 디자인 꿀팁과 함께 미리캔버스 활용 전문가가 되어 봅시다.

04 ✦ 간단한 할인 이벤트 카드뉴스 만들기
05 ✦ 유튜브 섬네일 이미지 만들기
06 ✦ 나만의 홈페이지형 블로그 만들기
07 ✦ AI 기능으로 상세 이미지 만들기
실전 과제 ✦ 템플릿을 활용해 리뷰 이벤트 이미지 만들기

기본 요금제 실습

◆ 04 ◆

간단한 할인 이벤트 카드뉴스 만들기

미리캔버스 하면 가장 먼저 생각나는 카드뉴스! 미리캔버스는 카드뉴스를 만들 때 유용한 예쁜 글꼴과 요소를 다양하게 제공하는데요. 이번에는 미리캔버스의 여러 요소로 인스타그램 게시물 크기의 1페이지짜리 할인 이벤트 카드뉴스를 만들어 볼게요. 이 실습은 미리캔버스에서 무료로 제공하는 요소만 사용하므로 부담 없이 쉽게 따라 할 수 있습니다.

◆ 완성 이미지

◆ 완성 파일
bit.ly/miri_event

◆ 동영상 강의

1단계	2단계	3단계	4단계
카드뉴스 배경에 그라데이션 넣기	카드뉴스의 상단 문구 디자인하기	카드뉴스에 어울리는 요소 추가하기	카드뉴스의 빈 공간에 꾸밈 요소 추가하기

1단계

카드뉴스 배경에
그라데이션 넣기

하면 된다!} 새 캔버스 만들고 배경에 그라데이션 넣기

미리캔버스의 모든 작업은 새 캔버스 만들기부터 시작됩니다. 캔버스의 크기는 디자인에 따라 달라지지만, 이번에는 미리캔버스에서 기본으로 제공하는 인스타그램용 캔버스를 활용해 보겠습니다.

01 미리캔버스에 로그인한 후 ❶ 메인 화면의 오른쪽 위에서 [디자인 만들기]를 클릭하고 ❷ [웹용/동영상 디자인 만들기]를 클릭합니다.

✦ 캔버스가 저장될 위치를 먼저 지정하려면 오른쪽 위의 프로필 이미지를 클릭한 뒤, 워크스페이스에서 '미리캔버스 실습' 폴더로 들어가서 [새 디자인 만들기]를 클릭하세요.

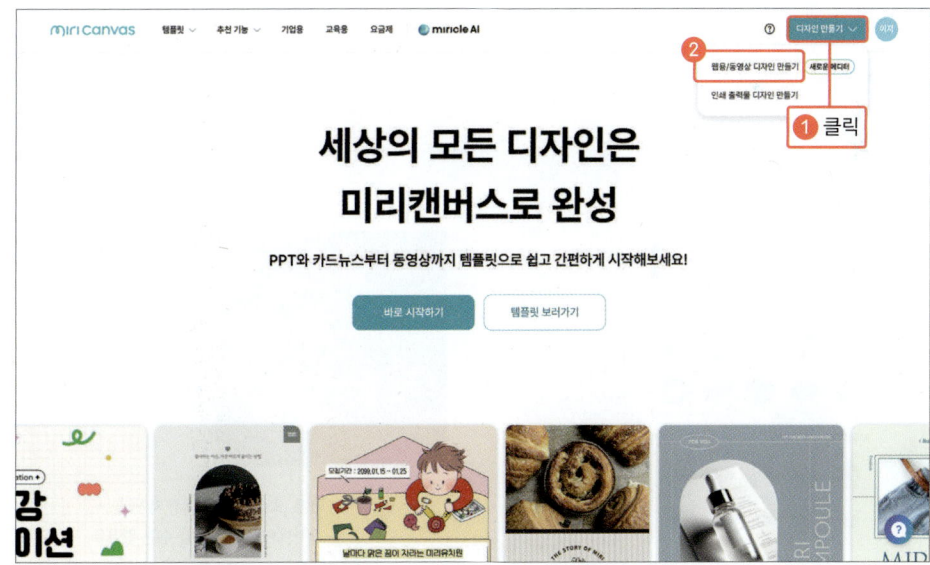

04 ✦ 간단한 할인 이벤트 카드뉴스 만들기

02 캔버스 크기를 선택하는 창이 나타나면 ① [소셜 미디어]를 클릭하고 ② [카드뉴스]를 선택합니다.

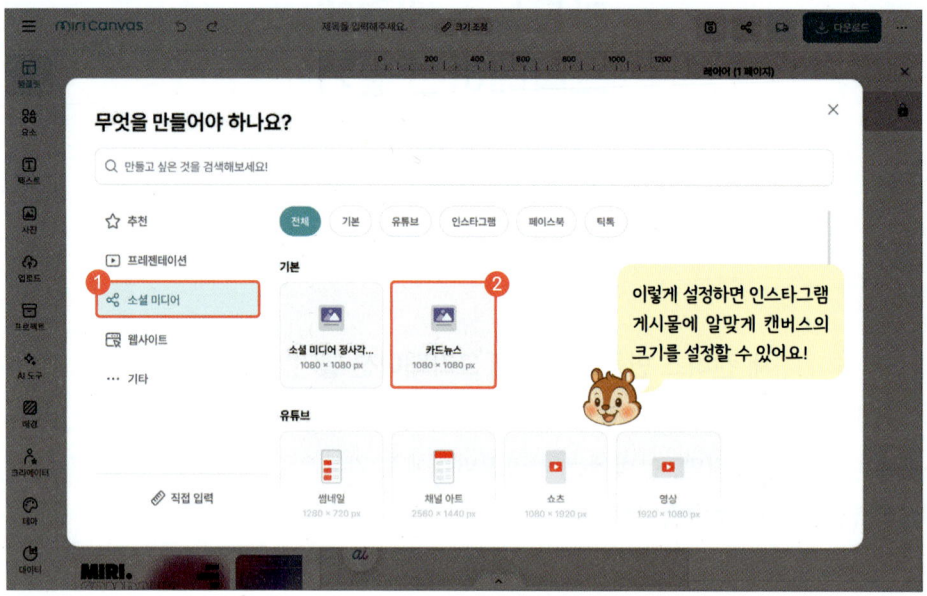

03 다음으로 사각형 배경에 그라데이션을 적용해 보겠습니다. ① 왼쪽의 도구 바에서 [요소]를 클릭한 후 ② [도형]을 선택하고 ③ [기본 도형]에서 사각형을 클릭해서 캔버스에 불러옵니다.

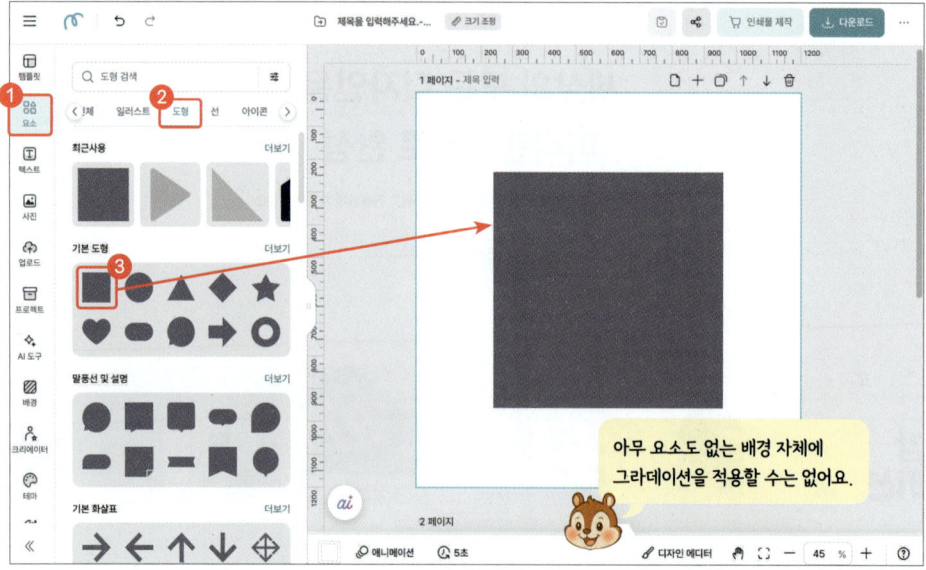

04 ❶ 앞에서 만든 사각형을 선택해 테두리에 조절점이 나타나면 클릭한 채 드래그해서 화면이 꽉 차도록 늘립니다. ❷ 사각형을 선택한 상태로 [색상] 오른쪽의 ■ 버튼을 클릭합니다. ❸ [색상] 창이 나타나면 [그라데이션]을 선택한 후, ❹ [사용 중인 색상] 바로 아래에서 [새로운 색상 추가 ➕]를 클릭합니다.

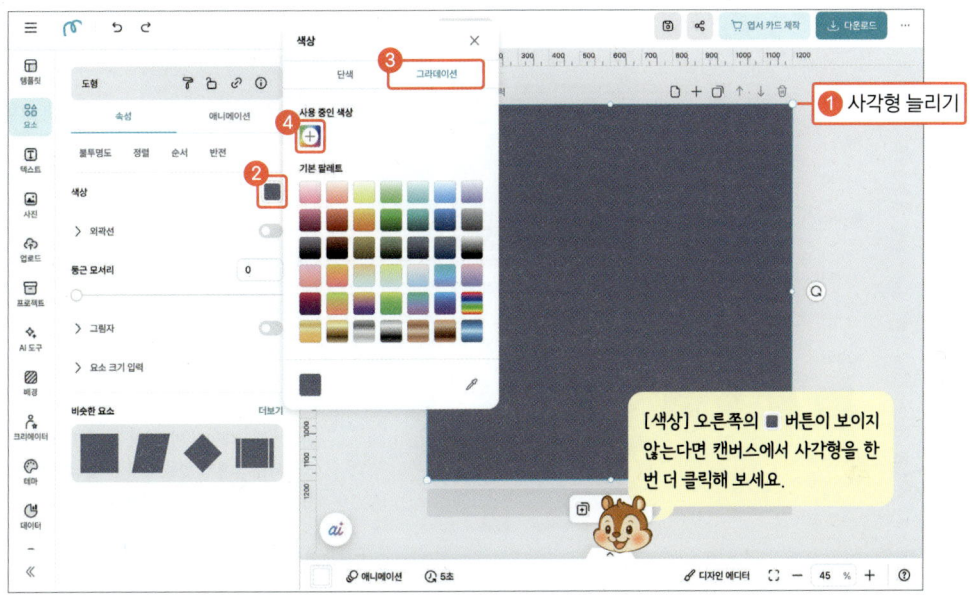

[색상] 오른쪽의 ■ 버튼이 보이지 않는다면 캔버스에서 사각형을 한 번 더 클릭해 보세요.

05 [직접 조정] 창이 나타납니다. 그라데이션 색을 바꾸려면 그라데이션 바의 첫 부분과 끝 부분을 선택해 선택 바를 만들어야 해요. ❶ 그라데이션 바에서 왼쪽 끝부분을 한 번 클릭한 후, ❷ 아래쪽 색상 코드란에 B3E2FF를 입력합니다.

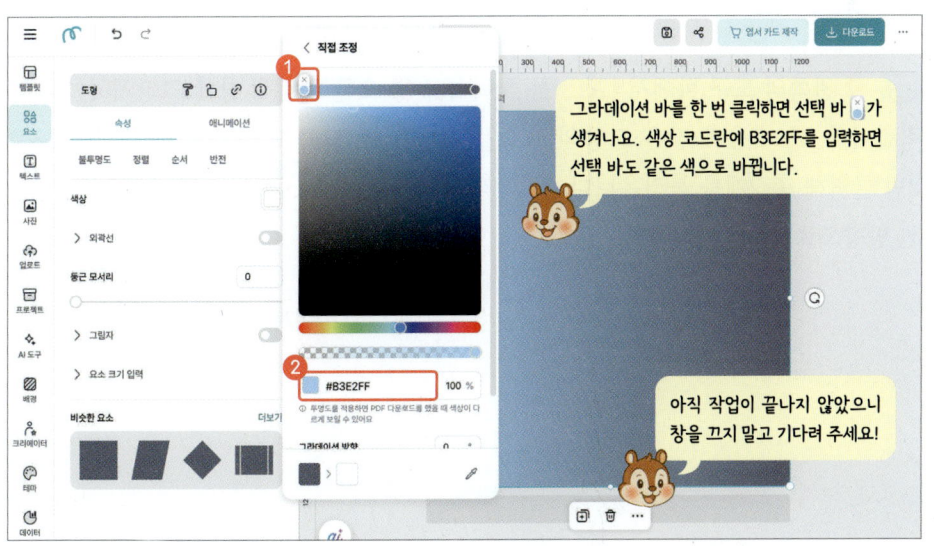

그라데이션 바를 한 번 클릭하면 선택 바가 생겨나요. 색상 코드란에 B3E2FF를 입력하면 선택 바도 같은 색으로 바뀝니다.

아직 작업이 끝나지 않았으니 창을 끄지 말고 기다려 주세요!

06 이어서 ① 그라데이션 바의 오른쪽 끝부분을 한 번 클릭한 후, ② 아래쪽 색상 코드란에 1198FF를 입력합니다. ③ [그라데이션 방향]도 268로 조정해 줍니다. ④ 배경 작업이 모두 끝났으므로 사각형 바깥의 빈 회색 부분을 클릭해 빠져나옵니다.

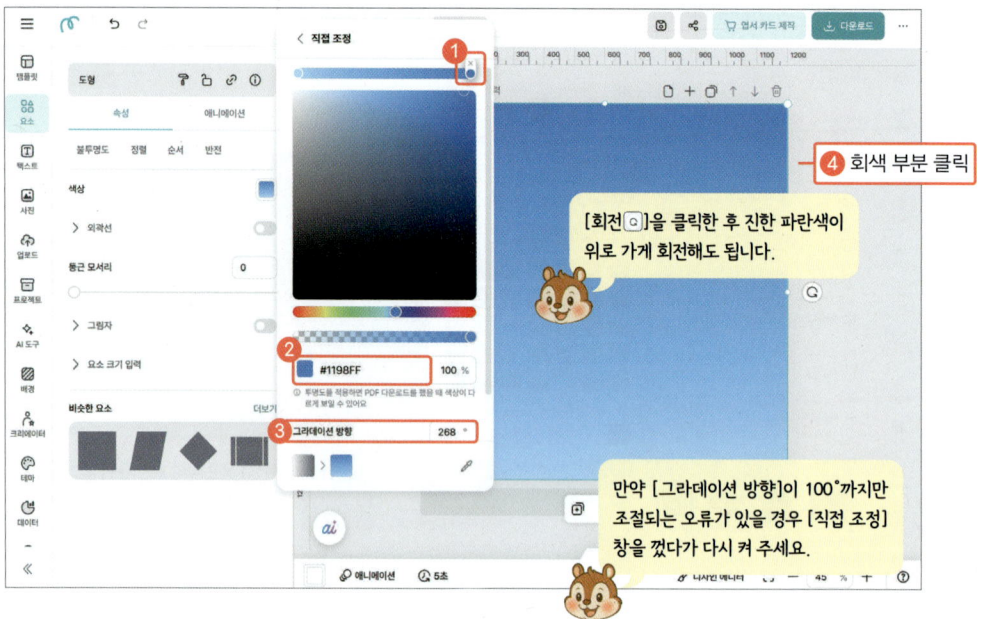

하면 된다!} 포인트가 될 그라데이션 요소 추가하기

지금 상태로도 예쁘지만, 포인트로 그라데이션 요소를 추가해 빈 부분을 조금 더 채워 보겠습니다.

01 ① 왼쪽의 도구 바에서 [요소]를 클릭하고 ② 오른쪽 검색 창에 그라데이션을 입력합니다. ③ 다음과 같은 모양의 요소를 찾아 2번 클릭해 총 2개를 불러옵니다. ④ 각각 대각선 방향으로 배치해 줍니다.

✦ 요소를 찾기 어렵다면 이지스퍼블리싱 자료실에서 '템플릿 링크 모음'을 클릭해 보세요.

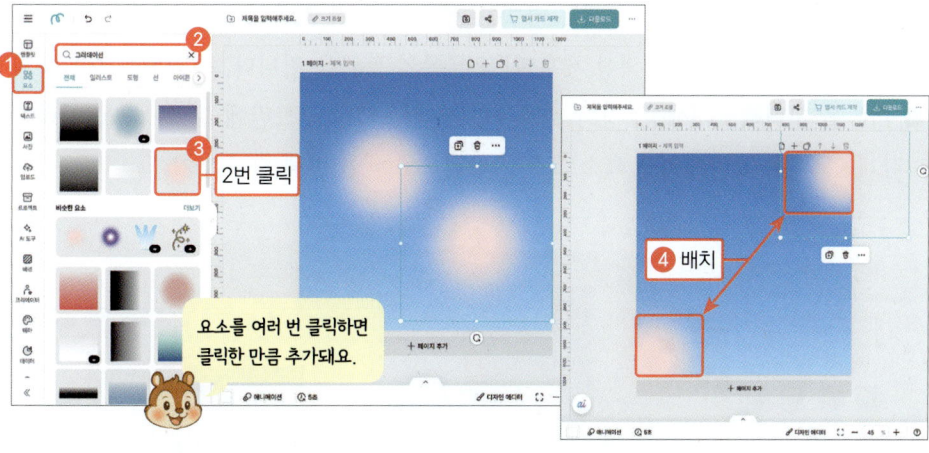

요소를 여러 번 클릭하면 클릭한 만큼 추가돼요.

02 ❶ Shift 를 누른 채 그라데이션 요소 2개를 모두 선택합니다. ❷ [요소 크기 입력]을 선택하고 ❸ [너비]와 [높이]에 각각 1352를 입력합니다. 요소의 크기가 입력한 수치만큼 커집니다.

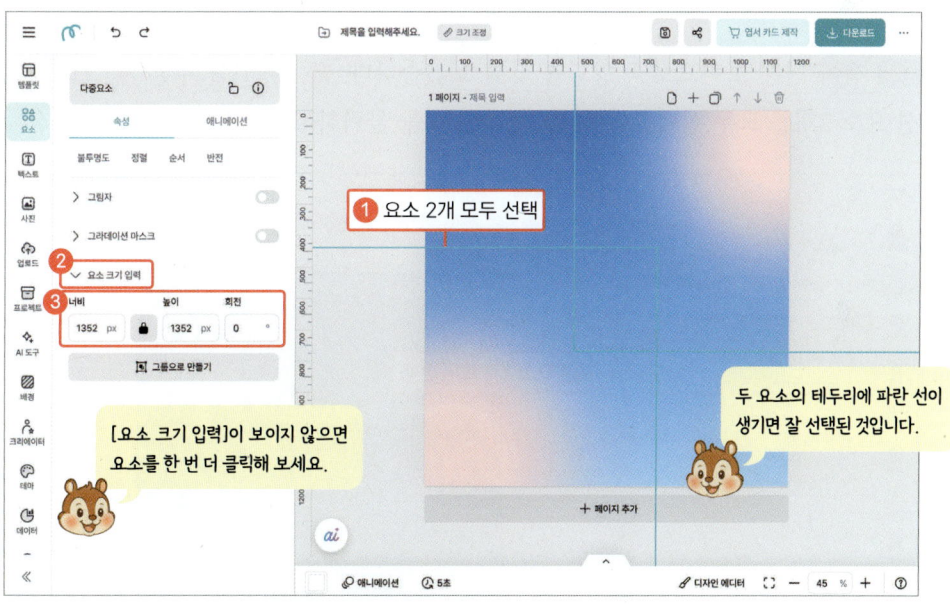

[요소 크기 입력]이 보이지 않으면 요소를 한 번 더 클릭해 보세요.

두 요소의 테두리에 파란 선이 생기면 잘 선택된 것입니다.

03 이제 그라데이션 요소의 색을 바꿔 보겠습니다. ❶ 그라데이션 요소 2개 중에서 왼쪽을 선택한 상태로 ❷ [색상 채우기] 오른쪽의 토글을 켭니다. ❸ [색상] 오른쪽의 ■ 버튼을 선택해 ❹ [색상] 창이 나타나면 아래쪽 색상 코드란에 AEF7B3을 입력합니다. ❺ 오른쪽 그라데이션 요소도 같은 방법으로 색을 바꿔 줍니다.

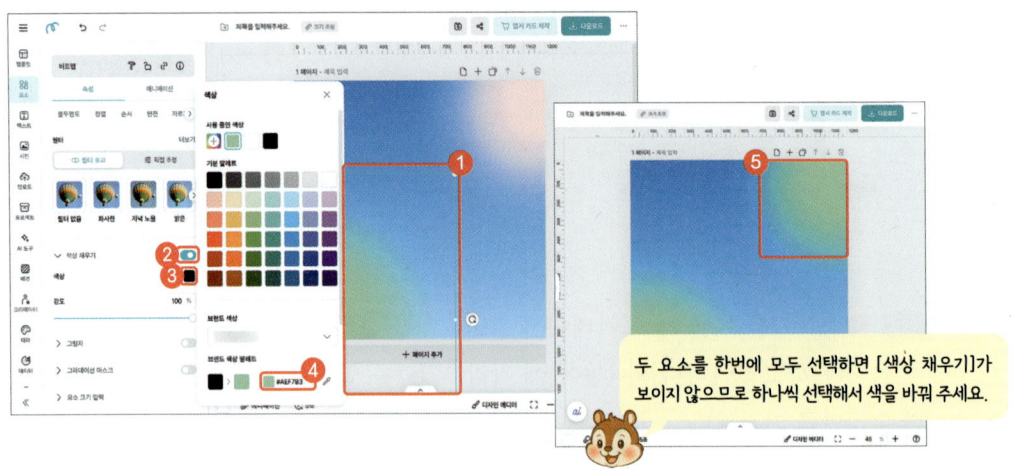

두 요소를 한번에 모두 선택하면 [색상 채우기]가 보이지 않으므로 하나씩 선택해서 색을 바꿔 주세요.

04 색이 진해 보이므로 투명도를 낮춰 보겠습니다. ❶ Shift 를 누른 채 그라데이션 요소 2개를 모두 선택합니다. ❷ [불투명도]를 클릭하고 ❸ 40으로 낮춥니다.

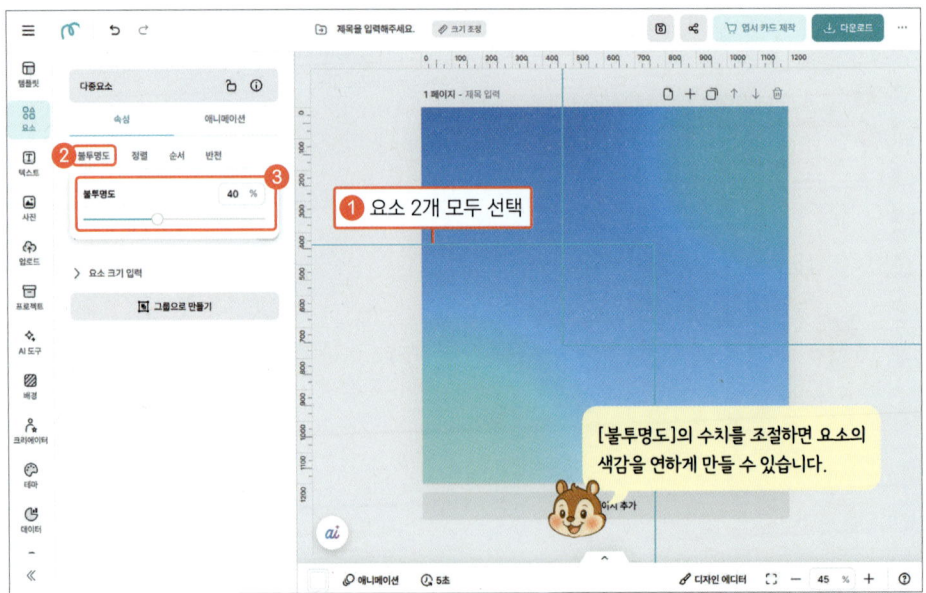

[불투명도]의 수치를 조절하면 요소의 색감을 연하게 만들 수 있습니다.

2단계

카드뉴스의 상단 문구 디자인하기

하면 된다!} 상단 문구 입력하고 부분 강조하기

디자인에서 텍스트는 중요한 요소이므로 기본적으로 다룰 줄 아는 것이 좋죠. 이번에는 텍스트 상자를 만들어 문구를 입력한 후 보기 좋게 설정하는 방법을 알아보겠습니다.

01 먼저 문구를 입력해 보겠습니다. ❶ 왼쪽의 도구 바에서 [텍스트]를 선택합니다. ❷ [제목 텍스트 추가]를 클릭하고 ❸ 텍스트 상자가 캔버스에 나타나면 5일간만 열리는 할인 파티!를 입력합니다.

✦ 입력할 내용은 이지스퍼블리싱 자료실의 '실습 입력 텍스트'에 모두 정리되어 있습니다.

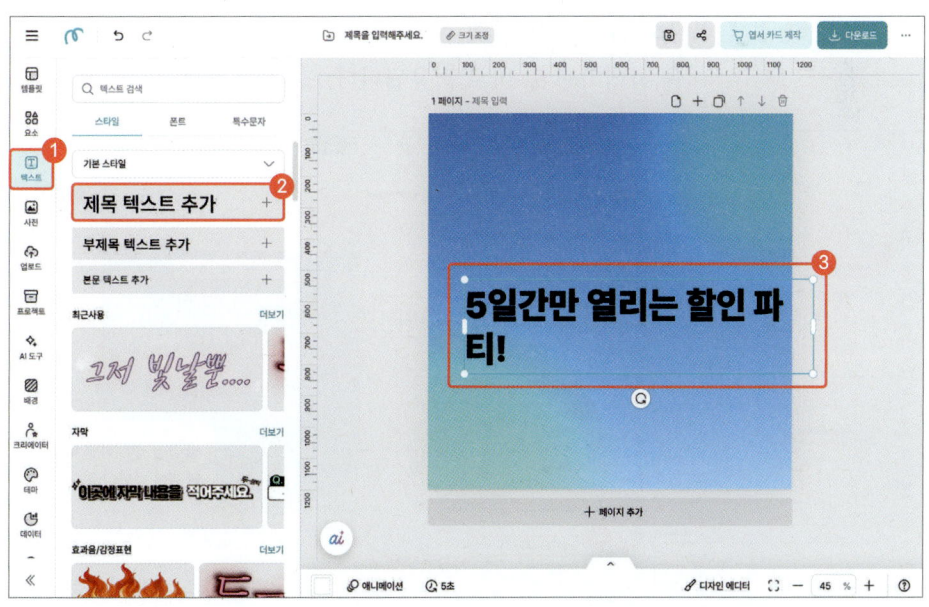

04 ✦ 간단한 할인 이벤트 카드뉴스 만들기   **87**

02 ❶ 텍스트의 [속성] 창이 나타나면 [글자 정렬 ≡]을 클릭해 ❷ [가운데 정렬 ≡]로 바꿉니다. ❸ 다음과 같이 줄 바꿈을 해주고 그라데이션 배경 위쪽의 빈 공간으로 이동합니다.

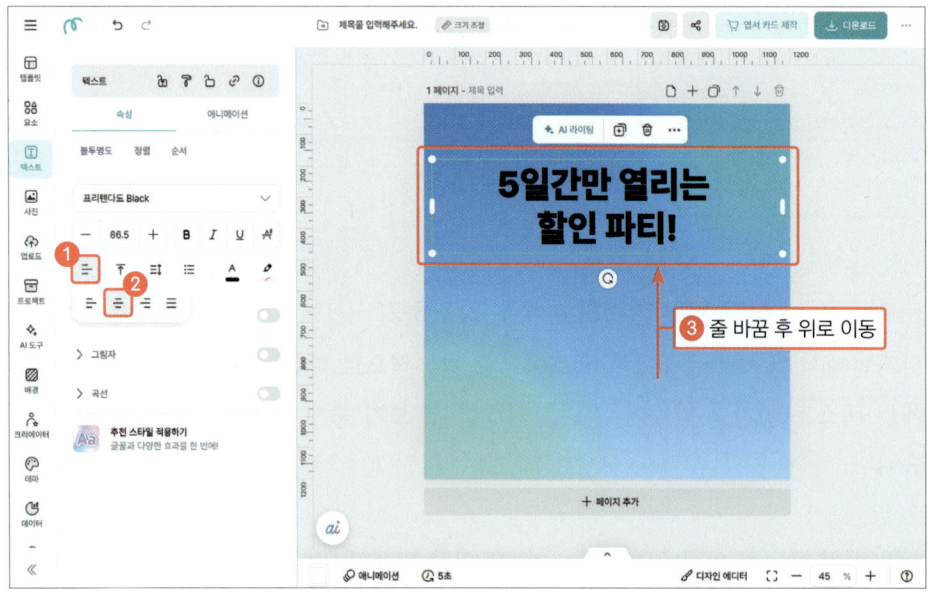

03 이제 문구의 글꼴과 색을 원하는 것으로 바꾸어 보겠습니다. ❶ [프리텐다드 Black]을 클릭하면 글꼴 검색 창이 나타납니다. ❷ 글꼴 검색 창에 G마켓 산스를 입력합니다. ❸ 검색 결과로 나타난 [G마켓 산스] 왼쪽의 [더보기 >]를 클릭하고 ❹ [G마켓 산스 Medium]을 선택하면 ❺ 바로 적용됩니다.

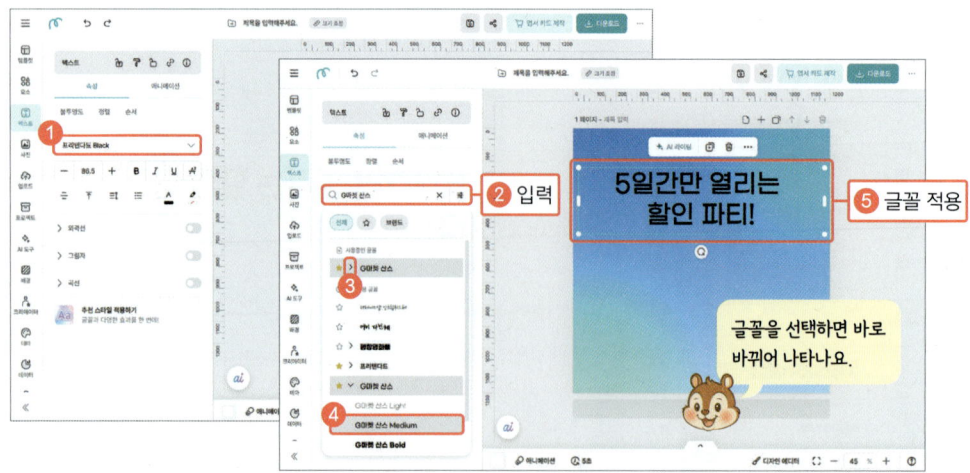

04 ❶ 글자 크기를 80.9로 조정한 뒤 ❷ [글자 색상 A]을 클릭합니다. ❸ [색상] 창이 새로 나타나면 [기본 팔레트]에서 흰색을 찾아 클릭합니다.

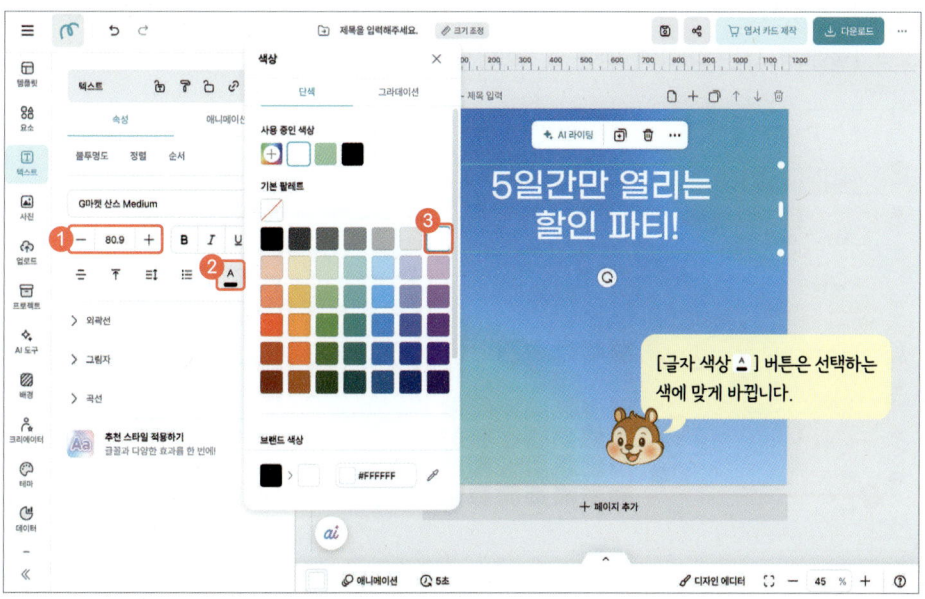

[글자 색상 A] 버튼은 선택하는 색에 맞게 바뀝니다.

05 이제 문구에서 강조할 부분에 효과를 넣어 보겠습니다. ❶ 할인 파티!를 드래그해 선택한 후 ❷ 글꼴을 [G마켓 산스 Bold]로 바꾸고 ❸ 글자 크기는 99로 조정합니다. ❹ [글자 색상 A]을 클릭해 ❺ [색상] 창이 나타나면 아래쪽 색상 코드란에 AEF7B3을 입력합니다.

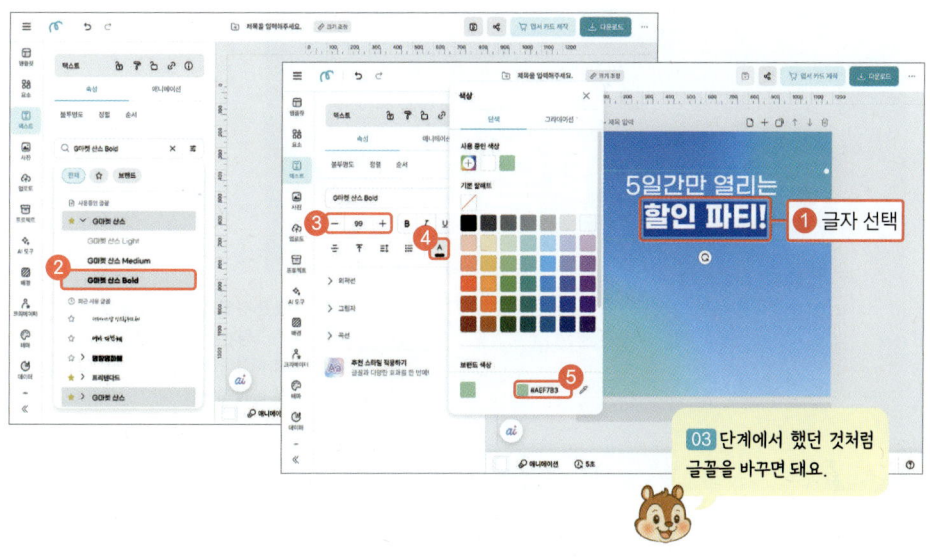

03 단계에서 했던 것처럼 글꼴을 바꾸면 돼요.

06 글자가 또렷해 보이도록 그림자 효과를 넣어 보겠습니다. ① 텍스트 상자를 선택하고 ② [그림자] 오른쪽의 토글을 켭니다. 먼저 ③ [색상]의 ■ 버튼을 클릭해 ④ [색상] 창이 나타나면 색상 코드란에 337BE7을 입력합니다. 이어서 ⑤ [방향]은 304, [불투명도]는 63, [거리]는 0, [흐림]은 39로 설정합니다.

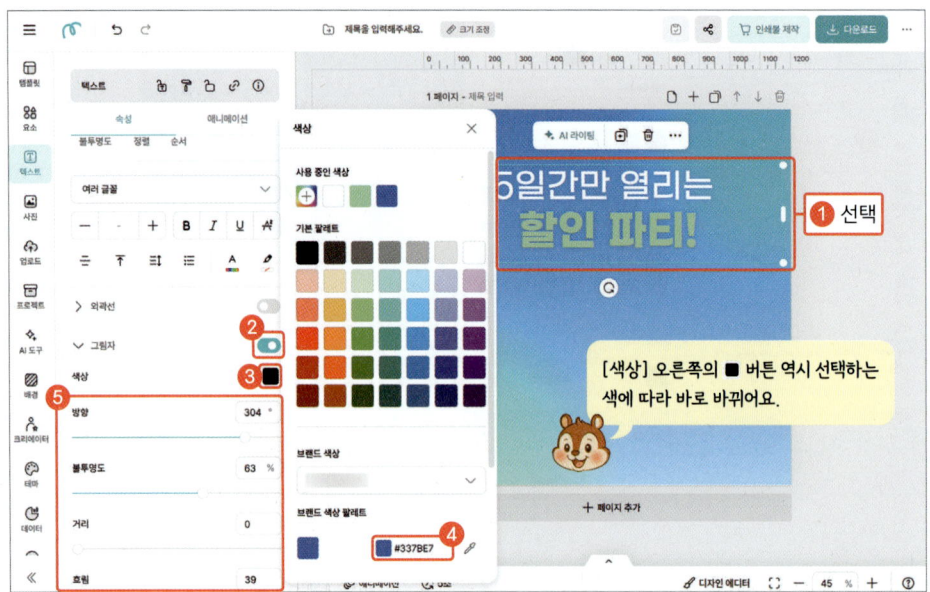

07 텍스트 상자 속 모든 글자에 파란 그림자가 은은하게 깔립니다.

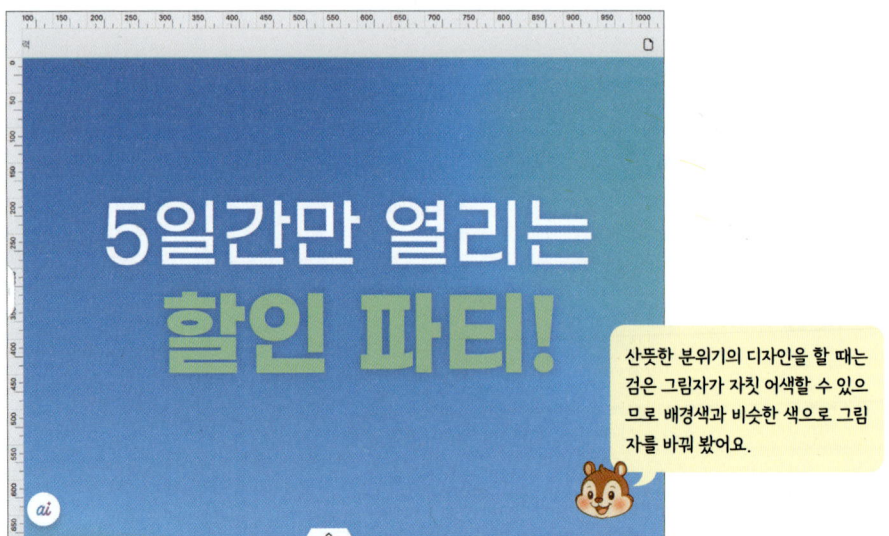

하면 된다!} 글자를 역동적으로 만들기

문구 디자인을 이대로 마무리해도 좋지만, 눈에 띄었으면 하는 글자를 회전하거나 크기를 키워 조금 더 역동적으로 만들어 볼 거예요. 글자를 키우고 각도를 조정해서 배치하면 중요한 부분을 강조하는 효과가 납니다.

01 먼저 할인 이벤트 기간인 '5'를 강조해 보겠습니다. ❶ 5를 드래그해 선택하고 Backspace 를 눌러 삭제합니다. 이어서 ❷ Spacebar 를 7번 눌러 다음과 같이 공간을 비워 줍니다.

02 ❶ 텍스트 상자를 선택한 채로 Ctrl + C 를 눌러 복사한 후 Ctrl + V 로 붙여 넣어 하나 더 만들어 줍니다. ❷ 글자를 모두 지운 후 5를 입력합니다.

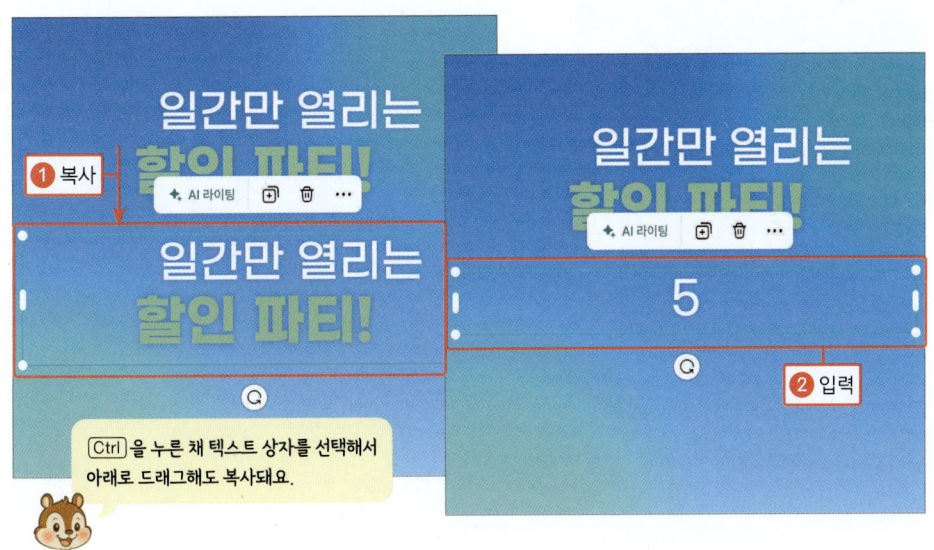

03 ❶ 글자 크기는 141.9로 조정합니다. ❷ [글자 색상 A]을 클릭한 뒤 ❸ [색상] 창이 나타나면 아래쪽 색상 코드란에 AEF7B3을 입력합니다. ❹ [회전 Q]을 클릭한 후 ❺ 다음과 같이 기울여서 각도를 조절하고 ❻ 비워 둔 공간에 배치합니다.

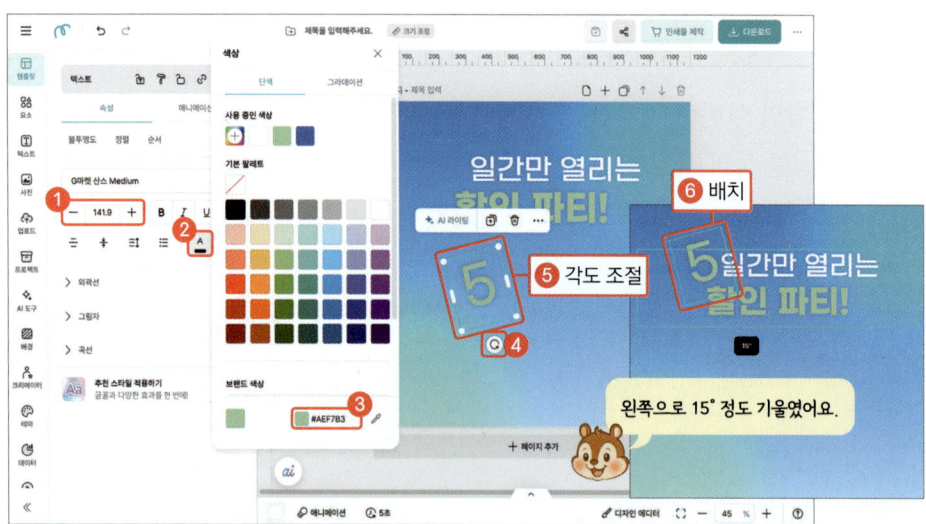

04 '할인 이벤트'를 한다는 것도 중요하므로 위쪽의 빈 공간을 활용해 내용을 조금 더 강조해 보겠습니다. ❶ 텍스트 상자를 선택한 채로 Ctrl + C를 눌러 복사한 후 Ctrl + V로 붙여 넣어 하나 더 만들어 줍니다. ❷ 내용을 모두 지우고 special event라고 입력한 후 바로 위 빈 공간으로 이동합니다. ❸ 글자 크기를 32.6으로 작게 줄입니다.

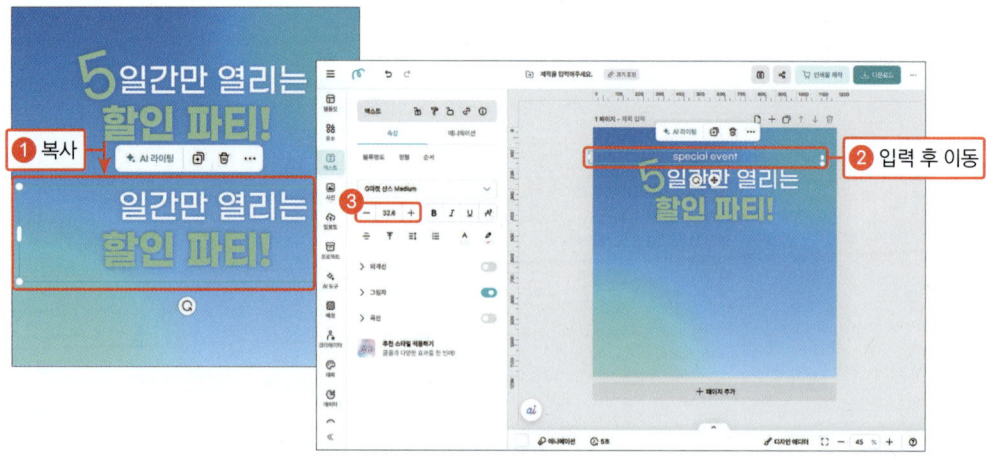

05 글자의 자간을 늘려 보겠습니다. ❶ [글자 조정]을 클릭하고 ❷ [자간]에 15, [행간]에 1.14, [장평]에 100을 입력합니다. ❸ 위치를 보기 좋게 조정합니다.

> 방구석 다람쥐의 깨알 팁!
>
> ### 행간/자간 조정은 왜 하나요?
>
> 행간은 줄과 줄 사이의 간격을 말합니다. 행간이 너무 좁으면 답답해서 가독성이 떨어져 보이고 반대로 너무 넓으면 문장이 연결되지 않아 흐름이 끊겨 보입니다. 행간을 적당한 간격으로 설정하면 내용을 읽기 쉬워지고, 시각적으로도 정돈되어 보입니다. 본문의 행간은 보통 1.4 ~ 1.6 정도로 넓히는 것이 좋습니다.
>
> 좁은 행간 / 넓은 행간
>
> 자간은 글자와 글자 사이의 간격을 의미합니다. 자간이 좁을 때는 글자가 겹쳐 복잡한 느낌을 주고, 넓을 때는 따로 놀아 읽기 어려워집니다. 자간을 잘 조절하면 훨씬 세련된 인상을 줄 수 있죠. 자간은 글꼴을 만들 때 저마다 다르게 설정하므로 알맞은 간격을 찾기 어려울 수 있지만, 대부분의 글꼴은 -1 ~ -3정도 좁혔을 때 더 가독성 있게 보입니다.
>
> 좁은 자간 / 넓은 자간

3단계

카드뉴스에 어울리는 요소 추가하기

하면 된다!} 요소 추가하고 내 마음대로 수정하기

앞에서 만든 문구 아래에 할인 쿠폰 이미지를 만들어 보겠습니다. 미리캔버스에서는 주제와 어울리는 요소를 찾아 활용하면 디자인을 쉽게 꾸밀 수 있어요.

`01` ① 왼쪽의 도구 바에서 [요소]를 클릭한 후 ② 오른쪽 검색 창에 **쿠폰**을 입력합니다. ③ [일러스트]를 클릭하고 ④ 스크롤을 내려 다음과 같은 쿠폰 요소를 클릭해서 캔버스에 불러옵니다.

02 ❶ 쿠폰 요소를 선택한 채로 ❷ [색상] 오른쪽의 ■ 버튼을 클릭해 ❸ [색상] 창이 나타나면 색상 코드란에 0066FF를 입력합니다. ❹ [요소 크기 입력]을 클릭하고 ❺ [가로]에 587, [세로]에 318, [회전]에 349를 입력합니다.

03 ❶ 앞에서 만든 쿠폰 요소를 선택한 채로 Ctrl + C 를 눌러 복사하고 Ctrl + V 로 붙여 넣어 하나 더 만들어 줍니다. ❷ [요소 크기 입력]을 클릭하고 ❸ [회전]을 5로 바꾼 후 ❹ 다음과 같이 조금 아래로 내려 배치합니다.

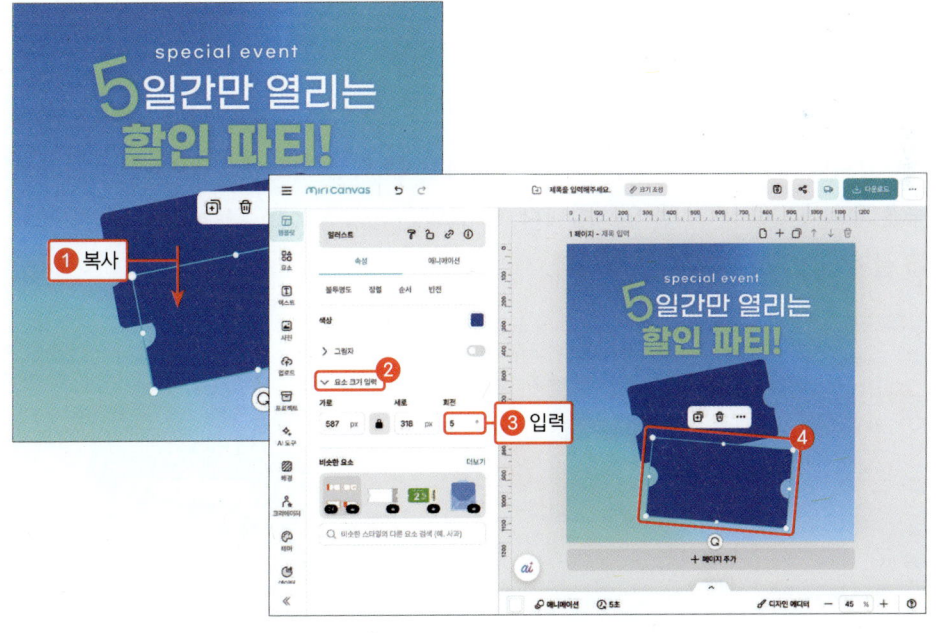

04 ❶ 새로 추가한 쿠폰 요소를 선택한 채로 [색상] 오른쪽의 ■ 버튼을 선택해 ❷ [색상] 창이 나타나면 아래쪽 색상 코드란에 AEF7B3을 입력합니다. ❸ 새로 추가한 쿠폰 요소의 색이 연두색으로 바뀌었습니다.

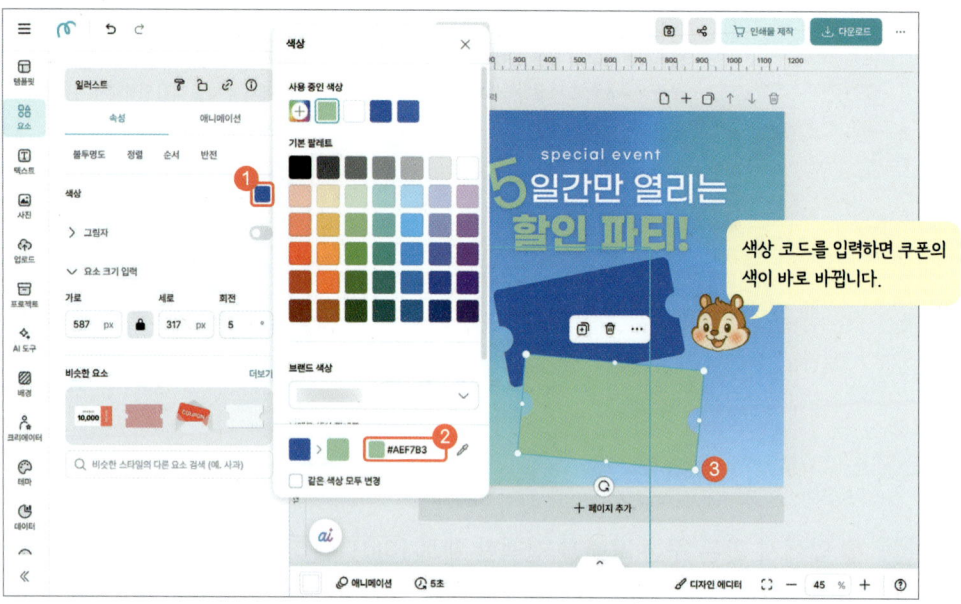

하면 된다!} 쿠폰 요소에 내용 추가하기

01 쿠폰 안에 들어갈 내용도 채워 보겠습니다. ❶ 왼쪽의 도구 바에서 [텍스트]를 선택합니다. ❷ [본문 텍스트 추가]를 클릭하고 ❸ 작업 화면에서 위에 있는 파란색 쿠폰 요소에 COUPON을 입력합니다. ❹ 글꼴은 [G마켓 산스 Medium]으로 바꾸고 ❺ 글자 크기도 22.9로 조정합니다.

02 ❶ [글자 조정]을 클릭하고 ❷ [자간]에 38을 입력합니다. ❸ [글자 색상]
을 클릭해 ❹ [색상] 창이 나타나면 [기본 팔레트]에서 흰색을 찾아 클릭합니다. ❺
텍스트 상자 아래에서 [회전]을 클릭한 후 ❻ 다음과 같이 기울여서 각도를 조절
해 줍니다.

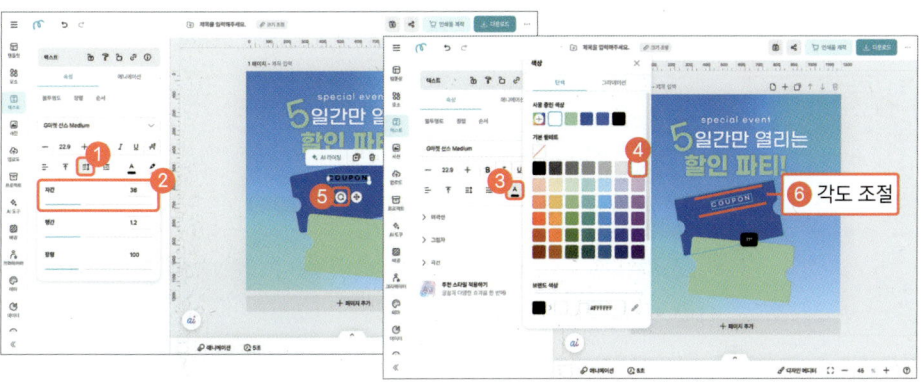

03 COUPON 글자 아래에 할인율을 입력해 보겠습니다. ❶ 텍스트 상자를 선택한
채로 Ctrl + C 를 눌러 복사하고 Ctrl + V 로 붙여 넣어 하나 더 만들어 줍니다.
❷ 내용을 모두 지우고 30%라고 입력한 후 ❸ [글자 조정]을 클릭하고 ❹ [자간]
을 0으로 바꿉니다.

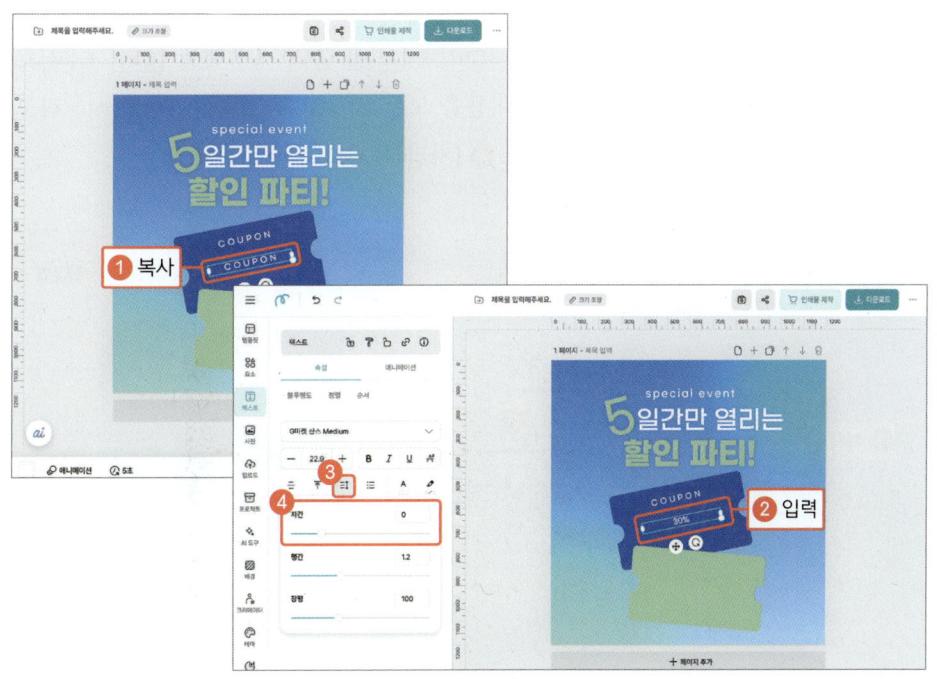

04 ✦ 간단한 할인 이벤트 카드뉴스 만들기   97

04 ① 30% 텍스트 상자를 선택한 채로 글꼴을 [G마켓 산스 Bold]로 바꿉니다. ② 글자 크기는 30 부분만 선택해서 127.6으로, ③ % 부분만 선택해서 62로 설정합니다. ④ 텍스트 상자가 파란색 쿠폰 요소 안에 들어갈 수 있도록 위치를 조정합니다.

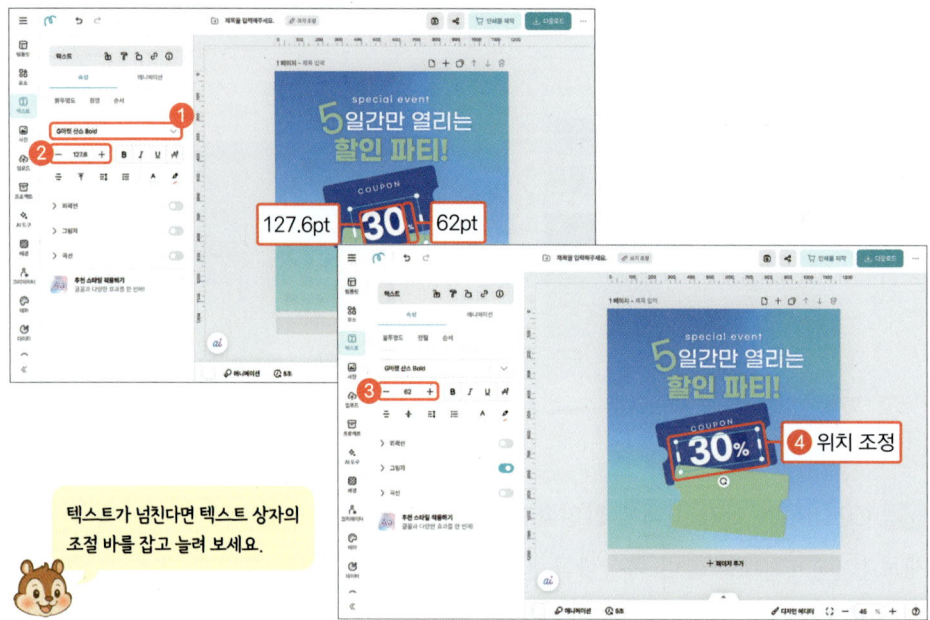

텍스트가 넘친다면 텍스트 상자의 조절 바를 잡고 늘려 보세요.

05 같은 방법으로 아래에 있는 연두색 쿠폰 요소에 내용을 채워 보겠습니다. ① COUPON 텍스트 상자를 선택한 채로 Ctrl + C 를 눌러 복사하고 Ctrl + V 로 붙여 넣어 하나 더 만들어 줍니다. ② 내용을 모두 지우고 딱 5일간 1개만 사도라고 입력한 후 ③ [글자 조정]을 클릭하고 ④ [자간]을 0으로 바꿉니다.

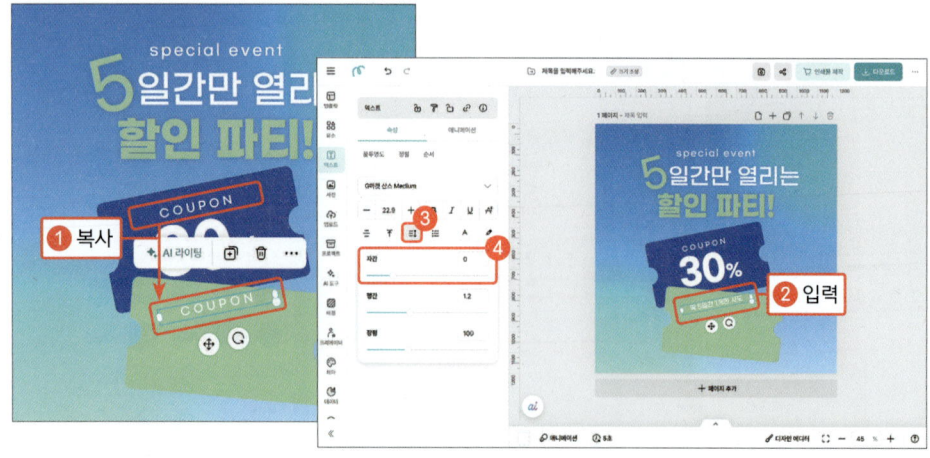

06 ❶ 글자 크기를 24.5로 조정하고 ❷ [글자 색상]을 클릭해 ❸ [색상] 창이 나타나면 아래쪽 색상 코드란에 0066FF를 입력합니다. ❹ [회전]을 클릭해 ❺ 다음과 같이 기울여서 연두색 쿠폰 요소와 평행하도록 각도를 조절해 줍니다.

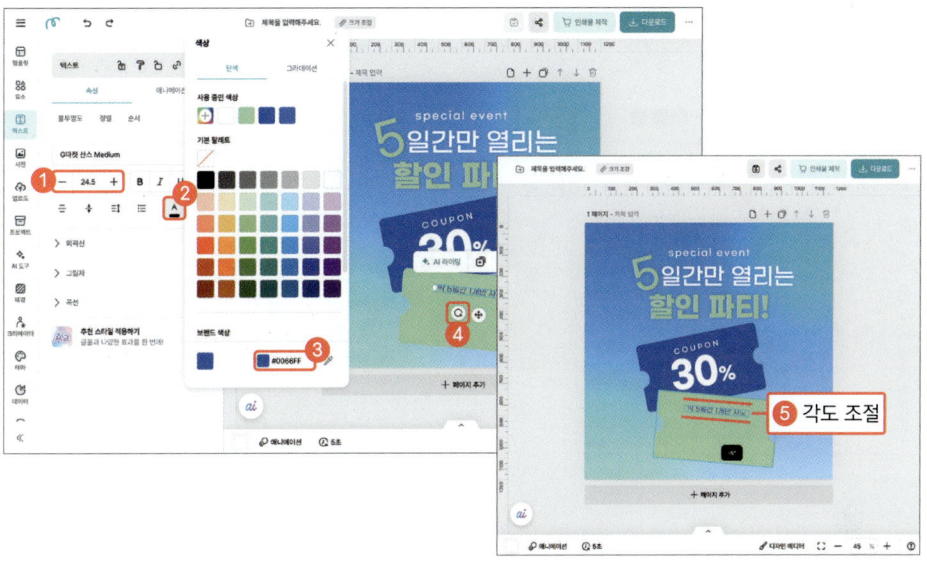

07 ❶ 파란색 쿠폰 요소의 30% 텍스트 상자를 선택한 채로 Ctrl + C 를 눌러 복사하고 Ctrl + V 로 붙여 넣어 하나 더 만들어 줍니다. ❷ 내용을 모두 지우고 무료배송이라고 입력한 후 ❸ 글자 크기를 84.4로 조정합니다.

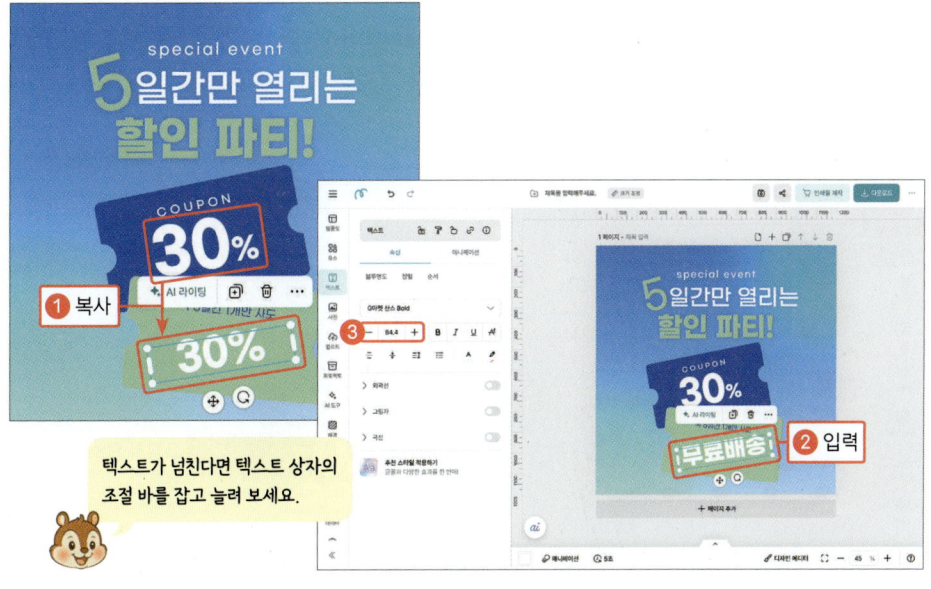

텍스트가 넘친다면 텍스트 상자의 조절 바를 잡고 늘려 보세요.

08 ❶ [글자 색상 A]을 클릭해 ❷ [색상] 창이 나타나면 아래쪽 색상 코드란에 0066FF를 입력합니다. ❸ 연두색 쿠폰 요소의 [회전 Q]을 클릭해 ❹ 다음과 같이 기울여서 평행이 되도록 각도를 조절해 줍니다.

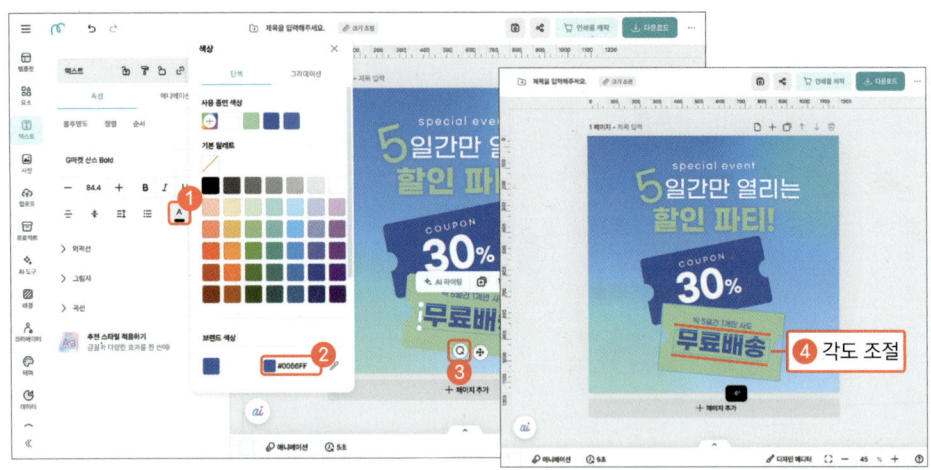

하면 된다!} 쿠폰 요소 뒤에 그림자 넣기

쿠폰을 입체감 나게 만들고 싶다면 뒤에 그림자 효과를 넣어 주면 됩니다. 이번에도 요소를 활용해서 도형에 그림자 효과를 넣어 보겠습니다.

01 ❶ 왼쪽의 도구 바에서 [요소]를 클릭하고 ❷ 오른쪽 검색 창에 그림자를 입력합니다. ❸ 다음과 같은 요소를 찾아 2번 클릭해 총 2개를 불러옵니다.

02 ❶ 그림자 요소 하나를 선택한 후 테두리의 조절점을 잡고 쿠폰 요소에 맞게 크기를 조정합니다. ❷ [회전]을 클릭해 다음과 같이 기울여서 쿠폰 요소와 평행이 되도록 각도를 조절해 줍니다. ❸ 나머지 그림자 요소도 같은 방법으로 크기를 조정한 후 연두색 쿠폰의 위아래에 각각 배치합니다.

03 ❶ Shift 를 누른 채 그림자 요소 2개를 모두 선택한 후 ❷ [불투명도]를 클릭해 ❸ 30으로 낮춥니다. ❹ 그림자 요소 2개를 모두 선택한 상태에서 마우스 오른쪽 버튼으로 눌러 ❺ [순서]를 선택한 후 ❻ [뒤로 보내기]를 클릭해 그림자 요소가 쿠폰 요소의 뒤로 가도록 합니다.

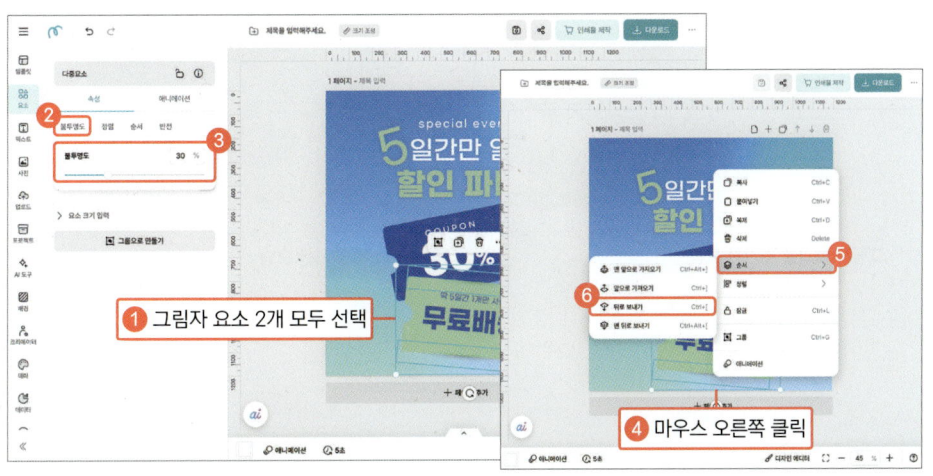

04 그림자 요소가 쿠폰 요소 뒤로 이동해서 자연스러워 보입니다.

 방구석 다람쥐의 깨알 팁!

기본으로 있는 그림자 효과를 쓰면 안 되나요?

기본 효과로 적용한 그림자는 조금 더 자연스러운 느낌이 납니다. 하지만 왼쪽/오른쪽에 그림자를 넣지 않고 위/아래만 넣거나, 그림자의 두께를 원하는 부분만 조정할 수는 없습니다. 반면 요소를 찾아 추가한 그림자는 그 요소의 모양이 그대로 나타나므로 조금 부자연스러울 수는 있지만, 그림자를 원하는 곳에만 넣거나 두께를 마음대로 조정할 수 있습니다. 취향 차이이므로 더 보기 좋은 쪽을 선택하면 됩니다.

그림자 효과를 추가한 모습

그림자 요소를 추가한 모습

4단계

카드뉴스의 빈 공간에
꾸밈 요소 추가하기

하면 된다!} 반짝이는 별 요소 추가하기

빈 공간을 꾸밀 때도 요소를 활용하면 간단합니다. 반짝이는 별 요소를 추가해 양 옆의 빈 공간을 채워 보겠습니다.

01 ❶ 왼쪽의 도구 바에서 [요소]를 클릭해 ❷ 오른쪽 검색 창에 반짝이를 입력합니다. ❸ [컬렉션]을 클릭해 ❹ 다음과 같은 묶음 요소를 찾아 선택합니다.

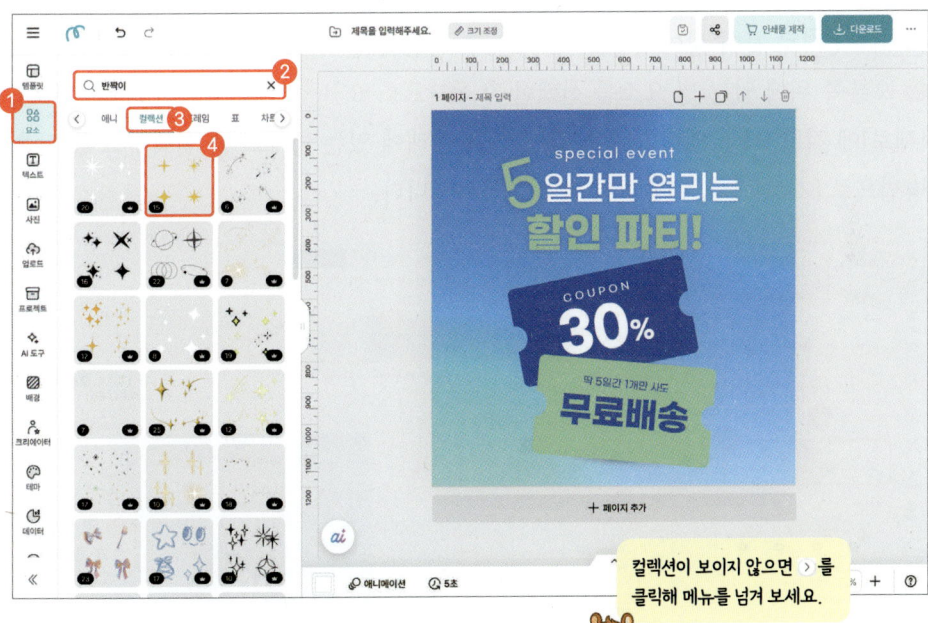

컬렉션이 보이지 않으면 〉를 클릭해 메뉴를 넘겨 보세요.

02 ❶ [반짝이 효과] 창이 나타나면 앞에서 3번째의 별 요소를 클릭해 캔버스에 불러옵니다. ❷ 별 요소를 선택한 채 ❸ [요소 크기 입력]을 클릭하고 ❹ [가로], [세로]에 각각 118을 입력합니다. ❺ [색상] 오른쪽의 ▣ 버튼을 클릭해 ❻ [색상] 창이 나타나면 [기본 팔레트]에서 흰색을 찾아 선택합니다. ❼ 노란색 별 요소가 흰색으로 바뀌었습니다.

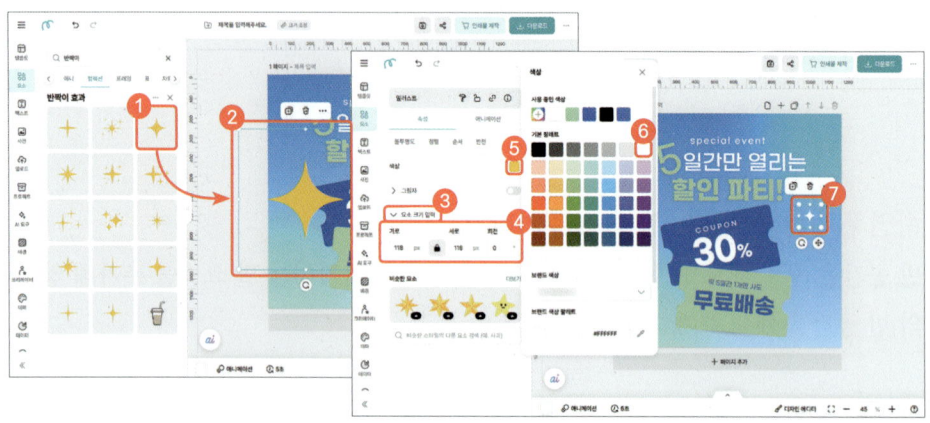

03 ❶ 앞에서 작업한 흰색 별 요소를 선택한 채로 Ctrl + C 를 눌러 복사하고 Ctrl + V 로 붙여 넣어 2개를 더 만든 후 다음과 같이 삼각형 형태로 배치합니다. ❷ 오른쪽 위에 있는 별 요소를 선택한 후 ❸ [요소 크기 입력]을 클릭하고 ❹ [가로], [세로]에 각각 92를 입력합니다. ❺ 오른쪽 아래에 있는 별 요소를 선택하고 ❻ 같은 방법으로 [가로], [세로]에 각각 165를 입력합니다.

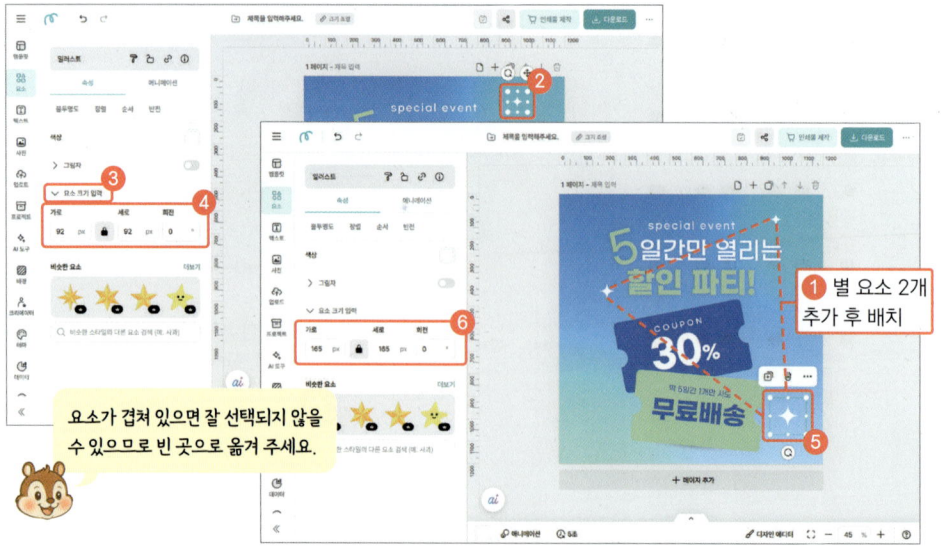

요소가 겹쳐 있으면 잘 선택되지 않을 수 있으므로 빈 곳으로 옮겨 주세요.

04 ① 다시 왼쪽의 도구 바에서 [요소]를 클릭하고 ② [반짝이 효과] 창에서 9번째의 반짝이 요소를 선택해서 캔버스에 불러옵니다. ③ 노란색 반짝이 요소를 선택한 채 ④ [요소 크기 입력]을 클릭하고 ⑤ [가로], [세로]에 각각 222를 입력합니다.

05 ① 반짝이 요소를 선택한 채로 Ctrl + C 를 눌러 복사하고 Ctrl + V 로 붙여 넣어 2개 더 만든 후 다음과 같이 삼각형 형태로 배치합니다. ② 오른쪽의 반짝이 요소를 선택한 채 ③ [요소 크기 입력]을 클릭하고 ④ [가로], [세로]에 각각 190을 입력합니다.

04 ✦ 간단한 할인 이벤트 카드뉴스 만들기 **105**

06 ① 왼쪽 아래에 있는 반짝이 요소를 선택하고 ② [가로], [세로]에 각각 165를 입력합니다. ③ [색상] 오른쪽의 ■ 버튼을 클릭해 ④ [색상] 창이 나타나면 [기본 팔레트]에서 흰색을 찾아 클릭합니다.

07 할인 이벤트 이미지를 모두 완성했습니다.

프로 요금제 실습

✦ 05 ✦
유튜브 섬네일 이미지 만들기

미리캔버스에서 제공하는 한글 글꼴과 여러 요소를 활용하면 유튜브 섬네일 이미지도 간단히 만들 수 있습니다. 이번에는 이미지와 텍스트를 추가해서 간단한 유튜브 섬네일 이미지를 만들어 보겠습니다. 이 실습으로 섬네일 이미지 만들기가 익숙해지면 나만의 구도로 변형해 보세요!

✦ 완성 이미지

✦ 완성 파일
bit.ly/miri_thumbnail

✦ 동영상 강의

1단계	2단계	3단계	4단계
섬네일에 넣을 배경 이미지 추가하기	섬네일에 제목과 부제목 추가하기	섬네일에 어울리는 요소 추가하고 짧은 설명 덧붙이기	섬네일에 디테일을 살려 줄 이미지 추가하기

1단계

섬네일에 넣을
배경 이미지 추가하기

하면 된다! } 사진 불러와 배경에 꽉 차게 만들기

먼저 캔버스를 만들고 사진을 불러와 배경으로 넣어 보겠습니다. 복잡한 배경에 글자를 넣을 때 내용이 잘 보이게 하는 배치 팁도 함께 알려 드릴게요.

`01` ❶ 미리캔버스 메인 화면의 오른쪽 위에서 [디자인 만들기]를 클릭하고 ❷ [웹용/동영상 디자인 만들기]를 클릭합니다.

✦ 캔버스가 저장될 위치를 먼저 지정하려면 오른쪽 위의 프로필 이미지를 클릭한 뒤, 워크스페이스에서 '미리캔버스 실습' 폴더로 들어가서 [새 디자인 만들기]를 클릭하세요.

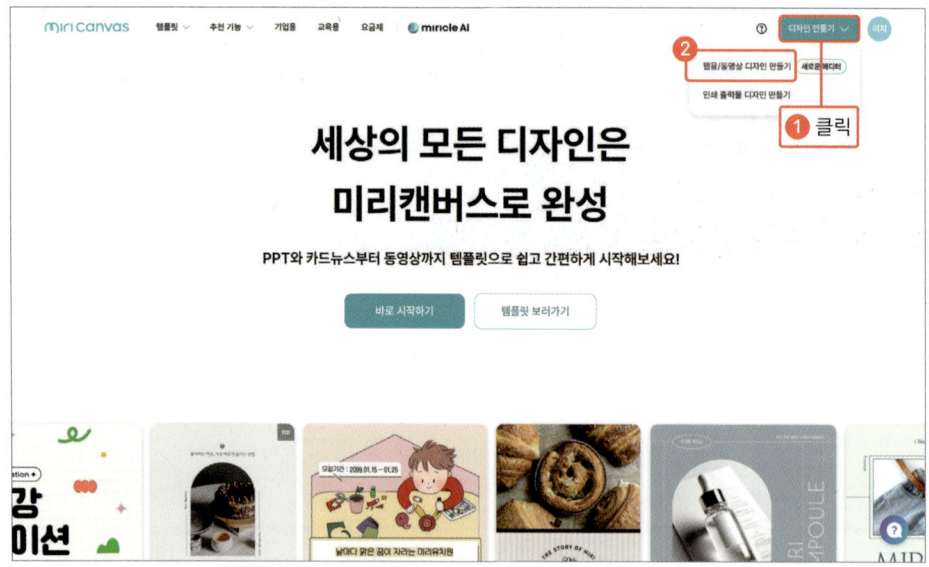

02 캔버스 크기를 선택하는 창이 나타나면 ❶ [소셜 미디어]를 클릭하고 ❷ [썸네일]을 선택합니다.

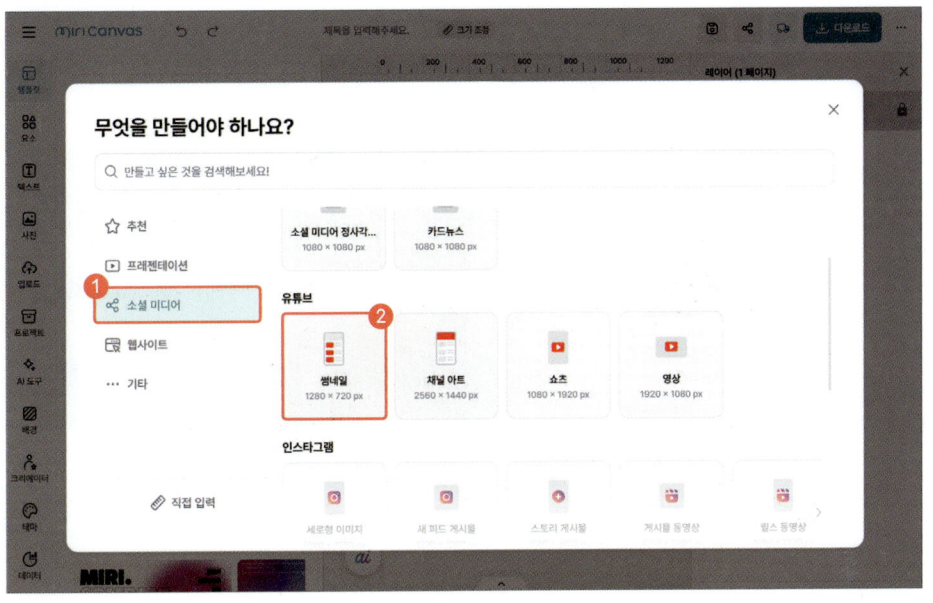

03 주제에 맞는 사진을 넣어 보겠습니다. ❶ 왼쪽의 도구 바에서 [사진]을 클릭하고 ❷ 검색 창에 화장실을 입력합니다. ❸ 다음과 같은 사진을 클릭해서 캔버스로 불러옵니다.

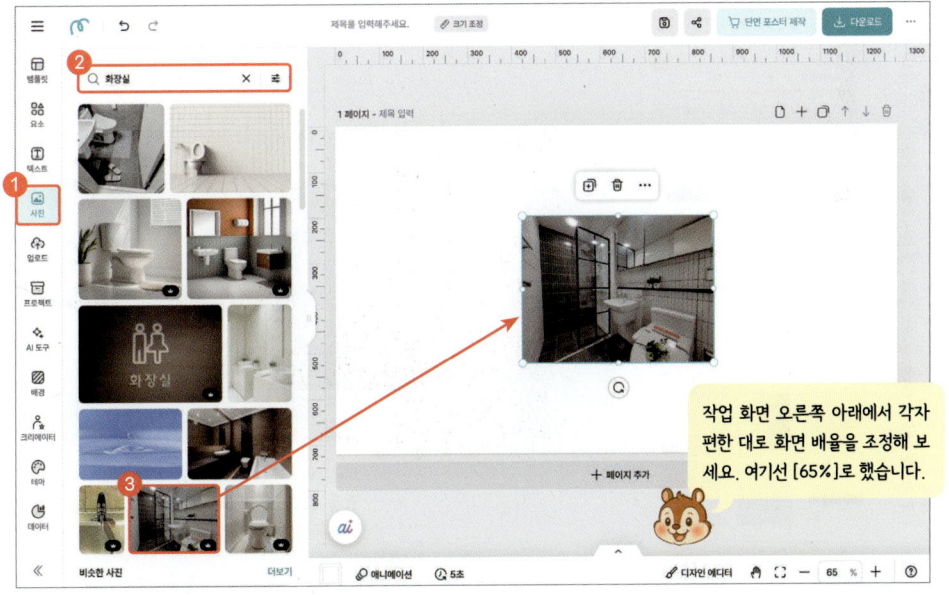

04 ❶ 사진을 선택하고 ❷ 마우스 오른쪽 버튼을 눌러 [배경으로 만들기]를 선택합니다. 사진이 배경에 꽉 찹니다.

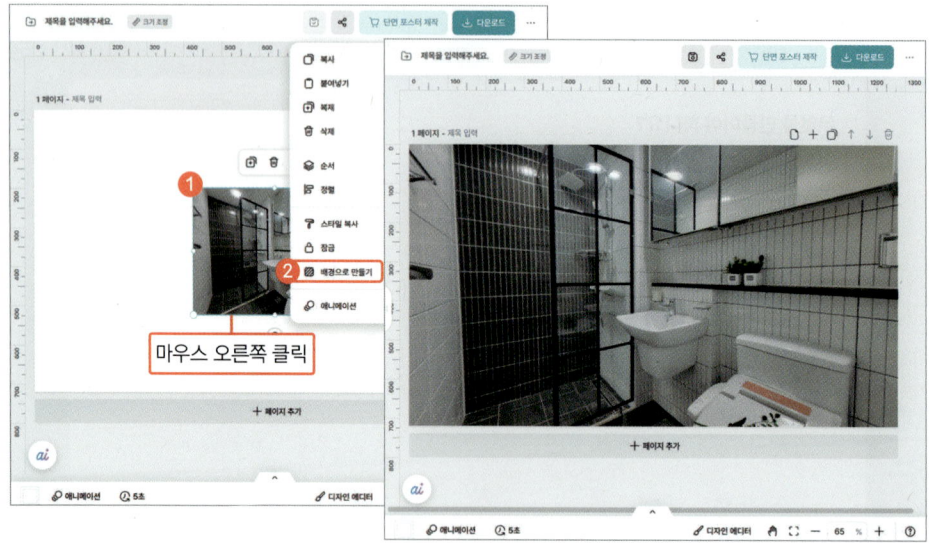

05 이렇게 배경이 복잡할 때는 바로 내용을 입력하기보다 글자가 들어갈 부분의 배경을 그라데이션으로 덮어 잘 보이지 않게 바꿔 주는 것이 좋습니다. ❶ 왼쪽의 도구 바에서 [요소]를 클릭하고 ❷ 검색 창에 그라데이션을 입력한 후 ❸ 다음과 같은 요소를 클릭해서 캔버스에 불러옵니다.

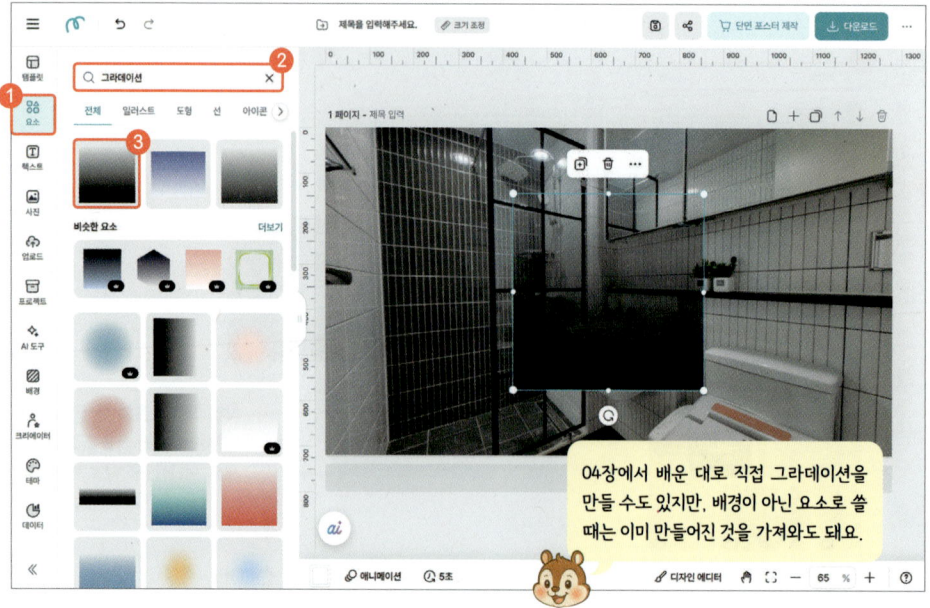

04장에서 배운 대로 직접 그라데이션을 만들 수도 있지만, 배경이 아닌 요소로 쓸 때는 이미 만들어진 것을 가져와도 돼요.

06 사각형 테두리에 있는 조절점을 드래그해 아래쪽 배경에 꽉 차게 만들어 줍니다. 이때 세로 높이는 다음처럼 점선까지만 드래그해 주세요.

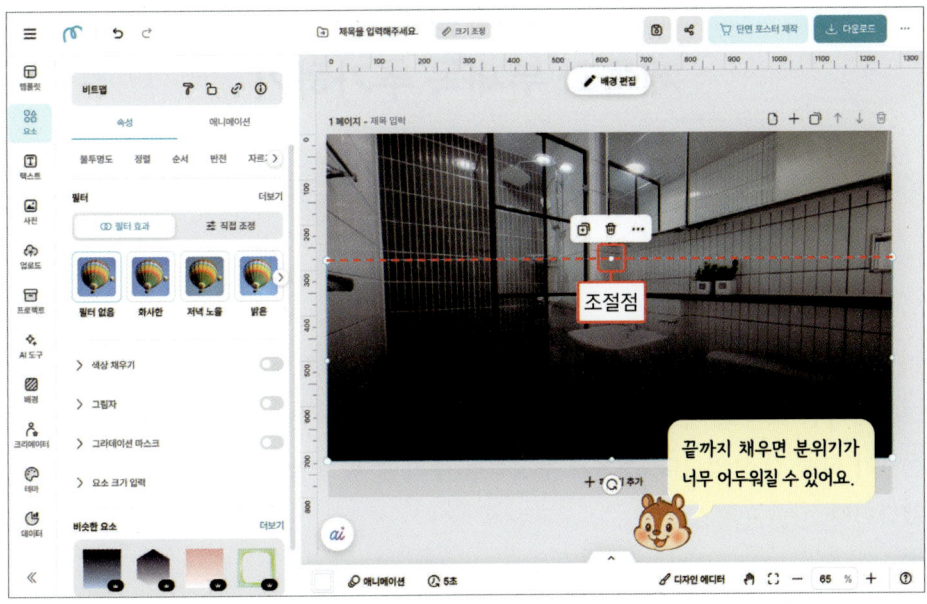

2단계

섬네일에
제목과 부제목 추가하기

하면 된다!} 제목과 부제목으로 하단의 빈 부분 채우기

그라데이션 효과로 배경의 아랫부분이 흐릿해졌죠? 이 상태에서 내용을 입력하면 문구가 한층 잘 보입니다. 제목과 부제목을 추가한 후 글꼴과 색상을 알맞게 바꿔 보겠습니다.

01 ① 왼쪽의 도구 바에서 [텍스트]를 선택하고 ② [제목 텍스트 추가]를 클릭합니다. ③ **화장실 줄눈 시공**을 입력하고 왼쪽 아래로 이동합니다.

✦ 입력할 내용은 이지스퍼블리싱 자료실의 '실습 입력 텍스트'에 모두 정리되어 있습니다.

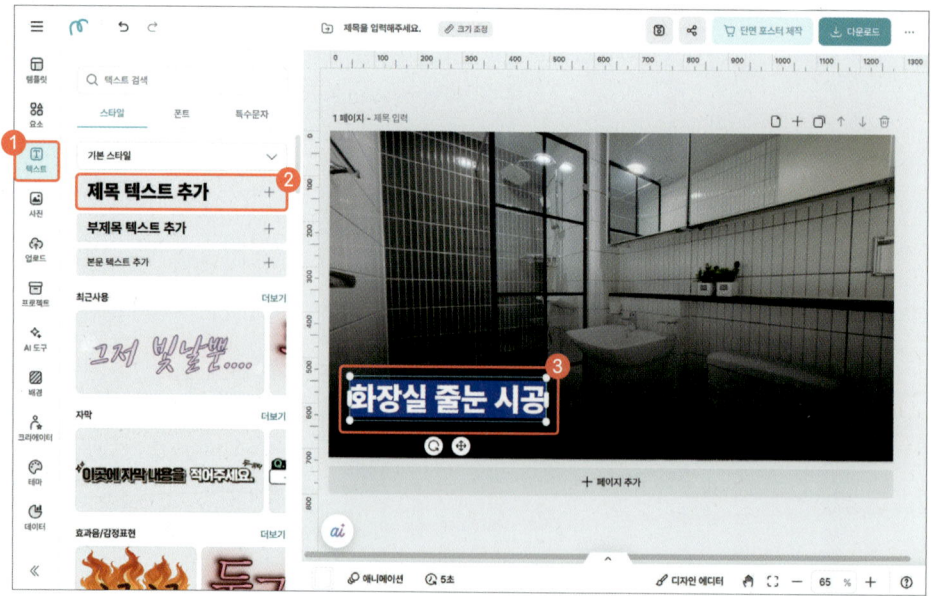

02 ❶ 글꼴은 [공체 Bold]로 선택하고 ❷ 글자 크기는 109.6으로 바꿉니다. ❸ [글자 색상]을 클릭해 ❹ [색상] 창이 나타나면 아래쪽 색상 코드란에 7AF4FF를 입력합니다.

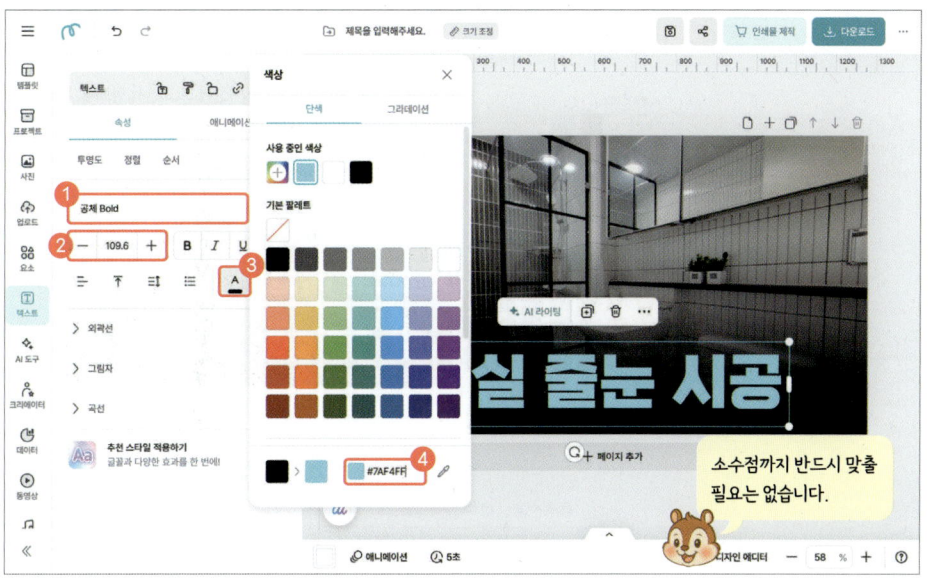

03 이제 부제목을 입력해 보겠습니다. ❶ 왼쪽의 도구 바에서 [텍스트]를 클릭하고 ❷ [부제목 텍스트 추가]를 선택합니다. ❸ 3,000원으로 해결!을 입력해서 제목 위로 이동합니다.

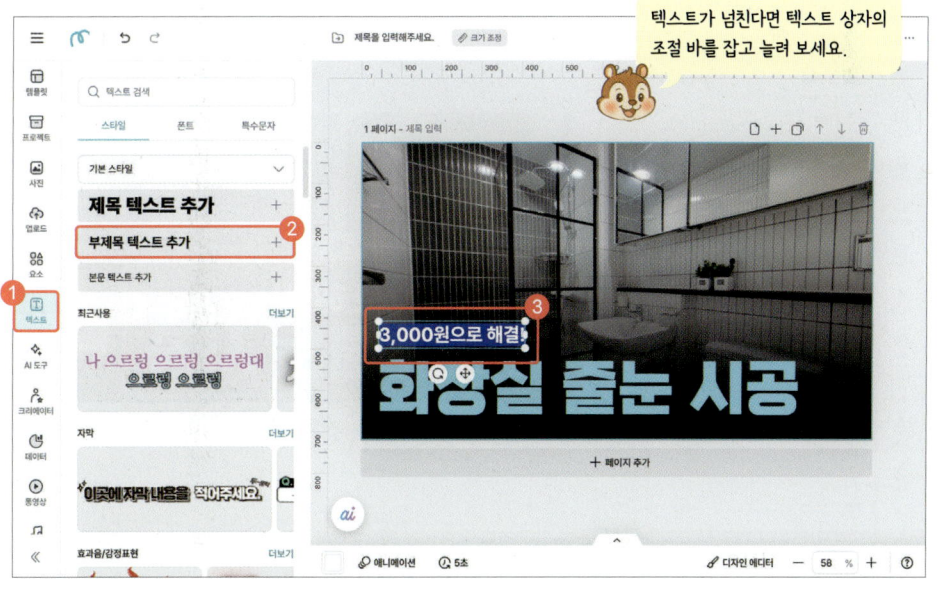

04 ❶ 글꼴은 [공체 Bold]로 선택하고 ❷ 글자 크기는 63으로 바꿉니다. ❸ [글자 색상]을 클릭해 ❹ [색상] 창이 나타나면 [기본 팔레트]에서 흰색을 찾아 선택합니다.

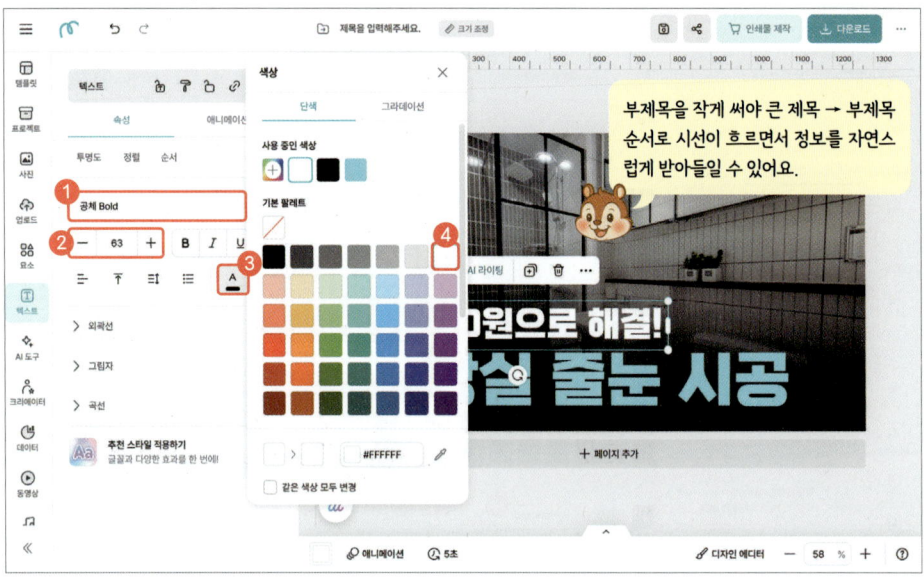

05 내용이 더 선명해 보이도록 그림자를 넣어 보겠습니다. ❶ (Shift)를 누른 채 제목과 부제목을 함께 선택합니다. ❷ [그림자] 오른쪽의 토글을 켜고 ❸ [방향]에 315, [불투명도]에 100, [거리]에 0, [흐림]에 70을 입력합니다.

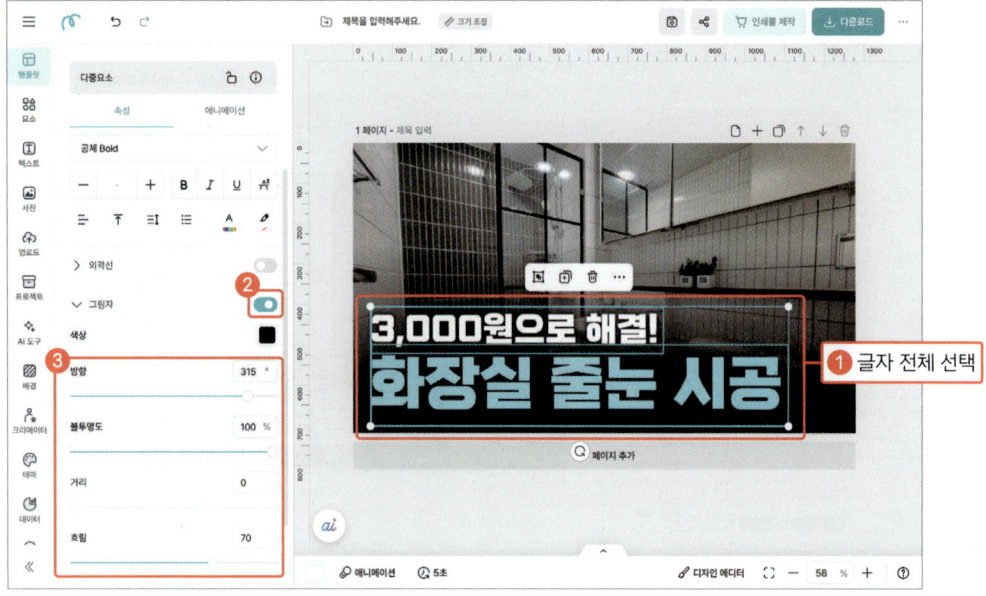

3단계

섬네일에 어울리는 요소 추가하고 짧은 설명 덧붙이기

하면 된다!} 사진 불러와 배경 제거하기

이제 중심이 될 만한 요소를 불러와 배치해 보겠습니다. 사진 요소를 사용하면 원하지 않는 배경이 사진에 깔려 있을 때도 많은데요. 이 문제는 미리캔버스 내의 배경 제거 기능으로 간단히 해결할 수 있습니다.

01 ❶ 왼쪽의 도구 바에서 [사진]을 클릭합니다. ❷ 검색 창에 **실리콘건**을 입력한 후 검색 결과에서 첫 번째 이미지 위로 커서를 이동합니다. ❸ 마우스 오른쪽 버튼을 누르고 [비슷한 사진 찾기]를 선택합니다.

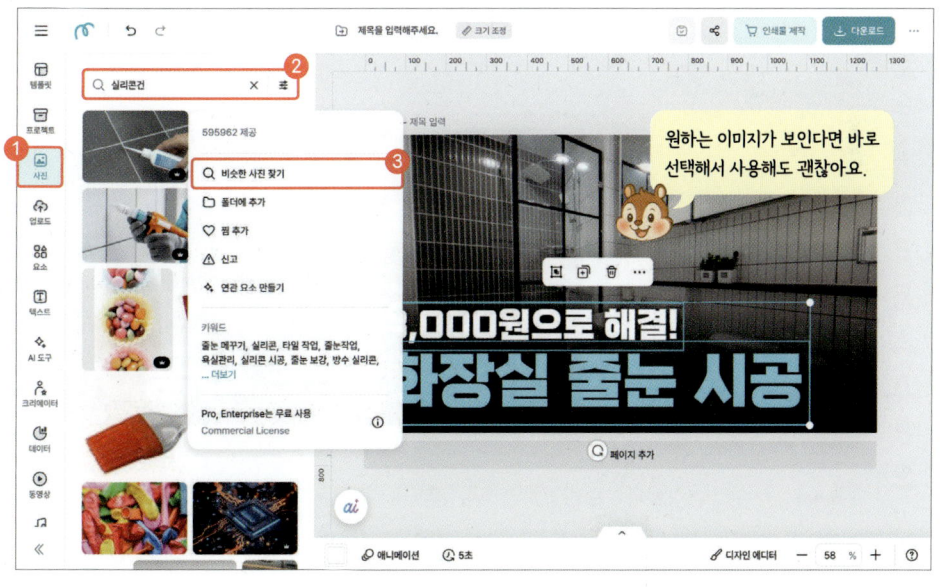

02 [비슷한 사진]에서 마음에 드는 이미지를 선택하면 되는데, 여기에서는 첫 번째 사진을 클릭해서 캔버스로 불러옵니다.

03 추가한 사진을 선택한 채로 [배경 제거]를 클릭해 배경을 지웁니다. 줄눈 배경이 사라지고 필요한 부분만 잘 정리되었습니다.

04 ① [요소 크기 입력]을 클릭하고 ② [가로]에 851, [세로]에 568, [회전]에 90을 입력합니다. ③ 그리고 다음과 같이 제목 옆에 배치합니다.

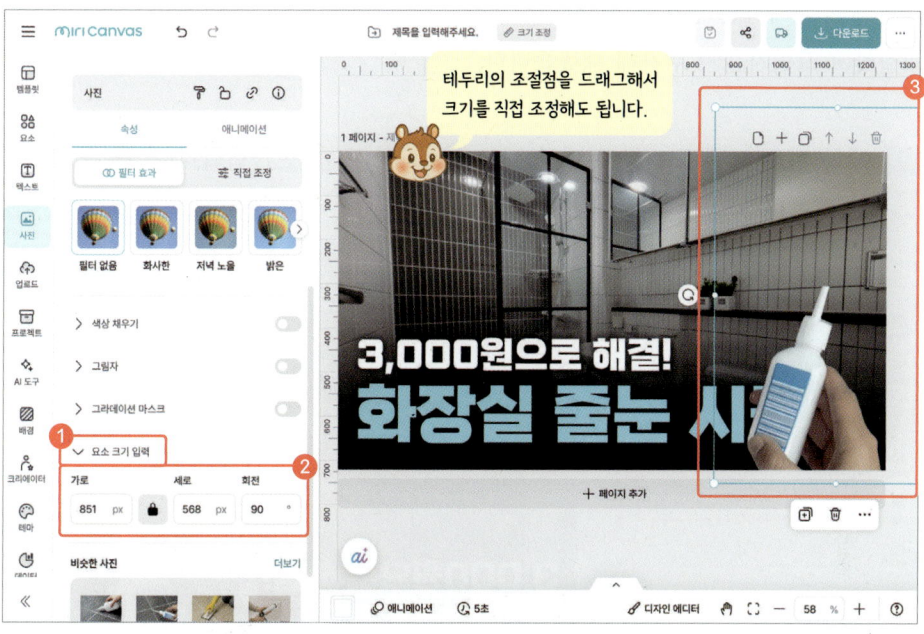

05 요소를 선택한 채로 마우스 오른쪽 버튼을 누릅니다. ① [순서]를 클릭하고 ② [뒤로 보내기]를 선택하면 요소가 제목 뒤로 들어갑니다.

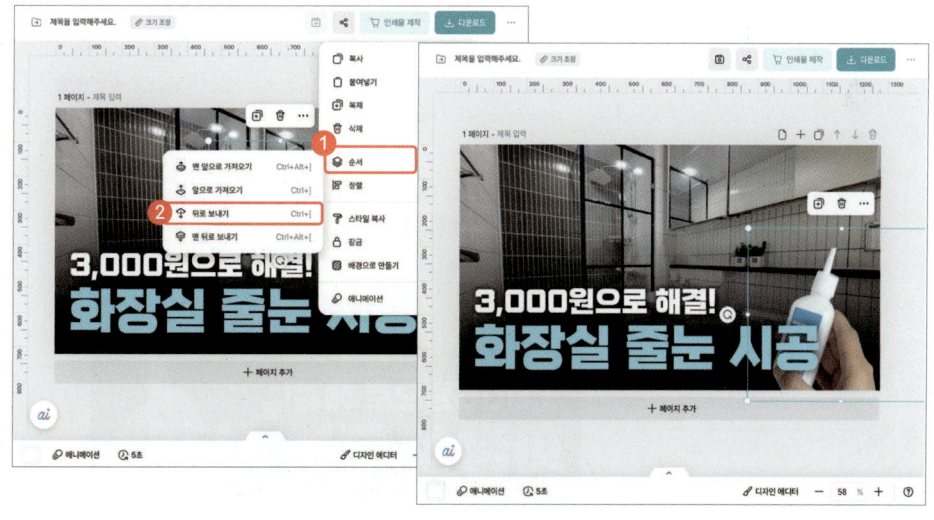

하면 된다!} 요소의 밝기 조절하고 그림자 추가하기

돋보여야 하는 요소가 왠지 묻혀 보일 때가 있습니다. 이럴 땐 밝기나 그림자 설정을 조절하면 존재감을 단번에 드러내는 요소로 바뀔 것입니다. 이번엔 요소의 밝기를 조절하고 그림자까지 추가해 보겠습니다.

`01` 제목 뒤로 보낸 요소를 선택한 채로 ❶ [직접 조정]을 클릭합니다. ❷ [밝기]에 16을 입력합니다.

`02` 다음으로 그림자도 추가해 봅시다. ❶ [그림자] 오른쪽의 토글을 켜고 ❷ [방향]에 315, [불투명도]에 100, [거리]에 0, [흐림]에 30을 입력합니다.

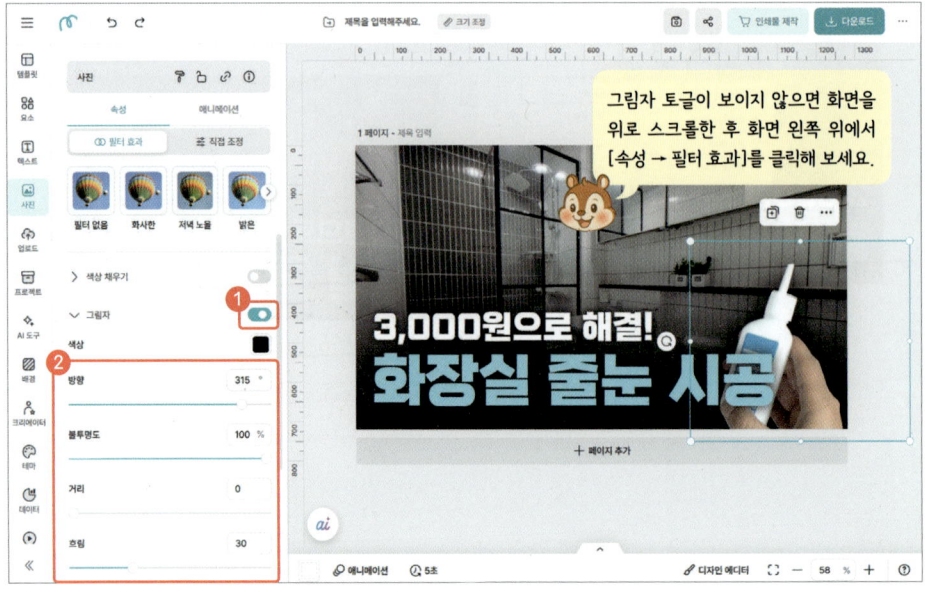

> 그림자 토글이 보이지 않으면 화면을 위로 스크롤한 후 화면 왼쪽 위에서 [속성 → 필터 효과]를 클릭해 보세요.

하면 된다!} 요소를 설명하는 문구 덧붙이기

이번에는 화살표 요소를 이용해 빈 공간에 간단하면서도 예쁘게 설명을 넣어 보겠습니다.

✦ 요소를 찾기 어렵다면 이지스퍼블리싱 자료실에서 '템플릿 링크 모음'을 클릭해 보세요.

01 ❶ 왼쪽의 도구 바에서 [요소]를 클릭하고 ❷ 검색 창에 화살표를 입력합니다. ❸ 다음과 같은 화살표 요소를 클릭해서 캔버스로 불러옵니다.

02 화살표 요소를 클릭한 채로 ❶ [요소 크기 입력]을 클릭하고 ❷ [가로]에 204, [세로]에 137, [회전]에 177을 입력합니다. ❸ 다음과 같이 배치합니다.

05 ✦ 유튜브 섬네일 이미지 만들기 119

03 화살표 요소의 색을 바꿔서 잘 보이게 만들어 보겠습니다. 검은색 화살표 요소를 선택한 상태로 ① [색상 채우기] 오른쪽의 토글을 켭니다. ② [색상] 오른쪽의 ■ 버튼을 클릭해 [색상] 창이 나타나면 ③ [기본 팔레트]에서 흰색을 찾아 클릭합니다. 화살표 요소가 흰색으로 바뀝니다.

04 ① 왼쪽의 도구 바에서 [텍스트]를 클릭하고 ② [본문 텍스트 추가]를 선택합니다. ③ 저렴이 실리콘건을 입력하고 화살표 왼쪽에 배치합니다.

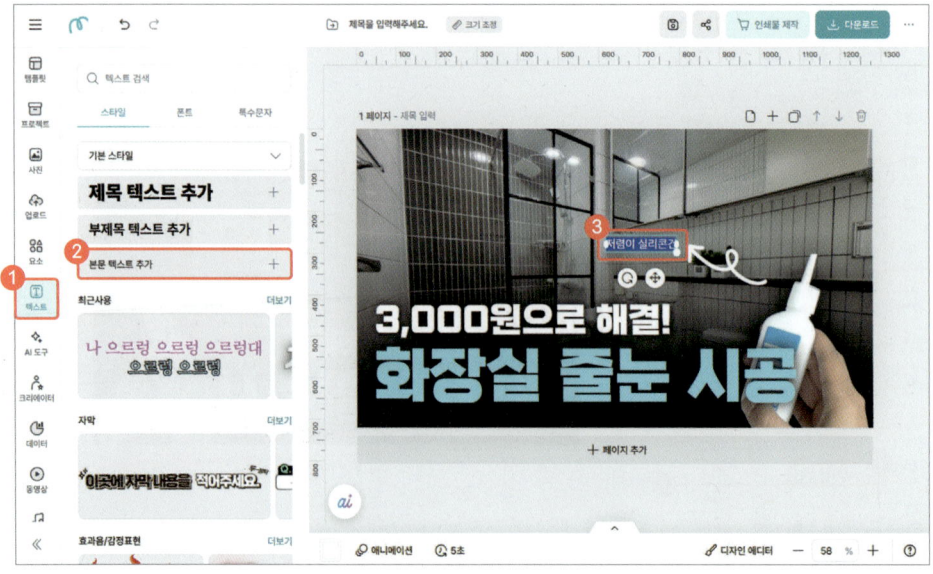

05 ❶ 글꼴은 [어비 세현체]로 선택하고 ❷ 글자크기는 30.4로 설정합니다. ❸ [글자 색상 A]을 클릭해 [색상] 창이 나타나면 ❹ [기본 팔레트]에서 흰색을 찾아 선택합니다.

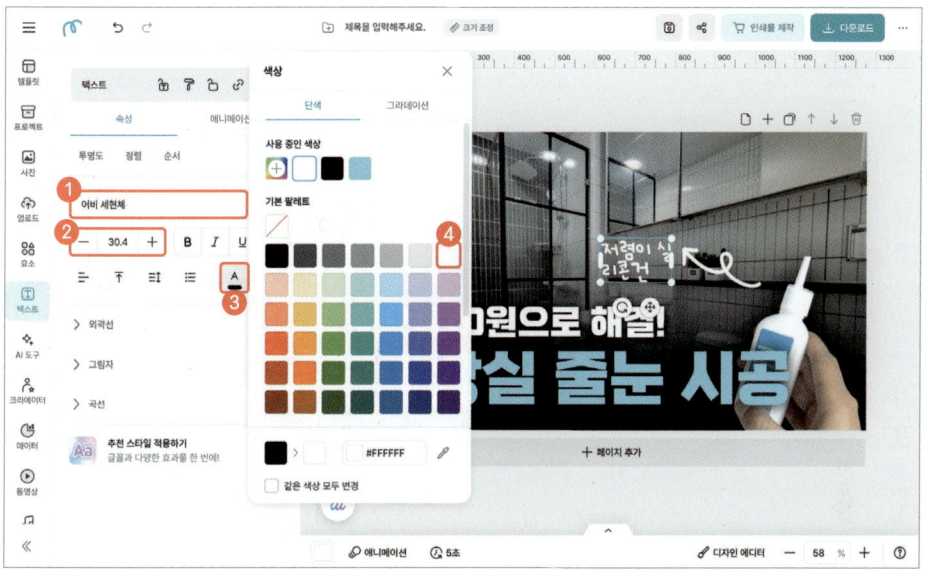

06 ❶ [글자 정렬 ≡]을 클릭해 ❷ [가운데 정렬 ≡]로 바꾼 뒤 ❸ '저렴이' 다음에 Enter 를 눌러 다음과 같이 줄 바꿈을 해줍니다.

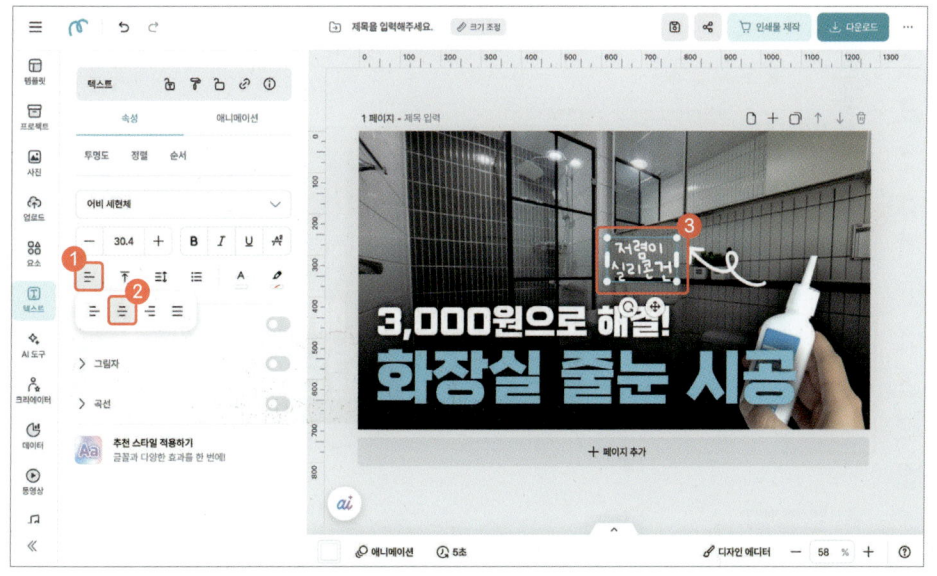

07 이번에는 글자에 외곽선과 그림자를 넣어 선명해 보이게 만들겠습니다. ❶ 저렴이 실리콘건 텍스트 상자를 선택한 채로 [외곽선] 오른쪽의 토글을 켜고 ❷ [두께]에 11을 입력합니다.

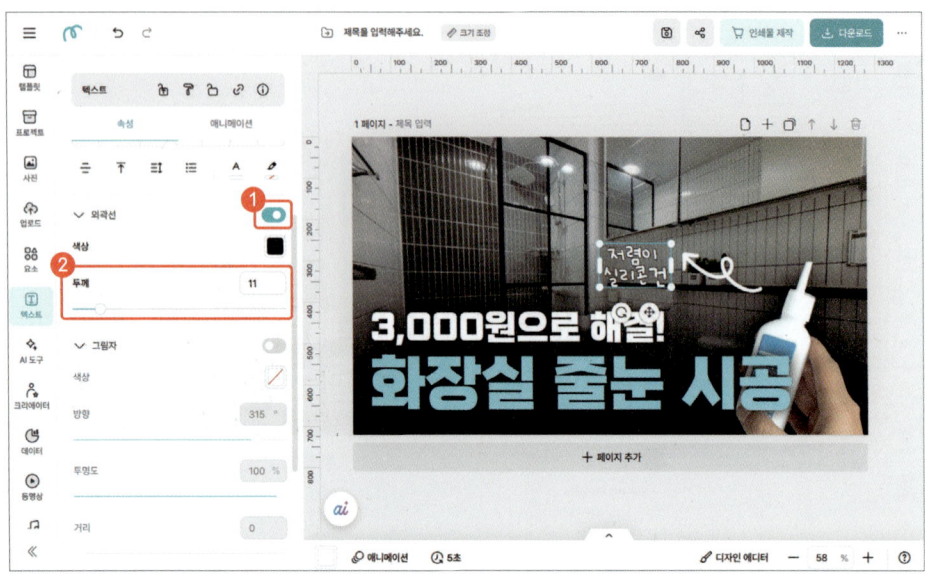

08 ❶ 이어서 [그림자] 오른쪽의 토글을 켭니다. ❷ [방향]에 315, [불투명도]에 100, [거리]에 0, [흐림]에 60을 입력합니다.

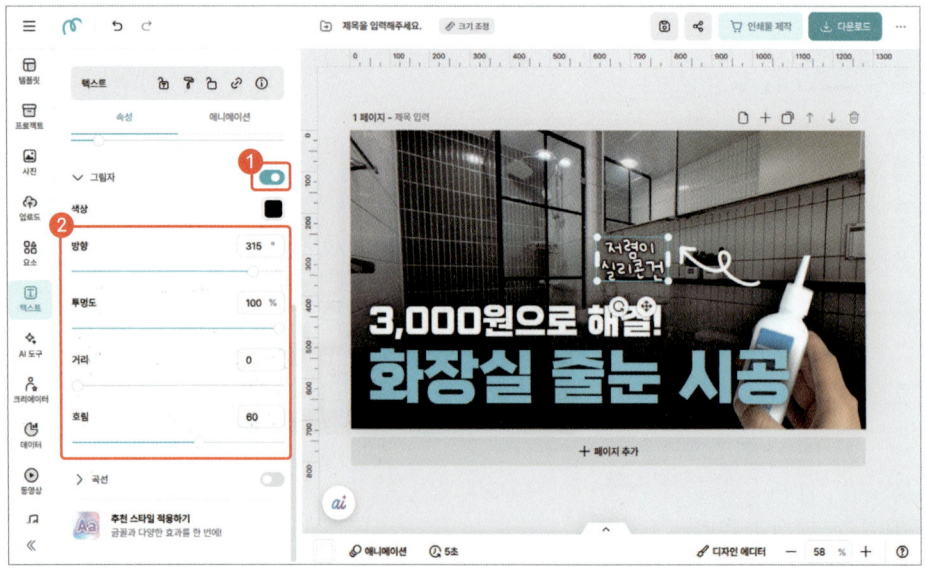

09 [회전 Q]을 클릭해 다음과 같이 기울여서 각도를 조절해 줍니다. 화살표 요소에 짧은 설명을 덧붙였습니다.

4단계

섬네일에 디테일을 살려 줄
이미지 추가하기

하면 된다!} 프레임으로 이미지 추가하기

오른쪽의 빈 공간도 채웠으니, 이제 왼쪽의 빈 공간도 채워 봐야겠죠? 여기에서는 프레임 기능을 활용해 원 모양의 사진을 간단하게 추가해 보겠습니다.

01 ❶ 왼쪽의 도구 바에서 [요소]를 선택합니다. ❷ [프레임]을 선택하고 ❸ 다음과 같은 원형 프레임을 클릭해서 캔버스로 불러옵니다.

원형 프레임을 선택한 상태에서 마우스 오른쪽 버튼을 누르고 [순서 → 뒤로 보내기]를 선택하면 제목을 가리지 않게 순서를 바꿀 수 있습니다.

02 ❶ [요소 크기 입력]을 클릭하고 ❷ [가로]에 279, [세로]에 279를 입력합니다.
❸ 원형 프레임을 부제목의 왼쪽 위로 이동합니다.

하면 된다!} 프레임에 테두리 효과 넣기

프레임보다 조금 더 큰 흰색 원을 추가해서 겹치면 테두리 효과를 줄 수 있습니다.

01 ❶ 왼쪽의 도구 바에서 [요소]를 클릭하고 ❷ [도형]을 선택합니다. ❸ [기본 도형]에서 다음과 같은 원형 요소를 클릭해서 캔버스로 불러옵니다.

05 ✦ 유튜브 섬네일 이미지 만들기   125

02 ❶ 회색 원형 요소를 선택한 채로 [요소 크기 입력]을 클릭하고 ❷ [가로]에 300, [세로]에 300을 입력합니다. ❸ 회색 원형 요소를 01단계에서 만든 원형 프레임 위로 이동합니다.

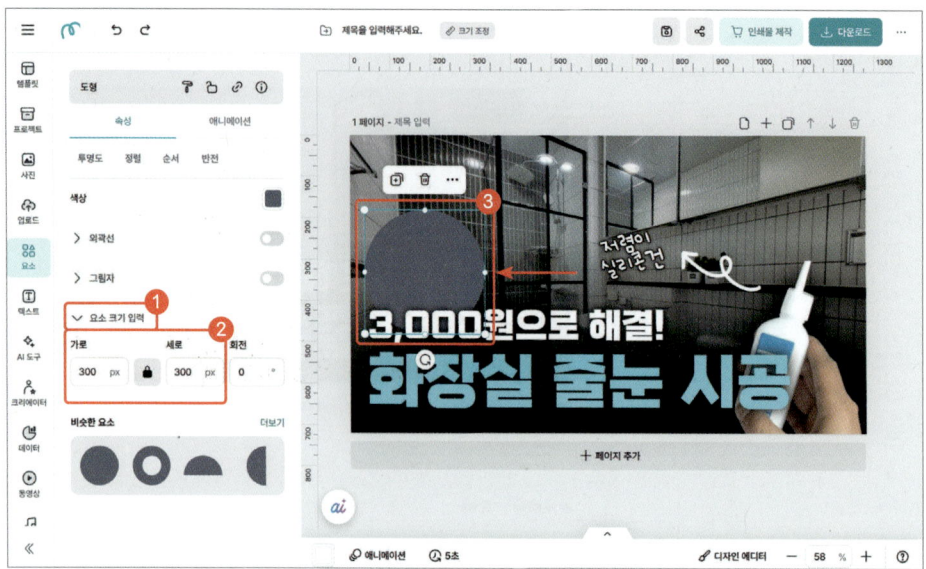

03 ❶ 회색 원형 요소를 선택한 채 [색상] 오른쪽의 ■ 버튼을 클릭합니다. ❷ [색상] 창이 나타나면 [기본 팔레트]에서 흰색을 찾아 클릭합니다.

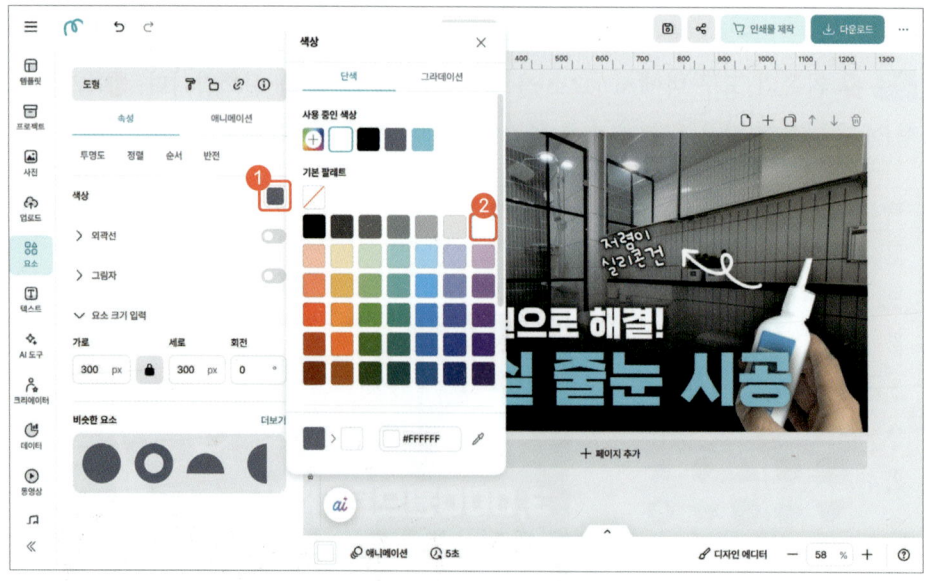

`04` ❶ 흰색 원형 요소를 선택한 채로 마우스 오른쪽 버튼을 누릅니다. ❷ [순서]를 클릭하고 ❸ [뒤로 보내기]를 선택합니다. 이렇게 하면 흰색 원형 요소가 원형 프레임 뒤로 이동합니다.

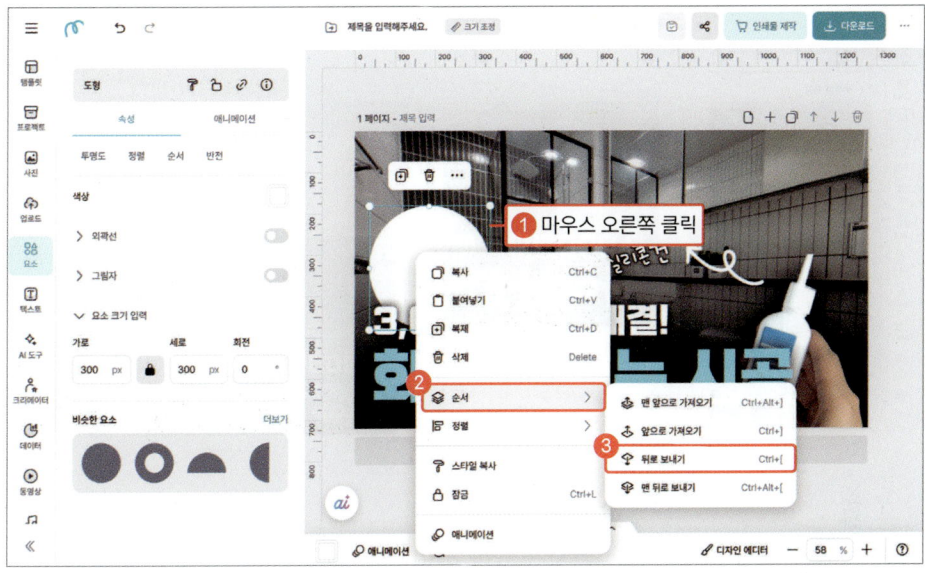

`05` 키보드의 방향 키를 눌러 원형 프레임과 흰색 원형 요소 사이의 여백이 일정하도록 맞춰 줍니다.

06 ❶ 왼쪽의 도구 바에서 [사진]을 클릭하고 ❷ 검색 창에 **실리콘건**을 입력합니다.
❸ 다음과 같은 사진을 클릭해 캔버스로 불러온 다음 ❹ 원형 프레임 쪽으로 드래그하면 자동으로 프레임 속에 들어갑니다.

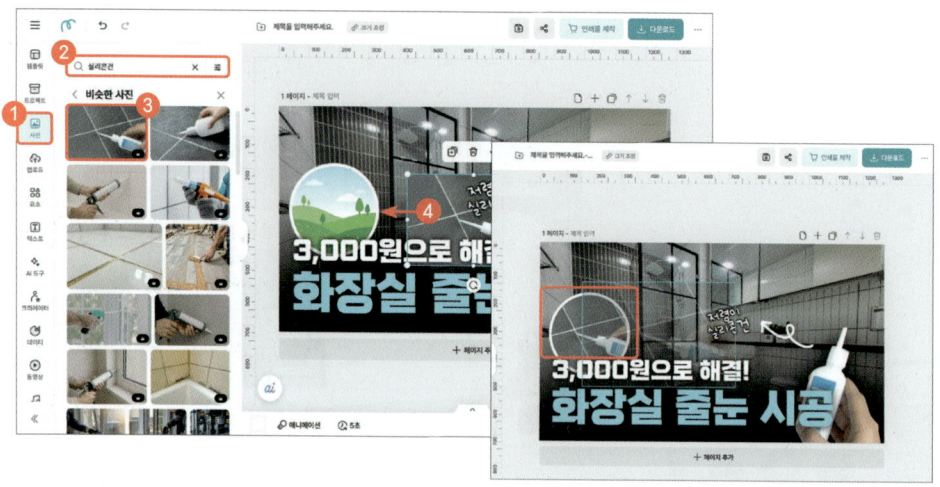

07 프레임 속의 이미지를 더블클릭하면 어떤 부분을 보여 줄 것인지 고를 수 있습니다. ❶ 다음과 같이 이미지를 키운 후 ❷ [적용☑]을 클릭합니다. 유튜브 섬네일 이미지를 완성했습니다.

프로 요금제 실습

06

나만의 홈페이지형 블로그 만들기

네이버 블로그를 운영해 본 적 있다면 나만의 홈페이지처럼 만들고 싶다는 생각을 많이 해봤을 거예요. 하지만 네이버 블로그에서 기본으로 제공하는 레이아웃만으론 많은 제약이 따르죠. 미리캔버스를 이용하면 어려운 작업 없이도 아이콘을 넣고 클릭까지 할 수 있는 홈페이지형 블로그를 뚝딱 만들 수 있답니다. 이번 실습을 함께 따라해 볼까요?

✦ 완성 이미지

✦ 완성 파일
bit.ly/miri_blog

✦ 동영상 강의

✦ 홈페이지형 블로그 디자인을 실제 내 블로그에 적용하는 방법은 155페이지의 QR코드에서 소개합니다.

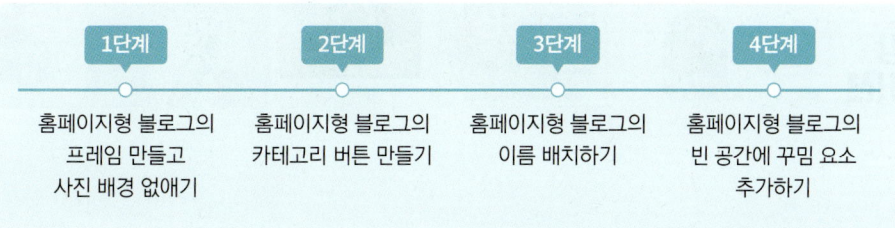

1단계	2단계	3단계	4단계
홈페이지형 블로그의 프레임 만들고 사진 배경 없애기	홈페이지형 블로그의 카테고리 버튼 만들기	홈페이지형 블로그의 이름 배치하기	홈페이지형 블로그의 빈 공간에 꾸밈 요소 추가하기

1단계

홈페이지형 블로그의 프레임 만들고 사진 배경 없애기

하면 된다!} 배경 추가하고 폴라로이드 사진 프레임 만들기

특별하거나 일상적인 날 네 컷 사진을 찍은 경험이 있나요? 네 컷 사진의 형태를 디자인에 활용하면 사진을 멋스럽게 추가할 수 있습니다.

01 미리캔버스에 로그인한 후 ❶ 메인 화면의 오른쪽 위에서 [디자인 만들기]를 클릭하고 ❷ [웹용/동영상 디자인 만들기]를 클릭합니다.

✦ 캔버스가 저장될 위치를 먼저 지정하려면 오른쪽 위의 프로필 이미지를 클릭한 뒤, 워크스페이스에서 '미리캔버스 실습' 폴더로 들어가서 [새 디자인 만들기]를 클릭하세요.

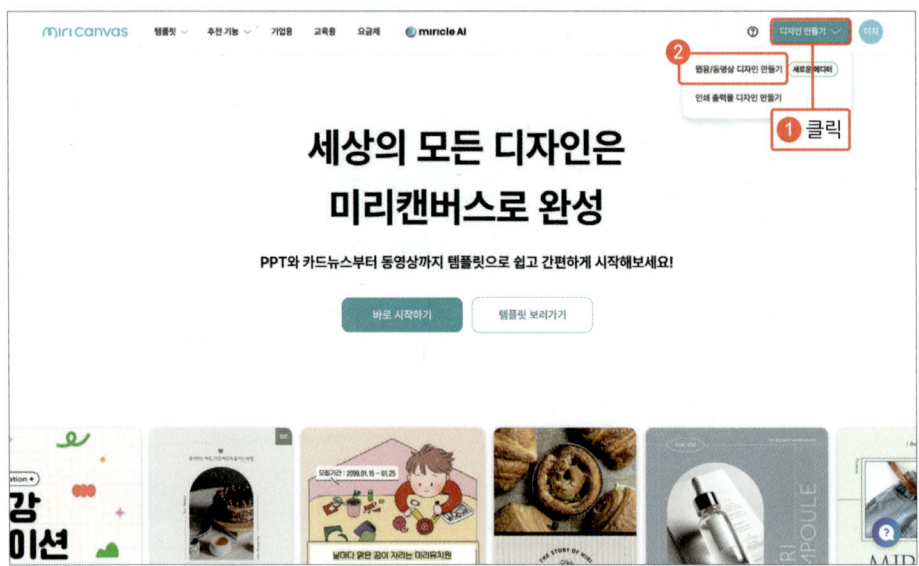

02 캔버스 크기를 선택하는 창이 나타나면 ❶ [직접 입력]을 선택하고 ❷ 2000*780 을 입력합니다. ❸ [새 디자인 만들기]를 클릭하면 작업할 캔버스가 만들어집니다.

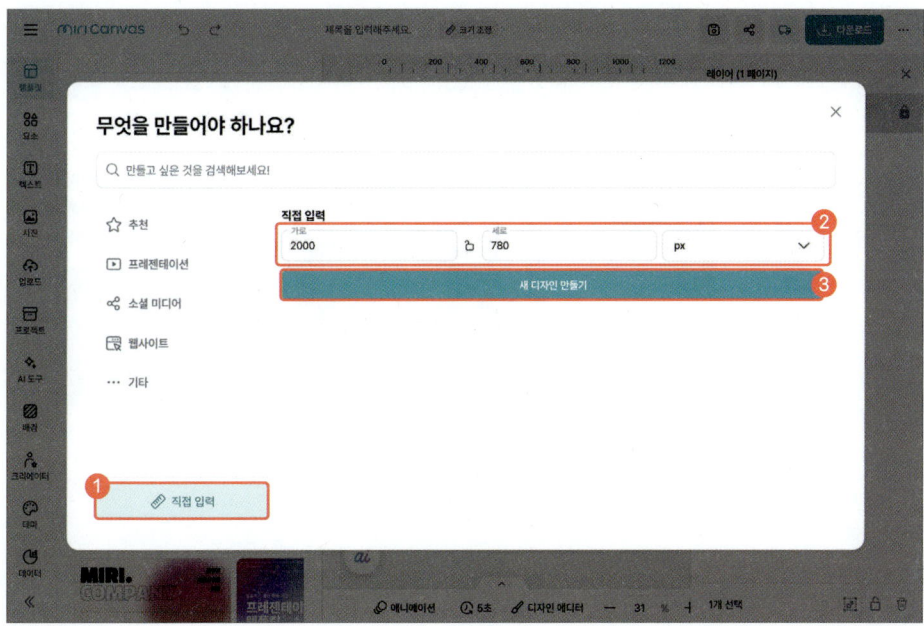

03 ❶ 화면 왼쪽의 도구 바에서 [사진]을 클릭해 배경으로 넣을 이미지를 찾아보겠습니다. ❷ 검색 창에 **제주유채꽃**을 입력해 검색 결과가 나타나면 ❸ 다음과 같은 사진을 클릭해서 캔버스로 불러옵니다.

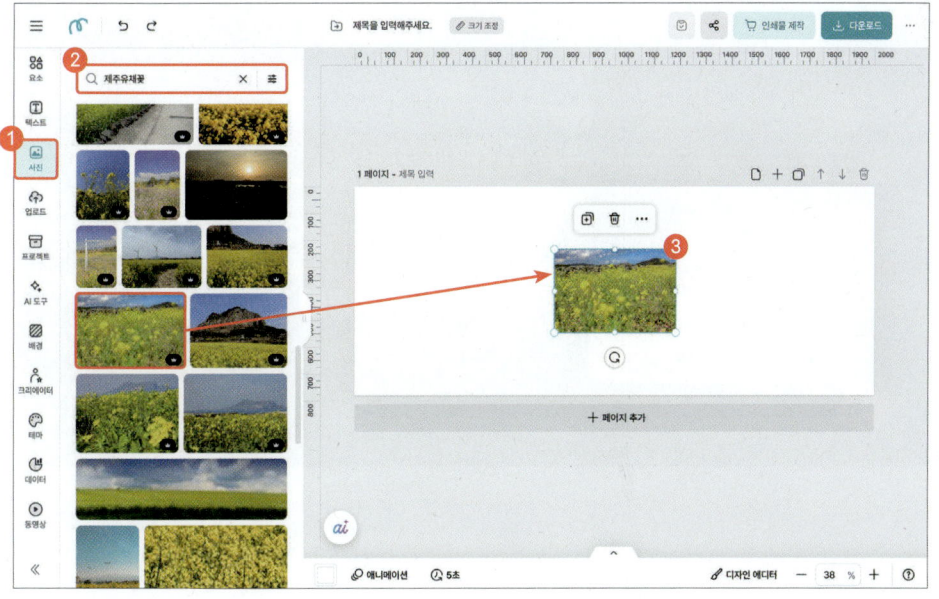

04 ① 사진을 선택하고 마우스 오른쪽 버튼을 누릅니다. ② [배경으로 만들기]를 선택하면 사진이 배경에 꽉 찹니다.

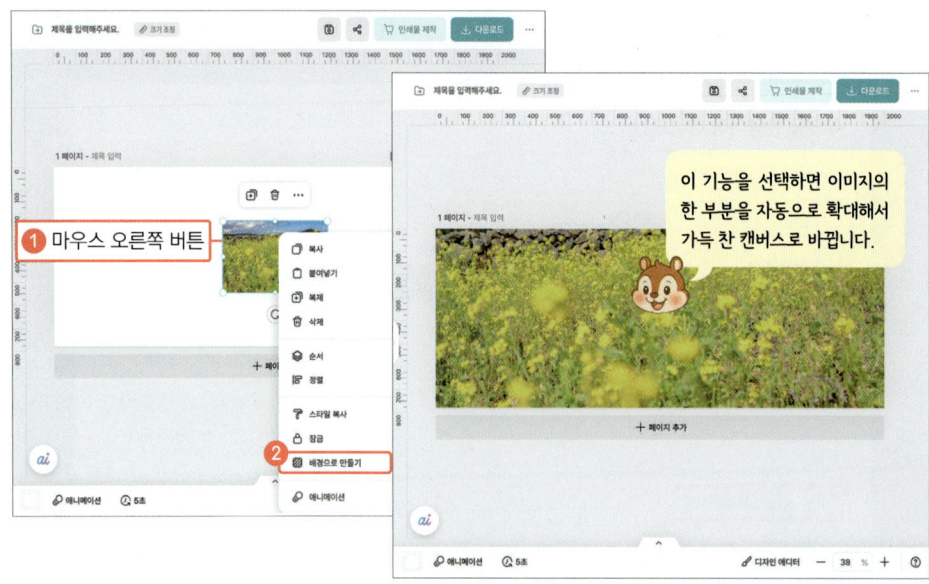

05 이미지를 더블클릭하면 배경으로 채운 이미지를 수정할 수 있습니다. ① 이미지를 위아래로 움직여 알맞은 위치에 배치한 후 ② [적용 ✓]을 클릭합니다.

06 이제 여러 요소를 결합해 폴라로이드 사진 프레임을 만들어 보겠습니다. ❶ 왼쪽의 도구 바에서 [요소]를 선택한 후 ❷ [도형]을 클릭합니다. ❸ [기본 도형]에서 **사각형**을 클릭해서 캔버스에 불러옵니다.

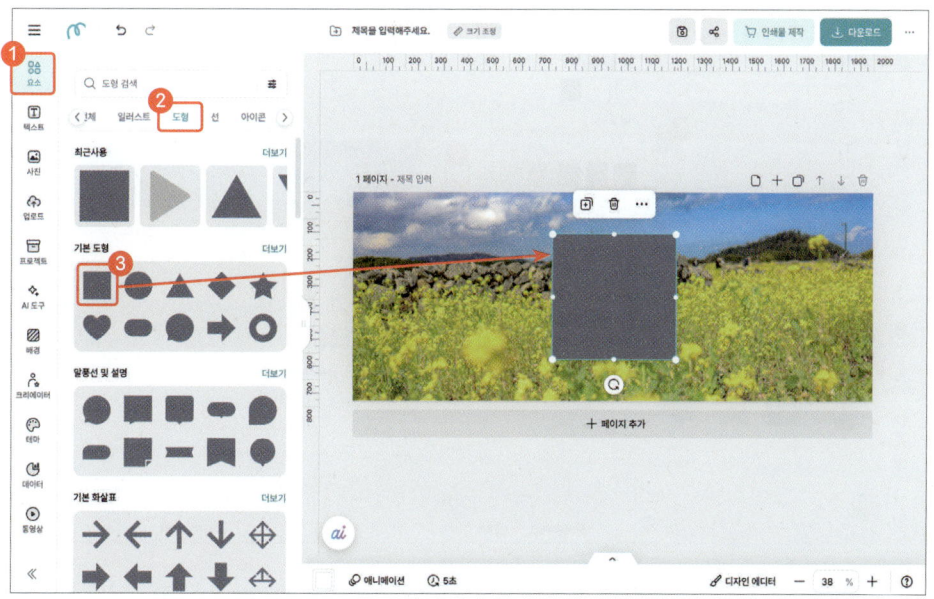

07 ❶ [요소 크기 입력]을 클릭합니다. ❷ [가로 세로 비율 고정 🔒]을 클릭해 잠금을 푼 🔓 뒤 ❸ [가로]에 445, [세로]에 889, [회전]에 346을 입력합니다. ❹ 다음과 같이 사각형 요소의 아래쪽이 조금 잘린 듯하게 배치해 줍니다.

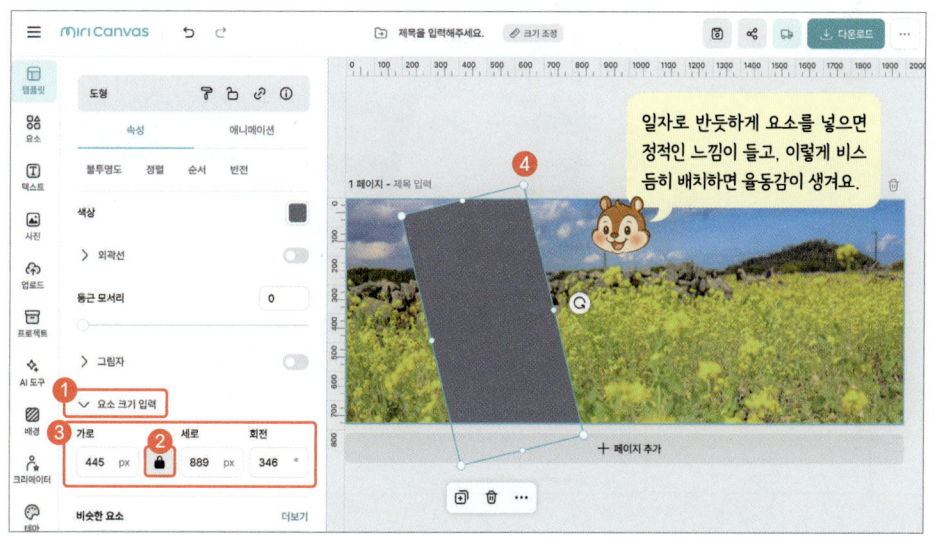

06 ✦ 나만의 홈페이지형 블로그 만들기 **133**

08 ❶ [색상] 오른쪽의 ■ 버튼을 클릭해 [색상] 창이 나타나면 ❷ [기본 팔레트]에서 **흰색**을 찾아 클릭합니다.

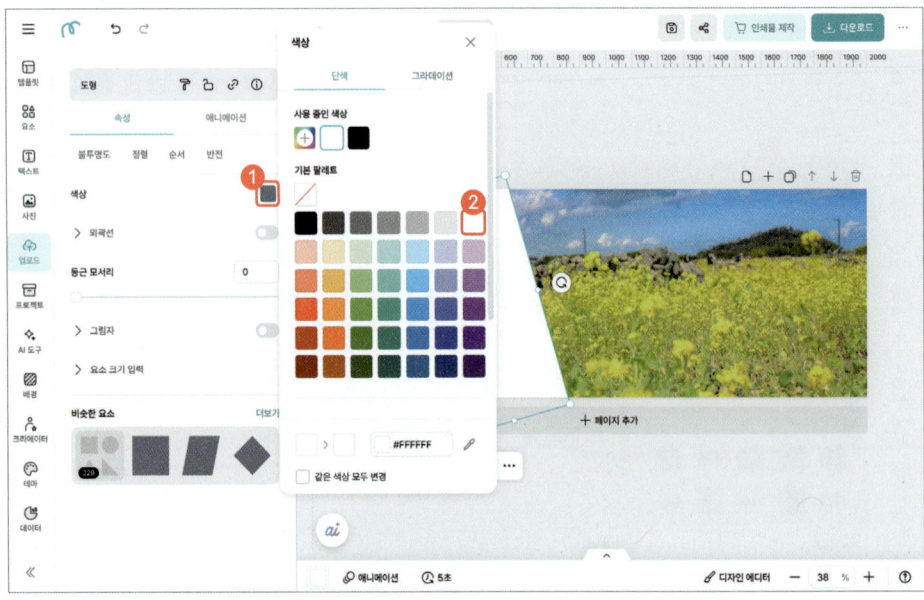

09 ❶ [그림자] 오른쪽의 토글을 켜서 그림자 효과를 추가해 줍니다. ❷ [방향]에 **315**, [불투명도]에 **30**, [거리]에 **20**, [흐림]에 **28**을 입력합니다.

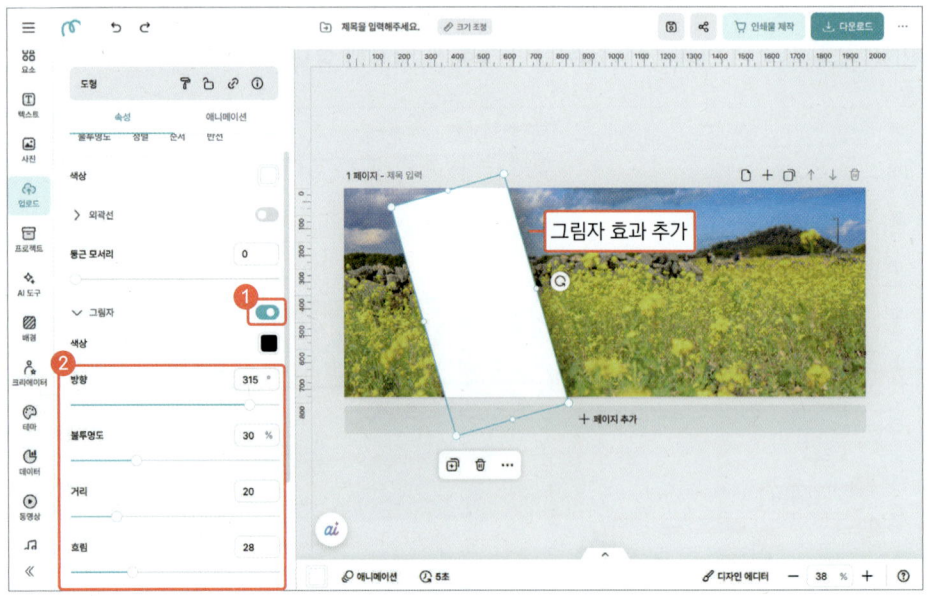

10 앞에서 만든 사각형 도형에 문구를 써넣어 보겠습니다. ① 왼쪽의 도구 바에서 [텍스트]를 선택합니다. ② [제목 텍스트 추가]를 클릭해 ③ 지민한컷을 입력한 후 ④ [회전 ⓒ]을 클릭한 채 왼쪽으로 기울여 사각형 요소와 평행하게 만들어 주세요.

✦ 입력할 내용은 이지스퍼블리싱 자료실의 '실습 입력 텍스트'에 모두 정리되어 있습니다.

11 ① 글꼴은 [어비 다빈체]로 선택하고 ② 글자크기는 68.1로 설정합니다.

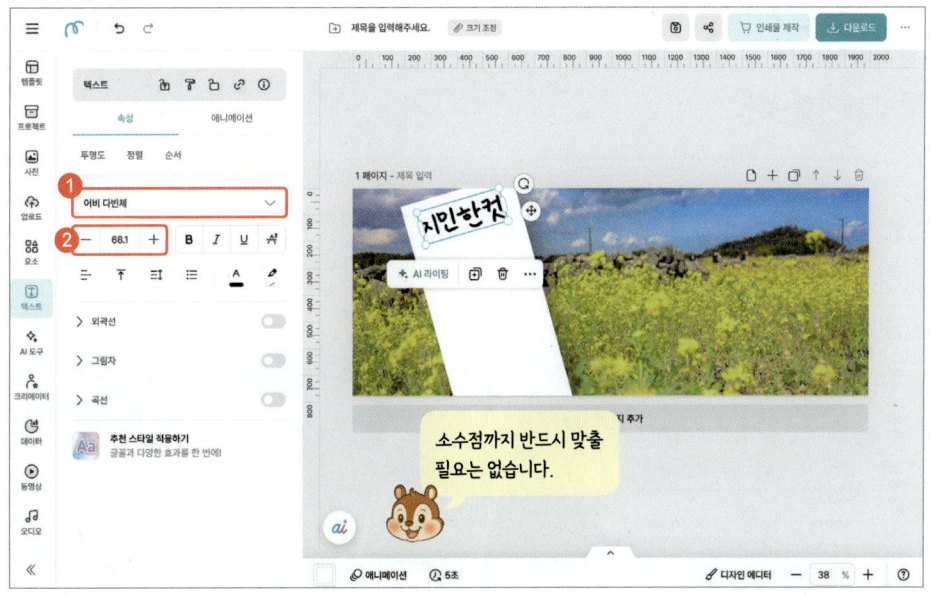

12 이제 사진을 넣을 프레임을 추가할 거예요. ❶ 왼쪽의 도구 바에서 [요소]를 클릭합니다. ❷ [프레임]을 선택하고 ❸ [기본 프레임]에서 [직사각형 프레임]을 클릭해 캔버스로 불러옵니다.

13 ❶ 불러온 직사각형 프레임 요소를 선택한 채로 [요소 크기 입력]을 클릭합니다. ❷ [가로 세로 비율 고정 🔒]을 클릭해 잠금을 푼 🔓 뒤 ❸ [가로]에 389, [세로]에 262, [회전]에 346을 입력합니다. ❹ 사진 2컷을 넣을 것이므로 Ctrl + C를 눌러 직사각형 프레임 요소를 복사한 뒤 Ctrl + V로 붙여 넣어 하나 더 만든 후 다음과 같이 배치합니다.

14 이제 사진을 프레임 속에 넣어 보겠습니다. ❶ 왼쪽의 도구 바에서 [사진]을 클릭하고 ❷ 검색 창에 피크닉 자매를 입력합니다. ❸ 다음과 같은 사진을 클릭해 불러옵니다.

✦ 요소를 찾기 어렵다면 이지스퍼블리싱 자료실에서 '템플릿 링크 모음'을 클릭해 보세요.

쓰고 싶은 사진이 따로 있다면 왼쪽 도구 바의 [업로드]에서 내 사진을 추가해 사용할 수 있어요.

15 불러온 사진 2컷을 프레임 가까이 가져가면 자동으로 들어갑니다.

사진이 투명해지면서 프레임 안으로 다 들어갔을 때 마우스에서 손을 떼면 됩니다.

2단계

홈페이지형 블로그의
카테고리 버튼 만들기

하면 된다!} 클릭할 수 있는 버튼 만들기

다음으로 블로그에서 카테고리를 표현할 버튼을 만들어 보겠습니다. 실습을 시작하기 전에 이지스퍼블리싱 홈페이지의 자료실에서 가이드 이미지를 내려받으세요.

✦ 06장 첫 페이지의 '완성 파일' 링크로 접속해 2쪽에서 자료 이미지를 복사해도 됩니다.

01 먼저 카테고리 버튼을 배치할 가이드 이미지를 불러오겠습니다. ❶ 왼쪽의 도구바에서 [업로드]를 선택하고 ❷ 검색 창 아래에서 [업로드]를 클릭해서 내려받은 가이드 이미지를 업로드합니다. ❸ [파일] 아래에 나타난 이미지를 클릭하면 캔버스에 나타납니다.

02 불러온 가이드 이미지의 조절점을 클릭한 채 드래그해서 화면 가득 채워 줍니다.

03 이제 가이드 이미지 위로 필요한 요소를 불러와 배치해 보겠습니다. ❶ 왼쪽의 도구 바에서 [요소]를 클릭합니다. ❷ [도형]을 클릭하고 ❸ [기본 도형]에서 사각형을 클릭해 캔버스에 불러옵니다.

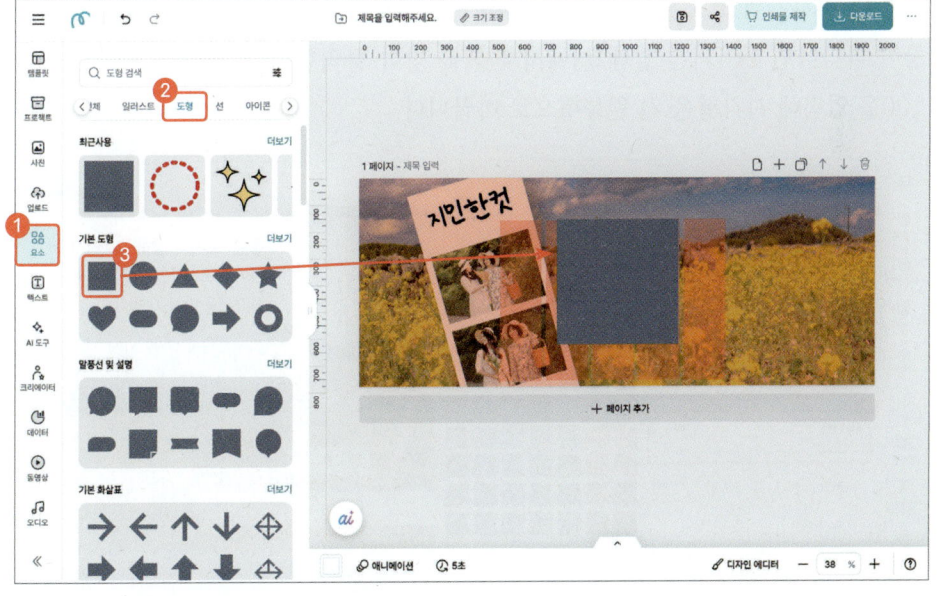

04 ❶ 사각형 요소를 클릭한 채로 [요소 크기 입력]을 클릭합니다. ❷ [가로 세로 비율 고정🔒]을 클릭해 잠금을 푼🔓 뒤 ❸ [가로]에 1018, [세로]에 130을 입력해 직사각형으로 만듭니다. ❹ 직사각형 요소가 캔버스 가운데에 있는 빨간색 기둥 양옆의 바깥으로 조금씩 튀어나오도록 조정한 후 아래쪽 중앙에 배치합니다.

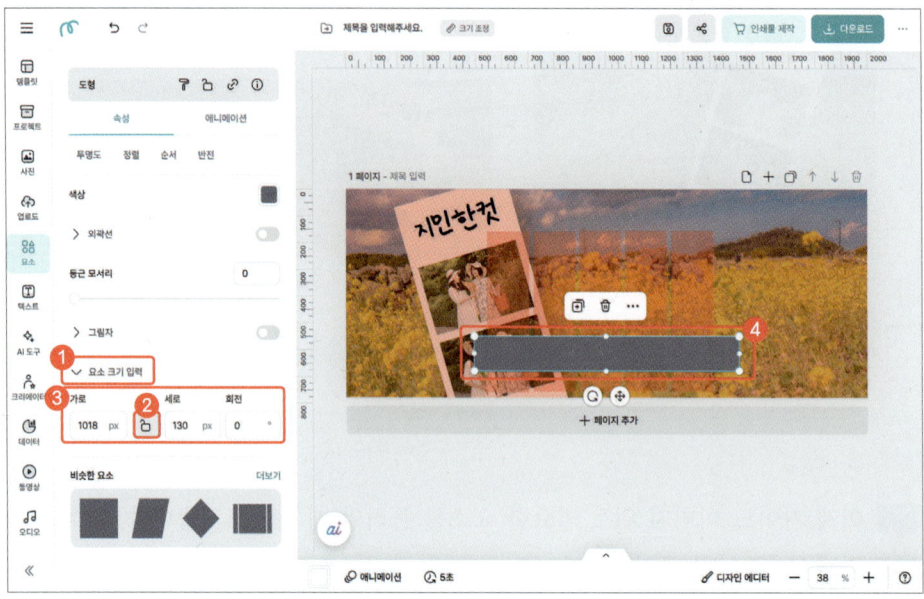

05 ❶ 직사각형 요소를 클릭한 채 [색상] 오른쪽의 ▣ 버튼을 클릭합니다. [색상] 창이 나타나면 ❷ [기본 팔레트]에서 흰색을 찾아 클릭합니다. ❸ [둥근 모서리]에 100을 입력해 사각형을 긴 원통형으로 바꿉니다.

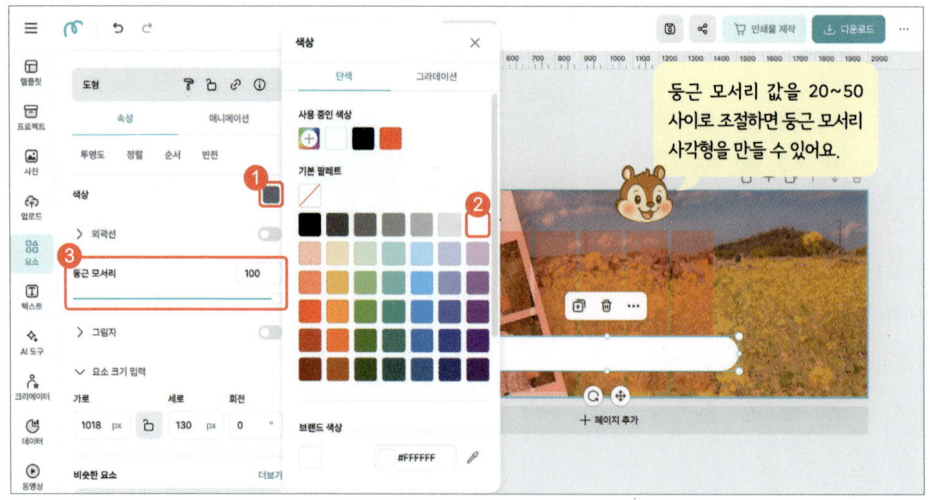

06 이번엔 버튼으로 사용할 도형 5개를 추가하겠습니다. ① 왼쪽의 도구 바에서 [요소]를 클릭하고 ② 검색 창에 비정형도형을 입력합니다. ③ [도형]을 선택하면 바로 아래에 다양한 도형이 나타나는데 ④ 여기에서 마음에 드는 도형 5개를 클릭해 캔버스에 불러옵니다.

마음에 드는 도형 요소를 선택한 후 오른쪽 위에서 [… → 비슷한 요소 찾기]를 클릭해 보세요.

07 ① 첫 번째 도형 요소를 클릭한 채로 [요소 크기 입력]을 선택하고 ② [가로]와 [세로]에 각각 143을 입력합니다. 다른 도형 요소도 같은 방법으로 다음과 같이 크기를 조정해 줍니다.

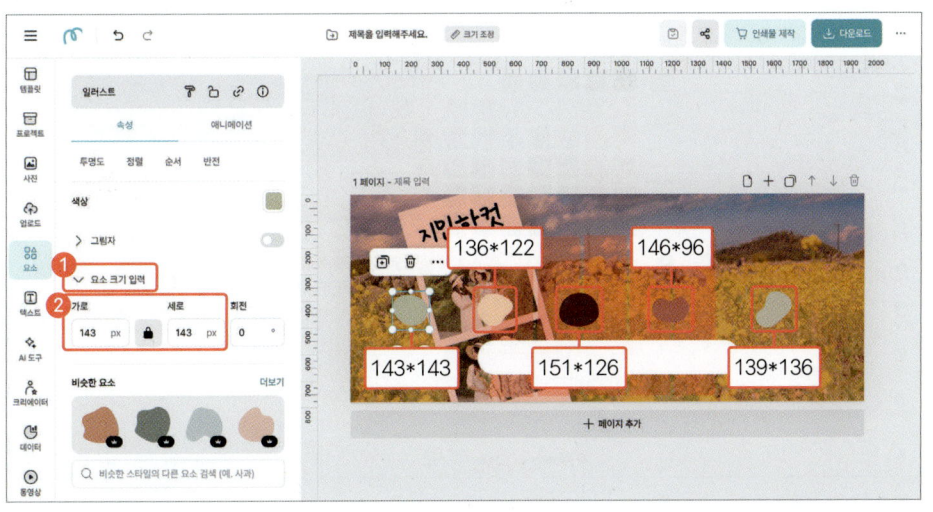

08 크기를 조정한 도형 요소 5개를 흰색 원통형 요소 위에 순서대로 배치합니다.

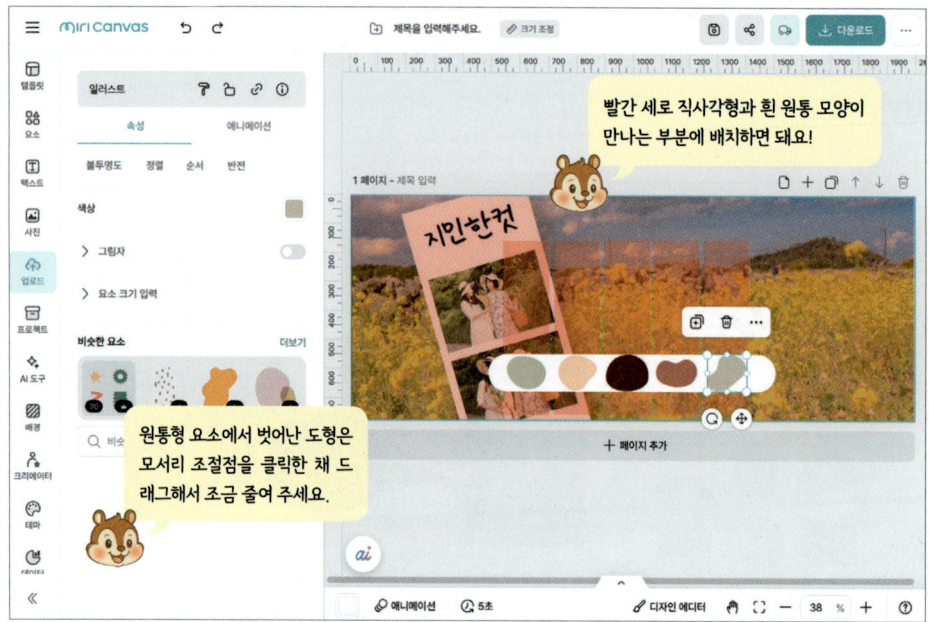

09 ① 첫 번째 도형 요소를 선택한 채 ② [색상] 오른쪽의 ■ 버튼을 클릭합니다. ③ [색상] 창이 나타나면 아래쪽 색상 코드란에 FFDDDD를 입력합니다. 나머지 도형 요소 4개도 같은 방법으로 다음과 같이 색을 바꿉니다.

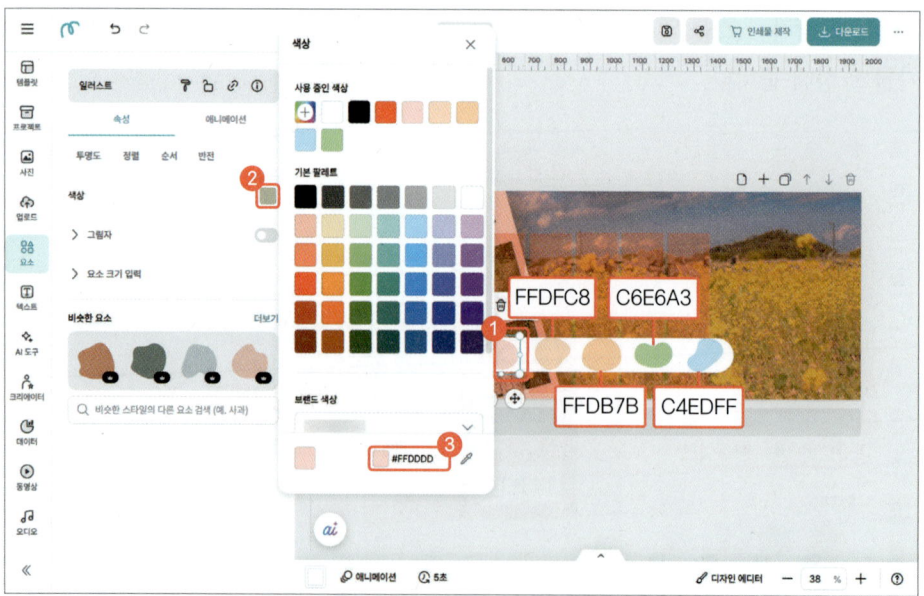

10 가이드 이미지를 클릭하고 Delete 를 눌러 삭제합니다. 블로그의 카테고리에 사용할 버튼 이미지를 완성했습니다.

가이드 이미지 삭제

하면 된다!} 요소로 프레임 꾸미고 클릭 버튼 이름 추가하기

폴라로이드 사진 프레임을 만들었으니 이제 그 주변을 꾸며 보겠습니다. 앞서 만든 클릭 버튼에 이름도 함께 입력해 볼게요!

01 프레임 오른쪽에 넣을 사진 1컷을 골라 보겠습니다. ❶ 왼쪽의 도구 바에서 [사진]을 클릭하고 ❷ 검색 창에 긴머리, 모자를 입력합니다. ❸ 마음에 드는 사진을 클릭해 캔버스로 불러옵니다.

06 ✦ 나만의 홈페이지형 블로그 만들기

02 ① 불러온 사진을 선택한 상태에서 [쉬운 편집] 아래의 [배경 제거]를 클릭해 배경을 지운 뒤 ② 왼쪽의 사진 프레임에 겹쳐서 배치합니다.

03 ① [자르기]를 클릭하고 ② 배경이 삭제된 사진의 빈 공간을 다음과 같이 인물만 남기고 잘라 낸 후 ③ [적용☑]을 클릭합니다.

04 ❶ 배경을 삭제한 사진을 선택한 상태에서 [요소 크기 입력]을 클릭하고 ❷ [가로]에 353, [세로]에 473을 입력합니다.

05 ❶ Shift 를 누른 채 흰색 원통형 요소와 버튼 5개를 모두 선택한 뒤 ❷ 마우스 오른쪽 버튼을 눌러 [순서]를 클릭합니다. ❸ [맨 앞으로 가져오기]를 클릭해 다음과 같이 정렬해 줍니다. 추가한 이미지가 클릭 버튼 뒤로 자연스럽게 이동합니다.

Ctrl + Shift + Y 를 누르고 [레이어]에서 원통형과 버튼을 맨 위로 올려도 됩니다.

06 버튼으로 사용할 도형 5개의 크기에 맞게 버튼 이름을 작성해 보겠습니다. ❶ 왼쪽의 도구 바에서 [텍스트]를 선택합니다. ❷ [본문 텍스트 추가]를 클릭해 제주도민 추천맛집을 입력한 후 ❸ 첫 번째 도형 위로 위치를 옮깁니다.

07 텍스트 상자를 클릭한 상태로 ❶ 글꼴은 [어비 다빈체]로 선택하고 ❷ 글자 크기는 21.2로 바꿉니다. ❸ [글자 색상] 버튼을 클릭해 ❹ [색상] 창이 나타나면 아래쪽 색상 코드란에 5E3333을 입력합니다.

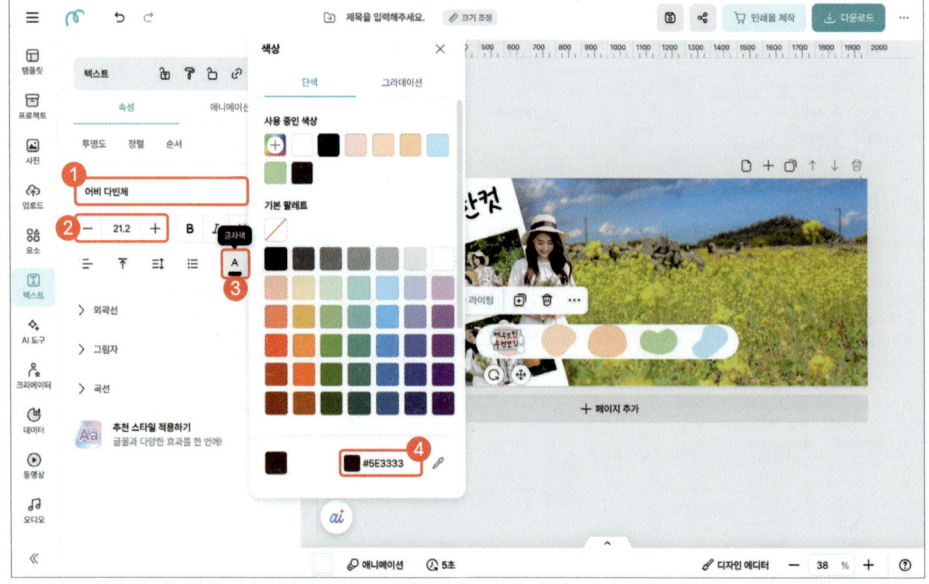

08 ❶ [글자 정렬]을 클릭해 ❷ [가운데 정렬]로 바꿉니다.

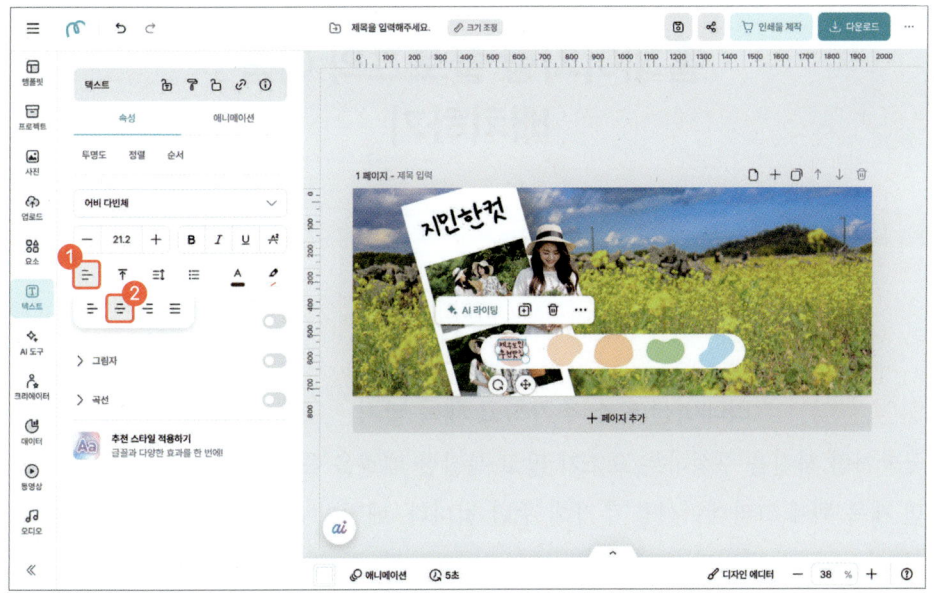

09 텍스트 스타일을 설정했으니 그 상태로 텍스트 상자를 4개 더 만듭니다. Ctrl + C 를 눌러 복사해 Ctrl + V 로 붙여 넣은 후 다음과 같이 알맞은 내용으로 바꿉니다.

3단계

홈페이지형 블로그의 이름 배치하기

하면 된다!} 그라데이션 요소 추가하고 제목 넣기

꽃밭처럼 사진을 구성하는 요소가 많고 복잡한 배경을 쓸 때 제목이 눈에 띄게 하려면 제목 뒤에 그라데이션을 추가해 주면 됩니다. 배경이 조금 흐릿해져서 제목이 돋보이는 효과가 납니다.

01 먼저 그라데이션 요소를 추가해 보겠습니다. ❶ 왼쪽의 도구 바에서 [요소]를 클릭하고 ❷ 검색 창에 그라데이션을 입력합니다. ❸ [일러스트]를 클릭하고 ❹ 다음과 같은 그라데이션 요소를 선택해서 캔버스에 불러옵니다.

02 ① 그라데이션 요소를 선택한 상태에서 [요소 크기 입력]을 클릭합니다. ② [가로 세로 비율 고정 🔒]을 클릭해 잠금을 푼 뒤 ③ [가로]에 995, [세로]에 366을 입력합니다.

03 그라데이션에 노란색을 적용하겠습니다. ① [색상 채우기] 오른쪽의 토글을 켭니다. ② [색상] 오른쪽의 ■ 버튼을 클릭해 [색상] 창이 뜨면 오른쪽 아래에서 ③ [스포이드 🖊]를 선택한 뒤 ④ 유채꽃을 클릭해서 색을 추출합니다.

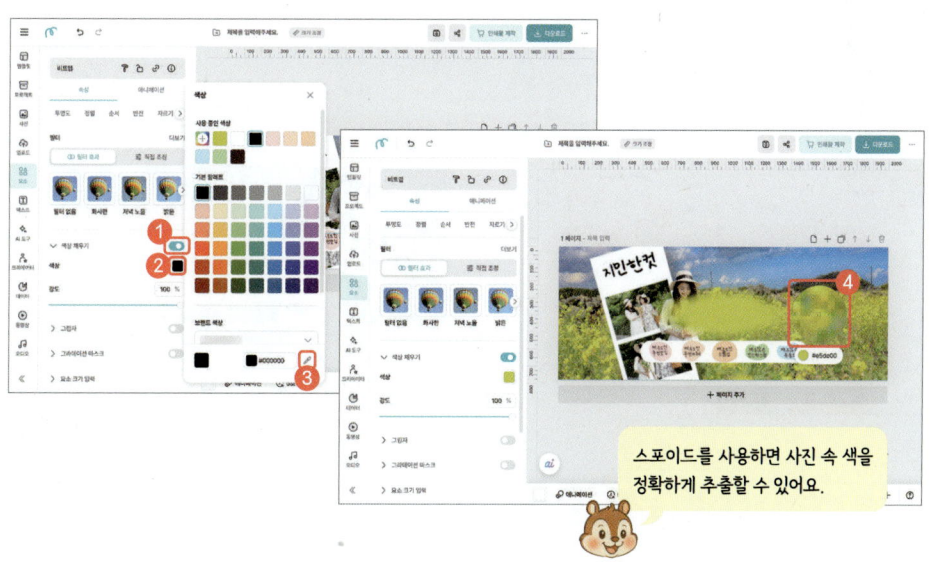

스포이드를 사용하면 사진 속 색을 정확하게 추출할 수 있어요.

04 ① [불투명도]를 클릭하고 ② 70으로 낮춥니다. ③ 그라데이션 요소를 오른쪽의 빈 공간으로 이동합니다.

유채꽃의 복잡한 부분에 노란 그라데이션을 추가해 흐릿하게 만들었어요.

05 그라데이션 요소 위에 제목을 올려 봅시다. ① 왼쪽의 도구 바에서 [텍스트]를 클릭해 ② [제목 텍스트 추가]를 선택한 후 ③ 텍스트 상자에 재주많은 지민이의 제주 일기를 입력합니다. ④ [글자 정렬]을 클릭해 ⑤ [가운데 정렬]로 바꿉니다.

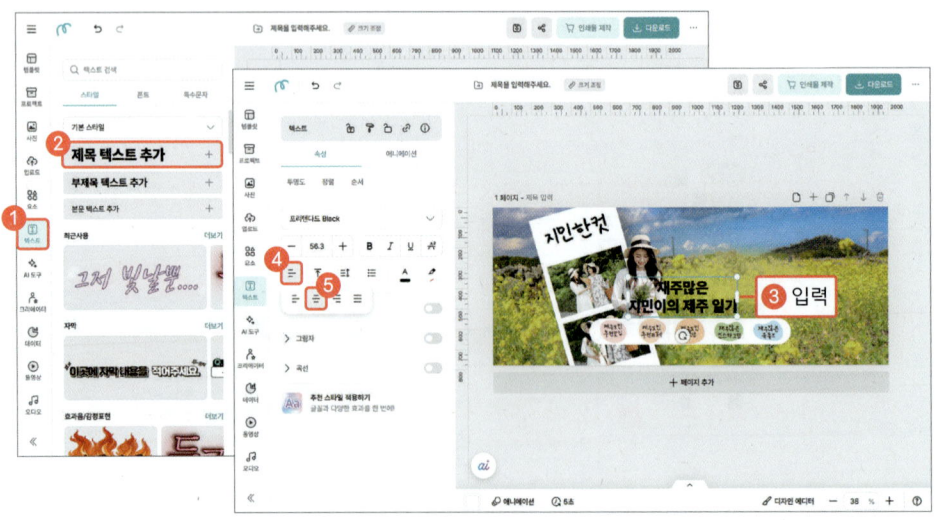

06 ① 글꼴은 앞서 사용한 [어비 다빈체]로 바꾸고 ② 글자 크기는 62.6으로 설정합니다. ③ [글자 색상 A] 버튼을 클릭해 ④ [색상] 창이 나타나면 [기본 팔레트]에서 흰색을 찾아 선택한 후 ⑤ 그라데이션 요소 위로 이동합니다.

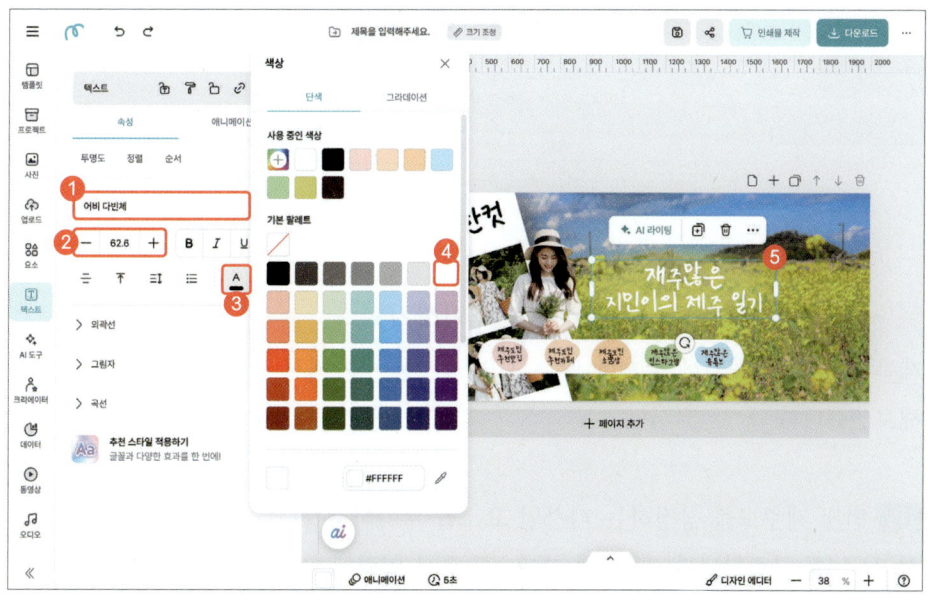

07 이번엔 제목에 그림자를 추가해서 선명해 보이도록 해봅시다. ① [그림자] 오른쪽의 토글을 켜고 ② [방향]에 315, [불투명도]에 71, [거리]에 6, [흐림]에 68을 입력하면 ③ 제목에 그림자가 적용됩니다.

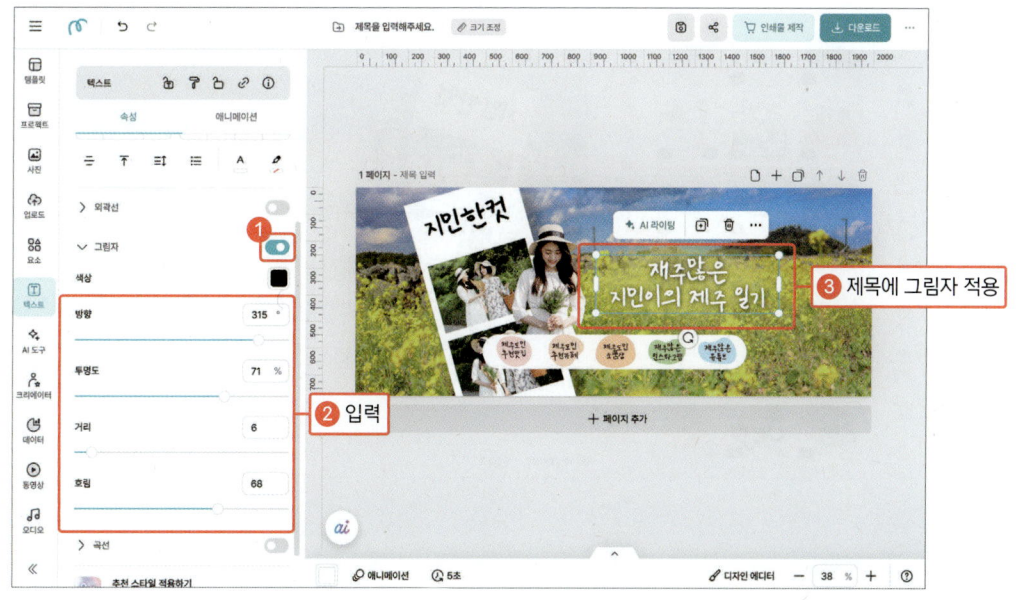

06 ✦ 나만의 홈페이지형 블로그 만들기

4단계

홈페이지형 블로그의 빈 공간에
꾸밈 요소 추가하기

하면 된다! } 키워드에 어울리는 요소 추가하기

제목 주변의 빈 공간에 주제에 맞는 꾸밈 요소를 추가해서 블로그를 한층 돋보이게 해보겠습니다.

01 먼저 제주도를 상징하는 디자인 요소를 추가하겠습니다. ❶ 왼쪽의 도구 바에서 [요소]를 클릭합니다. ❷ 검색 창에 제주도를 입력해 ❸ [일러스트]를 선택한 후 블로그 주제와 어울리는 일러스트를 불러옵니다. 여기에서는 한라봉과 돌하르방 요소를 골랐습니다.

02 ① 한라봉은 프레임의 첫 번째 사진 옆으로, ② 돌하르방은 직사각형 도형의 오른쪽 끝으로 이동합니다. ③ 한라봉 요소를 선택한 상태에서 [요소 크기 입력]을 클릭하고 ④ [가로]에 158, [세로]에 186, [회전]에 346을 입력합니다. ⑤ 같은 방법으로 돌하르방 요소의 크기와 방향을 다음과 같이 바꿉니다.

03 한라봉과 돌하르방에 그림자를 넣어 보겠습니다. ① 한라봉 요소를 선택한 상태에서 ② [그림자] 오른쪽의 토글을 켭니다. ③ [색상] 오른쪽의 ■ 버튼을 클릭해 [색상] 창이 나타나면 ④ [기본 팔레트]에서 흰색을 찾아 선택합니다. ⑤ [방향]에 315, [불투명도]에 100, [거리]에 12, [흐림]에 0을 입력합니다. ⑥ 같은 방법으로 돌하르방 요소에도 다음과 같이 그림자를 설정합니다.

04 이번에는 산뜻하고 발랄한 블로그 주제에 맞게 나머지 빈 공간에 흰색 낙서 요소 3개를 추가해 보겠습니다. ① 왼쪽의 도구 바에서 [요소]를 클릭해 ② 검색 창에 **낙서**를 입력한 후 ③ [일러스트]를 클릭합니다. ④ 마음에 드는 요소를 클릭해 불러옵니다. 여기에서는 블로그 주제와 어울리는 해, 꽃, 나비 일러스트를 골랐습니다.

05 ① 해 요소를 선택한 상태에서 [요소 크기 입력]을 클릭하고 ② [가로]와 [세로]에 각각 **156**을 입력합니다. ③ [색상 채우기] 오른쪽의 토글을 켜고 ④ [색상] 오른쪽의 ■ 버튼을 클릭합니다. ⑤ [색상] 창이 나타나면 [기본 팔레트]에서 **흰색**을 선택하고 ⑥ 다음과 같이 위치를 이동합니다. 같은 방법으로 ⑦ 꽃과 ⑧ 나비 요소의 크기와 색상, 위치도 바꿉니다.

06 해, 꽃, 나비 요소에 그림자를 추가해 보겠습니다. ❶ 먼저 해 요소를 선택한 상태에서 ❷ [그림자] 오른쪽의 토글을 켜고 ❸ [방향]에 315, [불투명도]에 50, [거리]에 0, [흐림]에 16을 입력합니다. 나머지 ❹ 꽃 요소와 ❺ 나비 요소에도 같은 방법으로 그림자를 적용합니다.

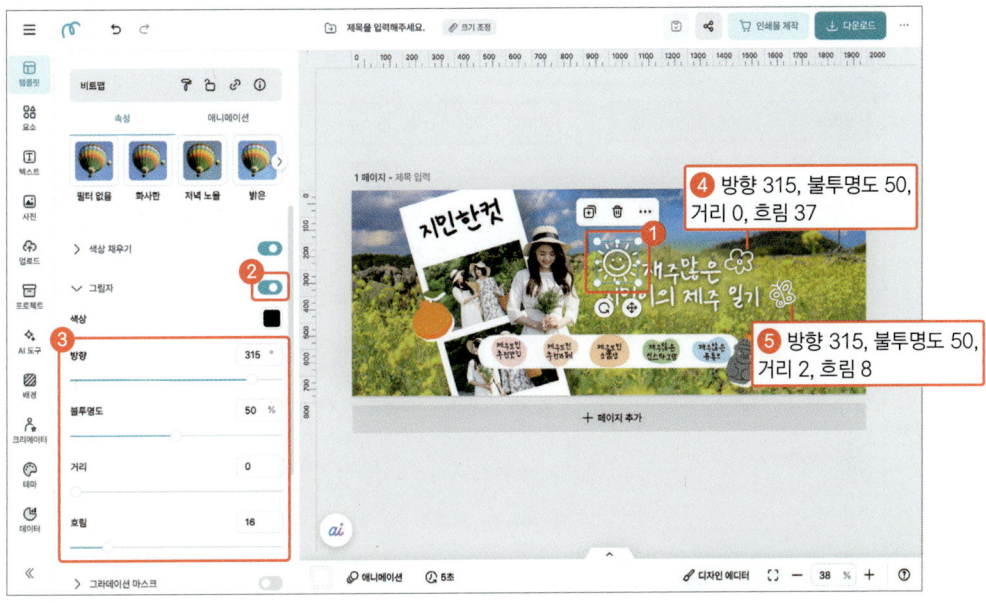

07 홈페이지형 블로그를 완성했습니다. 홈페이지형 블로그를 네이버 블로그에 적용하는 방법이 궁금하다면 오른쪽의 QR코드를 참고해 보세요!

블로그 적용하기

06 ✦ 나만의 홈페이지형 블로그 만들기   155

방구석 다람쥐의 깨알 팁!

요소마다 색상 설정 방법이 다른 이유가 뭔가요?

어떤 요소를 선택하면 작업 화면 왼쪽에 바로 [색상]이 나타나는데, 또 어떤 요소는 [색상 채우기]를 클릭해야만 색을 바꿀 수 있습니다. 그 이유는 바로 요소의 속성이 다르기 때문입니다. 다음 작업 화면의 위쪽에 있는 회색 박스를 주목해 보세요. 왼쪽은 '일러스트'이고 오른쪽은 '비트맵'이죠? 요소는 일러스트(벡터)인지 비트맵인지에 따라 아래 [속성]의 메뉴가 달라집니다.

일러스트(벡터) 요소와 비트맵 요소

먼저 일러스트(벡터)는 이미지의 색상을 마음대로 바꿀 수 있어요. 여러 색을 활용한 일러스트라면 각 부분을 원하는 색으로 수정할 수도 있습니다. 반면 비트맵은 마치 사진 요소처럼 이미지의 색을 원하는 것으로 바꿀 수 없어요. [색상 채우기]를 클릭하면 요소의 모습이 사라진 채 단색으로만 채워집니다. 요소의 모양이 복잡하고, 원하는 색으로 수정해 사용하고 싶다면 벡터 요소만 골라 사용하는 것이 좋습니다. 요소를 불러온 다음에는 먼저 한 번 클릭해 이 요소가 벡터인지, 비트맵인지 확인해 보세요.

벡터와 비트맵 요소   벡터와 비트맵 요소의 색을 바꾼 모습

07

AI 기능으로
상세 이미지 만들기

1인 기업을 운영하거나 작은 브랜드의 마케터 또는 디자이너인가요? 돈을 들여 상세 이미지를 의뢰하기 부담스럽다면 미리캔버스에서 간단히 만들어 보세요. 프로그램에 기본으로 탑재되어 있는 AI 기능을 활용하면 원하는 이미지를 쉽게 만들 수 있습니다. 여기에서 다루는 구도는 주제가 다른 상세 이미지에도 활용할 수 있으니 꼭 기억해 두세요!

◆ 완성 이미지

◆ 완성 파일
bit.ly/miri_detail

◆ 동영상 강의

1단계	2단계	3단계	4단계	5단계
상세 이미지의 배경에 넣을 이미지 만들기	상세 이미지의 문구 디자인하기	상세 이미지에 추가할 사진 AI 포토로 만들기	상세 이미지에 넣을 구조도 만들기	텍스트 레이아웃 활용해서 상세 이미지 내용 넣기

> **1단계**
>
> ## 상세 이미지의 배경에
> ## 넣을 이미지 만들기

하면 된다! } 사진 불러와 배경에 꽉 차게 만들기

`01` 미리캔버스에 로그인한 후 ❶ 메인 화면의 오른쪽 위에서 [디자인 만들기]를 클릭하고 ❷ [웹용/동영상 디자인 만들기]를 클릭합니다.

✦ 캔버스가 저장될 위치를 먼저 지정하려면 오른쪽 위의 프로필 이미지를 클릭한 뒤, 워크스페이스에서 '미리캔버스 실습' 폴더로 들어가서 [새 디자인 만들기]를 클릭하세요.

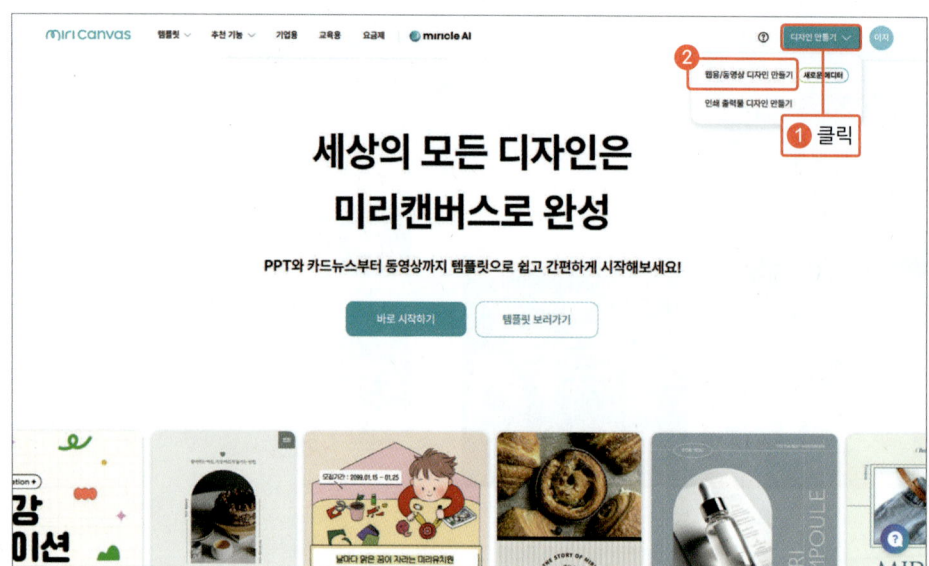

02 캔버스 크기를 선택하는 창이 나타나면 ❶ [직접 입력]을 선택하고 ❷ 860*1700 을 입력합니다. ❸ [새 디자인 만들기]를 클릭하면 작업할 캔버스가 만들어집니다.

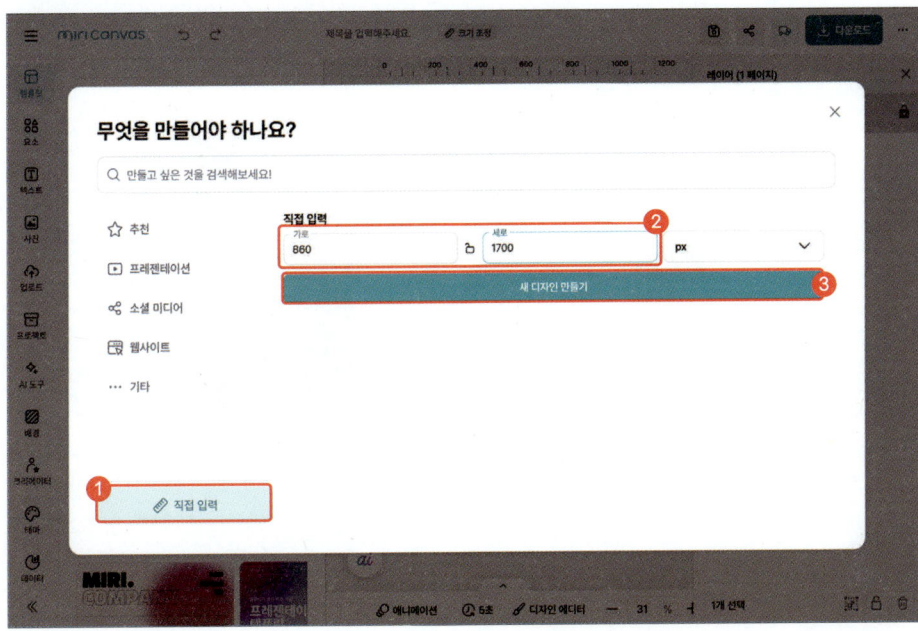

03 ❶ 왼쪽의 도구 바에서 [사진]을 클릭해 배경으로 넣을 이미지를 찾아보겠습니다. ❷ 검색 창에 사과를 입력해 ❸ 아래 검색 결과에서 사과 이미지를 클릭한 다음 캔버스로 불러옵니다.

04 ① 사진을 선택하고 ② 마우스 오른쪽 버튼을 눌러 [배경으로 만들기]를 선택합니다. 이미지가 배경에 꽉 찹니다.

하면 된다!} 내용이 잘 보이도록 배경에 요소 추가하기

텍스트와 내용이 잘 보이도록 배경 이미지에 검은색 도형 요소를 추가하겠습니다.

01 ① 왼쪽의 도구 바에서 [요소]를 클릭해 ② [도형]을 선택합니다. ③ [기본 도형] 아래에서 사각형을 클릭해 캔버스에 불러온 후 ④ 조절점을 클릭한 채 드래그해서 꽉 차게 만들어 줍니다.

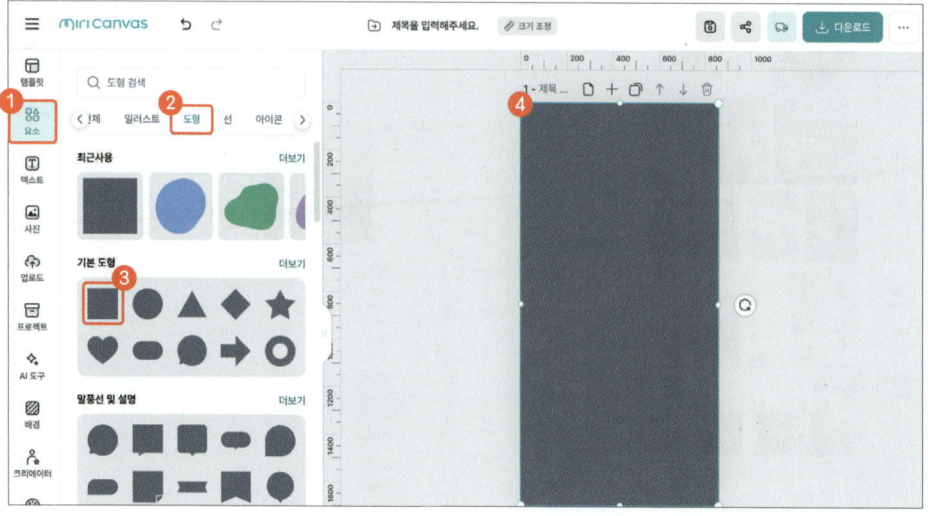

02 ❶ 사각형 요소를 선택한 채 ❷ [색상] 오른쪽의 ■ 버튼을 클릭합니다. [색상] 창이 나타나면 ❸ [기본 팔레트]에서 검은색을 클릭합니다.

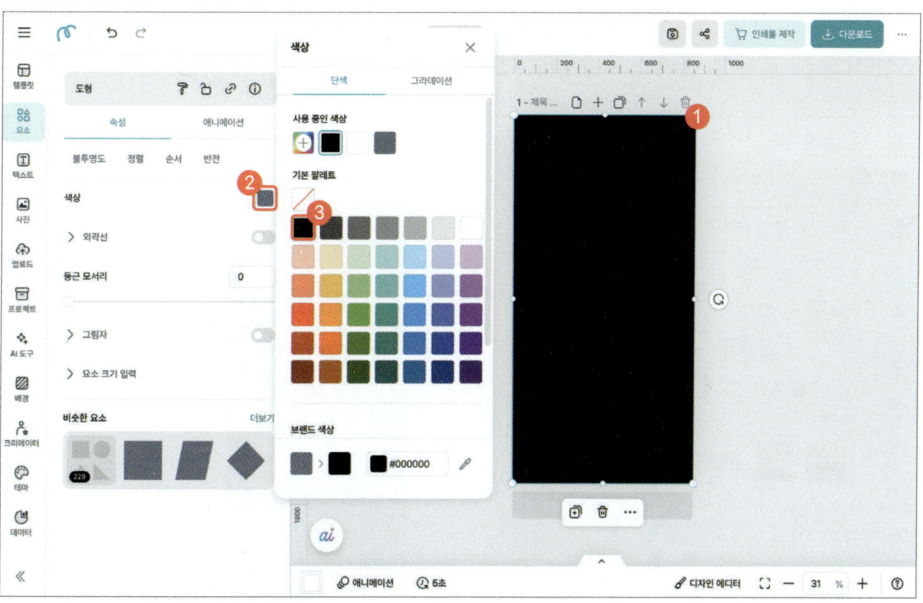

03 ❶ [불투명도]를 클릭하고 ❷ 슬라이드를 왼쪽으로 드래그해 60으로 낮춰 주세요. 내용을 입력할 준비를 모두 마쳤습니다.

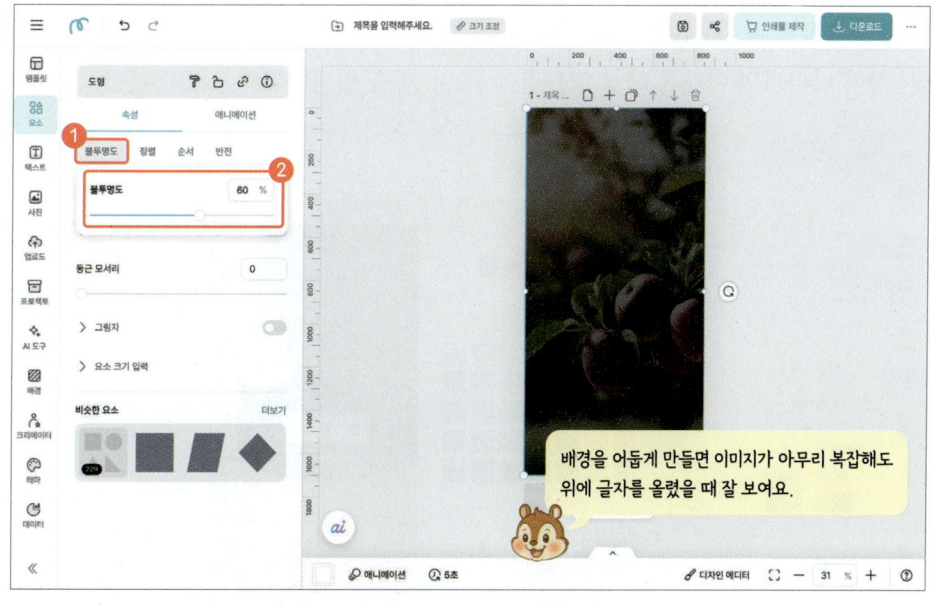

배경을 어둡게 만들면 이미지가 아무리 복잡해도 위에 글자를 올렸을 때 잘 보여요.

하면 된다!} 내용을 입력할 칸 추가하기

01 내용을 입력할 부분을 만들어 봅시다. ❶ 왼쪽의 도구 바에서 [요소]를 클릭하고 ❷ 검색 창에 **곡선 사각형**을 입력합니다. ❸ 아래 검색 결과에서 다음과 같은 모양의 도형 요소를 클릭해 캔버스로 불러옵니다.

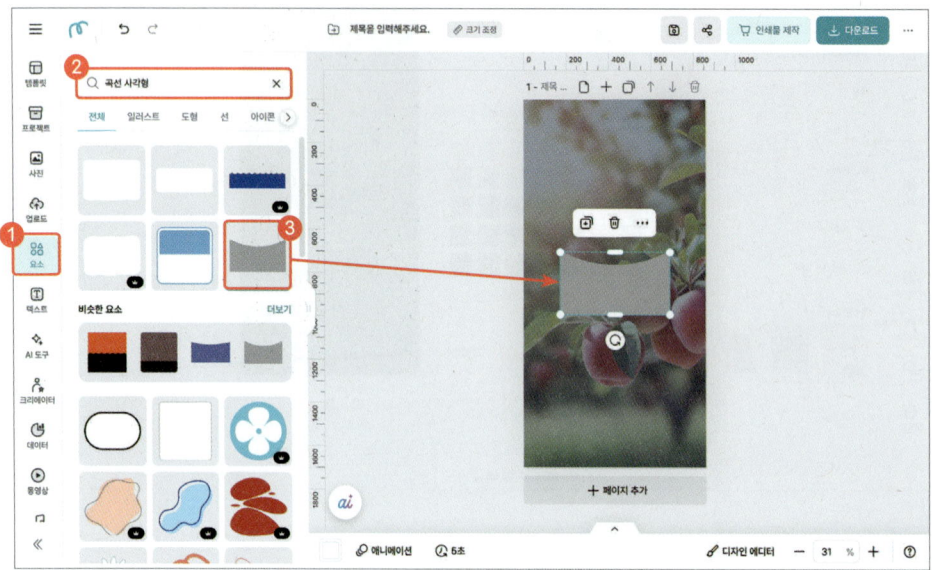

02 ❶ 불러온 도형의 테두리에 있는 조절점을 드래그해 가로가 꽉 차게 만들어 준 다음 아래쪽으로 이동해 배치합니다. ❷ [색상] 오른쪽의 ■ 버튼을 클릭해 ❸ [색상] 창이 나타나면 아래쪽 색상 코드란에 **FF002F**를 입력합니다.

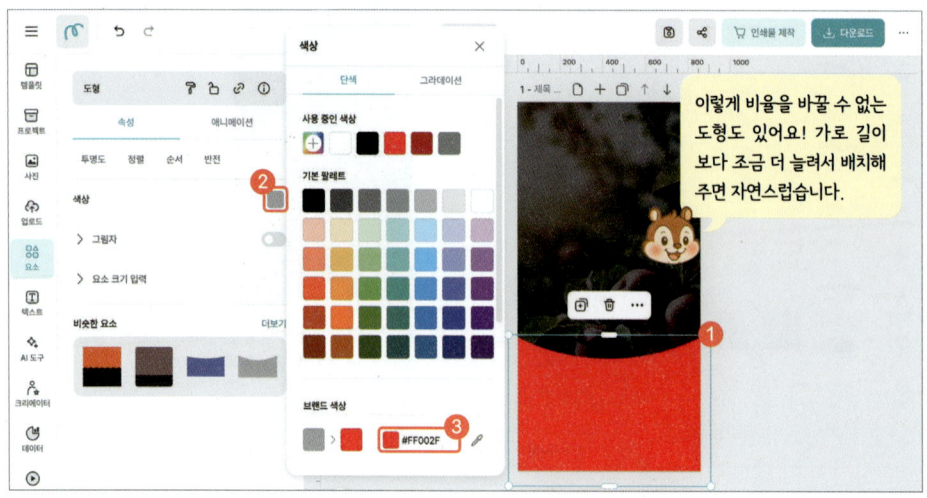

03 이번엔 사과 사진을 추가해 보겠습니다. ❶ 왼쪽의 도구 바에서 [사진]을 클릭합니다. ❷ 검색 창에 **신선한 사과, 맛있는 사과**를 입력한 후 ❸ 아래 검색 결과에서 다음과 같은 사진을 클릭해서 캔버스에 추가해 줍니다.

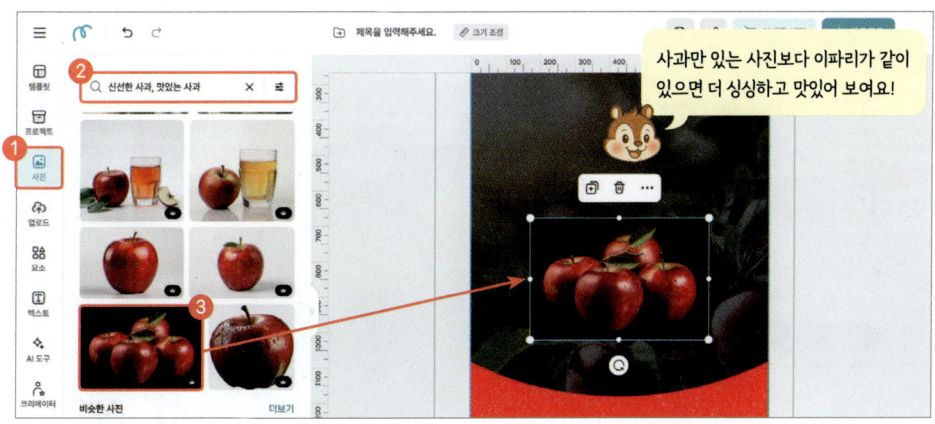

하면 된다! } 요소의 배경 제거하고 그림자 추가하기

미리캔버스에서는 아무리 복잡한 사진이더라도 배경을 투명하게 만들 수 있는 '배경 제거' 기능이 있습니다. 완벽히 작동하지 않을 때 지워진 부분을 수정하는 방법도 함께 알아볼게요.

01 ❶ 불러온 사과 사진을 선택한 상태에서 ❷ [배경 제거]를 클릭하면 검은색 배경이 사라져서 깔끔해집니다. 그런데 왼쪽과 위쪽 사과 부분이 지나치게 삭제되어 자연스럽지 않습니다.

02 지나치게 삭제된 부분이 있다면 ① [배경 제거]의 [수정 ✎]을 클릭해 다듬어 줍니다. ② [배경 제거] 창이 뜨면 [복원하기]를 클릭하고 ③ [브러시 크기]를 10으로 바꾼 후 ④ [제거 영역 보기] 오른쪽의 토글을 켭니다.

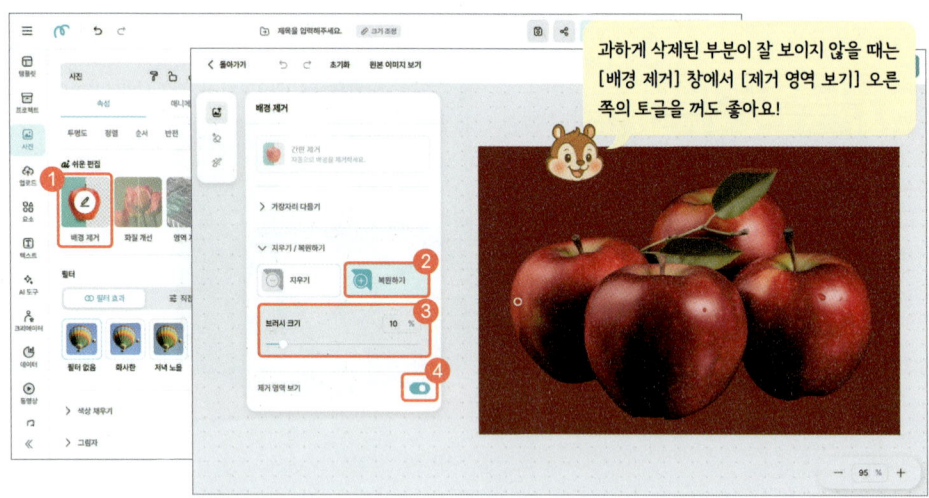

과하게 삭제된 부분이 잘 보이지 않을 때는 [배경 제거] 창에서 [제거 영역 보기] 오른쪽의 토글을 꺼도 좋아요!

03 ① 조금 더 세밀하게 복구하기 위해 캔버스 오른쪽 아래에서 화면 비율을 149로 조절합니다. ② 과하게 삭제된 부분이 조금 다른 색으로 보일 거예요. 그 부분을 문질러서 복구해 줍니다. ③ 모두 보기 좋게 복구했으면 [편집 완료]를 클릭합니다.

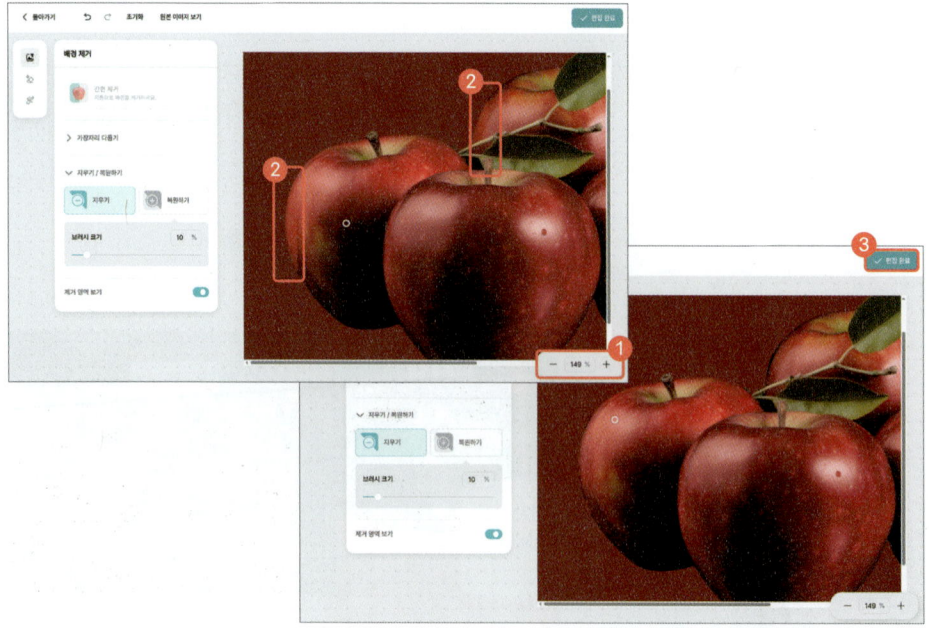

04 사과 요소를 선택한 채로 ❶ [요소 크기 입력]을 클릭하고 ❷ [가로]에 728, [세로]에 485를 입력합니다.

05 ❶ [필터 → 직접 조정]을 클릭하고 ❷ [밝기]에 36을 입력합니다. 이미지가 조금 더 밝아집니다.

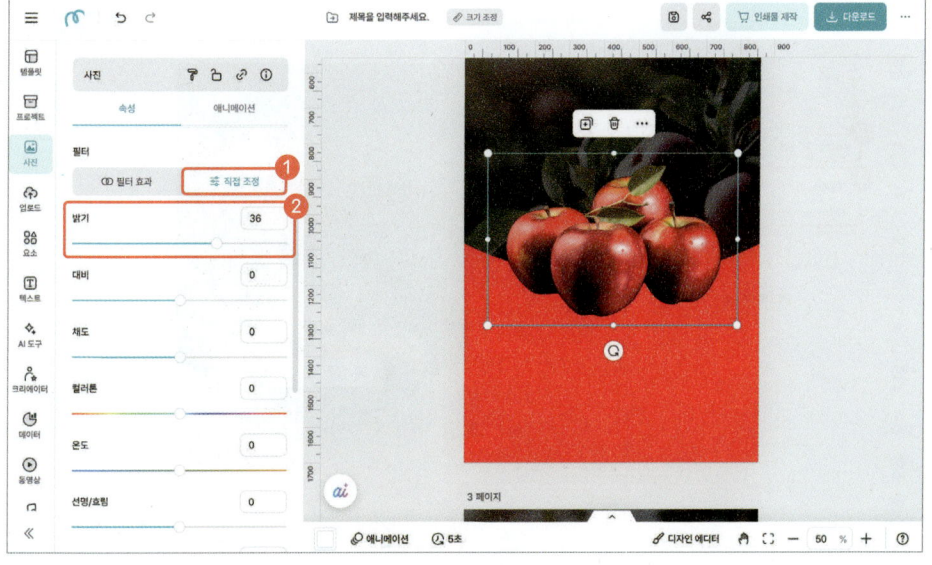

06 사과 요소에 입체감을 주기 위해 그림자를 넣어 보겠습니다. ❶ 왼쪽의 도구 바에서 [요소]를 클릭하고 ❷ 검색 창에 그림자를 입력합니다. ❸ 다음과 같은 그림자 요소를 3번 클릭해 불러온 후 사과 요소 밑으로 각각 이동하고 크기를 조절해 주세요.

그림자를 사과의 너비보다 약간 넓은 정도로 줄이고, 사과 밑부분에 딱 붙이는 느낌으로 만들어 보세요!

07 ❶ Shift를 누른 채 그림자 3개를 모두 선택한 후 ❷ [불투명도]를 클릭해 ❸ 44로 낮춥니다.

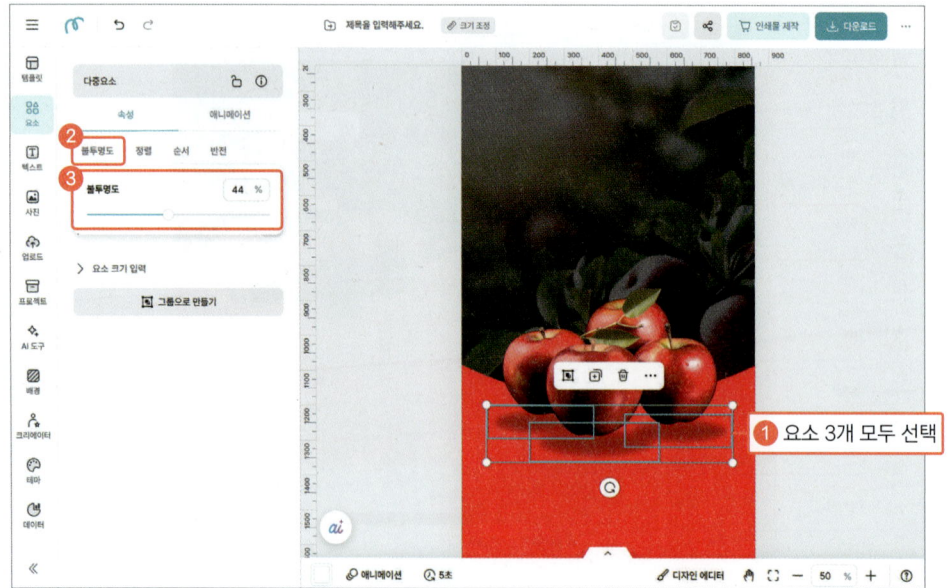

08 ❶ 그림자 3개를 모두 선택한 상태에서 마우스 오른쪽 버튼을 누릅니다. ❷ [순서]를 클릭하고 ❸ [뒤로 보내기]를 선택합니다.

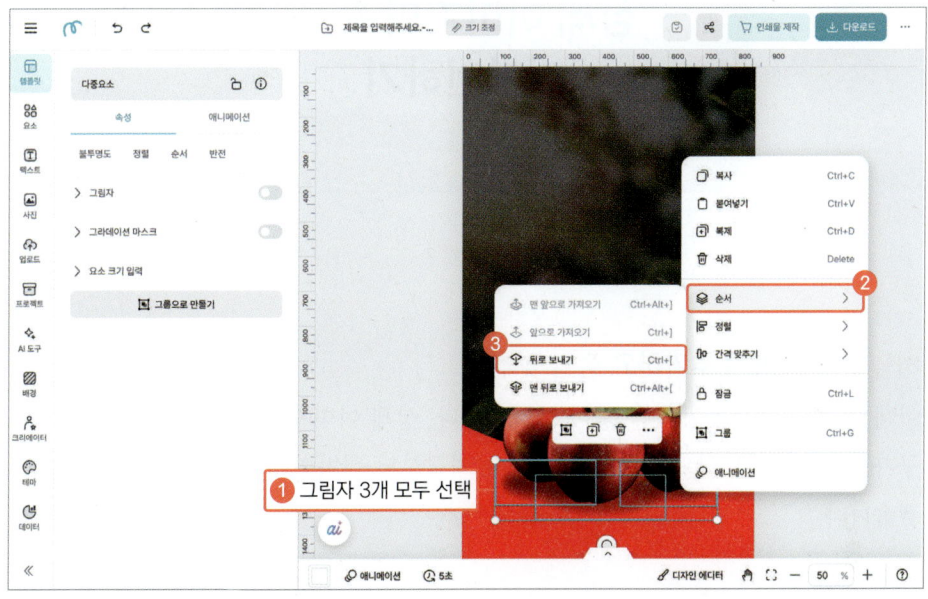

사과 요소 뒤로 자연스럽게 그림자가 추가됐습니다.

2단계

상세 이미지의 문구 디자인하기

하면 된다!} 제목 추가하고 정렬 맞추기

이제 이미지 중앙에 제목을 넣어 보겠습니다. 상세 이미지의 첫 페이지는 제목과 문구가 돋보이게 만드는 것이 중요합니다. 지금부터 디자인에 맞게 제목을 수정해 보겠습니다.

01 ❶ 왼쪽의 도구 바에서 [텍스트]를 클릭합니다. ❷ [제목 텍스트 추가]를 클릭해 ❸ 우리집 식탁에도 꿀맛사과를 입력합니다.

✦ 입력할 내용은 이지스퍼블리싱 자료실의 '실습 입력 텍스트'에 모두 정리되어 있습니다.

02 ① 글꼴은 [HS봄바람체 3.0 Regular]로 선택하고 ② 글자 크기는 109.6으로 바꿉니다. ③ [글자 색상 A]을 클릭해 [색상] 창이 나타나면 ④ [기본 팔레트]에서 흰색을 찾아 클릭합니다.

03 ① [글자 정렬 ≡]을 클릭해 ② [가운데 정렬 ≡]로 바꾼 뒤 ③ [Enter]를 눌러 다음과 같이 줄 바꿈을 해줍니다. 텍스트 상자를 캔버스 위쪽 빈 부분으로 옮깁니다.

07 ✦ AI 기능으로 상세 이미지 만들기   169

04 이번엔 글자에 그림자를 넣어 좀 더 선명해 보이게 합시다. ❶ [그림자] 오른쪽의 토글을 켜고 ❷ [방향]에 360, [불투명도]에 83, [거리]에 0, [흐림]에 59를 입력합니다. ❸ 글자에 그림자가 적용되어 한결 또렷해 보입니다.

하면 된다!} 부제목 추가하고 정렬 맞추기

01 ❶ 왼쪽의 도구 바에서 [텍스트]를 클릭합니다. ❷ [부제목 텍스트 추가]를 선택해 캔버스에 텍스트 상자가 나타나면 ❸ 농장에서 바로 출발하는 초신선 사과를 입력합니다.

02 부제목인 만큼 제목과 차이 나게 얇은 명조를 써보겠습니다. ❶ 글꼴은 [조선일보명조]로 선택하고 ❷ 글자 크기는 29로 설정합니다. ❸ [글자 색상]을 클릭해 [색상] 창이 나타나면 ❹ [기본 팔레트]에서 흰색을 찾아 클릭합니다.

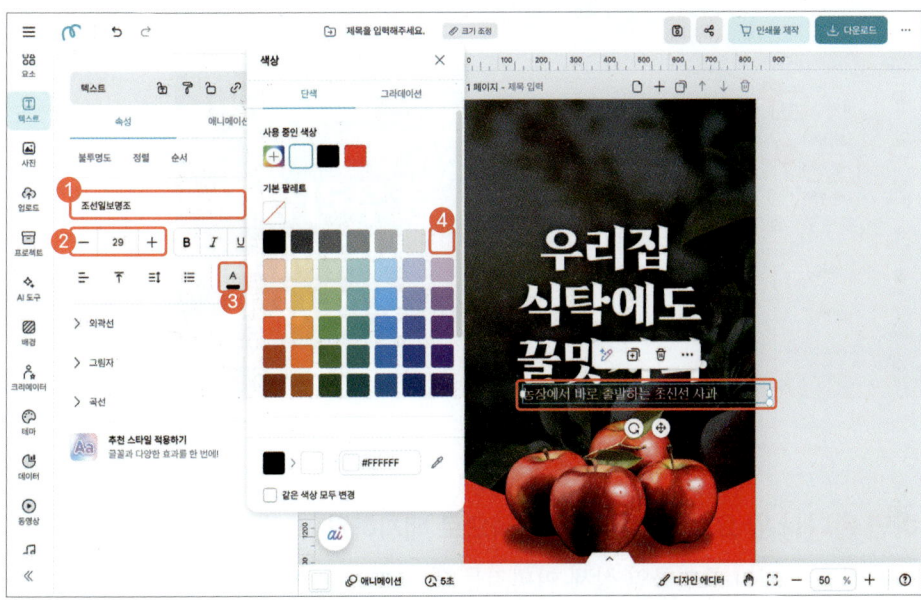

03 ❶ [글자 조정]을 클릭합니다. ❷ [자간]에 16, [행간]에 1, [장평]에 95를 입력한 후 ❸ 제목 위 빈 공간으로 이동합니다.

04 ❶ [Shift]를 누른 채 제목과 부제목을 선택해 줍니다. ❷ [속성]에서 [정렬]을 클릭하고 ❸ [가운데]를 클릭합니다.

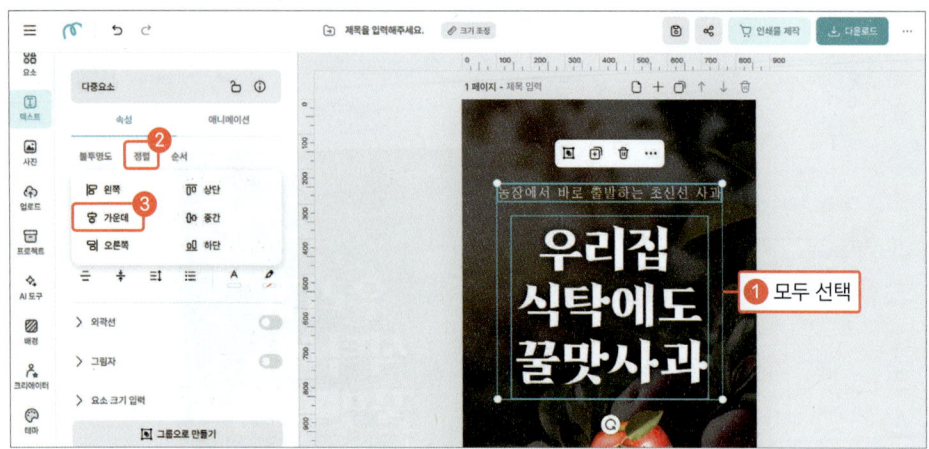

하면 된다!} 잎 요소 추가하고 역동적으로 배치하기

사과 같은 과일이 주인공인 상세 이미지를 만들 때는 잎이나 물방울 등 자연 요소를 사용합니다. 그러면 신선하고 생생한 느낌이 조금 더 살아나요.

01 ❶ 왼쪽의 도구 바에서 [사진]을 클릭합니다. ❷ 검색 창에 나뭇잎을 입력한 후 ❸ 아래 검색 결과에서 나뭇잎 요소를 골라 3번 클릭해 줍니다.

02 나뭇잎 요소 3개를 이동해서 다음처럼 역삼각형 모양으로 배치합니다.

점선을 그렸을 때 역삼각형으로 나오도록 배치해야 가장 자연스럽습니다.

03 조금 더 자연스러운 모양이 되도록 나뭇잎 요소의 각도를 조절해 보겠습니다. ① 왼쪽에 있는 나뭇잎 요소를 선택하고 ② [요소 크기 입력]을 클릭한 후 ③ [회전]에 76을 입력합니다.

요소의 크기는 따로 바꾸지 않습니다.

07 ✦ AI 기능으로 상세 이미지 만들기 **173**

04 오른쪽의 나뭇잎 요소 2개도 조정해 봅시다. 위쪽 나뭇잎은 따로 각도를 조절하지 않고 크기를 조금 줄여 보겠습니다. ❶ 나뭇잎을 선택한 상태로 ❷ [요소 크기 입력]을 클릭한 후 ❸ [가로]에 427, [세로]에 337을 입력합니다.

배경의 나뭇잎 부분에 걸치는 느낌으로 만들어 보세요.

05 아래쪽 나뭇잎은 각도를 조절해 보겠습니다. ❶ 나뭇잎을 선택한 상태로 ❷ [요소 크기 입력]을 클릭한 후 ❸ [회전]에 162를 입력합니다.

나뭇잎을 사과에 살짝 겹쳐 주면 더욱 입체적인 이미지를 만들 수 있습니다.

하면 된다! } 내용을 입력할 공간 구분하기

01 이제 상세 이미지의 아래쪽으로 이동하고 중요 포인트 3가지를 넣어 보겠습니다. 왼쪽의 도구 바에서 ① [요소]를 클릭하고 ② [도형]을 선택한 후 ③ [기본 도형] 아래에서 사각형을 선택합니다.

02 ① 사각형 요소를 한 번 클릭해 선택한 채 ② 왼쪽의 도구 바에서 [요소 크기 입력]을 선택합니다. ③ [가로 세로 비율 고정 🔒]을 클릭해 잠금을 푼 뒤 ④ [가로]에 238, [세로]에 167을 입력합니다.

03 ❶ [색상] 오른쪽의 ■ 버튼을 클릭해 [색상] 창이 나타나면 ❷ [기본 팔레트]에서 흰색을 찾아 클릭합니다. ❸ 사각형 도형의 [둥근 모서리]는 30으로 설정합니다.

04 사각형 요소에 입체감이 생기도록 그림자를 추가해 보겠습니다. ❶ [그림자] 오른쪽의 토글을 켭니다. ❷ [방향]에 315, [불투명도]에 50, [거리]에 0, [흐림]에 50을 입력하면 ❸ 사각형 도형에 그림자가 생깁니다.

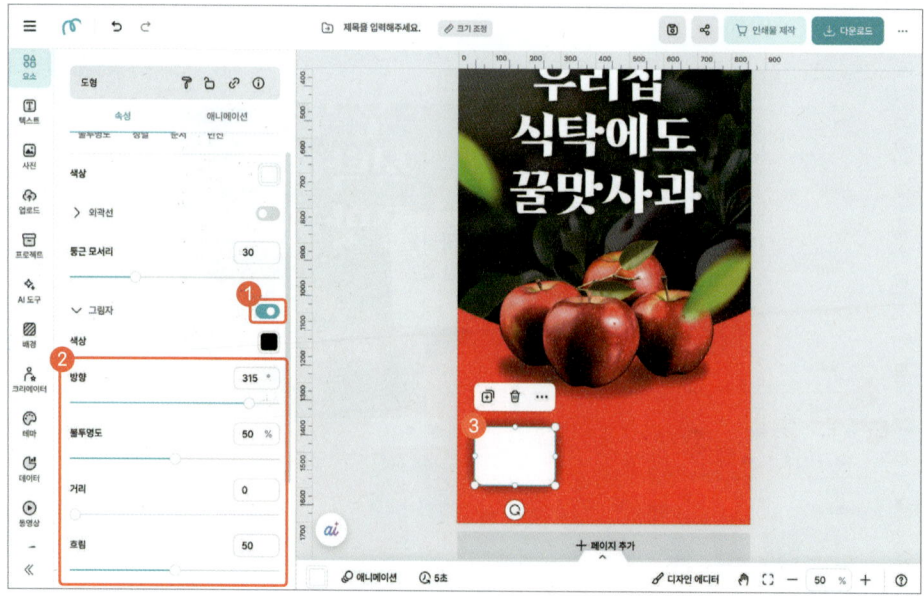

하면 된다!} 내용 입력하고 강조 효과 주기

앞에서 만든 도형 요소에 내용을 입력해 보겠습니다. 시선이 상세 이미지 아래까지 향하게 하려면 내용을 최대한 간결하게 정리하고 강조할 부분을 명확히 생각해 두는 것이 중요해요.

01 ❶ 왼쪽의 도구 바에서 [텍스트]를 클릭합니다. ❷ [본문 텍스트 추가]를 클릭해 텍스트 상자가 나타나면 ❸ 고객만족도 99%를 입력합니다.

02 ❶ [글자 정렬]을 클릭해 ❷ [가운데 정렬]로 바꾼 뒤 ❸ 다음과 같이 줄 바꿈을 합니다.

03 '고객만족도'와 '99%'의 글꼴과 글자 크기, 글자 색을 각각 다르게 적용해 봅시다. ❶ 윗줄의 고객만족도를 드래그해 선택한 후 ❷ 글꼴을 [프리텐다드 Regular]로 바꾸고 ❸ 글자 크기를 25.6으로 바꿔 줍니다.

04 ❶ 이번에는 아랫줄의 99%를 드래그해 선택한 후 ❷ 글꼴을 [프리텐다드 Black]으로 바꾸고 ❸ 글자 크기를 39.4로 바꿔 줍니다. ❹ 다음으로 중요한 부분을 강조하기 위해서 [글자 색상 A]을 클릭해 ❺ [색상] 창이 나타나면 아래쪽 색상 코드 입력란에 C8062A를 입력합니다.

05 ① Shift 를 누른 채 텍스트 상자와 사각형 요소를 모두 선택합니다. ② Ctrl + C 를 눌러 복사한 뒤, Ctrl + V 로 붙여 넣어 2개를 더 만들어 줍니다.

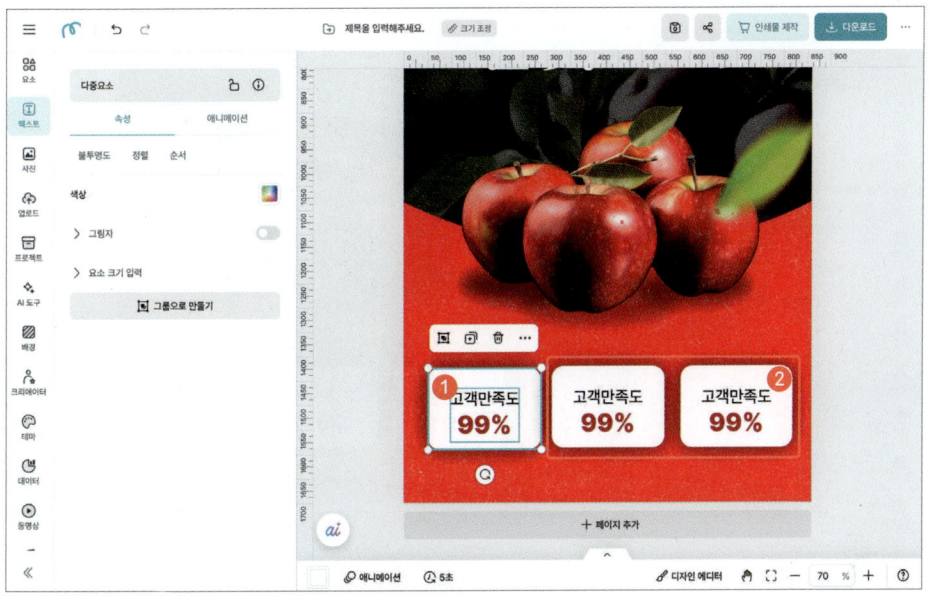

06 ① Shift 를 누른 채 사각형 요소를 모두 선택합니다. ② [정렬]을 클릭하고 ③ [중간]을 선택하면 높이가 똑같이 맞춰집니다. ④ [가로 간격 맞추기]도 클릭해서 보기 좋게 정렬합니다.

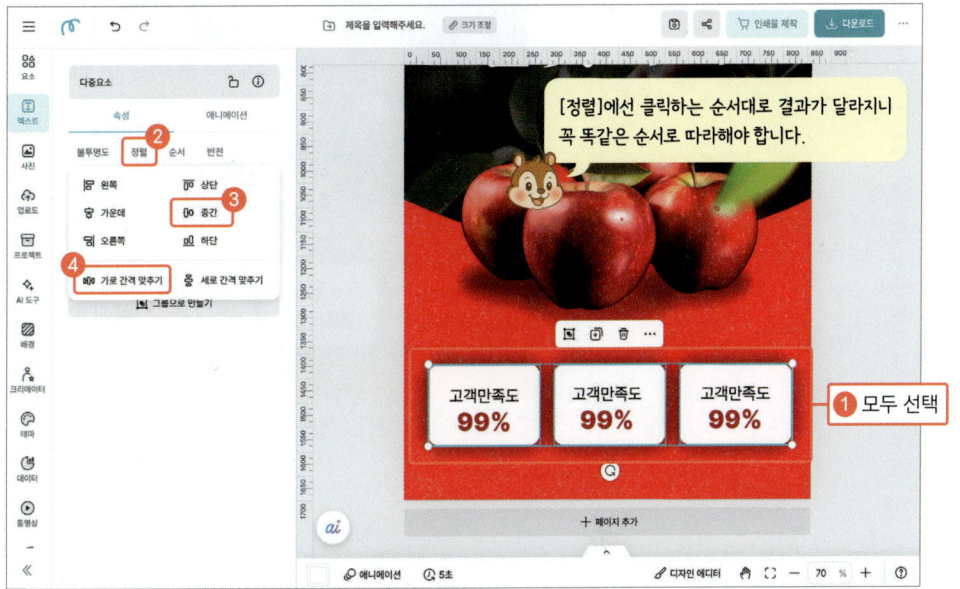

07 도형 요소 3개를 모두 선택한 상태에서 중심선이 나타날 때까지 위치를 맞춰 줍니다.

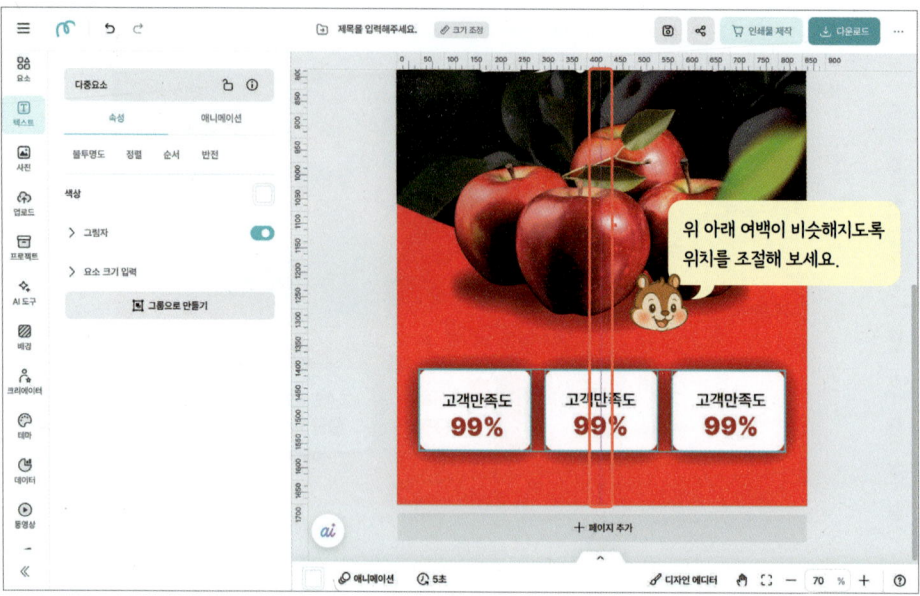

08 두번째와 세번째 텍스트 상자의 내용을 다음과 같이 입력해서 수정합니다.

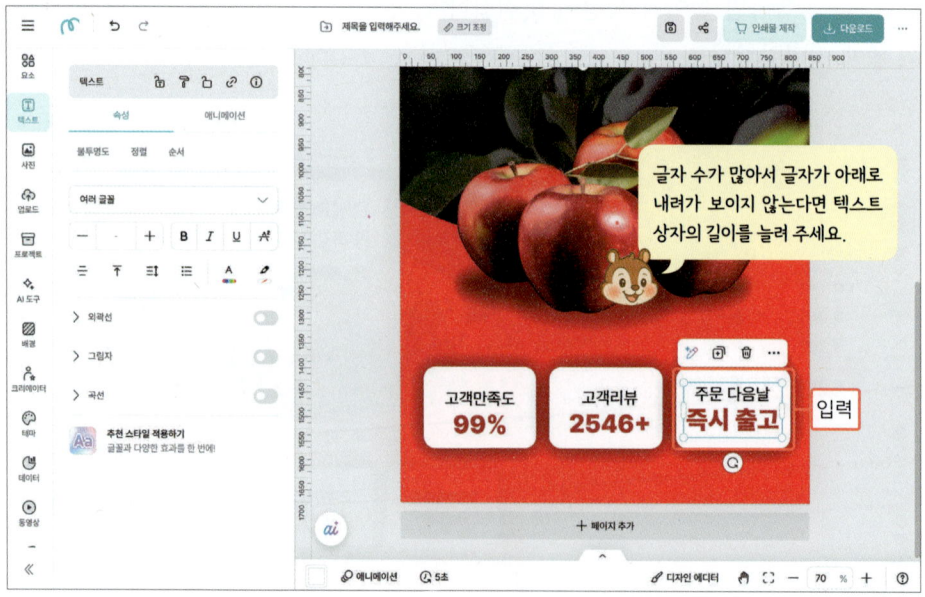

09 ① Shift 를 누른 채 첫번째 텍스트 상자와 사각형 요소를 선택합니다. ② [정렬]을 클릭하고 ③ [중간]을 선택합니다. ④ [가운데]도 클릭해 상하좌우 여백을 똑같이 맞춰 줍니다. ⑤ 두번째와 세번째도 같은 방법으로 정렬합니다.

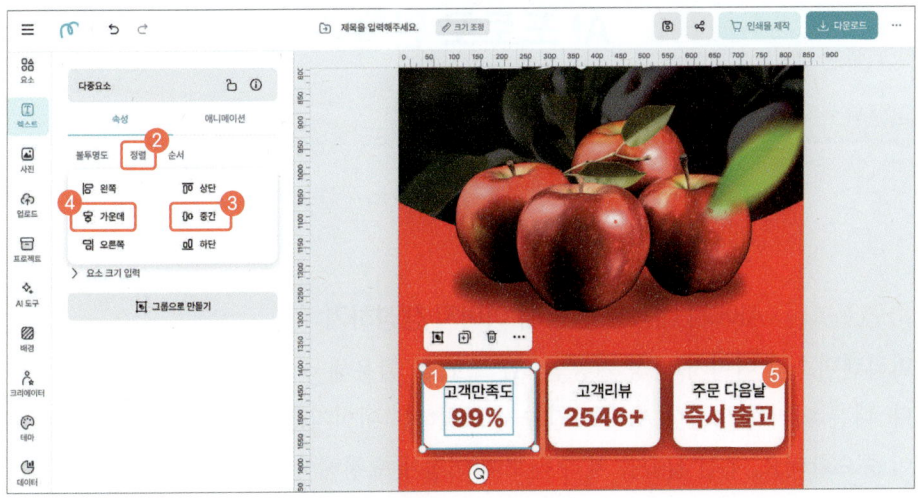

방구석 다람쥐의 깨알 팁!

중심선을 더 편하게 볼 수 있는 방법이 없나요?

요소를 클릭한 채 빨간 중심선이 나타날 때까지 이리저리 위치를 맞추다 보면 귀찮을 때도 있는데요. 작업 화면의 가로, 세로에 있는 자 위로 마우스 커서를 이동해 보세요. 마우스 모양이 에서 로 바뀔 때 작업 화면 쪽으로 드래그하면 아무리 마우스 커서를 이동해도 그 자리에 그대로 있는 '안내선'을 만들 수 있습니다. ① [메뉴☰]를 클릭하고 ② [안내선 설정]을 클릭한 다음 ③ [안내선 초기화]를 선택하면 만들어 둔 안내선을 한 번에 삭제할 수 있어요. 정리할 요소가 많을 때 편리하겠죠?

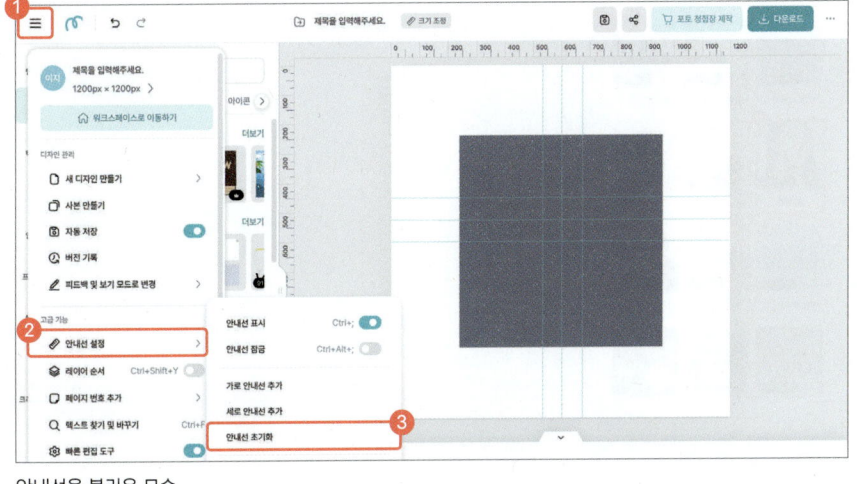

안내선을 불러온 모습

3단계

상세 이미지에 추가할 사진 AI 포토로 만들기

하면 된다!} AI에게 내용을 설명해 이미지 생성하기

미리캔버스의 이미지 생성 기능인 'AI 포토'를 활용해서 이미지를 만들어 보겠습니다. 다른 이미지 생성형 AI와 마찬가지로 원하는 이미지를 명확하게 표현해 주는 것이 중요한데요. 우선 실습을 따라 해보며 어떻게 요청해야 좋은지 익혀 보세요.

01 상세 이미지의 2번째 페이지를 만들어 봅시다. ❶ 미리캔버스의 작업 화면 오른쪽 위에서 [새 캔버스 +]를 클릭합니다. ❷ 왼쪽의 도구 바에서 [AI 도구]를 클릭하고 ❸ [AI 포토]를 선택합니다.

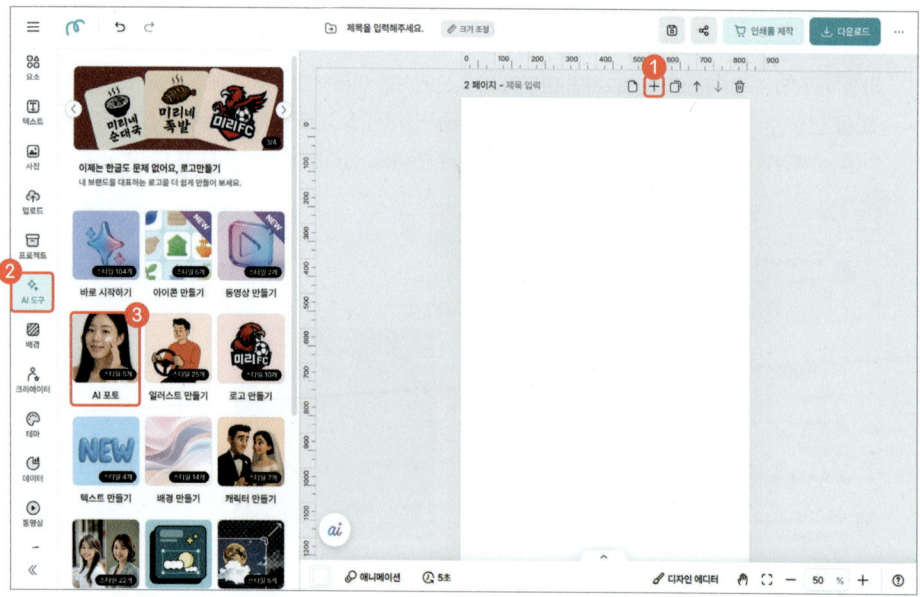

02 ① [스타일]에서 원하는 AI 스타일을 선택합니다. [프리미엄]과 [기본] 중 어떤 것을 선택해도 좋지만, 이번에는 [프리미엄]을 선택해 보겠습니다. ② [결과물 묘사] 아래의 빈칸에 원하는 이미지를 최대한 구체적으로 써주세요. 기본적으로 서양인의 이미지로 제작되므로 인종을 꼭 기재하는 것이 좋습니다. 내용을 다 작성했다면 ③ [생성]을 클릭합니다.

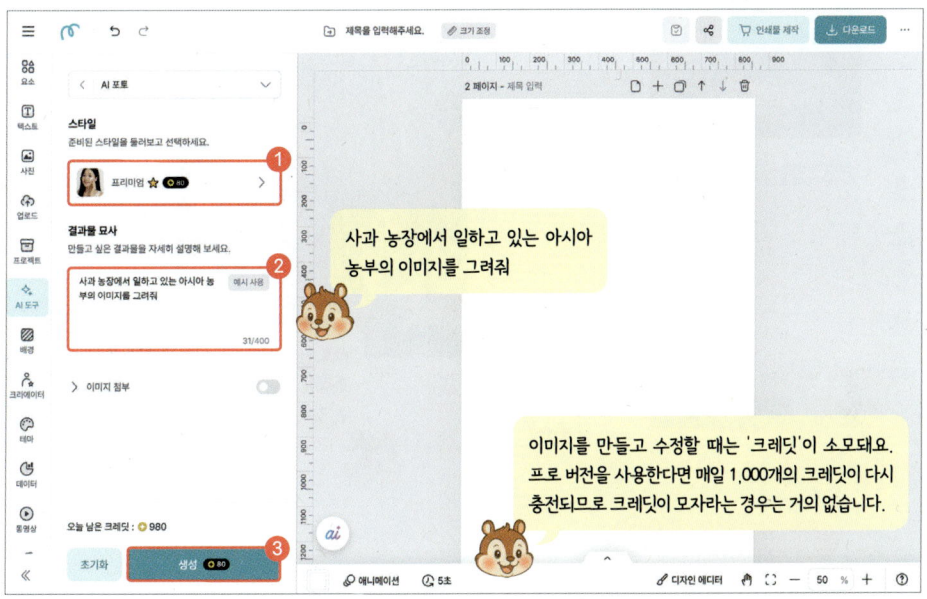

03 다음과 같은 창으로 바뀌었을 때 1분 정도 기다리면 이미지를 생성해 줍니다. 생성된 이미지 위로 마우스 커서를 이동한 후 ① [이미지 페이지에 추가]를 클릭해 하단에 배치합니다. ② 조절점을 드래그해 다음과 같이 너비를 자연스럽게 늘려 줍니다.

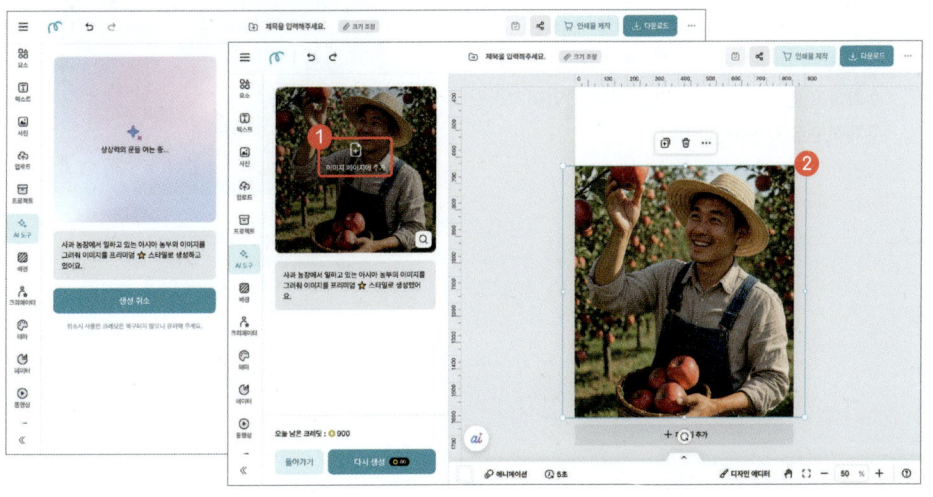

04 만약 마음에 드는 이미지가 없다면 [다시 생성]을 클릭합니다. 앞에서 선택한 이미지와 비슷한 새로운 이미지를 AI가 다시 만들어 줍니다.

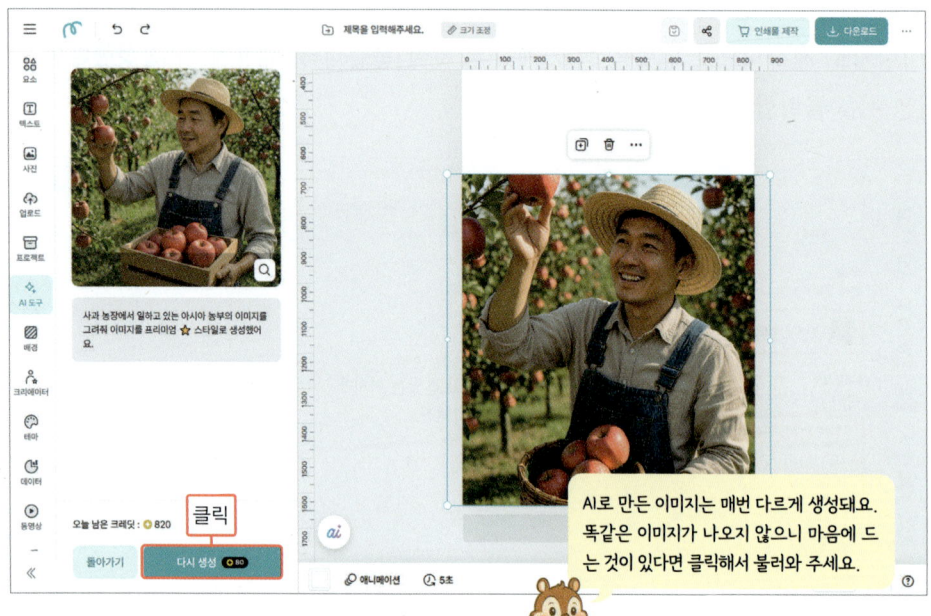

 방구석 다람쥐의 깨알 팁!

이미지 묘사를 조금 더 잘하고 싶어요

이미지 생성형 AI로 원하는 이미지를 만들려면 이미지 속 '대상'이 '어떤 상황'에서 '어떤 행동'을 하고 있는지 주의 깊게 생각해 보면 돼요. 대상이 어느 나라 사람이고 성별은 무엇인지 먼저 생각한 다음, 나이는 어느 정도이며 어떤 상황에 처해 있는지 상상해 보세요. '사과 농장에서 일하고 있는 50대 아시아 농부의 이미지를 그려줘. 쪼그려 앉아서 사과를 수확하고 있어. 시선은 정면을 향하고 있어.'와 같이 구체적으로 표현하면 됩니다.

조금 더 자세히 묘사해서 만든 이미지

4단계

상세 이미지에 넣을
구조도 만들기

하면 된다!} 그라데이션 마스크 넣고 부제목 추가하기

막상 이미지를 추가했더니 이미지와 캔버스의 경계 부분이 뚜렷해 거슬렸던 경험이 있나요? 미리캔버스에선 '그라데이션 마스크' 기능 하나만 사용해도 경계 부분에 흐림 효과를 주어 자연스럽게 만들 수 있습니다.

01 ❶ 사진을 선택하고 ❷ [그라데이션 마스크] 오른쪽의 토글을 켭니다. ❸ [타입]은 [선 모양 /]으로 선택하고 ❹ [방향]에 0, [범위]에 18을 입력합니다. 사진 위쪽의 경계에 그라데이션 마스크가 적용되어 자연스러워집니다.

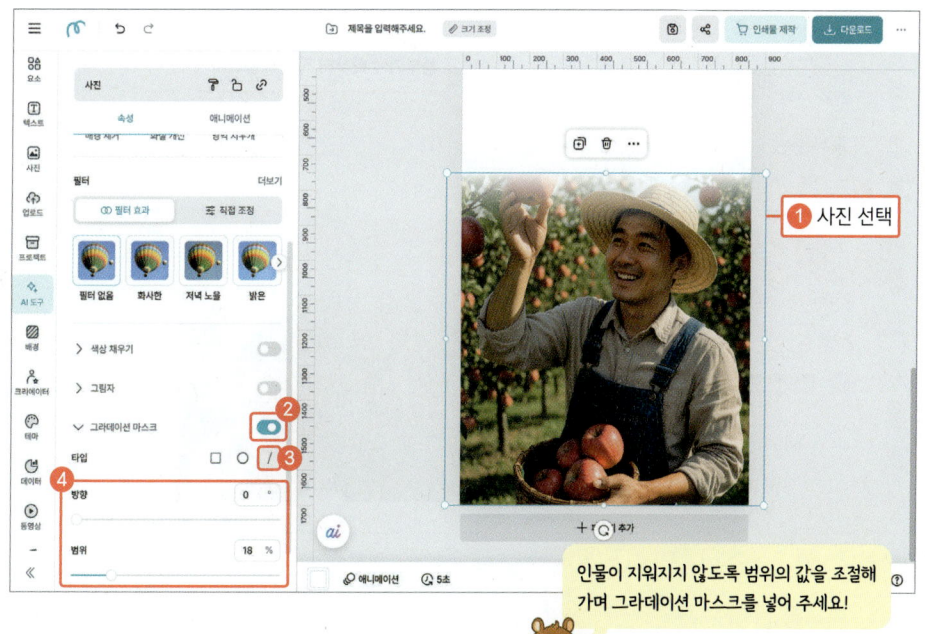

인물이 지워지지 않도록 범위의 값을 조절해 가며 그라데이션 마스크를 넣어 주세요!

02 이제 부제목을 작성해 보겠습니다. ① 왼쪽의 도구 바에서 [텍스트]를 클릭합니다. ② [부제목 텍스트 추가]를 선택한 후 ③ 텍스트 상자에 **농부가 수확부터 직접 배송까지**를 입력합니다. ④ [글자 정렬 ≡]을 클릭해 ⑤ [가운데 정렬 ≡]로 바꾼 뒤 ⑥ 캔버스 위쪽의 빈 공간으로 이동합니다.

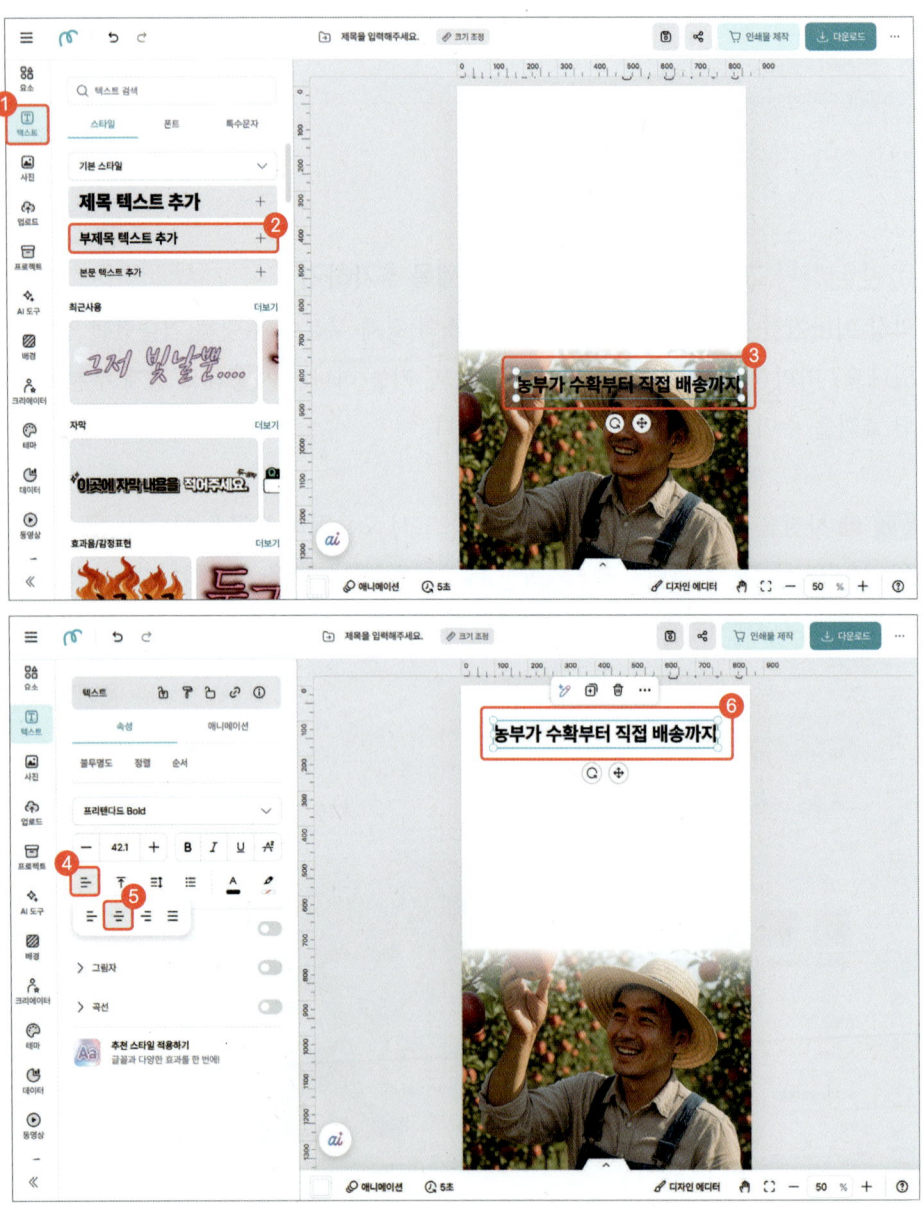

03 ① 글꼴은 [프리텐다드 Regular]로 지정하고 ② 글자 크기는 25.8로 바꿉니다. ③ [글자 색상 A]을 클릭해 ④ [색상] 창이 새로 나타나면 아래쪽 색상 코드란에 C8062A를 입력합니다.

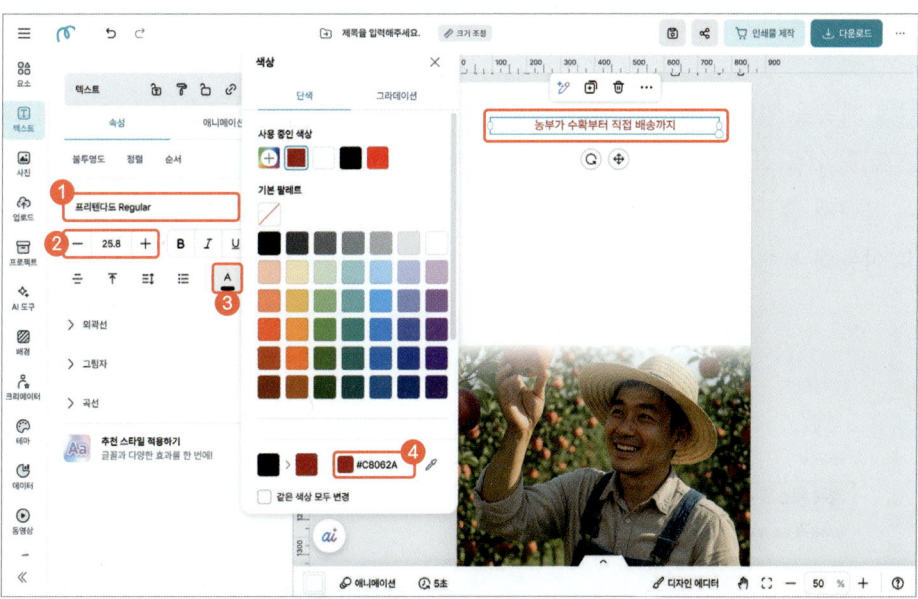

04 강조할 핵심 내용의 글꼴을 바꿔 봅시다. 여기서는 ① 수확과 직접 배송만 [더페이스샵 잉크립퀴드체]로 변경해 보겠습니다. ② 글자 크기는 44.7로 바꿉니다.

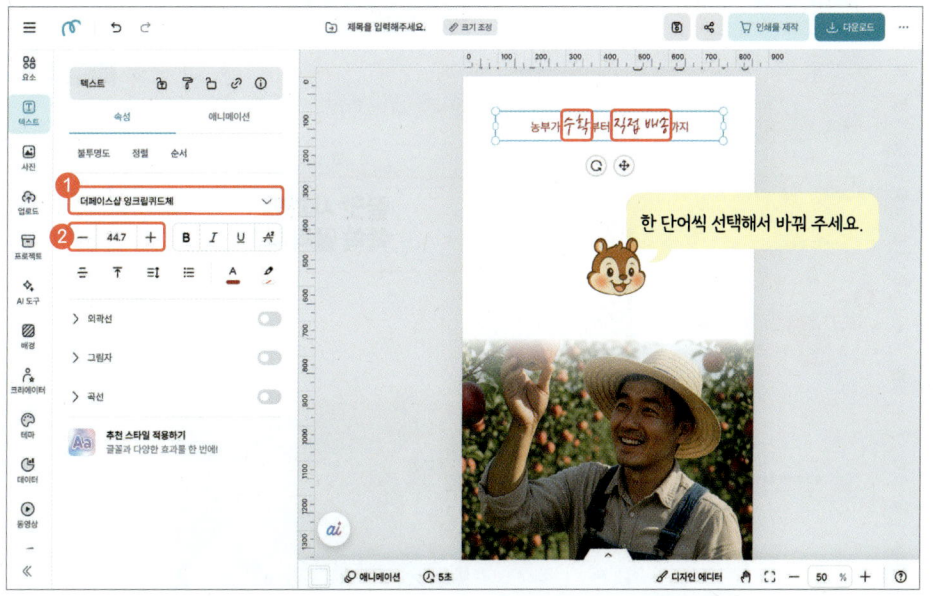

07 ✦ AI 기능으로 상세 이미지 만들기   187

하면 된다!} 제목과 카피 추가하고 핵심 내용 강조하기

많은 사람들이 핵심 내용을 어떻게 강조해야 할지 어려워하는데요. 강조색을 과하게 쓰지 않아야 디자인이 자연스러워 보인다는 것만 기억해 두세요. 심심해 보이는 부분의 글꼴을 바꿔 보는 식으로 변화를 주는 것도 좋습니다.

01 제목을 입력해 봅시다. ❶ 왼쪽의 도구 바에서 [텍스트]를 클릭하고 ❷ [제목 텍스트 추가]를 선택한 후 ❸ 꿀맛 사과만 쏙쏙 골라서!를 입력합니다. ❹ [글자 정렬]을 클릭해 ❺ [가운데 정렬]로 바꾸고 ❻ 다음과 같이 줄 바꿈한 뒤 위쪽 빈 공간으로 이동해 부제목 밑에 배치합니다.

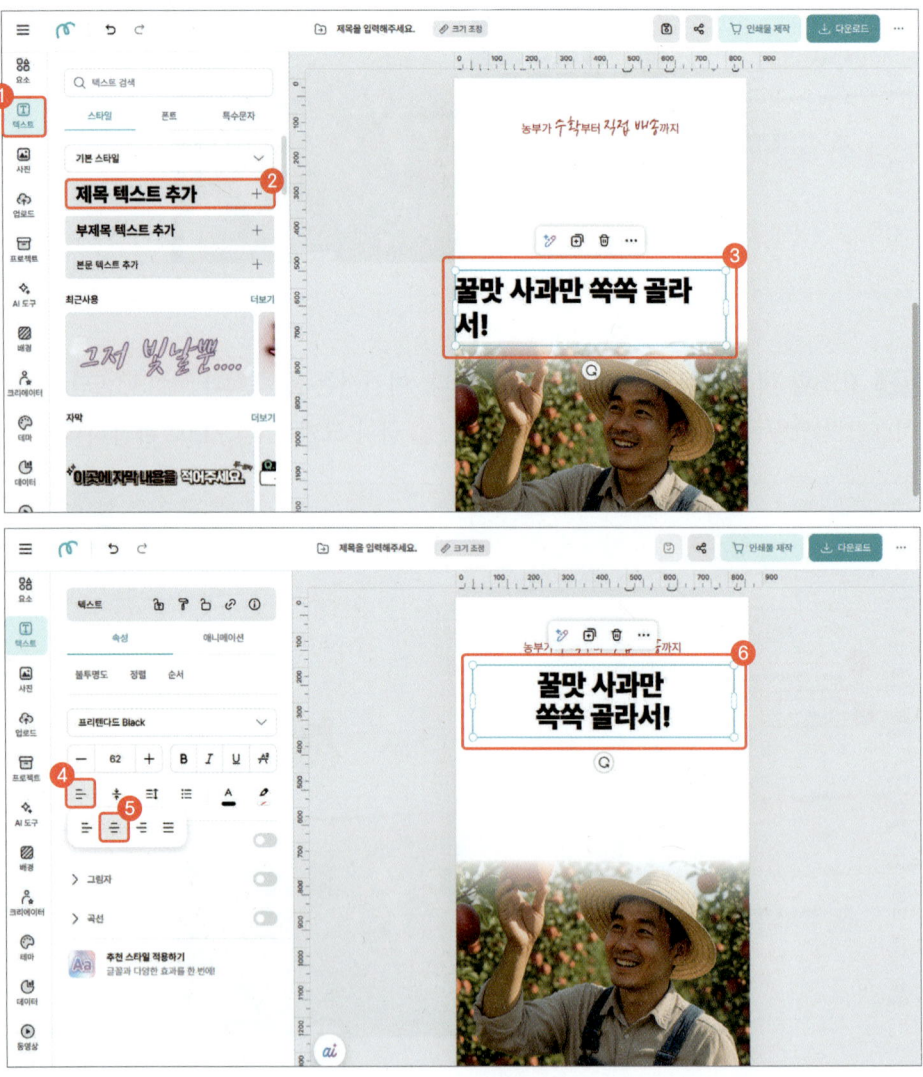

02 제목의 글꼴은 ❶ [프리텐다드 Black]으로 설정하고 ❷ 글자 크기는 80.3으로 설정합니다. ❸ [글자 색상]을 클릭해 ❹ [색상] 창이 나타나면 아래쪽 색상 코드 란에 C8062A를 입력합니다. ❺ 제목을 부제목의 시작 지점, 끝 지점과 맞춰서 깔끔하게 정렬합니다.

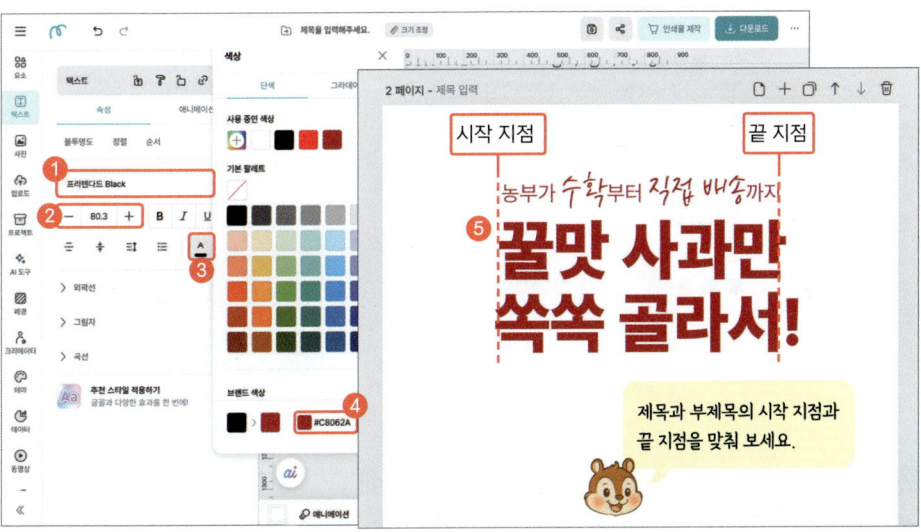

03 제목 아래에도 짧은 문장을 추가하겠습니다. ❶ 왼쪽의 도구 바에서 [텍스트]를 클릭하고 ❷ [부제목 텍스트 추가]를 선택합니다. ❸ 농장에서 바로 택배 출발을 입력한 후 제목 아래쪽으로 이동합니다.

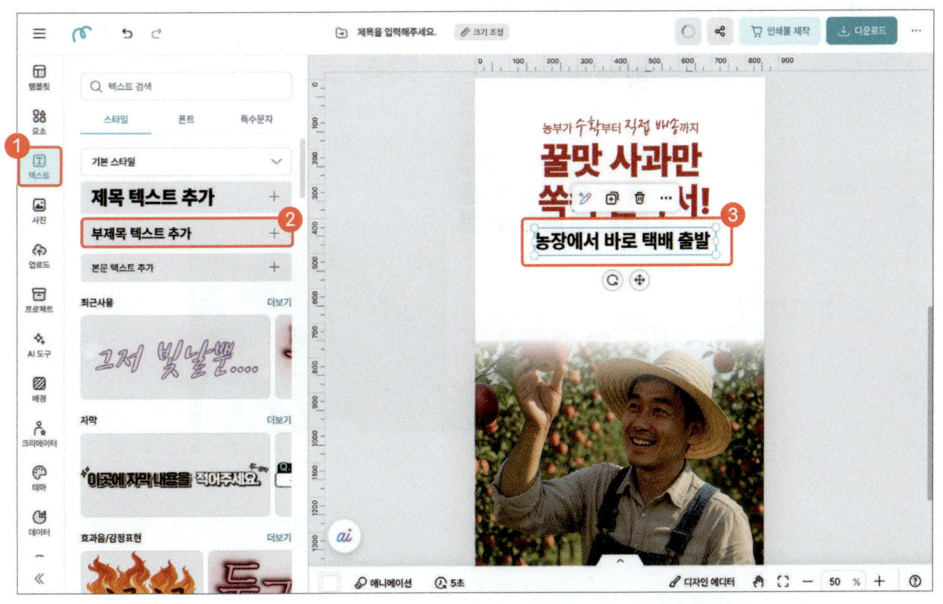

07 ✦ AI 기능으로 상세 이미지 만들기 **189**

04 ❶ 이번 문구의 글꼴은 [프리텐다드 Light]로 지정하고 ❷ 글자 크기는 29.3으로 바꿉니다. ❸ [글자 색상]을 클릭해 ❹ [색상] 창이 나타나면 아래쪽 색상 코드란에 C8062A를 입력합니다. ❺ [글자 정렬]을 클릭해 ❻ [가운데 정렬]로 바꿉니다.

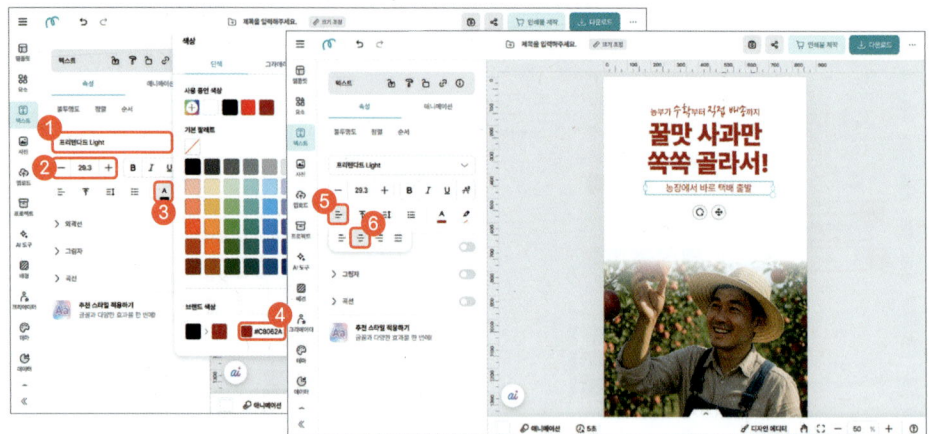

05 핵심 내용을 강조해 보겠습니다. ❶ 바로 택배 출발 부분을 드래그해 선택합니다. ❷ [배경색]을 클릭하고 ❸ 아래쪽 색상 코드란에 제목과 같은 색인 C8062A를 입력합니다.

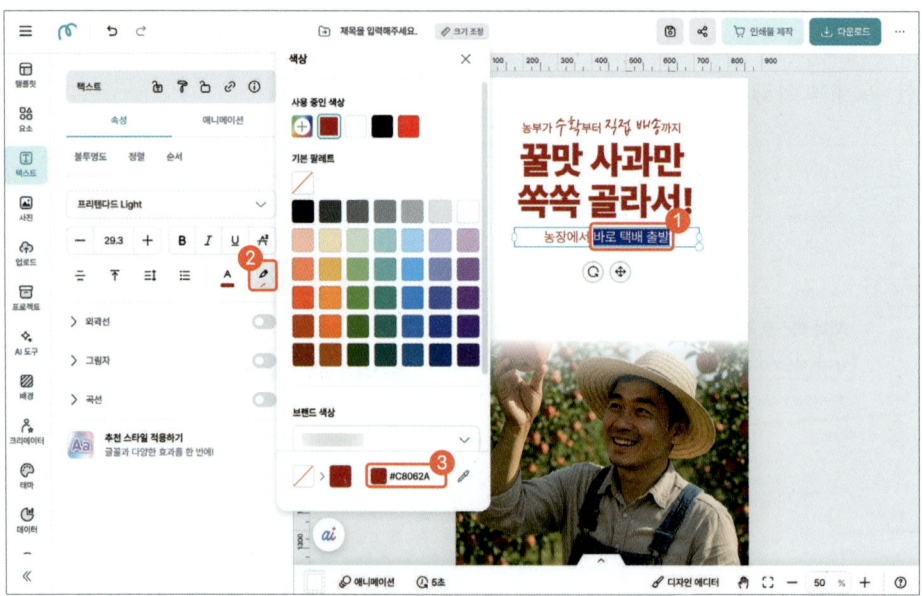

06 ❶ 강조할 내용의 글꼴을 [프리텐다드 Bold]로 변경해 줍니다. ❷ [글자 색상(A)] 을 클릭해 [색상] 창이 나타나면 ❸ [기본 팔레트]에서 흰색을 찾아 클릭합니다. 글자 색을 흰색으로 지정하고 배경색을 넣으면 한층 더 강조되는 느낌을 줄 수 있습니다.

디자인에 사용한 주 색상을 배경색으로 하고, 글자 색은 배경색이 어두울 경우 흰색으로 하면 돼요.

07 ❶ (Shift)를 누른 채 부제목과 제목, 문구를 모두 선택합니다. ❷ [정렬]을 클릭하고 ❸ [가운데]를 선택한 뒤 ❹ [세로 간격 맞추기]를 클릭해서 요소를 모두 자연스럽게 맞춥니다.

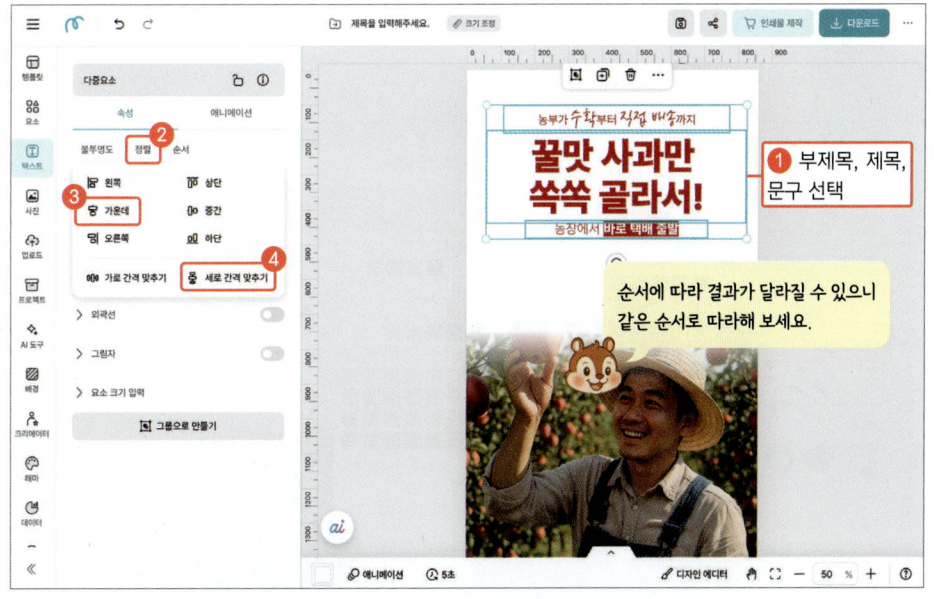

순서에 따라 결과가 달라질 수 있으니 같은 순서로 따라해 보세요.

하면 된다!} 한번에 이해되도록 구조도 추가하기

01 직관적으로 볼 수 있도록 카피 아래에 아이콘을 넣어서 구조도를 만들어 보겠습니다. ① 왼쪽의 도구 바에서 [요소]를 클릭하고 ② [도형]을 선택한 후 ③ [기본 도형]에서 원형 요소를 클릭합니다.

02 ① 원형 요소를 선택한 채 ② [요소 크기 입력]을 클릭하고 ③ [가로]와 [세로]에 각각 134를 입력합니다. ④ [색상] 오른쪽의 ■ 버튼을 클릭해 [색상] 창이 나타나면 ⑤ [색 없음 ⌀]을 선택합니다.

[색 없음]을 선택하면 도형이 투명해져요.

03 이번에는 빈 원형 요소의 테두리에 색을 넣겠습니다. ❶ [외곽선] 오른쪽의 토글을 켭니다. ❷ [색상] 오른쪽의 ■ 버튼을 클릭해 [색상] 창이 나타나면 ❸ 색상 코드란에 C8062A를 입력하고 ❹ 두께는 3으로 설정합니다. ❺ Ctrl + C 를 눌러 복사한 뒤 Ctrl + V 로 붙여 넣어 1개 더 만들고 양 끝으로 이동합니다.

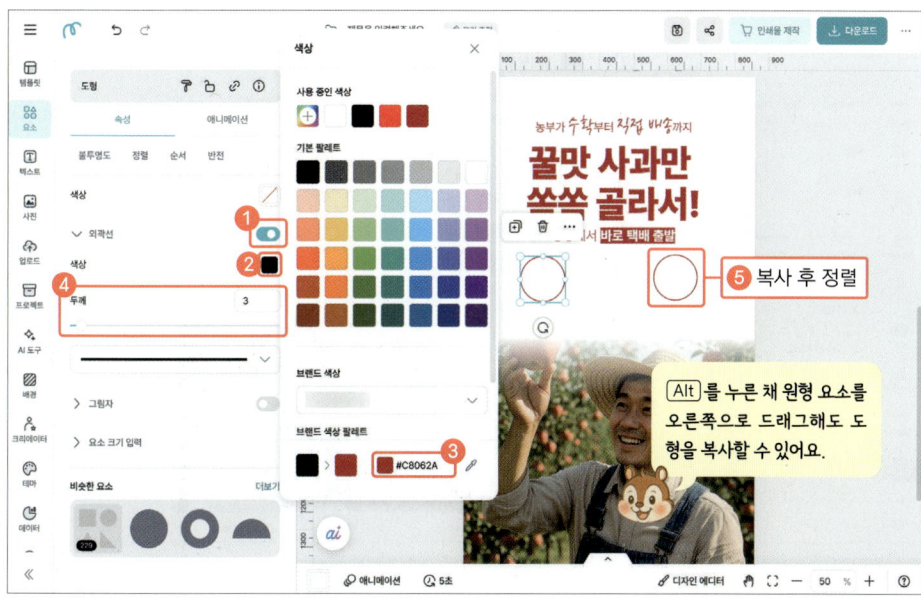

04 다음으로 원형 요소 2개를 연결하는 선을 만들겠습니다. ❶ 왼쪽의 도구 바에서 [요소]를 클릭하고 ❷ [선]을 선택한 후 ❸ 다음의 점선을 클릭합니다.

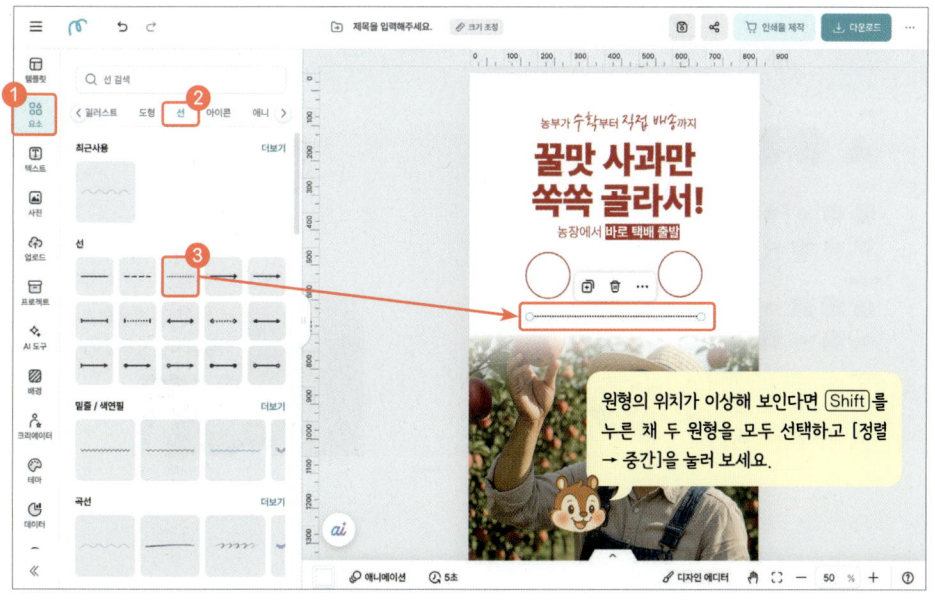

07 ✦ AI 기능으로 상세 이미지 만들기 **193**

05 ❶ 두 원형 요소 사이에 점선이 오도록 이동한 후 길이를 알맞게 조절합니다. ❷ [색상] 오른쪽의 ■를 클릭해 [색상] 창이 나타나면 ❸ 색상 코드란에 C8062A를 입력합니다. ❹ [두께]는 5.5로 설정합니다.

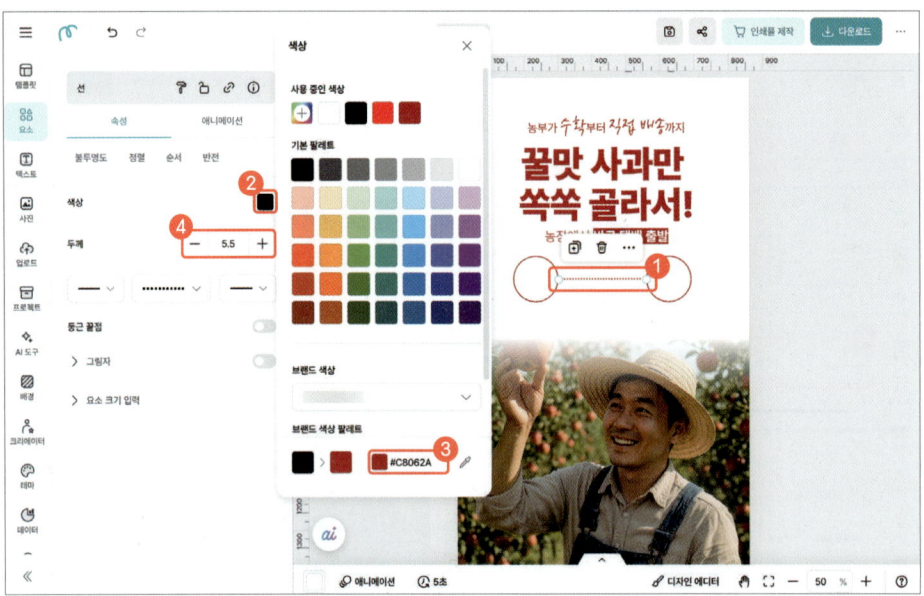

06 방향을 표현하기 위해 요소를 추가해 보겠습니다. ❶ 왼쪽의 도구 바에서 [요소]를 클릭합니다. ❷ [도형]을 클릭하고 ❸ [기본 도형]에서 삼각형을 선택합니다. ❹ [요소 크기 입력]을 클릭하고 ❺ [가로]에 25, [세로]에 21, [회전]에 90을 입력합니다.

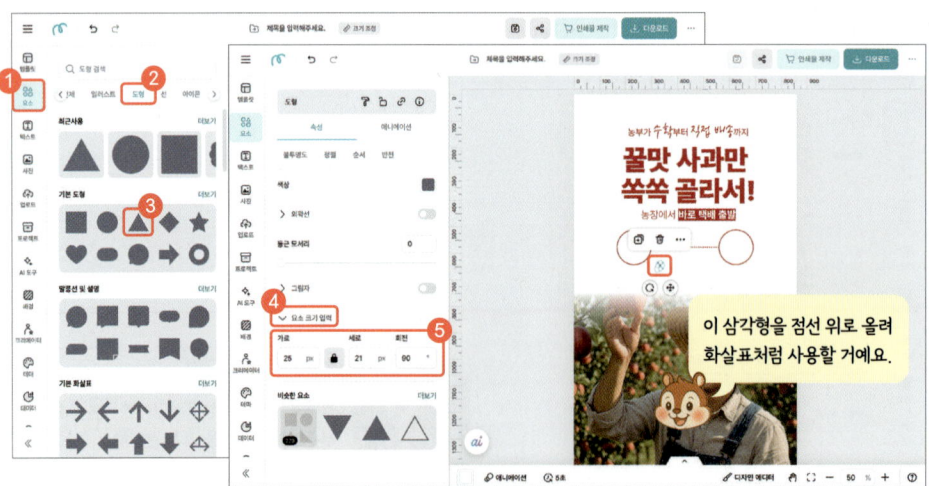

07 ❶ 삼각형 요소를 선택한 채 [색상] 오른쪽의 ■ 버튼을 클릭합니다. [색상] 창이 나타나면 ❷ 아래쪽 색상 코드란에 C8062A를 입력한 뒤 ❸ 점선 위로 이동합니다.

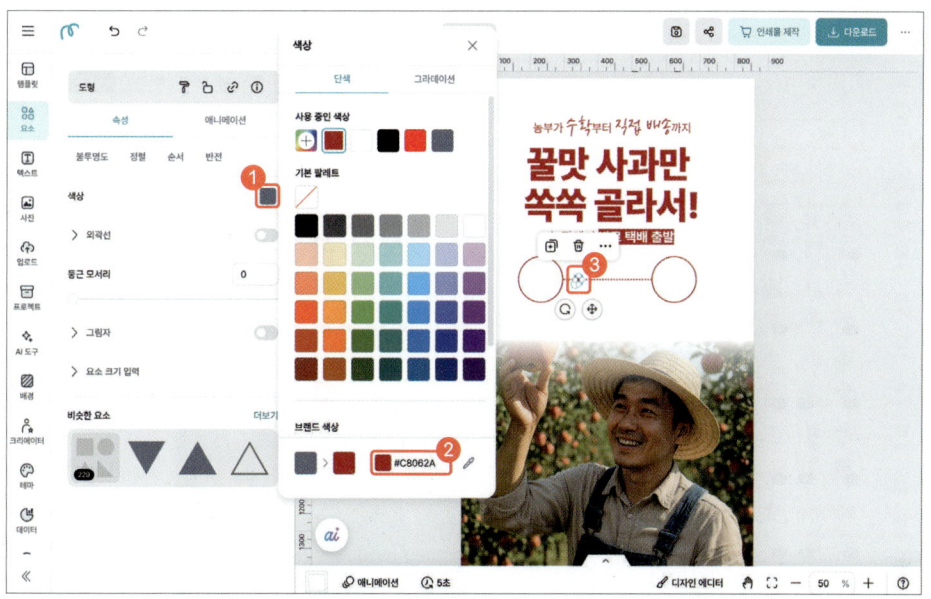

08 ❶ Ctrl + C 를 눌러 화살표 요소를 복사한 뒤, Ctrl + V 로 붙여 넣어 2개를 더 만들고 점선 위에 겹치지 않도록 사이를 벌려서 배치합니다. ❷ Shift 를 누른 채 화살표 요소를 모두 선택하고 [정렬]을 클릭합니다. ❸ [가로 간격 맞추기]와 ❹ [중간]을 클릭합니다.

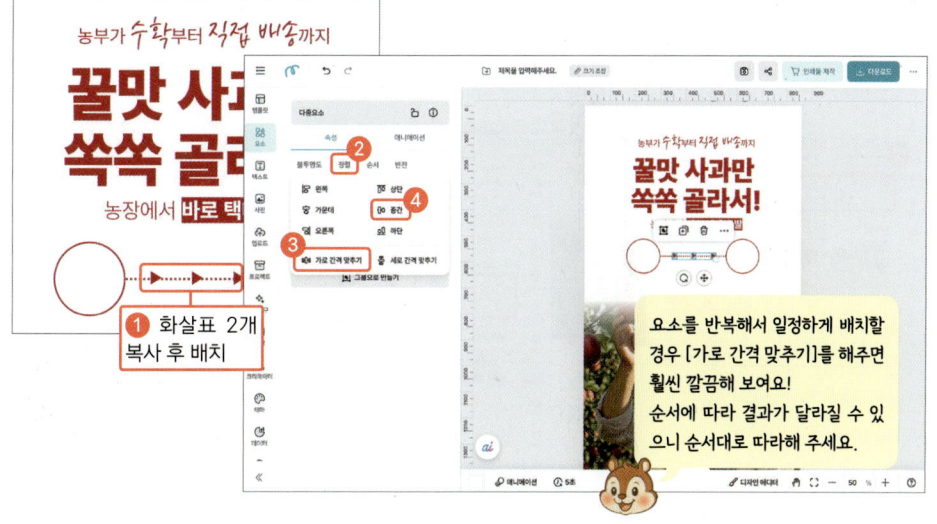

09 이제 앞에서 만든 원형 요소 안에 아이콘을 넣어 보겠습니다. ① 왼쪽의 도구 바에서 [요소]를 클릭합니다. ② 검색 창에 농장을 입력하고 ③ [컬렉션]을 클릭한 후 ④ 마음에 드는 아이콘 2개를 찾아 클릭해서 두 원형 요소 안에 각각 배치합니다.

10 ① 과일 상자 요소를 선택한 채 ② [요소 크기 입력]을 클릭하고 ③ [가로]와 [세로]에 각각 97을 입력합니다. 원형 요소 안에 안내선이 나타날 때까지 위치를 맞춥니다. ④ 집 요소도 같은 방법으로 크기를 조정합니다.

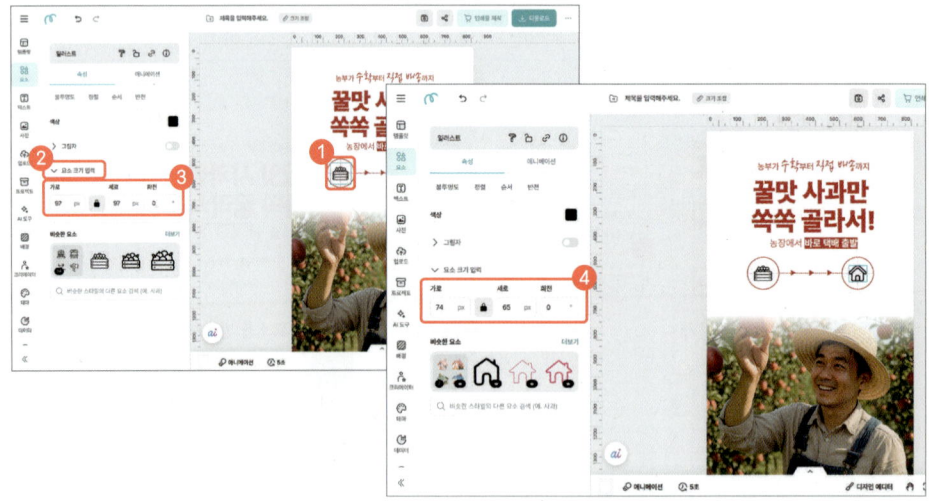

11 과일 상자 요소의 색도 바꿔 보겠습니다. ❶ 과일 상자 요소를 선택한 채 ❷ [색상] 오른쪽의 ■ 버튼을 클릭합니다. [색상] 창이 나타나면 ❸ 색상 코드란에 C8062A를 입력합니다. ❹ 같은 방법으로 집 요소의 색도 바꿉니다. 두 요소에 같은 색이 적용되었습니다.

하면 된다!} 그라데이션 효과 넣고 내용 추가하기

01 ❶ 왼쪽의 도구 바에서 [요소]를 클릭하고 ❷ 검색 창에 그라데이션을 입력합니다. ❸ 검은색 그라데이션을 클릭한 후 맨 아래에 배치해 줍니다. ❹ 조절점을 드래그해서 가로 너비에 맞게 그라데이션을 늘립니다.

07 ✦ AI 기능으로 상세 이미지 만들기 **197**

02 이제 문구를 넣어 보겠습니다. ❶ 왼쪽의 도구 바에서 [텍스트]를 클릭합니다. ❷ [본문 텍스트 추가]를 선택하고 ❸ 다음과 같이 내용을 입력합니다. ❹ 글꼴을 [프리텐다드 Medium]으로 변경하고 ❺ 글자 크기는 23으로 설정합니다.

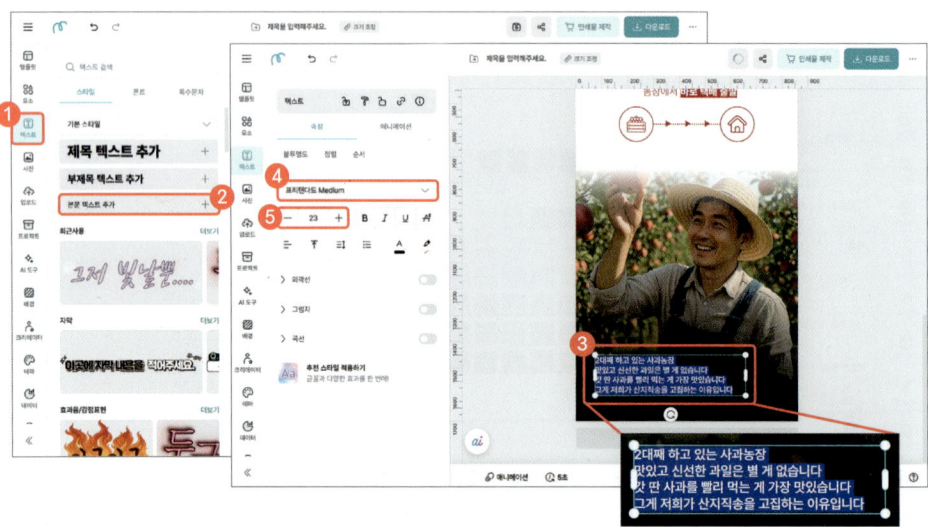

03 ❶ [글자 정렬]을 클릭해 ❷ [가운데 정렬]로 바꿉니다. ❸ [글자 색상]을 클릭해 [색상] 창이 나타나면 ❹ [기본 팔레트]에서 흰색을 찾아 클릭합니다. ❺ 세로 안내선이 나타날 때까지 이동해 줍니다. 문구가 모두 흰색으로 바뀌고 가운데로 정렬되었습니다.

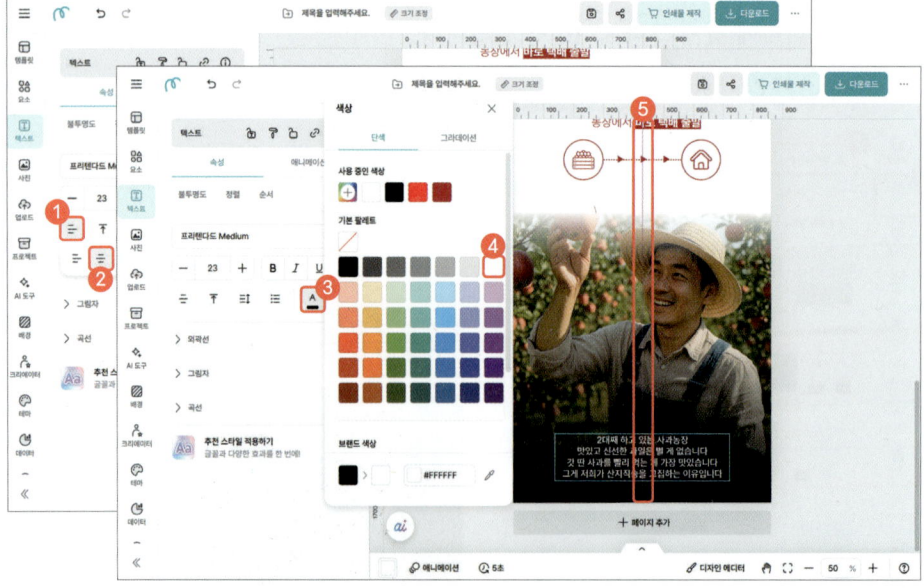

5단계

텍스트 레이아웃 활용해서
상세 이미지 내용 넣기

하면 된다!} 그라데이션 마스크로 상단 부분 꾸미기

이번에도 그라데이션 마스크를 활용해서 두 이미지가 이어지는 부분을 자연스럽게 풀어 주겠습니다.

01 ❶ 작업 화면 위에서 [새 캔버스 ➕]를 클릭합니다. 먼저 배경을 깔아 주기 위해 ❷ 왼쪽의 도구 바에서 [사진]을 선택합니다. ❸ 검색 창에 사과를 입력하고 ❹ 검색 결과에서 다음과 같은 사과 이미지를 클릭해서 캔버스 위쪽에 배치해 줍니다.

02 ① 불러온 사과 사진을 선택한 상태에서 ② [그라데이션 마스크] 오른쪽의 토글을 켭니다. ③ [타입]은 [선 모양/]으로 선택하고 ④ [방향]에 180, [범위]에 80을 입력합니다. 사과 사진 아래쪽에 그라데이션 마스크가 적용되었습니다.

03 문구를 입력하기 위해 검은색 그라데이션을 추가해 사진 이미지를 좀 더 어둡게 만들겠습니다. ① 왼쪽의 도구 바에서 [요소]를 클릭하고 ② 검색 창에 그라데이션을 입력합니다. ③ 아래 검색 결과에서 세 번째 검정 그라데이션을 선택해 캔버스에 불러온 다음 ④ 조절점을 클릭한 채 드래그해서 다음과 같이 그라데이션을 늘립니다.

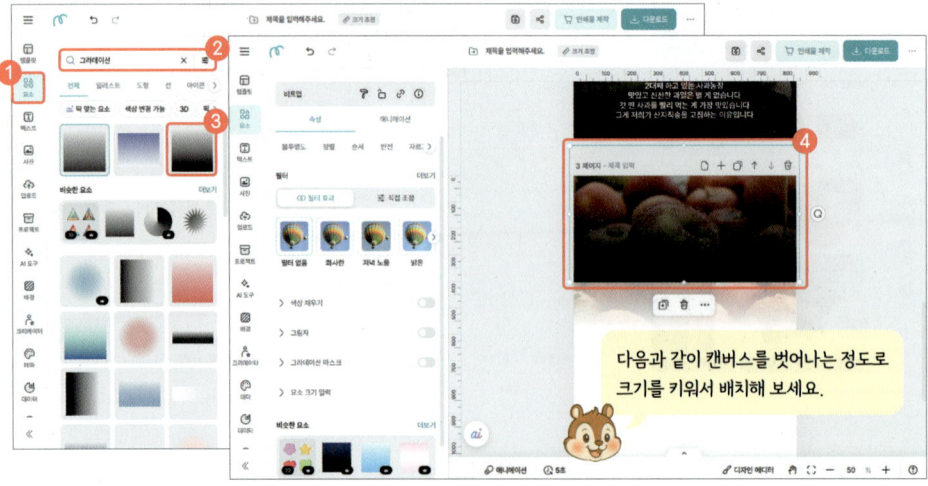

04 ❶ [회전 Q]을 클릭한 채 검은 부분이 위로 가도록 방향을 바꿉니다. ❷ [불투명도]를 클릭해 ❸ 50으로 낮춥니다.

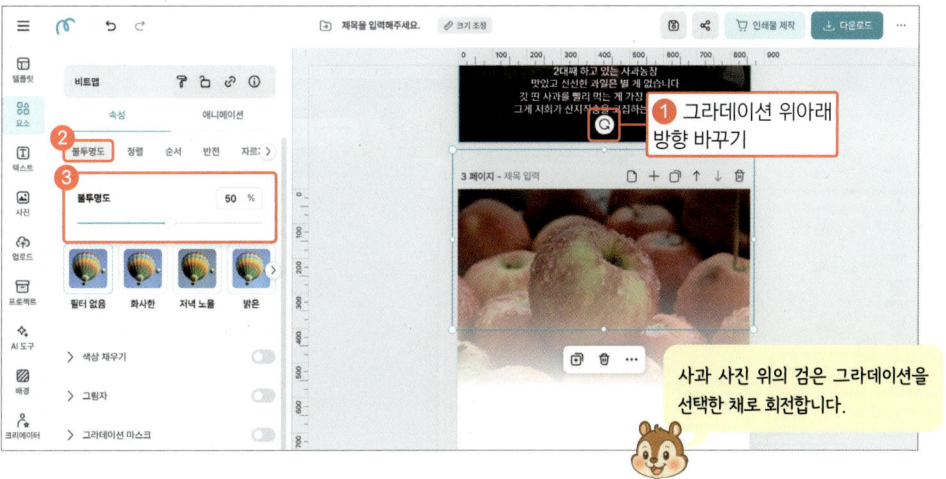

사과 사진 위의 검은 그라데이션을 선택한 채로 회전합니다.

하면 된다!} 도형으로 공간 나누고 제목 추가하기

배경이 흰색이어서 내용을 어떻게 입력해야 할지 모르겠다면 도형 요소를 활용해 내용을 추가할 공간을 나눠 주세요. 간단한 방법이지만 신경 쓴 느낌을 낼 수 있습니다.

01 내용이 들어갈 부분을 만들어 보겠습니다. ❶ 왼쪽의 도구 바에서 [요소]를 클릭합니다. ❷ [도형]을 선택하고 ❸ [기본 도형]에서 사각형을 클릭해 캔버스에 불러옵니다.

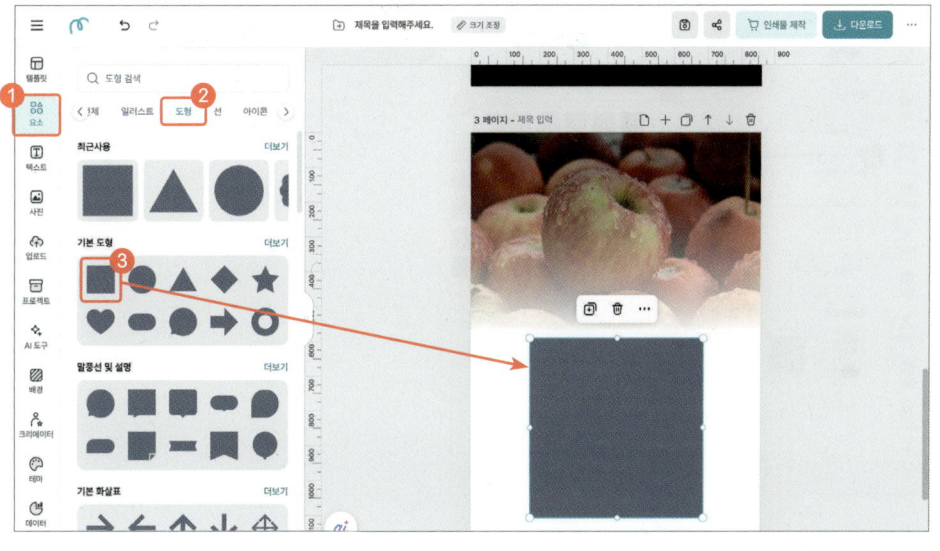

02 ① [요소 크기 입력]을 클릭하고 ② [가로 세로 비율 고정🔒]을 클릭해 잠금을 푼 뒤 ③ [가로]에 713, [세로]에 1224를 입력합니다.

03 ① [색상] 오른쪽의 ■를 클릭해 [색상] 창이 나타나면 ② [기본 팔레트]에서 흰색을 찾아 클릭합니다. ③ [둥근 모서리]에 7을 입력해 도형 요소의 모서리를 부드럽게 만들어 줍니다.

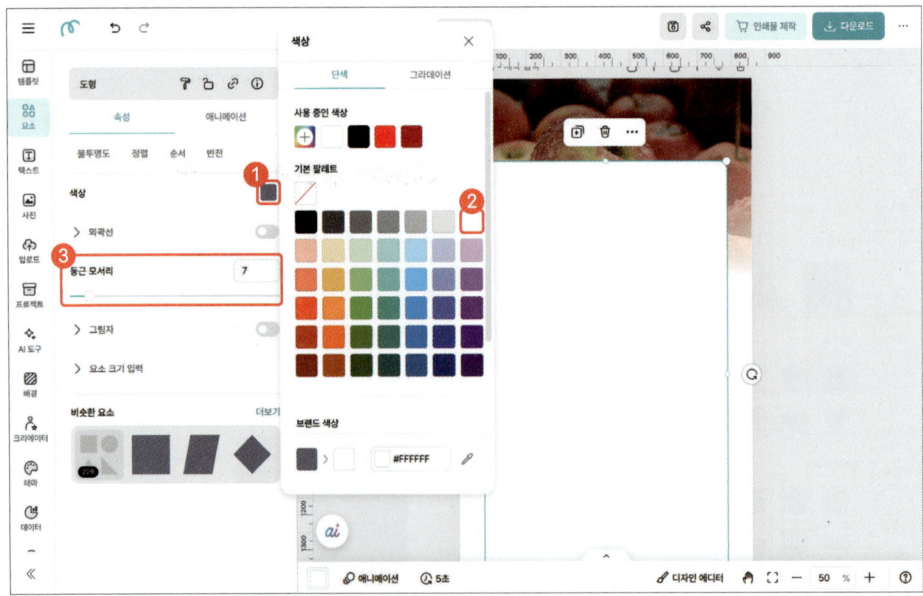

04 ❶ 왼쪽의 도구 바에서 [텍스트]를 클릭하고 ❷ [제목 텍스트 추가]를 선택합니다. ❸ 텍스트 상자에 꿀맛 사과만 계속 찾게 되는 이유를 입력하고 다음과 같이 줄 바꿈을 합니다. ❹ [글자 정렬]을 클릭해 ❺ [가운데 정렬]로 바꿉니다.

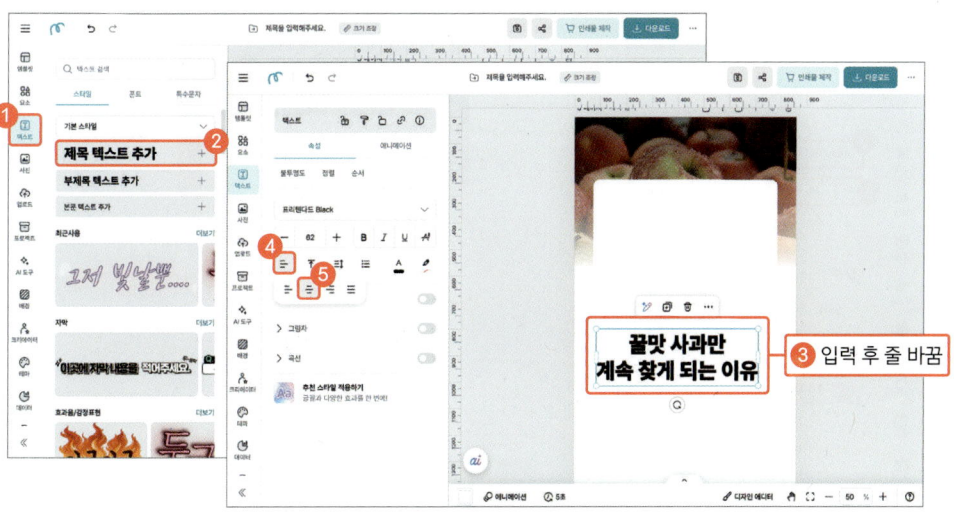

05 먼저 윗줄부터 바꿔 보겠습니다. ❶ 꿀맛 사과만 부분을 드래그해 선택합니다. ❷ 글꼴은 [프리텐다드 Black]으로 지정하고 ❸ 글자 크기는 81.6으로 바꿉니다.

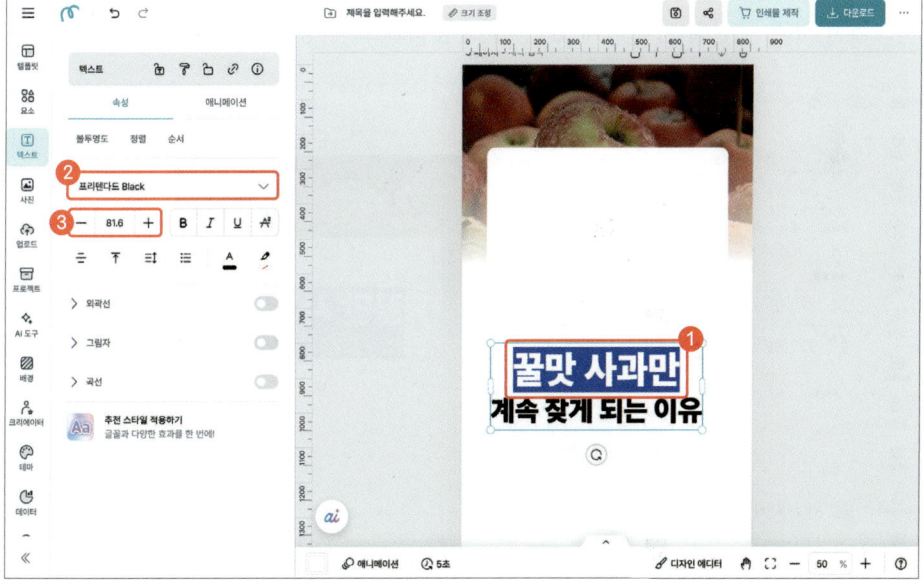

06 이번엔 아랫줄을 바꿔 봅시다. ❶ 계속 찾게 되는 이유 부분을 드래그해 선택합니다. ❷ 글꼴은 [프리텐다드 Light]로 지정하고 ❸ 글자 크기는 48로 바꿉니다.

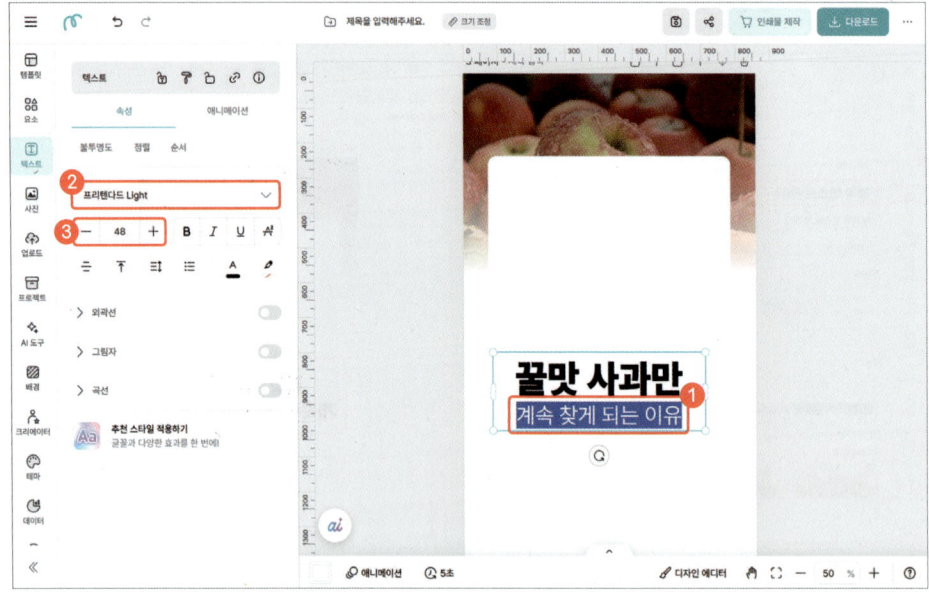

07 ❶ 글자를 모두 선택하고 [글자 색상 A]을 클릭한 후 ❷ [색상] 창이 나타나면 아래쪽 색상 코드란에 C8062A를 입력합니다. ❸ 텍스트 상자를 클릭한 채 위로 드래그해서 사과 사진의 아래쪽에 있는 흰 도형 요소로 이동합니다.

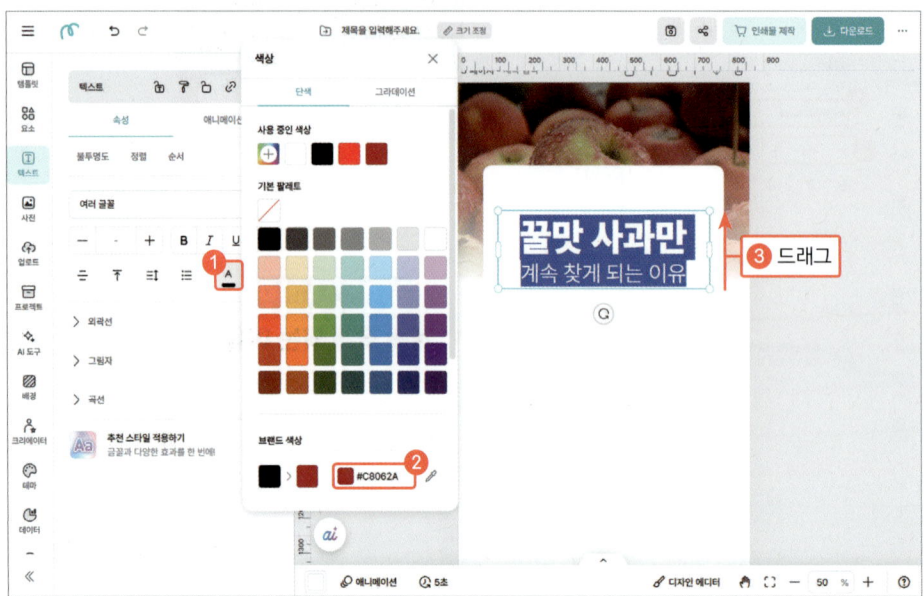

08 꾸밈 요소를 추가해 보겠습니다. ❶ 왼쪽의 도구 바에서 [텍스트]를 클릭하고 ❷ [본문 텍스트 추가]를 선택해 텍스트 상자가 나타나면 ❸ why?를 입력합니다.

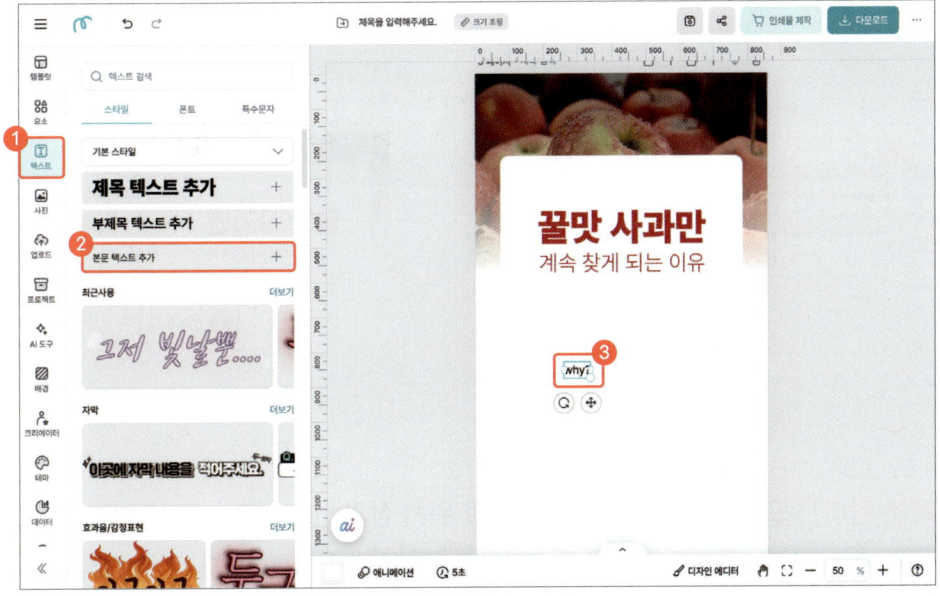

09 ❶ 글꼴은 [Pinyon Script]로 지정하고 ❷ 글자 크기는 122.8로 설정합니다. ❸ [글자 색상]을 선택해 ❹ [색상] 창이 나타나면 아래쪽 색상 코드란에 C8062A를 입력합니다.

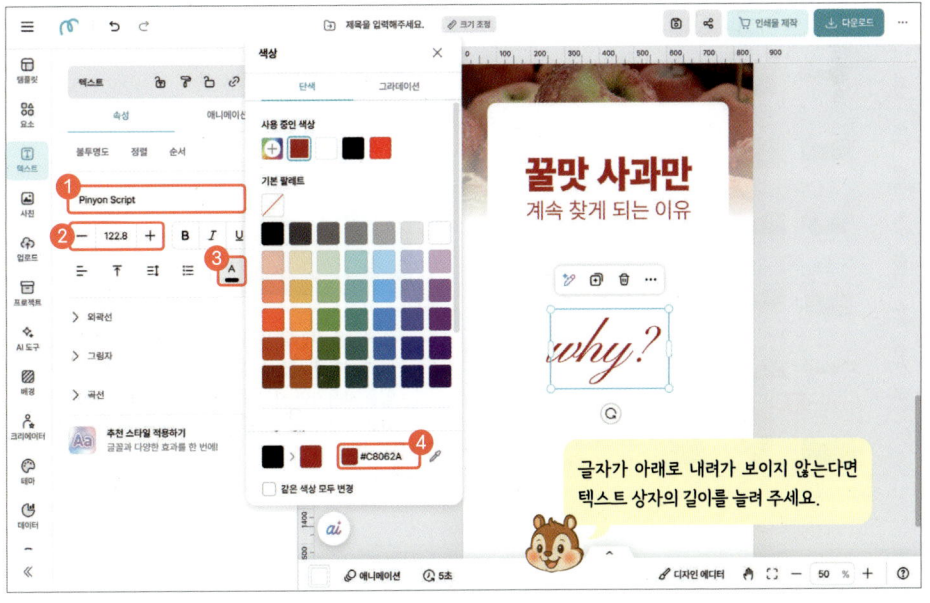

글자가 아래로 내려가 보이지 않는다면 텍스트 상자의 길이를 늘려 주세요.

10 ❶ 꾸밈 요소를 카피 제목 위로 드래그해서 올리고 ❷ [불투명도]를 클릭해 ❸ 15로 낮춥니다. ❹ 모두 수정했다면 중심선이 나타날 때까지 텍스트 상자를 클릭해서 이동해 줍니다.

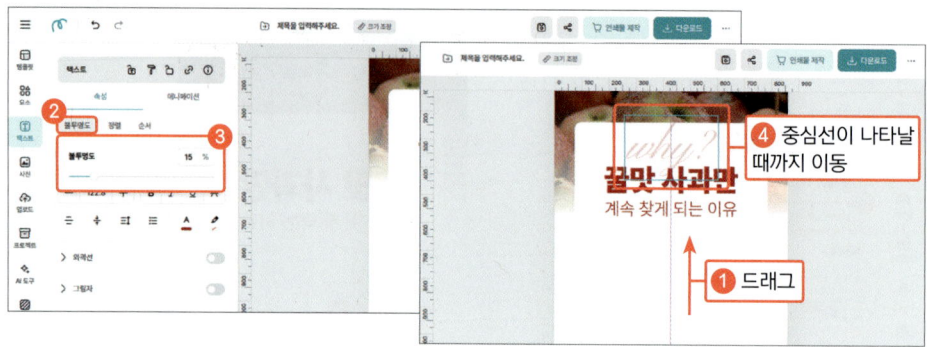

하면 된다!} 프레임과 레이아웃 기능으로 위치 잡기

01 이제 사진과 내용을 넣기 위해 프레임을 2개 만들어 보겠습니다. ❶ 왼쪽의 도구 바에서 [요소]를 클릭하고 ❷ [프레임]을 클릭한 뒤 ❸ 모서리가 직각인 정사각형 프레임을 선택합니다.

02 ❶ [요소 크기 입력]을 클릭해 ❷ [가로]와 [세로]에 각각 278을 입력합니다. ❸ Ctrl + C를 눌러 복사한 뒤 Ctrl + V로 붙여 넣어 같은 프레임을 하나 더 만듭니다. ❹ Shift를 누른 채 두 프레임을 모두 선택한 다음 ❺ [정렬]을 클릭하고 ❻ [중간]을 선택합니다.

03 이번엔 레이아웃을 추가해 보겠습니다. 미리캔버스에서 레이아웃은 제목, 소제목, 내용 등의 서식을 서로 어울리게 미리 만들어 둔 서식 묶음이라고 생각하면 됩니다. ① 왼쪽의 도구 바에서 [텍스트]를 선택한 후 ② 스크롤을 내려 [레이아웃] 오른쪽의 [더보기]를 클릭해 ③ 5번째 레이아웃을 선택합니다. ④ 선택한 레이아웃의 가로폭이 프레임과 똑같이 되도록 조절점을 클릭한 채 드래그해서 조절합니다.

04 ❶ 다음과 같이 내용을 입력한 뒤 제목을 더블클릭합니다. ❷ 글자 크기를 39.3 으로 조정합니다. 같은 방법으로 부제목은 15.7, 내용은 14.1로 설정합니다.

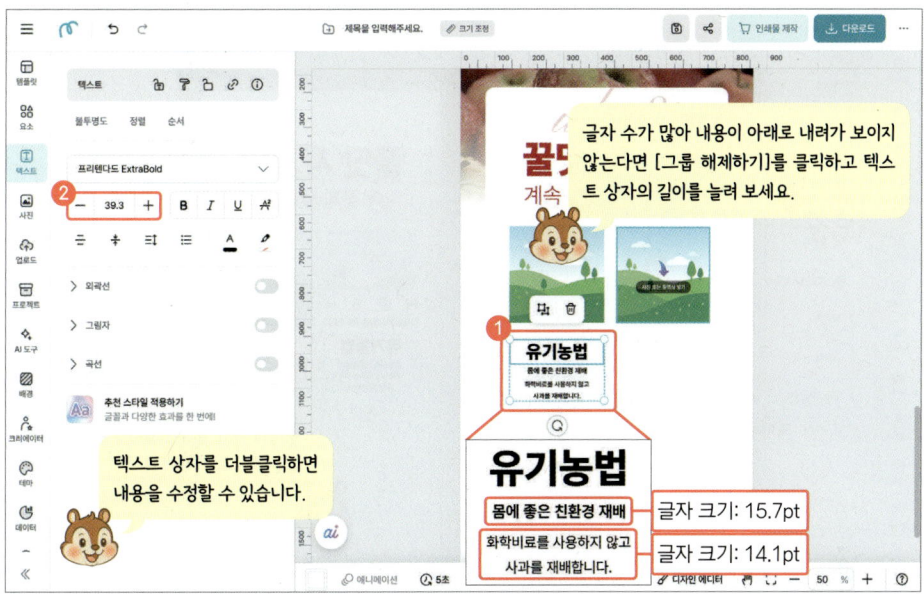

05 ❶ 레이아웃을 선택하고 [그룹 해제하기]를 클릭합니다. ❷ 제목, 부제목, 내용을 각각 드래그해 프레임과 가깝게 위치를 조정해 줍니다.

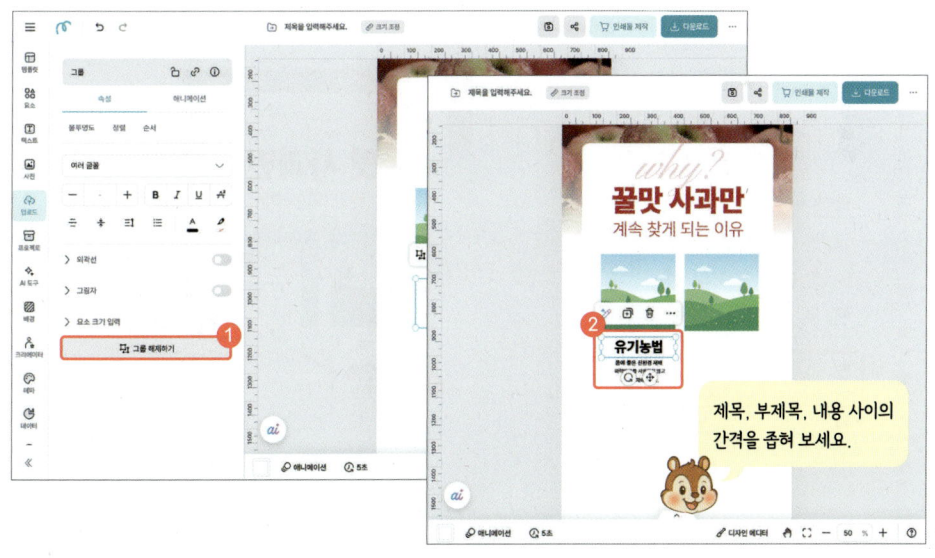

06 ① Shift 를 누른 채 텍스트 상자 3개를 모두 선택하고 ② [정렬]에서 ③ [세로 간격 맞추기]와 ④ [가운데]를 클릭합니다.

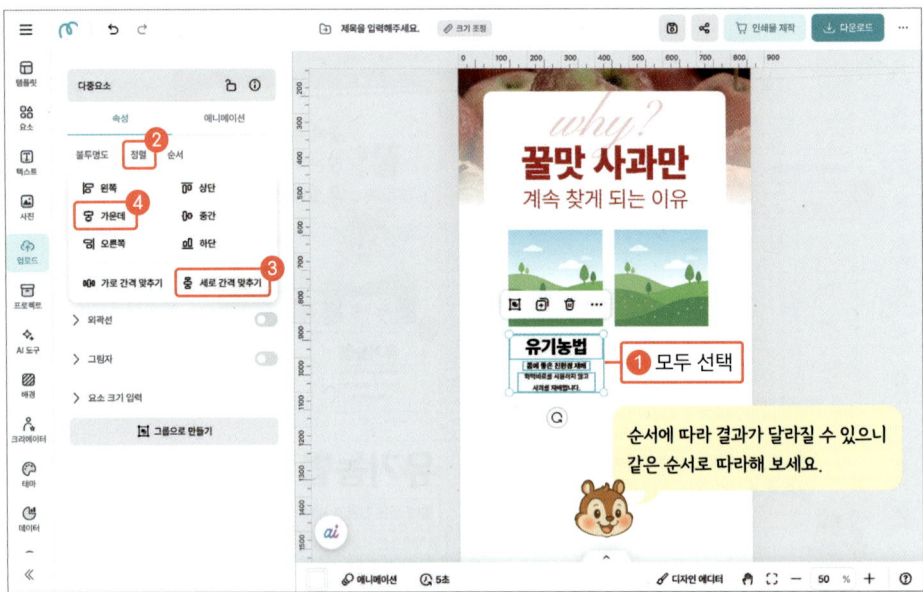

07 ① 맨 아래 내용은 2행인데 사이가 떨어져 있으므로 이 부분만 따로 선택한 후 ② [글자 조정]을 클릭하고 ③ [행간]을 1.37로 변경합니다.

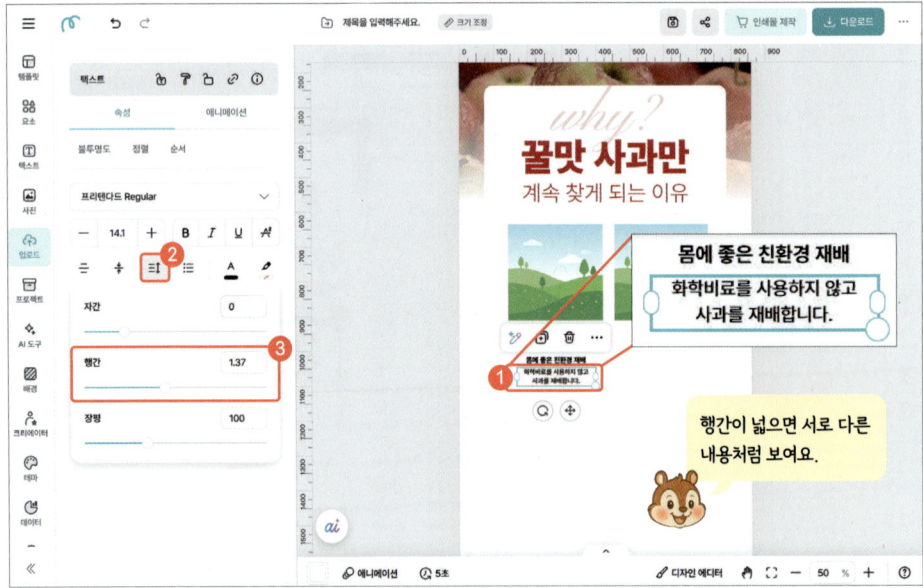

08 이번에는 중요한 부분이 잘 보이도록 제목의 글자 색을 바꿔 강조해 보겠습니다. ❶ 제목을 선택하고 ❷ [글자 색상]을 클릭합니다. [색상] 창이 나타나면 ❸ 제목의 글자 색을 C8062A로 지정합니다.

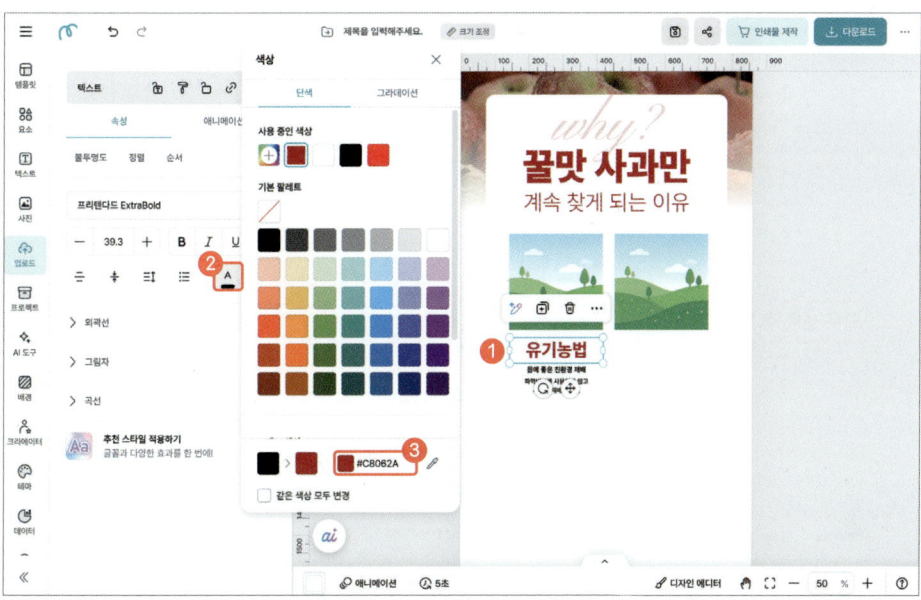

09 ❶ 같은 방법으로 내용을 선택하고 ❷ [글자 색상]을 클릭합니다. [색상] 창이 나타나면 ❸ 제목의 글자 색을 595959로 설정합니다.

10 Shift 를 누른 채 텍스트 상자 3개를 모두 선택한 뒤, Ctrl + C 를 눌러 복사하고 Ctrl + V 로 붙여 넣어 오른쪽 프레임 밑에 배치합니다.

11 이제 프레임 2개와 텍스트 상자 2개를 복사해서 총 4개가 되도록 하겠습니다. ❶ Shift 를 누른 채 프레임과 텍스트 상자를 모두 선택한 뒤 ❷ Ctrl + C 를 눌러 복사하고 Ctrl + V 로 붙여 넣습니다.

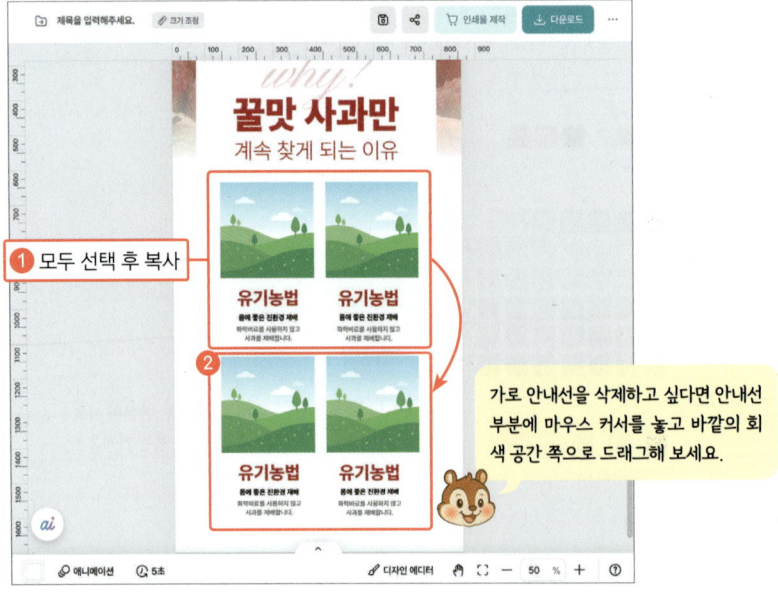

12 첫 번째 레이아웃을 제외한 나머지 레이아웃의 내용을 다음과 같이 수정합니다.

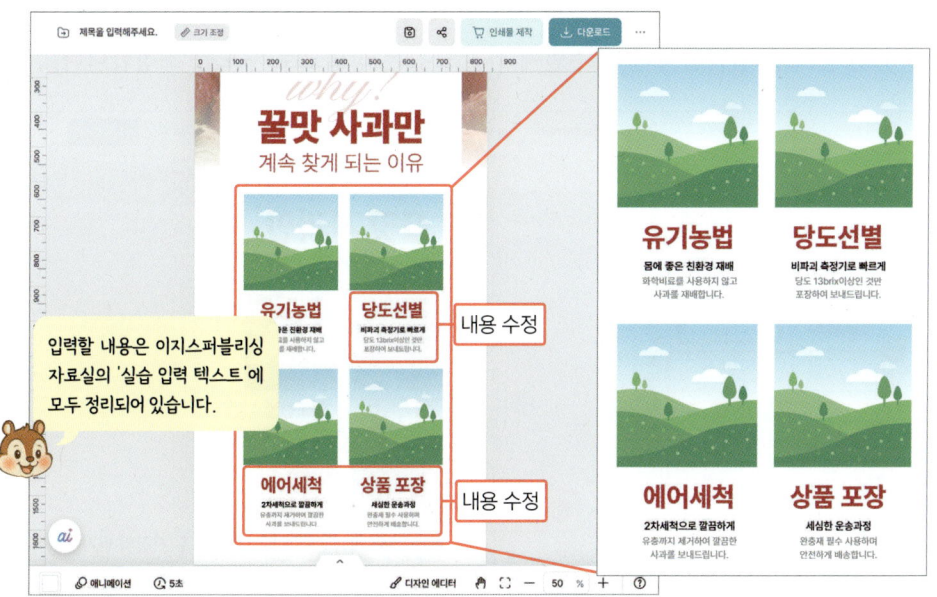

13 내용에 맞게 사진을 넣어 보겠습니다. ① 왼쪽의 도구 바에서 [사진]을 클릭해 ② 검색 창에 사과를 입력한 후 ③ 주제에 맞는 사진을 골라 다음과 같이 추가합니다. ④ 첫 번째 사진을 더블클릭해 프레임에 맞게 크기를 키운 후 [적용☑]을 클릭합니다.

14 사과는 산뜻해야 싱싱해 보이므로 어두운 사진의 색감을 조정해 보겠습니다. ❶ 첫 번째 사진을 선택하고 ❷ [필터]에서 [직접 조정]을 클릭한 뒤 ❸ [밝기]에 44, ❹ [채도]에 31을 입력합니다. ❺ 3번째 사진도 같은 방법으로 채도를 조정합니다.

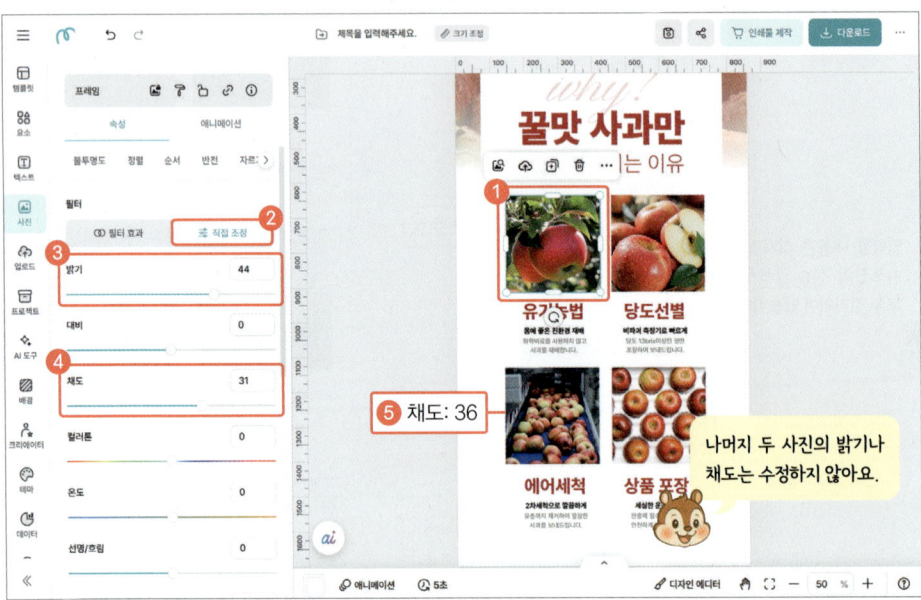

15 상세 이미지를 최종 완성했습니다.

방구석 다람쥐의 깨알 팁!

상세 이미지를 하나로 길게 연결하고 싶어요

상세 이미지는 보통 나누어서 작업하는데요. 완성한 각각의 상세 이미지를 하나로 합치고 싶다면 작업 화면의 오른쪽 위에서 ❶ [다운로드]를 클릭한 뒤 [다운로드] 창이 나타나면 ❷ [한 장의 이미지로 합치기]를 선택합니다. ❸ [고해상도 다운로드]나 [빠른 다운로드] 중에서 골라 클릭하면 별다른 작업을 하지 않아도 하나로 합쳐져 스크롤해서 볼 수 있습니다. 참 편리하죠?

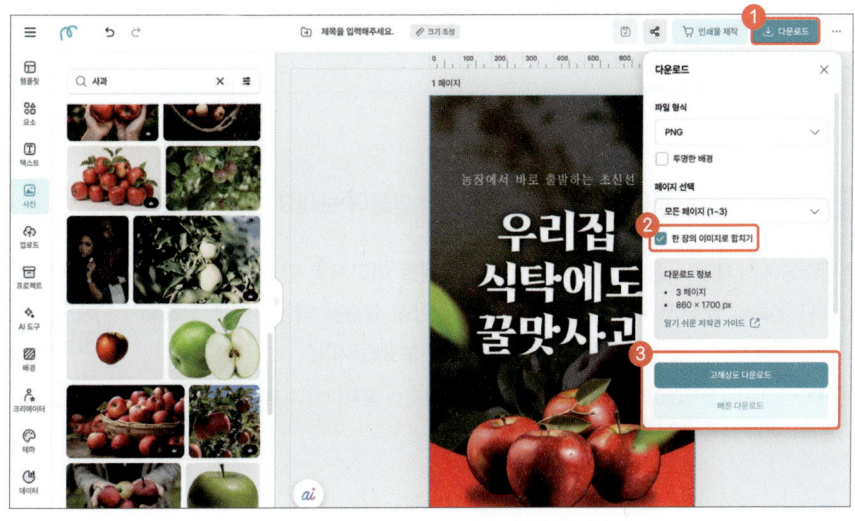

실전 과제

한눈에 집중되는
이벤트 배너 만들기

미션 요소와 도형을 활용해 이벤트 배너를 만들어 보세요

둘째마당에서 배운 내용을 참고하여 간단한 이벤트 이미지를 만들어 보세요. 지금까지 무료와 유료 요소를 활용해 진행했던 다양한 실습을 떠올리면서, 요소와 도형을 이것저것 조합해 새로운 디자인을 만들어 보겠습니다.

✦ 디자인에 사용할 요소와 입력할 내용은 이지스퍼블리싱 홈페이지 자료실의 '템플릿 링크 모음', '실습 입력 텍스트'에 모두 정리되어 있습니다.

동영상 강의

✦ **완성 이미지**

✦ **힌트**
① 왼쪽의 도구 바에서 [요소]를 클릭하고 검색란에 '만화효과', '쿠폰', '그림자'를 검색해 보세요.
② '강원교육튼튼' 글꼴을 사용해 보세요.
③ 포인트 색은 'FF5900'을 적용하세요.

✦ **완성 파일**
bit.ly/miri_banner

✦ **해설 답안**
bit.ly/miri_project_answer

셋째마당

캔바로 브랜드에 쓰일 콘텐츠 만들기

메뉴판이나 홍보용 랜딩 페이지처럼 브랜드를 알리는 디자인을 해야 한다면 캔바를 사용해 보세요. 미리캔버스에 비해 한글 글꼴의 종류가 적은 편이지만 여기저기 쓰기에 유용한 요소가 많아서 강렬한 느낌을 주는 디자인을 만들 수 있습니다. 요소를 직접 찾고 원하는 위치에 배치해 보는 재미를 느끼며 캔바를 완전 정복해 봅시다.

08 ✦ AI 기능으로 명함 만들기
09 ✦ 수채화 느낌의 메뉴판 만들기
10 ✦ 앞으로 튀어나오는 모션 광고 만들기
11 ✦ 진짜 작동하는 브랜드 홍보 홈페이지 만들기
실전 과제 ✦ 색감이 돋보이는 카페 포스터 만들기

기본 요금제 실습

08

AI 기능으로 명함 만들기

이번 실습에서는 캔바의 이미지 생성형 AI 기능인 '캔바 AI'를 활용해서 나만의 로고를 만듭니다. 그리고 캔바 내에 있는 명함 템플릿을 활용해 앞에서 만든 로고로 명함 디자인을 해보겠습니다. 실습을 따라 하면서 실전에 바로 활용할 수 있는 캔바 AI 활용법과 디자인 아이디어도 함께 배워 봐요!

✦ 완성 이미지

✦ 완성 파일

bit.ly/canva_bizcard

✦ 동영상 강의

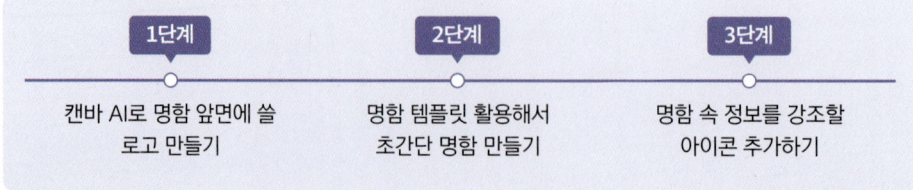

1단계 캔바 AI로 명함 앞면에 쓸 로고 만들기

2단계 명함 템플릿 활용해서 초간단 명함 만들기

3단계 명함 속 정보를 강조할 아이콘 추가하기

> **1단계**
>
> # 캔바 AI로
> # 명함 앞면에 쓸 로고 만들기

하면 된다!} 캔바 AI로 이미지 만들기

캔바에도 AI 기능이 있다는 사실, 알고 있나요? 이번엔 캔바의 AI 기능을 활용해서 명함 앞면에 사용할 로고 이미지를 만들어 보겠습니다.

01 캔바에 로그인한 후 메인 화면에서 [Canva AI]를 클릭합니다.

> 캔바 무료 버전에서는 이미지를 20개만 만들 수 있고, 프로 버전에서는 매일 500개 만들 수 있어요.

08 ✦ AI 기능으로 명함 만들기 **219**

02 프롬프트 입력 창에 자신이 만들고 싶은 로고의 형태를 자세히 묘사합니다. 스타일이나 디자인을 구체적으로 지정해서 알려 주면 AI가 결과물을 더 정확하게 보여 줍니다. 저는 다음과 같이 입력해 봤어요.

✦ 입력할 내용은 이지스퍼블리싱 자료실의 '실습 입력 텍스트'에 모두 정리되어 있습니다.

03 요구 사항을 모두 적었다면 ❶ 프롬프트 입력 창 바로 아래에서 [이미지 생성]을 클릭합니다. 이미지를 만들 수 있는 메뉴가 생겨나면 ❷ [스타일]을 클릭하고 ❸ [스마트]를 선택합니다.

04 ❶ [가로세로 비율]을 클릭하고 ❷ [1:1]을 선택한 뒤 ❸ [생성→]을 클릭합니다.

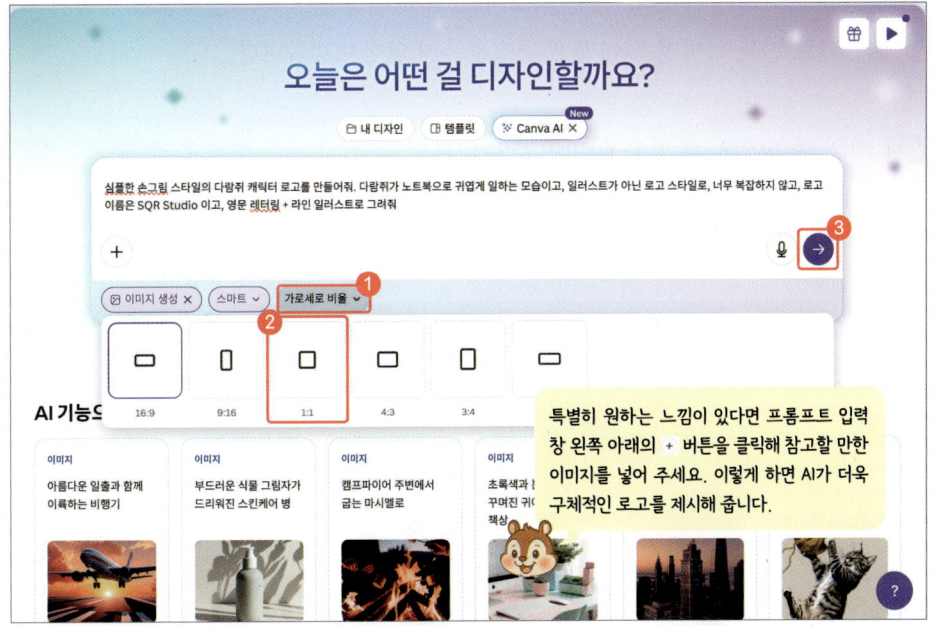

특별히 원하는 느낌이 있다면 프롬프트 입력 창 왼쪽 아래의 + 버튼을 클릭해 참고할 만한 이미지를 넣어 주세요. 이렇게 하면 AI가 더욱 구체적인 로고를 제시해 줍니다.

05 작업 화면의 [내 이미지] 아래에 이미지 4개가 생성됩니다. 저는 첫 번째 이미지가 마음에 드네요. 마우스 커서를 첫 번째 이미지 쪽으로 가져가 오른쪽 아래에서 [편집]을 클릭합니다.

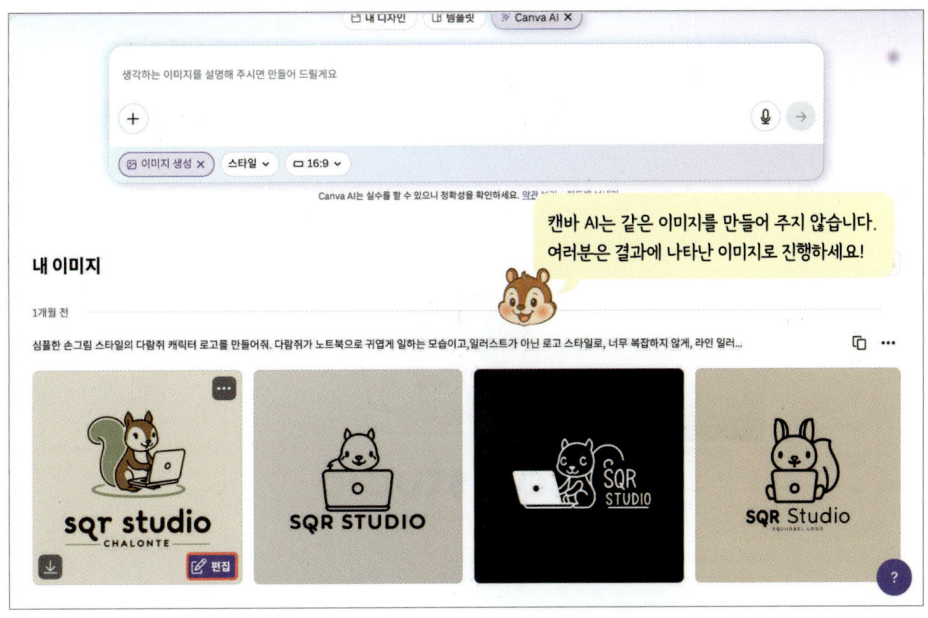

캔바 AI는 같은 이미지를 만들어 주지 않습니다. 여러분은 결과에 나타난 이미지로 진행하세요!

하면 된다! } 이미지 편집하고 저장하기

AI가 만든 이미지 중에 필요 없는 요소가 있어서 수정해야 하는 경우도 있습니다. 이번에는 AI로 만든 이미지를 어떻게 편집하는지 알아보겠습니다.

`01` 작업 화면에 AI로 만든 이미지가 나타나면 필요 없는 부분을 마커 도구로 수정하겠습니다. ❶ 왼쪽의 도구 바에서 [도구]를 클릭하고 ❷ [Draw🖉]를 선택한 후 ❸ 2번째 [마커 ▎▶]를 클릭합니다.

프로 버전을 사용한다면 01~03단계를 건너뛰고 이미지를 선택한 뒤 [편집 → Magic Eraser]를 사용해서 지울 수도 있습니다.

`02` ❶ [색상●]을 클릭한 뒤 ❷ [새로운 색상 추가⊕]를 클릭하고 ❸ 색상 코드란에 F6ECDB를 입력합니다.

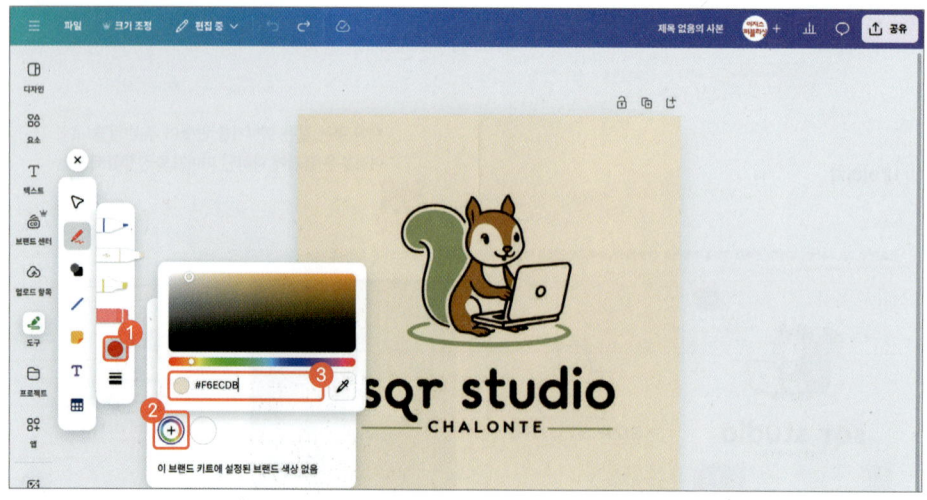

03 필요 없는 글자를 마커로 드래그해서 덮어 줍니다.

04 ❶ [텍스트 T]를 클릭해 텍스트 상자가 나타나면 ❷ DESIGN을 입력하고 양쪽 가로줄 사이에 배치합니다.

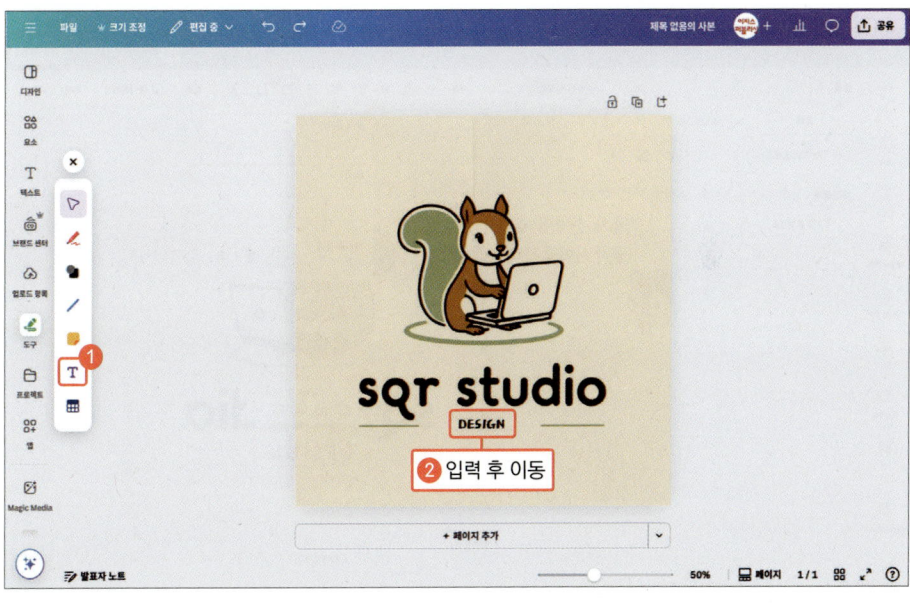

05 이제 글꼴과 색상을 바꿔 봅시다. ❶ 텍스트 상자를 선택한 상태로 작업 화면 위쪽 가운데에서 [Jeju Hallasan]을 선택합니다. ❷ 왼쪽에 [글꼴] 설정 창이 나타나면 검색 창에 TDTD갬성명조를 입력한 후 선택하고 ❸ 글자 크기는 45로 설정합니다.

[도구]에서 텍스트 상자를 만들면 캔바에 있는 글꼴 중 하나가 임의로 선택돼요. 'Jeju Hallasan'이 아니라 다른 글꼴이 나타난다고 해도 작업 화면의 위쪽 가운데에서 같은 부분을 선택하면 됩니다.

06 ❶ [간격]을 클릭하고 ❷ [글자 간격]을 209로 조정합니다.

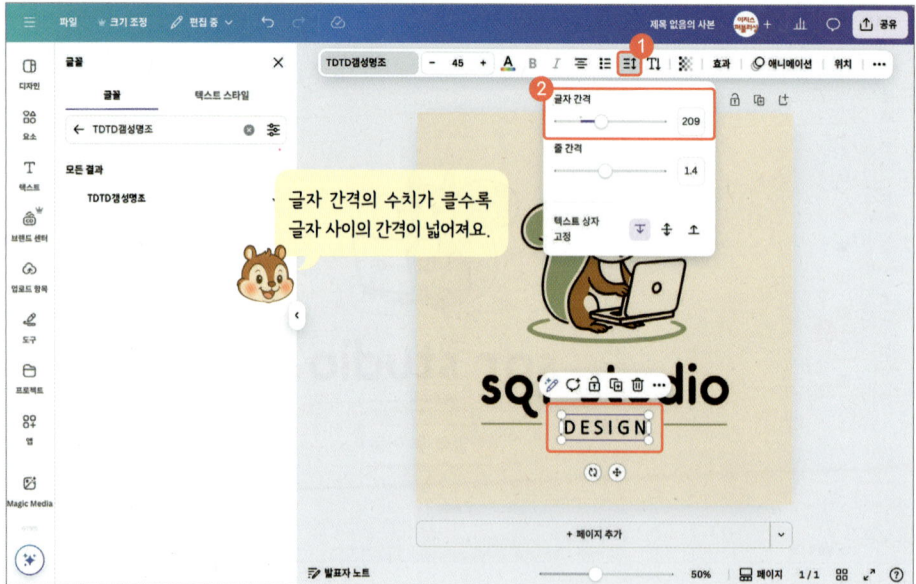

글자 간격의 수치가 클수록 글자 사이의 간격이 넓어져요.

07 ❶ [텍스트 색상 A]을 클릭해 왼쪽에 [텍스트 색상] 창이 나타나면 ❷ [문서 색상] 아래에서 [새로운 색상 추가 ⊕]를 클릭합니다. ❸ 아래쪽 색상 코드란에 ABAA20을 입력합니다.

08 이제 새 창에서 명함을 만들기 위해 지금까지 작업한 로고 이미지를 내려받아야 합니다. ❶ 작업 화면의 오른쪽 위에서 [공유]를 클릭한 뒤 [이 디자인 공유] 창이 뜨면 ❷ [다운로드]를 선택합니다. ❸ [다운로드] 창이 뜨면 다시 [다운로드]를 클릭합니다.

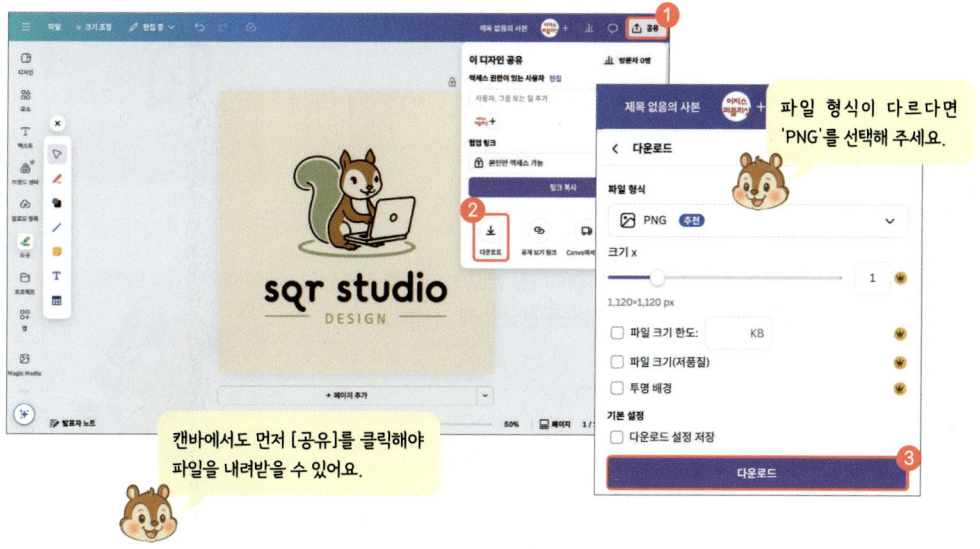

방구석 다람쥐의 깨알 팁!

로고 스타일의 예시가 궁금해요!

로고를 어떤 느낌으로 그려야 할지 잘 생각나지 않는다면 다음 예시를 참고해서 키워드를 만들어 보세요!

일러스트 심벌(Illustrative Symbol)

일러스트 심벌은 다음처럼 자세하게 묘사한 로고를 말해요. 이렇게 세밀하고 배경도 있는 로고를 만들고 싶을 때 일러스트 심벌이 적합합니다.

라인 심벌(Line Symbol)

라인 심벌은 얇은 선을 사용해서 만든 디자인으로, 간결하고 깔끔한 느낌을 줍니다.

레터링 심벌(Lettering Symbol)

레터링 심벌은 글자나 텍스트를 디자인의 주요 요소로 사용한 로고입니다. 글자 자체가 추상적인 아이콘 역할을 해요.

캐릭터 심벌(Character Symbol)

캐릭터 심벌은 동물이나 사람 같은 캐릭터를 로고에 포함한 디자인입니다. 보통 친근하고 개성 있는 이미지를 전달할 때 사용해요.

> **2단계**
>
> # 명함 템플릿 활용해서
> # 초간단 명함 만들기

하면 된다!} 명함 템플릿 불러오고 색감 맞추기

캔바에는 예쁜 명함 템플릿이 많아서 명함 디자인을 따로 할 필요가 없습니다. 이번에는 템플릿을 활용해서 명함의 앞면을 만들어 보겠습니다.

01 ❶ 작업 화면의 왼쪽 위에서 [메뉴 ☰]를 클릭해 ❷ 숨은 메뉴가 열리면 [만들기 ⊕]를 클릭합니다.

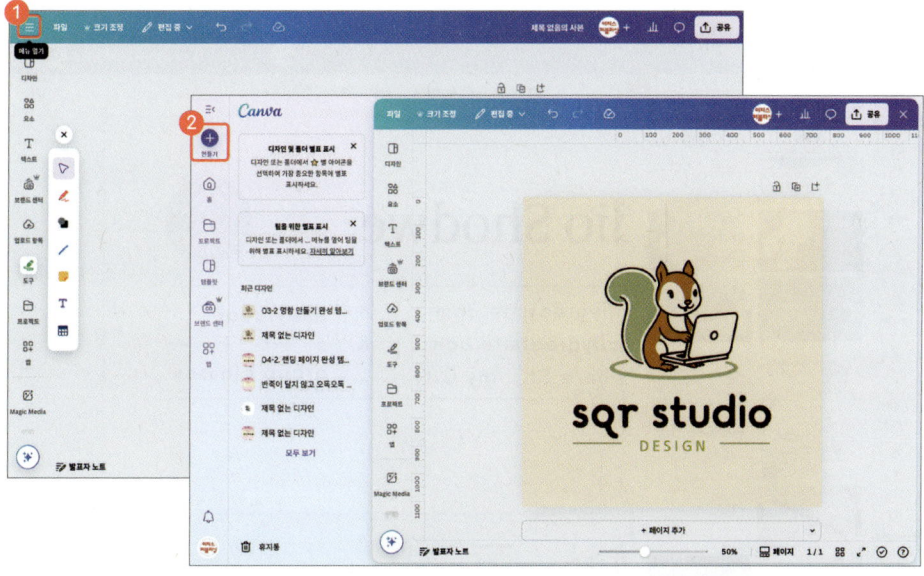

✦ 캔버스가 저장될 위치를 먼저 지정하려면 숨은 메뉴를 연 뒤 [프로젝트]를 클릭하고 '캔바 실습' 폴더로 들어가서 [새 항목 추가 → 디자인]을 클릭하세요.

02 ❶ [디자인 만들기] 창이 뜨면 검색 창에 명함을 입력하고 ❷ [명함(가로형)]을 선택합니다. 명함 크기의 새 캔버스가 나타납니다.

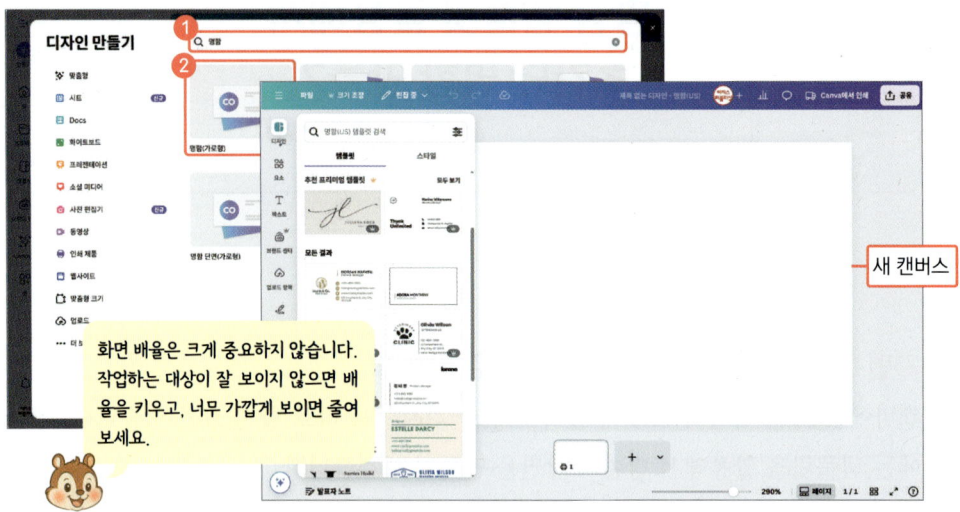

화면 배율은 크게 중요하지 않습니다. 작업하는 대상이 잘 보이지 않으면 배율을 키우고, 너무 가깝게 보이면 줄여 보세요.

03 ❶ 왼쪽의 도구 바에서 [디자인]을 클릭하고 ❷ 검색 창에 Business Card를 입력합니다. ❸ [템플릿] 아래에서 다음과 같은 템플릿을 클릭해 캔버스로 불러옵니다.

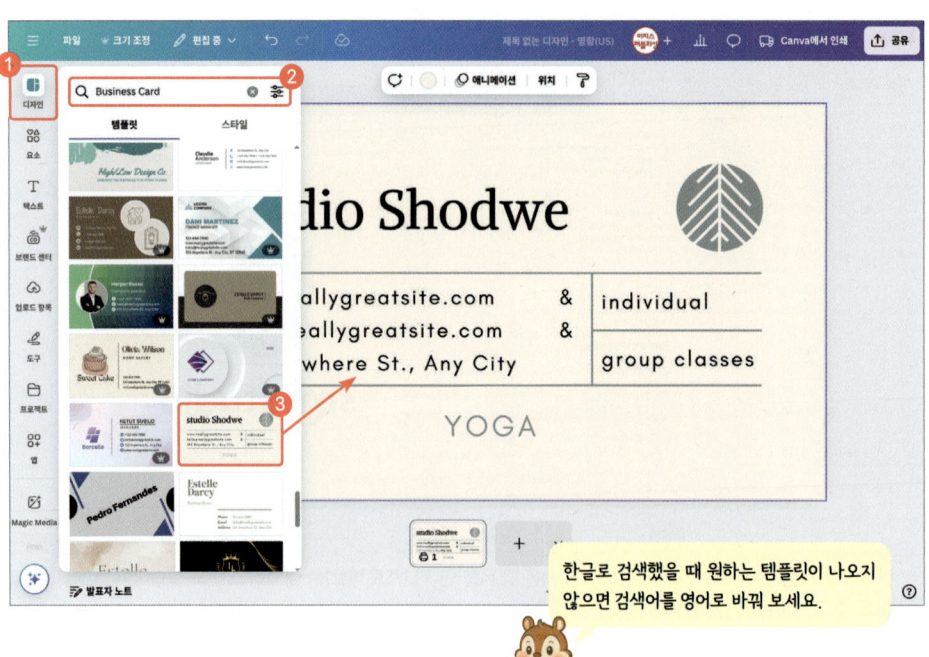

한글로 검색했을 때 원하는 템플릿이 나오지 않으면 검색어를 영어로 바꿔 보세요.

04 ① 작업 화면 아래쪽에서 [페이지 추가 +]를 클릭해 페이지를 하나 더 만듭니다. ② 새로 만든 페이지를 03단계에서 불러온 템플릿의 왼쪽으로 드래그해 1페이지로 만들어 줍니다.

05 ① 왼쪽의 도구 바에서 [업로드 항목]을 클릭합니다. ② [파일 업로드]를 클릭하고 ③ 앞의 실습에서 저장한 로고 이미지를 불러온 후 클릭해 캔버스로 가져옵니다.

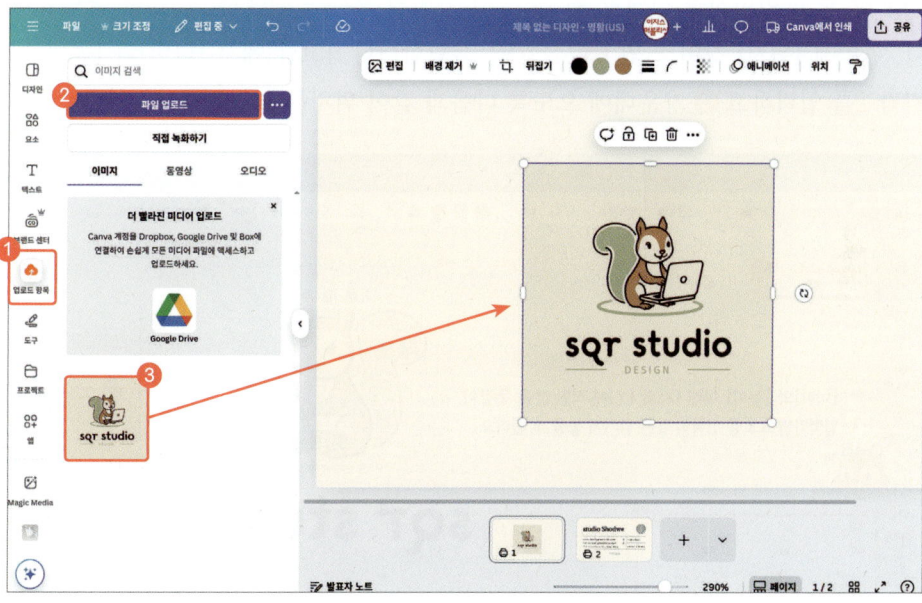

08 ✦ AI 기능으로 명함 만들기 **229**

06 새 캔버스의 배경색을 로고 이미지의 배경색으로 맞춰 주겠습니다. ❶ 새 캔버스의 배경을 클릭하고 ❷ [배경 색상 ◯]을 선택합니다. ❸ [새로운 색상 추가 ⊕]를 클릭하고 ❹ [색상 선택 🎨]을 클릭합니다. ❺ 마우스 커서가 ⊞ 모양으로 바뀌면 로고 이미지의 배경을 클릭합니다. 새 캔버스의 배경이 로고 이미지의 배경색으로 바뀌어 같아집니다.

07 ❶ 로고 이미지를 선택한 뒤 ❷ 작업 화면의 오른쪽 위에서 [위치]를 클릭합니다. 왼쪽에 [위치] 창이 뜨면 ❸ [정렬]을 클릭합니다. [고급]에서 [너비]와 [높이]에 각각 2를 입력하고 ❹ 가운데에 오도록 다음과 같이 위치를 조정합니다.

3단계

명함 속 정보를 강조할
아이콘 추가하기

하면 된다!} 명함 템플릿에 입력된 내용 바꾸기

이제 2페이지로 넘어가서 명함 뒷면의 내용을 입력해 보겠습니다. 템플릿이 영어로 되어 있으므로 한글에 어울리는 글꼴과 글자 크기도 새로 설정해 보겠습니다.

01 ① 작업 화면 아래쪽에서 2페이지를 클릭해 넘어갑니다. 앞서 만들어 둔 1페이지의 배경색과 똑같이 맞춰 주겠습니다. ② 2페이지의 배경을 클릭하고 ③ [배경 색상]을 선택합니다. ④ [색상] 창이 뜨면 [새로운 색상 추가]를 클릭하고 ⑤ 아래쪽 색상 코드란에 F4EBDA를 입력합니다.

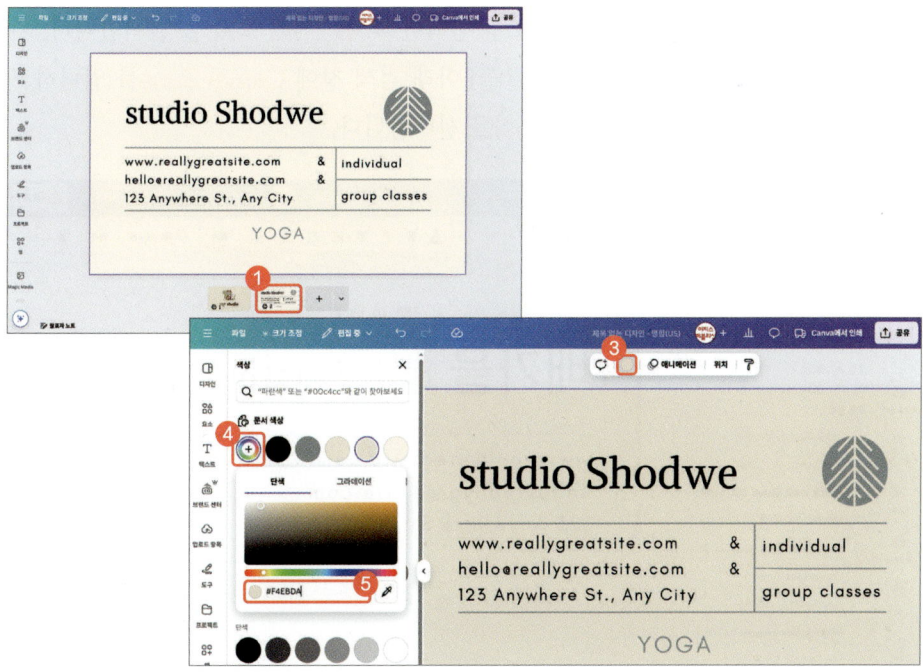

08 ✦ AI 기능으로 명함 만들기   **231**

02 이제 내용을 수정해 보겠습니다. ❶ 맨 위 텍스트 상자를 클릭하고 이름을 입력합니다. 명함인 만큼 직함도 필요하겠죠? ❷ 왼쪽의 도구 바에서 [텍스트]를 선택하고 ❸ [텍스트 상자 추가]를 클릭합니다. ❹ 이름 오른쪽에 직함을 추가합니다.

03 명함에 어울리는 가독성 좋고 깔끔한 글꼴로 바꿔 보겠습니다. ❶ [Shift]를 누른 채 이름과 직함의 텍스트 상자를 모두 선택한 후 ❷ [여러 글꼴]을 클릭합니다. 왼쪽에 [글꼴] 설정 창이 나타나면 ❸ [글꼴] 아래 검색 창에 Canva Sans를 입력하고 ❹ 아래 [모든 결과]에서 [Canva Sans]를 선택합니다.

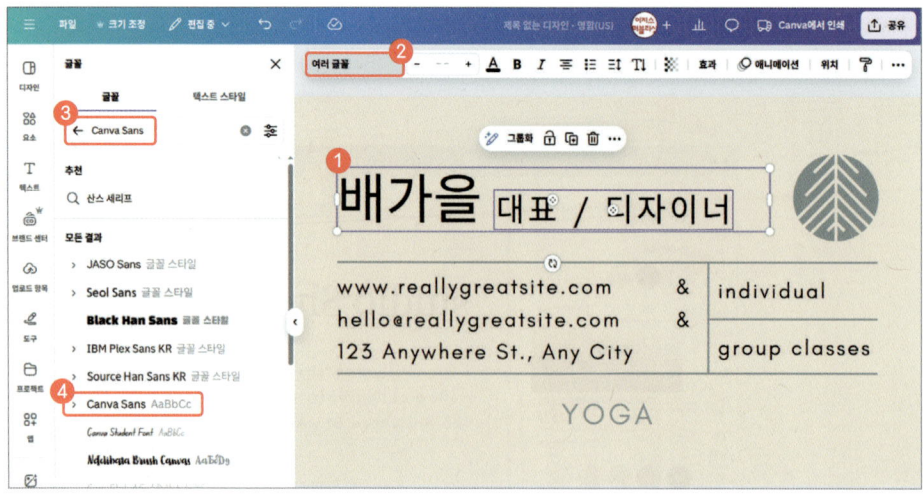

04 이름과 직함에 Canva Sans 글꼴이 적용되었습니다. ❶ 다음으로 이름만 글자 크기를 15로 설정한 뒤 ❷ [굵게 B]를 클릭해서 두껍게 처리해 줍니다. 또한 ❸ [고급 설정]을 클릭해 ❹ [글자 간격]을 200, [줄 간격]을 1.4로 조정합니다.

[굵게]를 클릭하면 그 글꼴의 'Bold' 두께로 자동 적용돼요.

05 ❶ 다음으로 직함만 선택하고 글자 크기를 5.6으로 바꿉니다. ❷ [고급 설정] 을 클릭해 ❸ [글자 간격]을 -20, [줄 간격]을 1.4로 조정합니다.

직함의 위치가 틀어졌다면 다시 이름 옆으로 이동해 주세요.

06 이름과 직함 밑의 표 형식 디자인에서 필요 없는 부분이 있다면 삭제합니다. 여기에서는 오른쪽 칸에 슬로건 문구를 넣을 것이므로 가로줄이 필요 없어서 Delete 를 눌러 삭제해 줍니다.

표 형식이지만 각각의 선을 하나씩 골라 삭제할 수 있어요.

07 앞에서 배운 방법으로 양쪽 칸의 텍스트 상자를 각각 클릭해 내용을 채워 봅시다. 먼저 왼쪽 칸에는 전화번호, 홈페이지와 이메일 주소 등을 입력하고, 오른쪽 칸에는 짧은 슬로건을 넣어 보겠습니다.

오른쪽 칸의 텍스트 상자 중 아래의 것은 필요 없으므로 Delete 를 눌러 삭제하세요.

08 ① Shift 를 누른 채 텍스트 상자를 모두 선택하고 ② [Glacial Indifferen...]을 클릭합니다. 왼쪽에 [글꼴] 설정 창이 나타나면 ③ 검색 창에 Canva Sans를 입력한 후 ④ [모든 결과]에서 [Canva Sans]를 선택합니다.

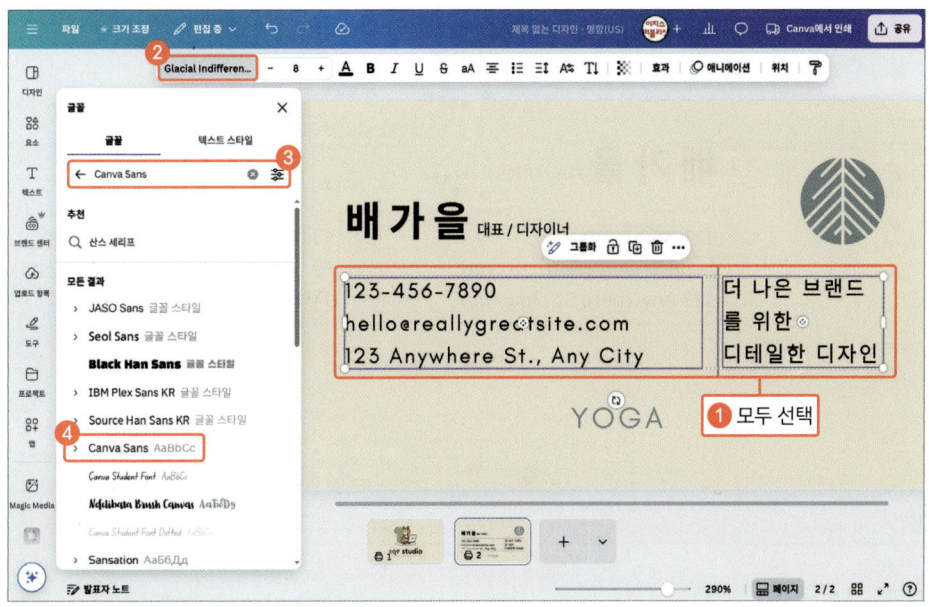

09 ① 글자 크기를 7.5로 설정합니다. ② 바깥의 빈 부분을 클릭해 선택을 해제한 뒤 ③ 강조하고 싶은 문구를 선택하고 [굵게 B]를 클릭해 두껍게 처리해 줍니다.

10 ① 다시 Shift 를 누른 채로 양쪽 텍스트 상자를 클릭해 모두 선택합니다. ② [고급 설정]을 클릭하고 ③ [글자 간격]을 0, [줄 간격]을 1.5로 조정합니다.

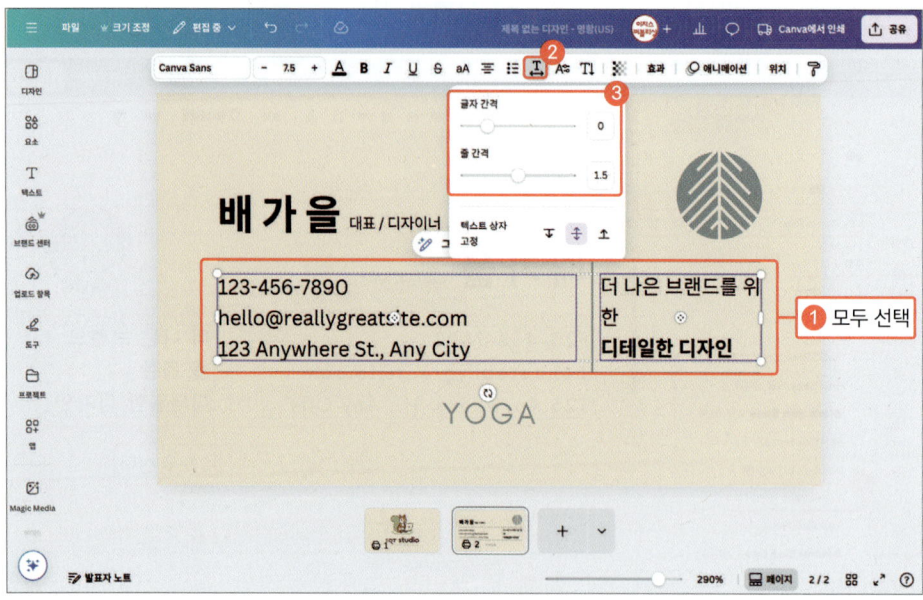

11 마지막으로 배경색과 어울리도록 글자 색을 바꿔 보겠습니다. ① Shift 를 누른 채 텍스트 상자를 모두 선택한 후 ② [텍스트 색상]을 클릭합니다. ③ [색상] 창이 나타나면 [새로운 색상 추가]를 클릭하고 ④ 아래쪽 색상 코드란에 441A05를 입력합니다. 글자의 색이 진한 갈색으로 바뀝니다.

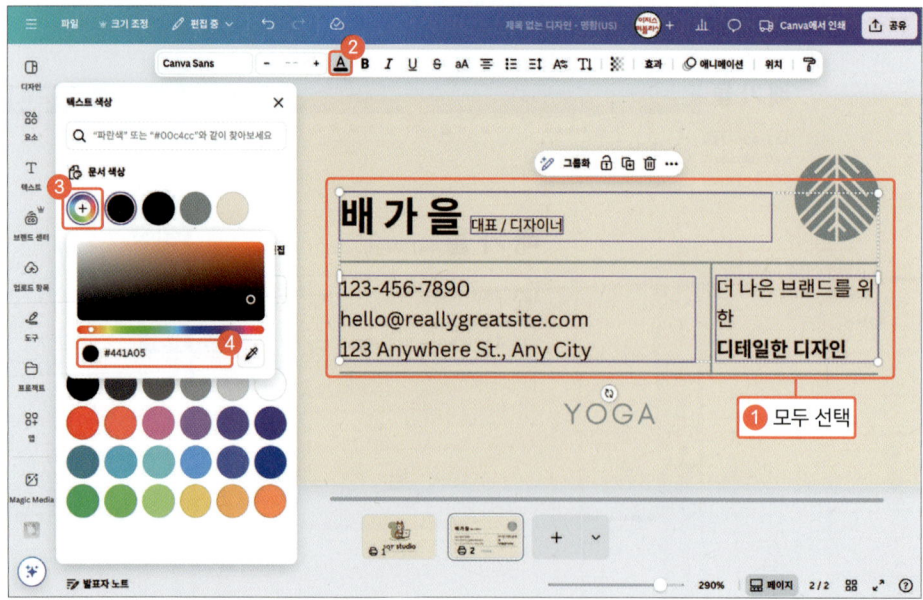

> **방구석 다람쥐의 깨알 팁!**
>
> **명함에 들어가는 글자 크기는 어느 정도가 적당할까요?**
>
> 명함의 핵심 요소인 '내용'을 눈에 잘 띄게 하려면 글자 크기를 서로 어울리게 일정한 비율로 지정해야 합니다. 제가 평소에 명함을 만들 때 사용하는 글자 크기를 알려 드릴게요. 이름은 중요한 정보이므로 글자 크기를 가장 크게 합니다. 그다음 직함은 이름 다음으로 눈에 들어와야 하므로 글자 크기를 조금 줄입니다. 직함은 직무, 직책이나 역할을 사용해도 됩니다. 나머지 연락처, 주소, 이메일이나 SNS, 웹 사이트의 주소는 작게 넣습니다. 자세한 수치는 아래를 참고해 보세요.
>
> - ✅ **이름(주요 정보):** 12~16pt
> - ✅ **직함(직무나 역할):** 9~12pt
> - ✅ **연락처, 주소:** 8~10pt
> - ✅ **이메일, 소셜 미디어, 웹 사이트 등의 주소:** 8~10pt

하면 된다!} 아이콘 추가하고 표의 색감 정리하기

이제 가독성을 조금 더 높이기 위해 명함 뒷면에 아이콘을 추가해 보겠습니다.

01 ❶ 앞서 1단계에서 만든 로고가 있는 1페이지(명함 앞면)로 이동합니다. ❷ 로고를 선택하고 Ctrl + C 를 눌러 복사합니다. ❸ 다시 2페이지(명함 뒷면)로 돌아온 뒤 ❹ Ctrl + V 를 2번 눌러 로고를 2개 추가합니다.

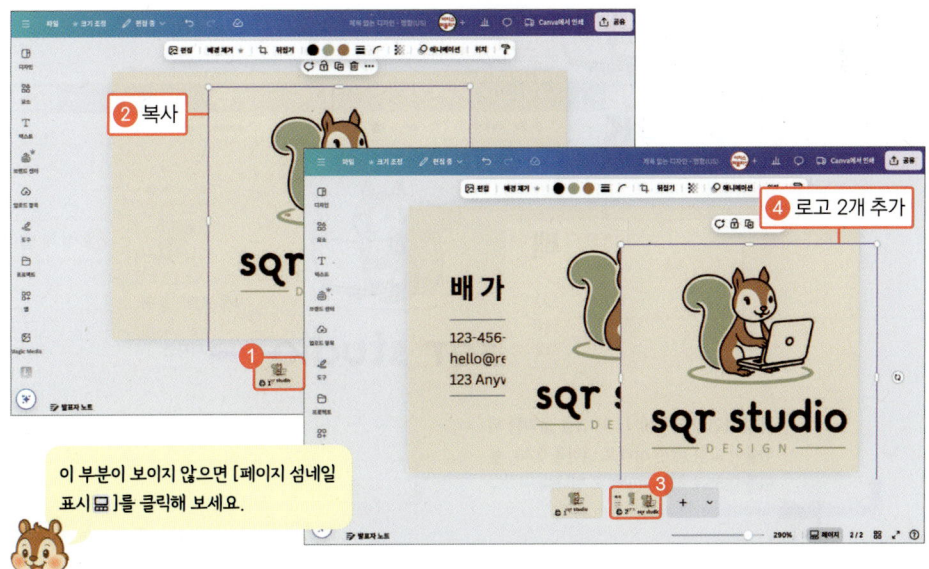

이 부분이 보이지 않으면 [페이지 섬네일 표시]를 클릭해 보세요.

08 ✦ AI 기능으로 명함 만들기

02 ① 복사한 로고 하나를 선택한 후 ② 작업 화면 위에서 [자르기]를 클릭해 [자르기] 창이 나타나면 ③ [가로세로 비율]을 [자유 형식]으로 선택합니다. ④ 조절점을 드래그해 다람쥐 부분만 선택한 후 ⑤ [완료]를 클릭합니다.

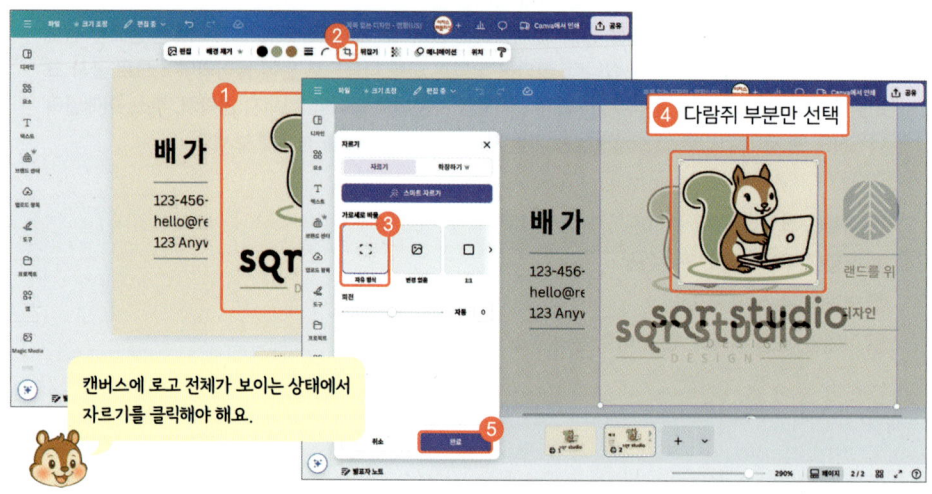

캔버스에 로고 전체가 보이는 상태에서 자르기를 클릭해야 해요.

03 ① 템플릿에 있던 오른쪽 로고는 필요 없으므로 Delete를 눌러 삭제합니다. ② 다람쥐 부분만 잘라 둔 로고를 선택하고 작게 줄여 오른쪽 위에 배치합니다.

작업 화면의 위쪽에서 [위치]를 클릭한 뒤 비율이 고정🔒된 상태로 너비를 0.44, 높이를 0.35로 직접 지정해도 됩니다.

04 ① 나머지 로고도 선택한 후 같은 방법으로 ② [자르기]를 클릭하고 ③ [자르기] 창의 [가로세로 비율] 아래에서 [자유 형식]을 선택합니다. ④ 로고 이미지에서 조절점을 움직여 이번에는 글자 부분만 선택한 후 ⑤ [완료]를 클릭합니다.

05 ① 템플릿에 있던 기존 로고도 Delete 를 눌러 삭제합니다. ② 04 단계에서 작업한 로고 이미지의 크기를 작게 줄여 아래쪽 중앙에 배치합니다.

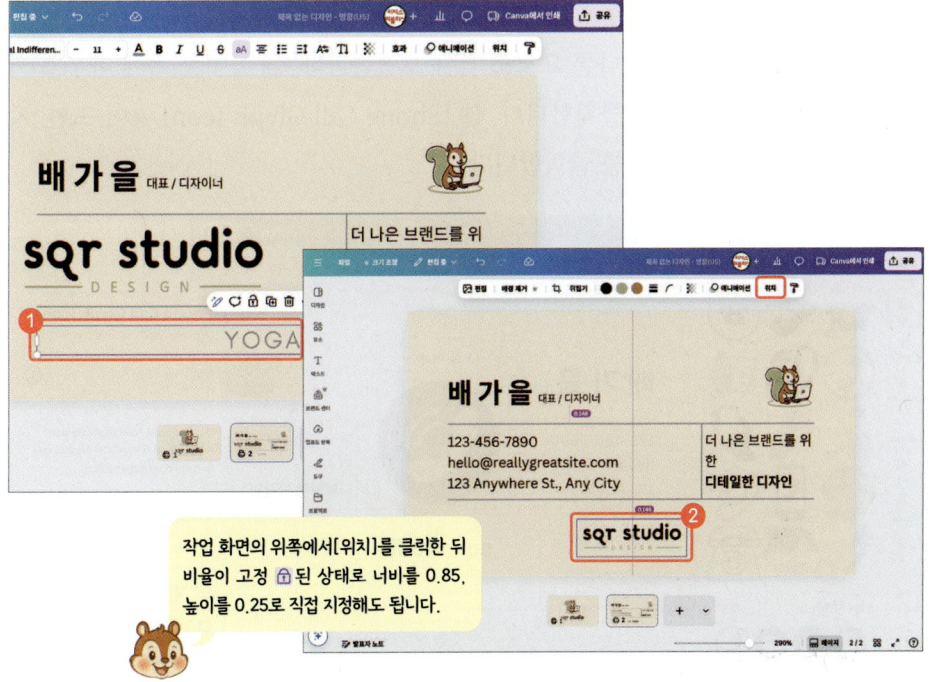

작업 화면의 위쪽에서 [위치]를 클릭한 뒤 비율이 고정 🔒 된 상태로 너비를 0.85, 높이를 0.25로 직접 지정해도 됩니다.

06 표 형식에서 가로줄과 세로줄의 색을 바꿔 조화롭게 해보겠습니다. ❶ [Shift]를 누른 채 가로줄과 세로줄을 모두 선택하고 ❷ 작업 화면 위쪽에서 [색상 ◉]을 클릭합니다. ❸ [테두리 색상] 창이 나타나면 [새로운 색상 추가 ⊕]를 클릭하고 ❹ 아래쪽 색상 코드란에 ABAA20을 입력합니다.

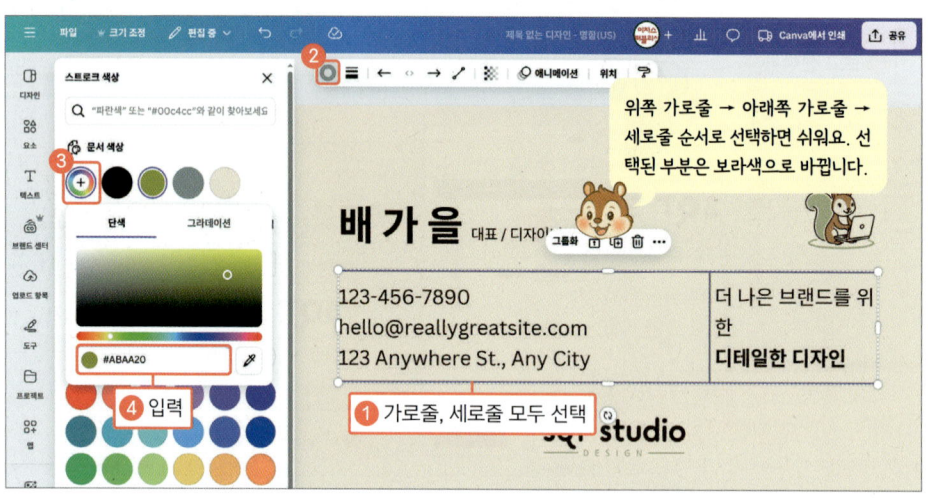

07 다음으로 주요 정보 앞에 아이콘을 붙여 직관적으로 보이도록 해주겠습니다. ❶ 왼쪽의 도구 바에서 [요소]를 클릭합니다. ❷ 검색 창에 전화를 입력한 뒤 ❸ [그래픽]을 클릭해 명함에서 사용할 전화 아이콘을 찾습니다. ❹ 마음에 드는 아이콘을 클릭해 불러온 다음 어울리는 다른 요소도 찾아 보겠습니다. ❺ 아이콘 쪽에 마우스 커서를 가져가 [더 보기 ⋯]를 클릭합니다. ❻ [Phone Call Glyph Icon] 창이 뜨면 [지금과 비슷한 이미지 더 보기]를 클릭합니다.

08 [자동 추천] 창이 열리며 전화기와 어울리는 요소가 여러 개 나타납니다. 이 가운데 웹 사이트, 주소에 어울리는 아이콘을 클릭해서 캔버스로 불러옵니다.

이렇게 총 3개를 불러옵니다.

09 ① Shift 를 누른 채 불러온 아이콘 3개를 모두 선택합니다. ② 작업 화면의 위쪽에서 [위치]를 클릭하고 ③ [너비]와 [높이]에 각각 0.1을 입력합니다.

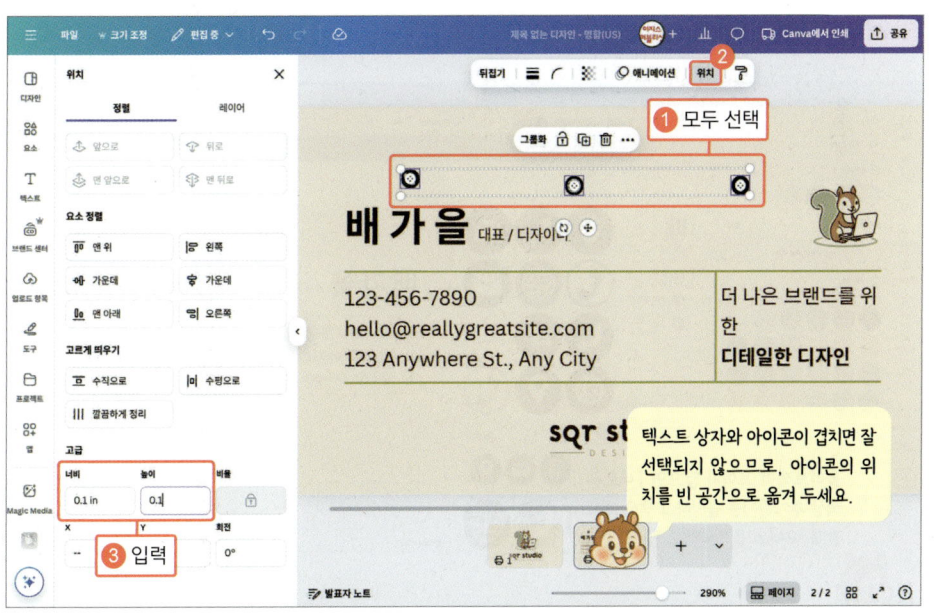

텍스트 상자와 아이콘이 겹치면 잘 선택되지 않으므로, 아이콘의 위치를 빈 공간으로 옮겨 두세요.

08 ✦ AI 기능으로 명함 만들기 **241**

10 ① 아이콘이 들어갈 공간이 생기도록 왼쪽 칸의 텍스트 상자를 오른쪽으로 조금 옮긴 뒤 ② 아이콘을 다음과 같이 세로로 배치합니다.

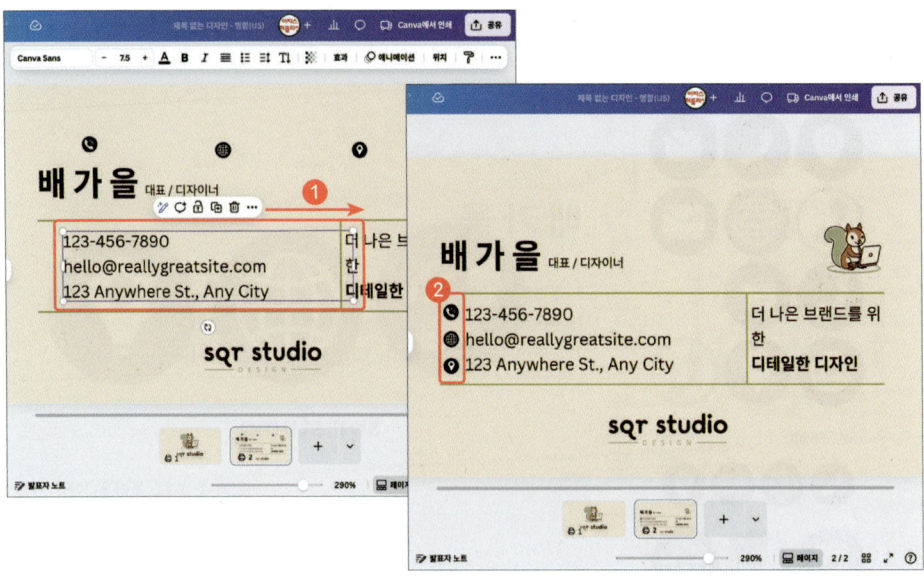

11 아이콘의 색도 가로줄과 세로줄에 사용한 것과 동일하게 맞춰 주겠습니다. 먼저 ① 전화 아이콘을 선택하고 ② [색상●]을 클릭합니다. ③ [색상] 창이 나타나면 [문서 색상] 아래에서 4번째 올리브색을 선택합니다. ④ 같은 방법으로 나머지 아이콘 2개의 색도 바꿔 줍니다.

아이콘을 한번에 선택하면 [색상] 버튼이 보이지 않습니다. 하나씩 선택해서 색을 바꿔 보세요.

올리브색이 보이지 않으면 [새로운 색상 추가 ⊕]를 클릭하고 색상 코드 란에 ABAA20을 입력해도 됩니다.

12 ① Shift 를 누른 채 아이콘 3개를 모두 선택하고 ② [위치]를 클릭합니다. 오른쪽에 [위치] 창이 나타나면 [③ 정렬 → ④ 깔끔하게 정리]를 클릭합니다.

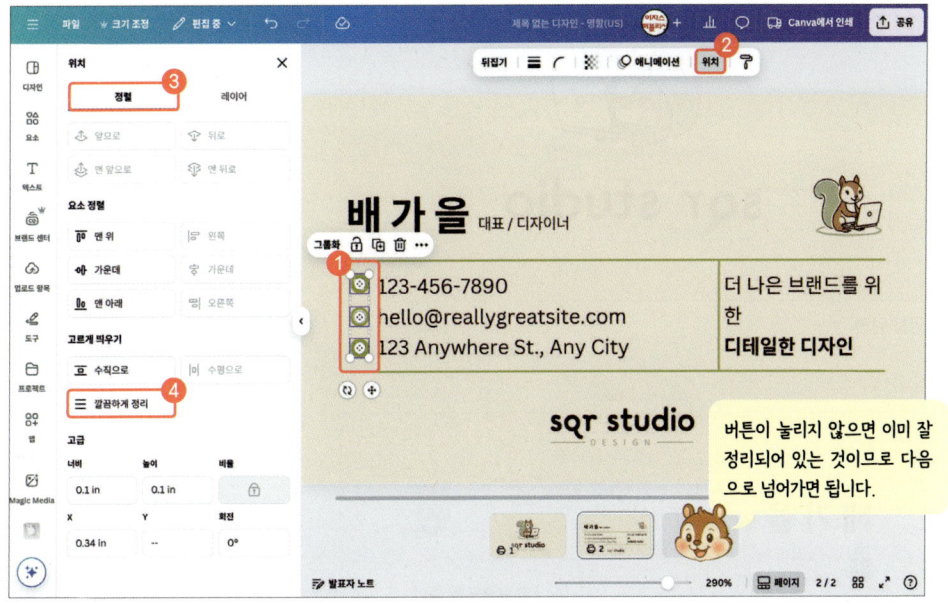

13 왼쪽 칸의 공간이 너무 여유 있어 보이네요. ① 세로줄을 클릭해 왼쪽으로 조금 밀어 줍니다. ② 오른쪽 칸의 텍스트 상자를 잡고 가로 길이를 늘립니다.

14 명함 앞면과 뒷면의 이미지를 모두 완성했습니다.

명함 앞면

명함 뒷면

프로 요금제 실습

09

수채화 느낌의 메뉴판 만들기

수채화 일러스트로 따뜻한 감성을 더하고 식욕을 자극하는 색감과 서체로 분위기를 살린 메뉴판을 만들어 보겠습니다. 감성적인 베이커리 메뉴판도 캔바의 여러 요소를 활용하면 누구나 쉽고 예쁘게 만들 수 있어요! 캔바의 '앱' 기능을 활용해서 실제 메뉴판 목업까지 제작하고 나면 실감 나는 메뉴판처럼 보일 거예요.

✦ 완성 이미지

✦ 완성 파일
bit.ly/canva_menu

✦ 동영상 강의

1단계 메뉴판에 어울리는 배경과 일러스트 추가하기

2단계 메뉴판 일러스트 보정하고 설명 써넣기

3단계 메뉴판에 꾸밈 요소 더하기

4단계 웹 게시물에 활용할 메뉴판 목업 만들기

1단계

메뉴판에 어울리는
배경과 일러스트 추가하기

하면 된다!} 종이 질감 배경 만들고 요소 배치하기

메뉴판은 보통 종이로 인쇄해서 사용합니다. 인쇄하기 전에 종이의 질감을 선택해서 쓸 수도 있지만, 디자인할 때 원하는 종이 질감의 느낌이 나도록 만들 수도 있어요.

01 ❶ 캔바에 로그인한 후 메인 화면에서 [맞춤형 크기]를 클릭하고 캔버스의 크기를 A3에 맞게 바꾸겠습니다. ❷ [단위]를 mm로 선택한 후 [가로]에 297, [세로]에 420을 입력하고 ❸ [새 디자인 만들기]를 클릭합니다.

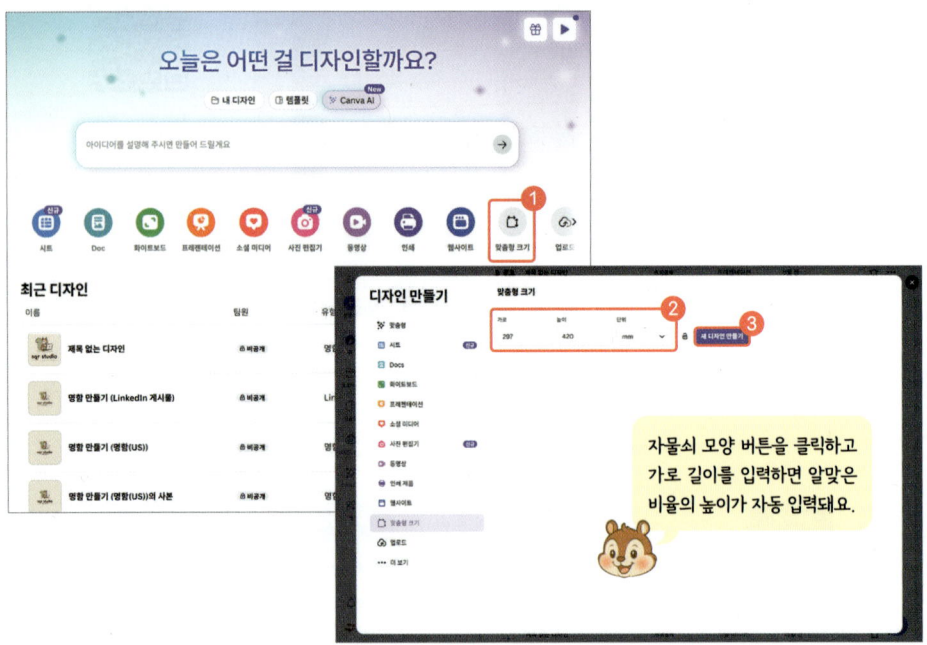

자물쇠 모양 버튼을 클릭하고 가로 길이를 입력하면 알맞은 비율의 높이가 자동 입력돼요.

✦ 캔버스가 저장될 위치를 먼저 지정하려면 숨은 메뉴를 연 뒤 [프로젝트]를 클릭하고 '캔바 실습' 폴더로 들어가서 [새 항목 추가 → 디자인]을 클릭하세요.

02 ❶ 왼쪽의 도구 바에서 [요소]를 클릭하고 ❷ 검색 창에 종이를 입력합니다. ❸ [사진]을 클릭하고 ❹ 눈이 편안한 따뜻한 색감의 종이 사진을 선택해 캔버스에 불러옵니다.

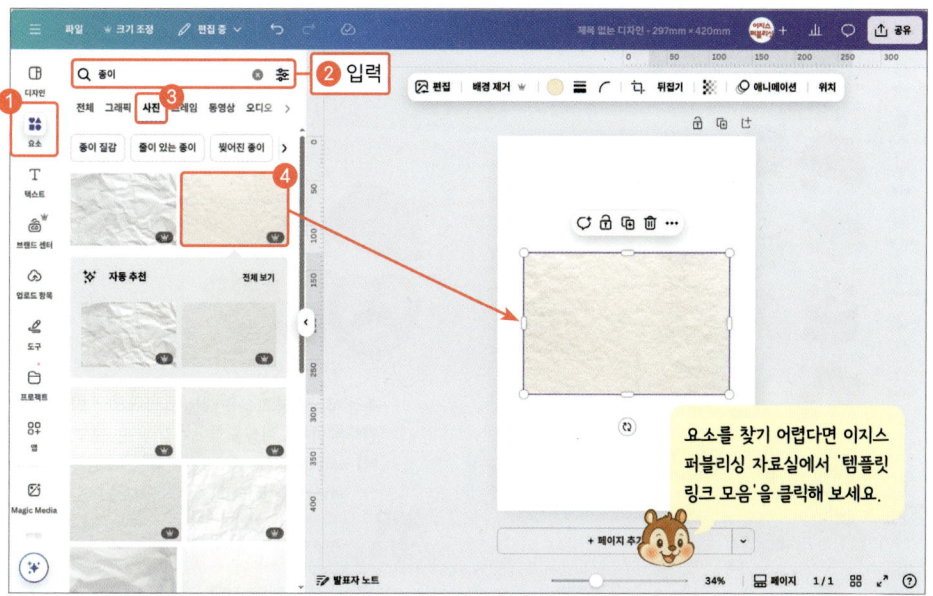

요소를 찾기 어렵다면 이지스퍼블리싱 자료실에서 '템플릿 링크 모음'을 클릭해 보세요.

03 캔버스가 선택한 종이 사진으로 가득 차게 하겠습니다. 종이 사진을 선택한 채 마우스 오른쪽 버튼을 눌러 [이미지를 배경으로 설정.]을 선택합니다.

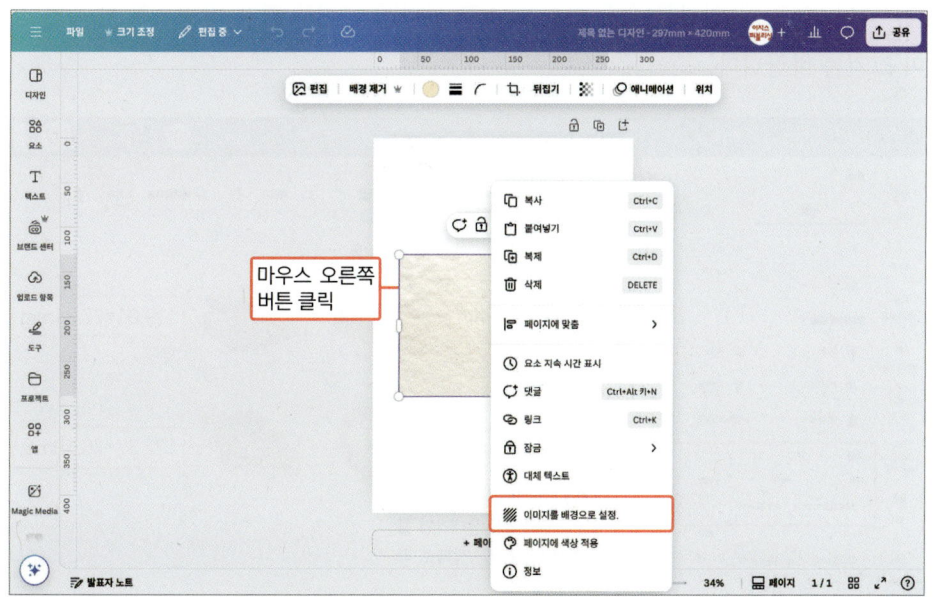

09 ✦ 수채화 느낌의 메뉴판 만들기   247

04 다시 ❶ 왼쪽의 도구 바에서 [요소]를 클릭하고 ❷ 검색 창에 watercolor dessert를 입력합니다. ❸ [그래픽]을 클릭하면 다양한 종류의 수채화 디저트 요소가 나옵니다. 이 중에 마음에 드는 디저트 요소 4개를 선택해 줍니다.

05 이번에는 디저트 요소 4개의 크기를 지정하겠습니다. ❶ 먼저 크루아상 요소를 선택하고 ❷ 화면 오른쪽 위에서 [위치]를 클릭한 후 ❸ [고급]에서 [너비]에 108.02, [높이]에 83.31을 입력합니다. 다른 요소도 하나씩 클릭해 같은 방법으로 다음과 같이 크기를 바꿉니다.

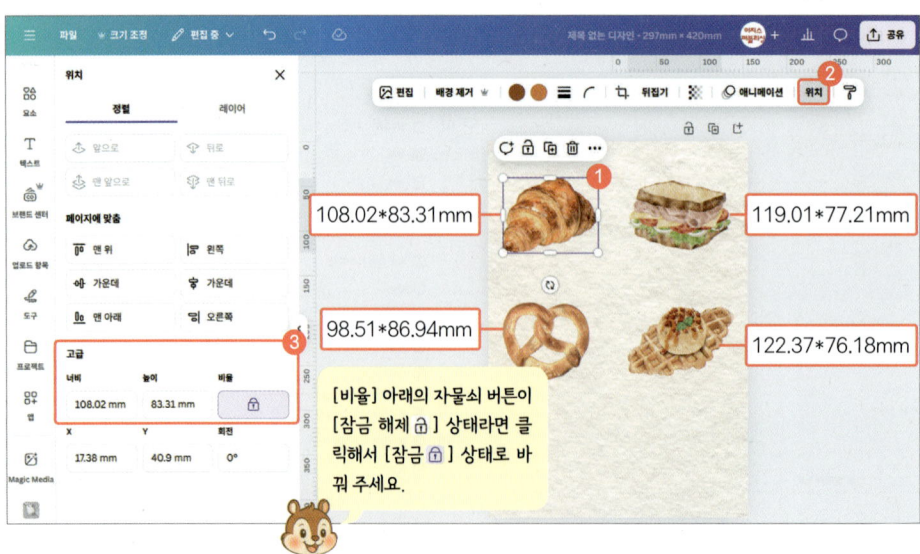

06 나중에 제목을 추가할 위쪽 공간은 비워 두고 디저트 요소 4개를 다음과 같이 지그재그로 배치해 줍니다. 방향에 맞게 프레즐 요소는 왼쪽으로, 아이스크림 크로플 요소는 오른쪽으로 조금 기울입니다.

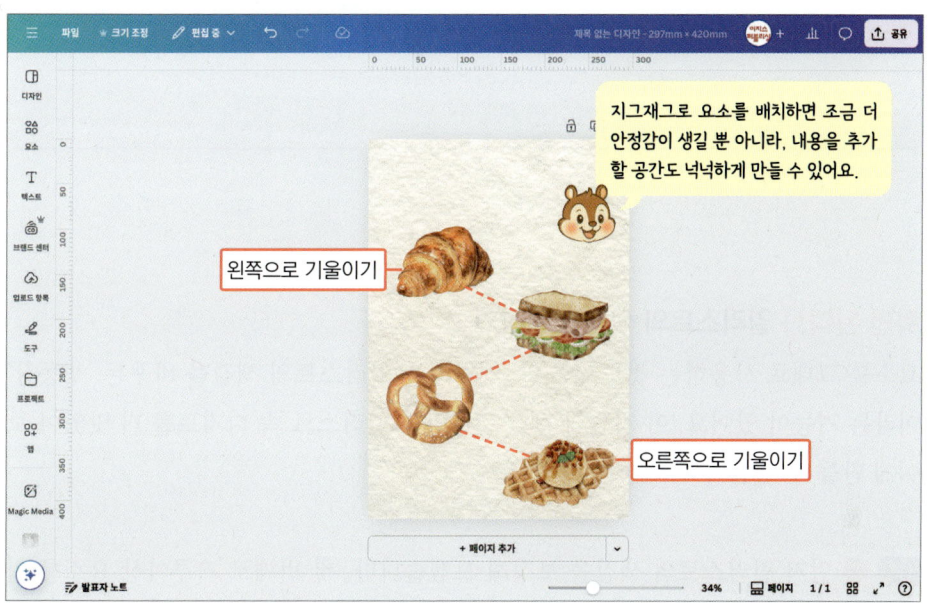

 방구석 다람쥐의 깨알 팁!

메뉴판 속 요소를 다양하게 배치해 보세요

요소를 배치하는 방법에도 여러 가지가 있습니다. 이번 실습에서 해본 것처럼 지그재그로 배치할 수도 있지만, 다음의 첫 번째 예시처럼 메뉴의 종류가 '케이크'와 '와플' 두 종류뿐이라면 비슷한 것끼리 묶어서 한 줄에 오도록 배치하는 것도 좋아요. 또 특정 메뉴를 돋보이게 하고 싶다면 두 번째 예시처럼 큼직하게 배치해볼 수도 있습니다. 내 가게의 메뉴 개수와 종류에 따라 다양한 배치를 시도해 보세요!

비슷한 것끼리 묶은 예   특정 메뉴가 돋보이게 배치한 예

09 ✦ 수채화 느낌의 메뉴판 만들기 **249**

2단계

메뉴판 일러스트 보정하고
설명 써넣기

하면 된다!} 일러스트의 색감 보정하기

요소를 그대로 사용하는 것도 좋지만, 캔바에는 일러스트의 색감을 바꾸는 '생동감'이라는 기능이 있어요. 이 기능의 값을 조절하면 일러스트 속 디저트를 더 맛있어 보이게 만들 수 있습니다.

`01` ❶ 먼저 일러스트의 색감을 보정해 보겠습니다. 첫 번째로 크루아상 요소를 선택하고 ❷ 화면 왼쪽 위에서 [편집]을 클릭한 후 ❸ [조정]을 선택합니다.

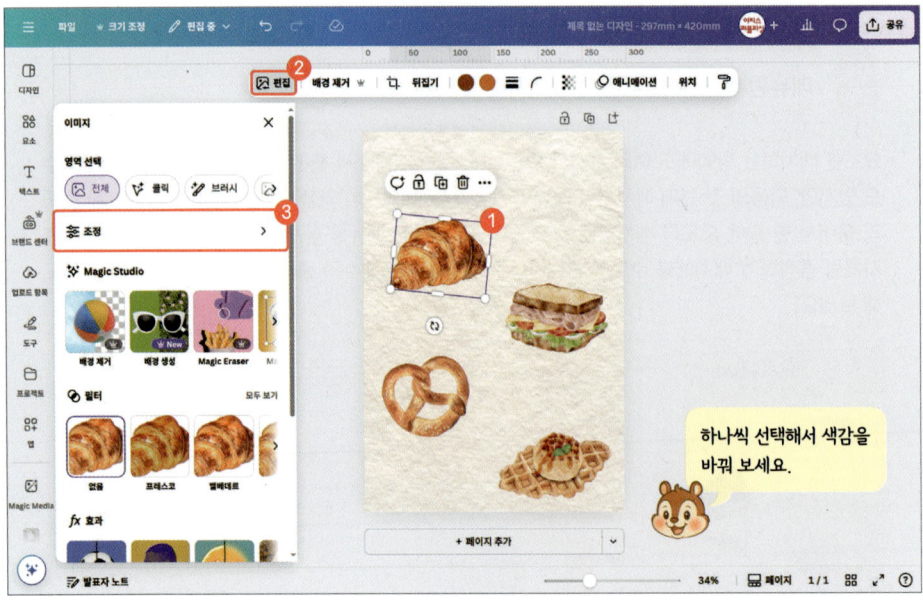

02 [조정] 창이 나타나면 아래쪽에서 [생동감]의 값을 56으로 높여 주겠습니다. 나머지 일러스트 3개의 생동감 값도 같은 방식으로 모두 높여 주세요.

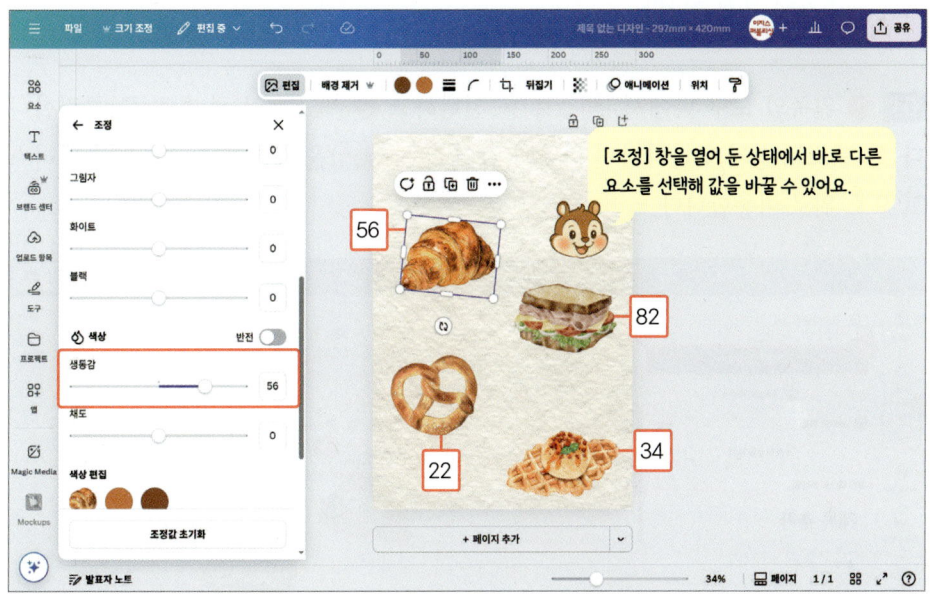

03 일러스트의 색감이 다음과 같이 변해서 자연스럽고 먹음직스러워 보입니다.

[생동감] 값을 조정하기 전 　　　　　　[생동감] 값을 조정한 후

하면 된다!} 메뉴 이름 추가하기

이제 디저트의 이름이 잘 보이도록 요소 위에 이름을 추가해 보겠습니다.

✦ 입력할 내용은 이지스퍼블리싱 자료실의 '실습 입력 텍스트'에 모두 정리되어 있습니다.

01 ❶ 왼쪽의 도구 바에서 [텍스트]를 선택하고 ❷ [텍스트 상자 추가]를 클릭합니다. ❸ 텍스트 상자가 나타나면 다음과 같이 Croissant을 입력하고 크루아상 일러스트 요소 위로 이동합니다.

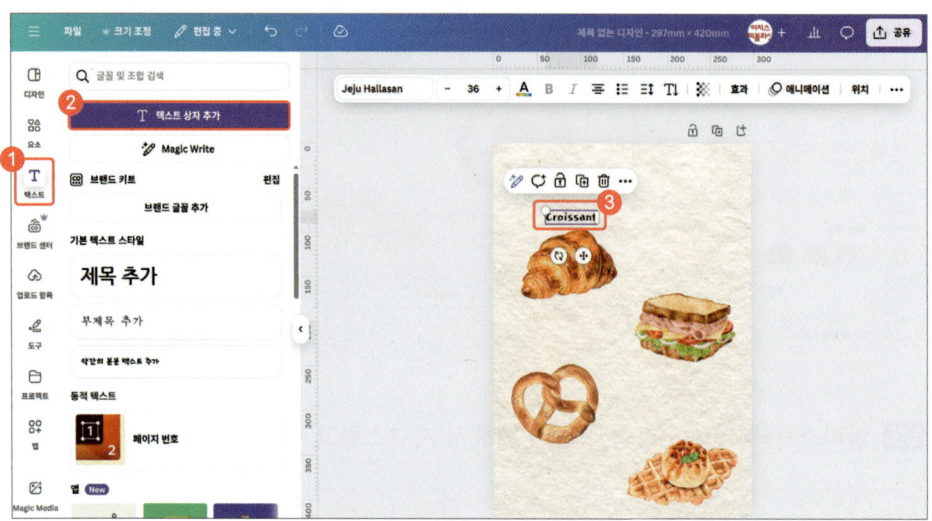

02 글꼴과 글자 크기를 바꿔 봅시다. ❶ [Jeju Hallasan]을 클릭해 왼쪽에 [글꼴] 설정 창이 나타나면 ❷ 검색 창에 Alex Brush를 입력합니다. ❸ 검색 결과에서 Alex Brush를 선택한 후 ❹ 글자 크기는 55.8로 설정합니다.

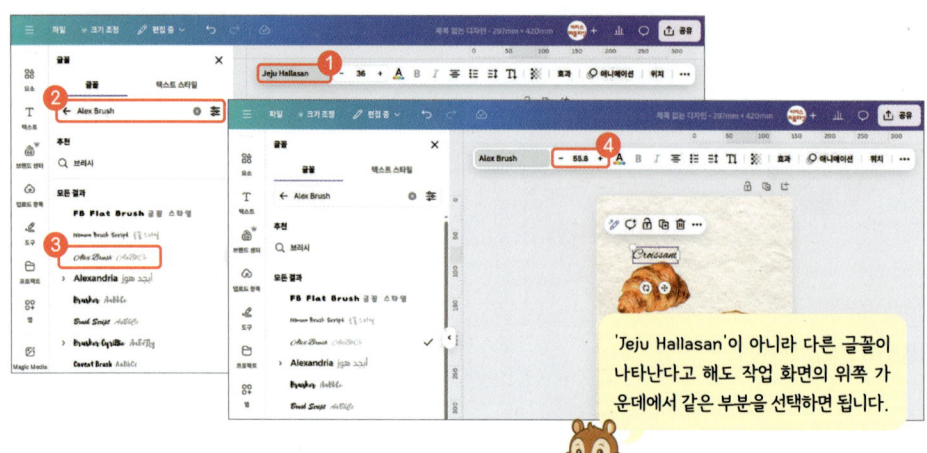

'Jeju Hallasan'이 아니라 다른 글꼴이 나타난다고 해도 작업 화면의 왼쪽 가운데에서 같은 부분을 선택하면 됩니다.

03 글자 색을 베이커리 요소와 어울리는 색으로 바꾸겠습니다. ① 텍스트를 선택한 상태로 ② [텍스트 색상 A]을 클릭합니다. 왼쪽에 [텍스트 색상] 창이 열리면 요소와 어울리는 색을 자동으로 추천해 주는 [사진 색상] 팔레트에서 ③ 4번째의 진한 갈색을 선택합니다.

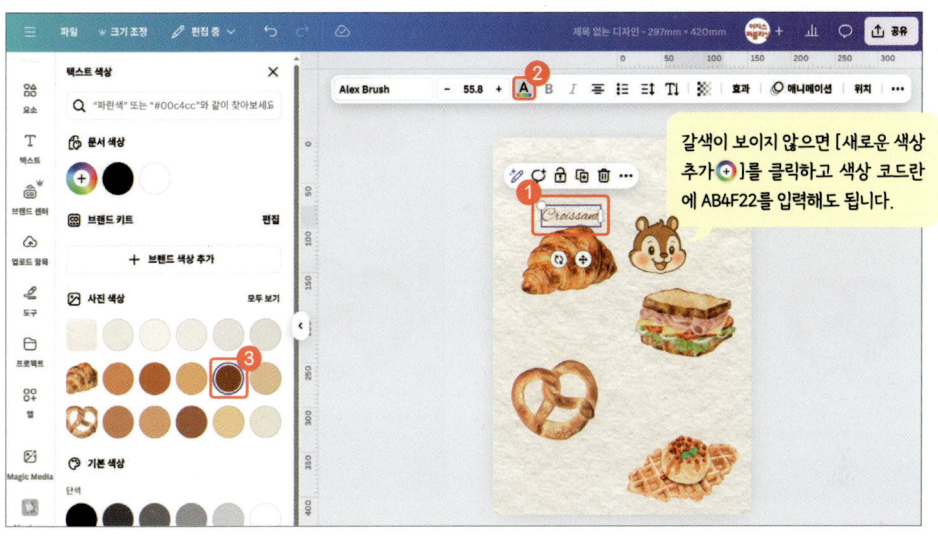

갈색이 보이지 않으면 [새로운 색상 추가 ⊕]를 클릭하고 색상 코드란에 AB4F22를 입력해도 됩니다.

04 이제 디저트 이름을 크루아상 요소의 굴곡에 맞도록 둥글게 배치해 보겠습니다. ① 텍스트를 선택한 후 ② [효과]를 클릭합니다. ③ 하단의 [곡선]을 클릭하고 ④ 값을 61로 조절하여 텍스트를 둥글게 만들어 주세요.

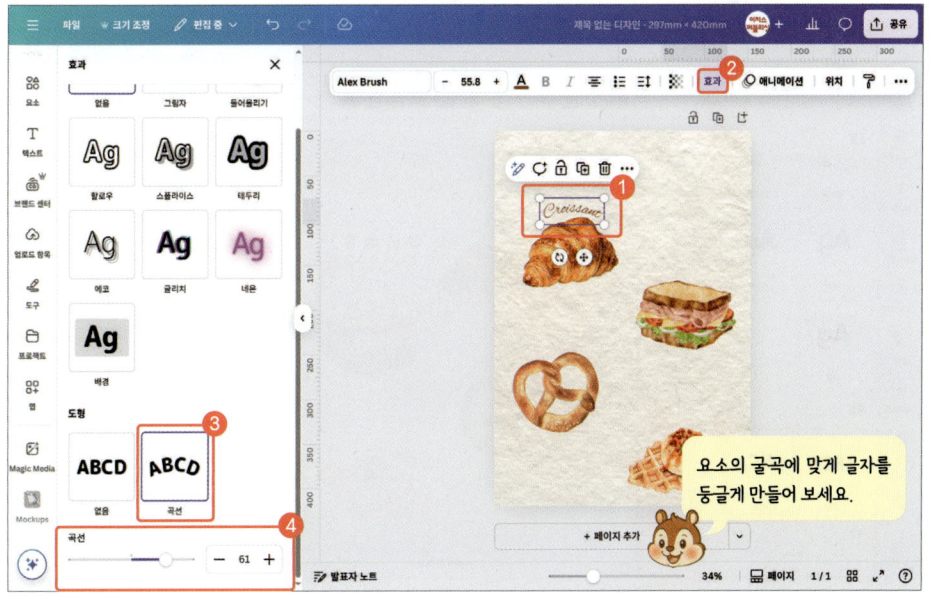

요소의 굴곡에 맞게 글자를 둥글게 만들어 보세요.

09 ✦ 수채화 느낌의 메뉴판 만들기 253

05 Ctrl + C 를 눌러 텍스트 상자를 복사한 뒤 Ctrl + V 로 붙여 넣어 3개 더 만듭니다. 나머지 디저트 이름 3개를 영어로 입력한 뒤 다음과 같이 배치해 줍니다.

클럽 샌드위치(Club Sandwich) 버터 프레즐(Butter Pretzel), 아이스크림 크로플(IceCream Croffle)과 같이 입력해 보세요!

06 나머지 디저트 이름에도 곡선 효과를 적용해 보겠습니다. ❶ 샌드위치의 텍스트를 선택하고 ❷ 화면 위에서 [효과]를 클릭합니다. 왼쪽에 [효과] 창이 나타나면 ❸ [도형 → 곡선]을 선택하고 ❹ 46을 입력합니다. 나머지 ❺ 세 번째, ❻ 네 번째 디저트의 텍스트 상자 기울기도 차례로 입력합니다.

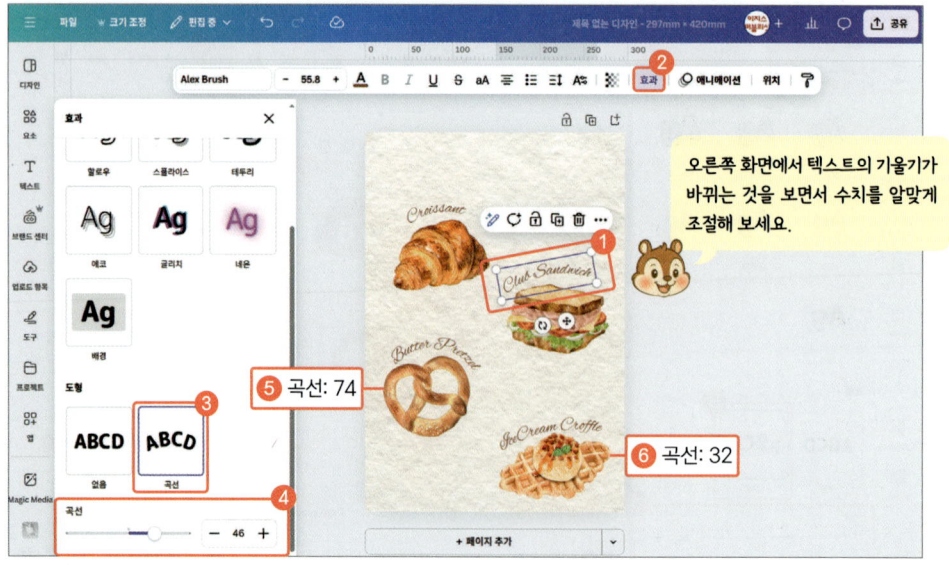

오른쪽 화면에서 텍스트의 기울기가 바뀌는 것을 보면서 수치를 알맞게 조절해 보세요.

07 크루아상을 제외한 나머지 3개의 디저트 이름은 복사해 만든 것이므로 글자 크기를 다시 조절해 주어야 합니다. 곡선 효과에 알맞게 다음과 같이 바꿔 보세요.

08 텍스트 상자를 클릭하면 아래쪽에 나타나는 [회전]을 클릭한 채로 다음과 같이 각도를 조금씩 조절해서 일러스트와 어울리게 배치합니다.

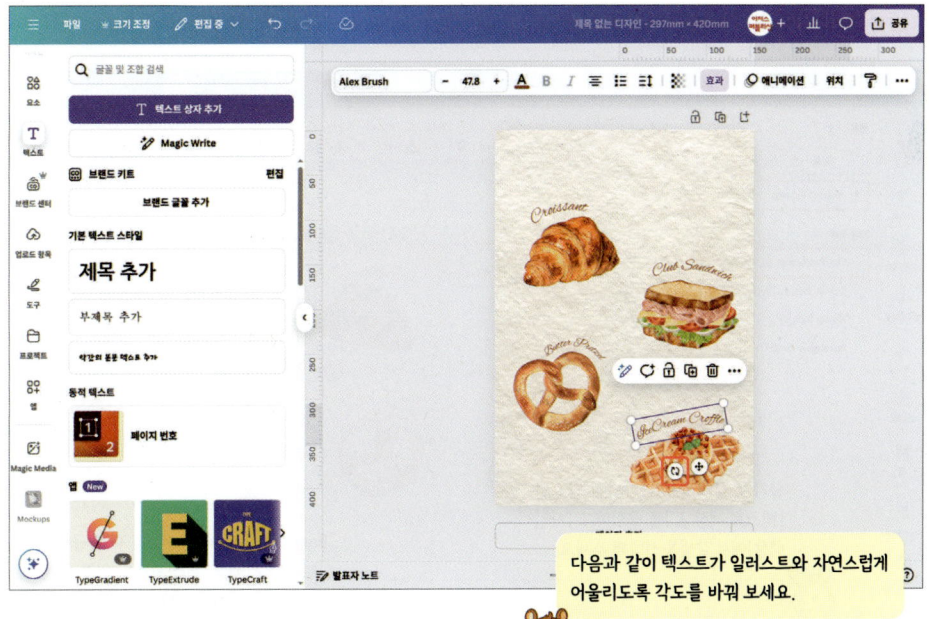

다음과 같이 텍스트가 일러스트와 자연스럽게 어울리도록 각도를 바꿔 보세요.

하면 된다!} 메뉴별 설명 추가하기

`01` 먼저 메뉴명부터 한글로 써 봅시다. ❶ 왼쪽의 도구 바에서 [텍스트]를 클릭하고 ❷ [부제목 추가]를 선택한 후 ❸ 크루아상을 입력합니다. 같은 방법으로 텍스트 상자를 2개 추가해서 ❹ 가격과 ❺ 간단한 설명을 입력해 줍니다.

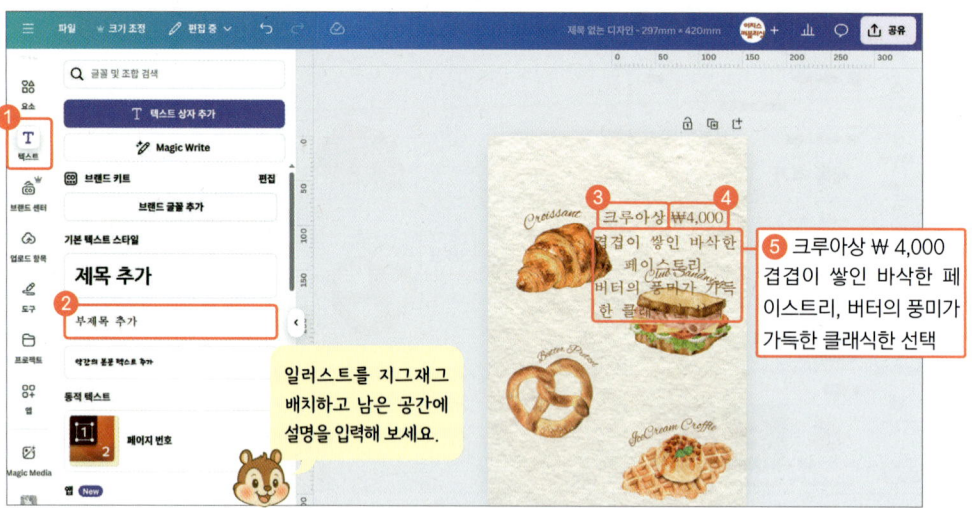

`02` ❶ Shift 를 누른 채 텍스트 상자를 클릭해 모두 선택합니다. ❷ [Baekmuk Batang]을 클릭해 왼쪽에 글꼴 설정 창이 나타나면 ❸ 검색 창에 Gowun Batang을 입력한 후 ❹ 검색 결과에서 [Gowun Batang] 글꼴을 선택합니다.

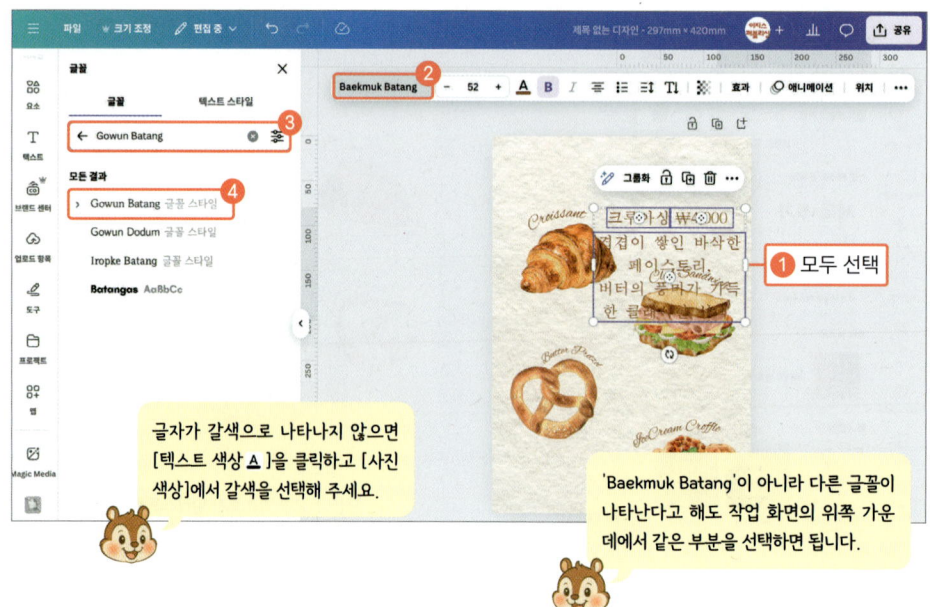

03 ❶ 설명 부분을 선택하고 ❷ [굵게 B]를 클릭해 두꺼운 글꼴을 얇게 바꿉니다. ❸ 다시 한번 (Shift)를 누른 채 텍스트 상자를 클릭해 모두 선택한 후 ❹ [정렬 ≡]을 한 번 클릭해서 [왼쪽 정렬 ≡]로 바꿔 줍니다.

04 이제 각 부분마다 글자 크기를 다르게 해봅시다. 먼저 ❶ 메뉴명을 선택하고 ❷ 글자 크기를 31.3으로 바꿉니다. ❸ [고급 설정]을 클릭하고 ❹ [줄 간격]을 1.11로 조정합니다. 같은 방법으로 가격과 설명 부분의 글자 크기와 간격도 조정해 보세요.

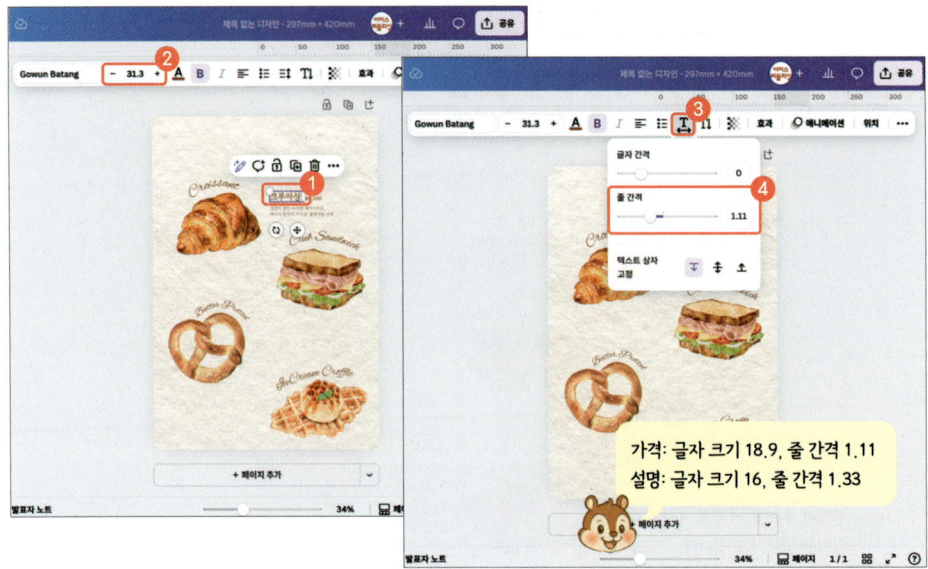

가격: 글자 크기 18.9, 줄 간격 1.11
설명: 글자 크기 16, 줄 간격 1.33

05 Shift 를 누른 채 메뉴명과 가격, 설명을 모두 선택하고 일러스트 가까이에 배치합니다.

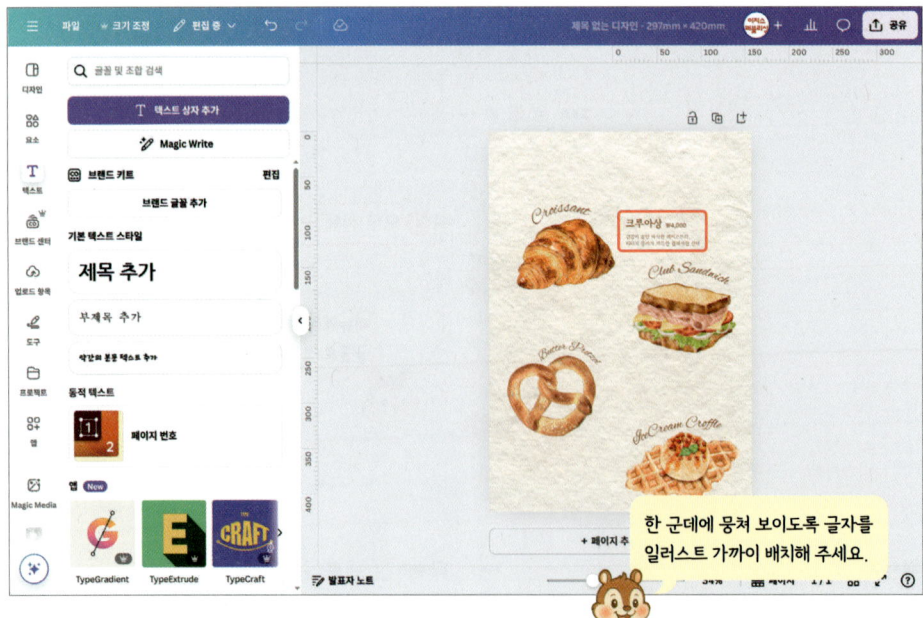

한 군데에 뭉쳐 보이도록 글자를 일러스트 가까이 배치해 주세요.

06 나머지 메뉴 3개에도 한글 메뉴와 가격, 설명을 추가하겠습니다. ❶ [Shift]를 누른 채 텍스트 상자 3개를 클릭해 모두 선택합니다. ❷ [Ctrl] + [C]를 눌러 복사한 후 [Ctrl] + [V]로 붙여 넣어 3개 더 만듭니다. ❸ 복사한 메뉴의 내용을 디저트에 맞게 다음과 같이 바꿉니다.

글자가 아랫줄로 넘어가서 보이지 않는다면 텍스트 상자의 크기를 늘려 보세요.

09 ✦ 수채화 느낌의 메뉴판 만들기   259

07 디자인 전체 구도를 지그재그로 배치했으니 글자도 그에 맞게 배치해 주는 것이 좋아요. ❶ 메뉴마다 텍스트 상자 3개를 Shift 를 누른 채 클릭해서 모두 선택한 후 ❷ 일러스트 요소의 방향에 따라 [정렬]을 클릭해서 [왼쪽 정렬] 또는 [오른쪽 정렬]로 바꿔 줍니다.

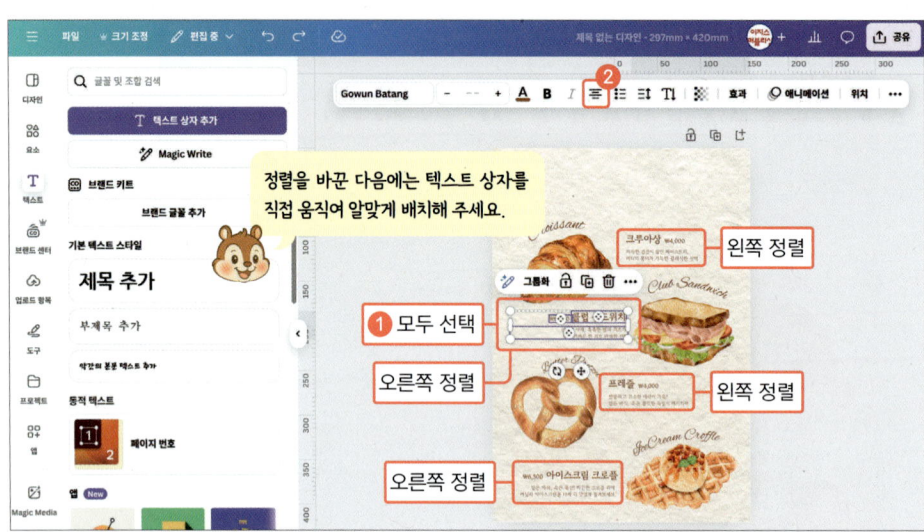

 방구석 다람쥐의 깨알 팁!

그래픽과 이미지, 어떤 차이가 있나요?

미리캔버스에서도 요소의 속성이 '일러스트(벡터)'와 '비트맵'으로 나뉘었던 것처럼, 캔바에도 비슷한 속성이 있어요. 마음대로 각 부분의 색을 자연스럽게 수정할 수 있는 속성은 '그래픽', 색을 바꾸면 전체에 한 겹 덧씌워지는 느낌으로 나타나는 속성은 '이미지'라고 부릅니다. 조금 다르죠? 요소를 선택하고 [편집]을 클릭하면 각 요소의 속성이 편집 메뉴 상단에 나타나요.

그래픽 요소   이미지 요소

| 3단계 |

메뉴판에 꾸밈 요소 더하기

하면 된다!} 요소 속에 제목 텍스트 추가하기

메뉴 설명을 추가하고 정렬까지 하고 나니 메뉴판이 조금씩 완성되어 가는 느낌이 들지요? 이번엔 캔버스 위쪽의 비워 둔 공간에 제목인 가게 이름을 입력해 보겠습니다.

01 가게 이름을 입력하기에 앞서 허전한 상단 부분을 채워줄 요소를 추가해 보겠습니다. ❶ 왼쪽의 도구 바에서 [요소]를 클릭하고 ❷ 검색 창에 watercolor ribbon 을 입력합니다. ❸ [사진]에서 ❹ 다음과 같은 리본을 클릭하고 ❺ 캔버스 위쪽의 빈 공간으로 이동해 줍니다.

09 ✦ 수채화 느낌의 메뉴판 만들기

02 선택한 리본 요소의 색을 메뉴판에서 많이 쓰인 색감에 맞춰 어울리게 해보겠습니다. ❶ 리본 요소를 선택하고 ❷ [편집]을 클릭합니다. ❸ 왼쪽 [이미지] 창에서 [조정]을 선택해 [조정] 창이 새로 나타나면 ❹ 아래쪽 [색상 편집]에서 [색상●]을 클릭하고 ❺ [색상]을 31, [채도]를 47로 조정합니다.

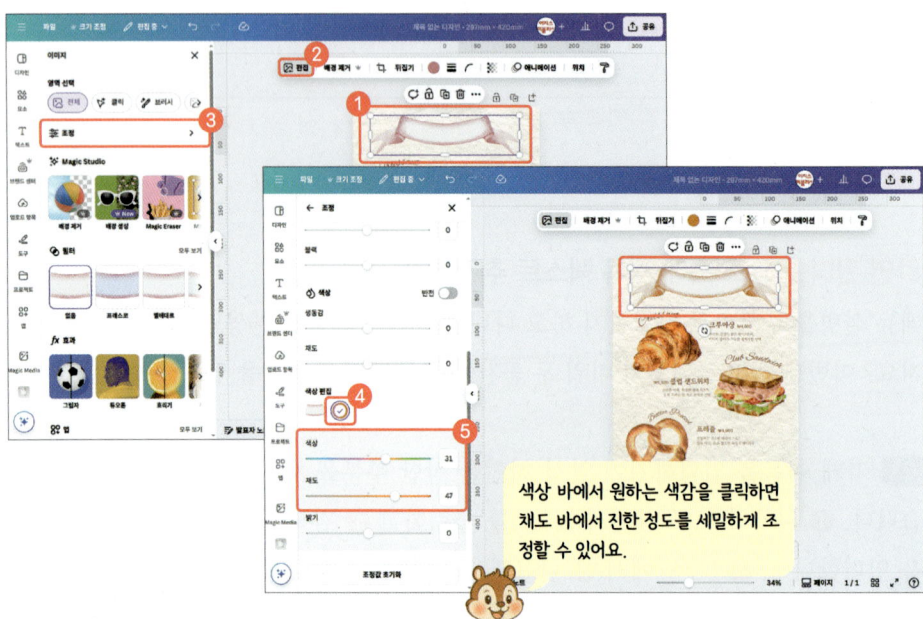

색상 바에서 원하는 색감을 클릭하면 채도 바에서 진한 정도를 세밀하게 조정할 수 있어요.

03 ❶ [위치]를 클릭하고 ❷ [너비]에 201.9, [높이]에 52.5를 입력합니다.

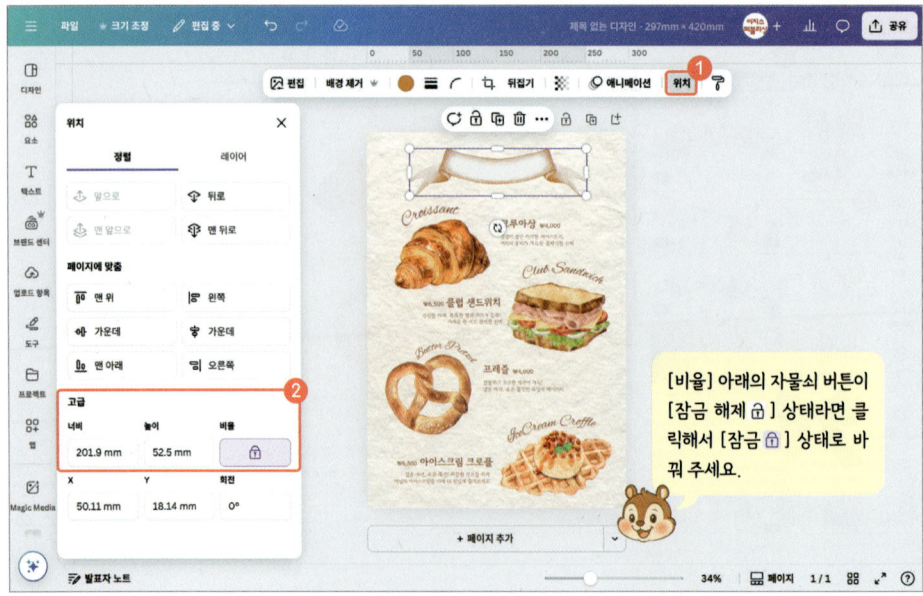

[비율] 아래의 자물쇠 버튼이 [잠금 해제 🔓] 상태라면 클릭해서 [잠금 🔒] 상태로 바꿔 주세요.

04 리본 안에 가게 이름을 써넣어 봅시다. ❶ 왼쪽의 도구 바에서 [텍스트]를 선택하고 ❷ [텍스트 상자 추가]를 클릭합니다. ❸ 텍스트 상자가 나타나면 Petit Bonheur를 입력한 후 리본 요소 안으로 이동합니다.

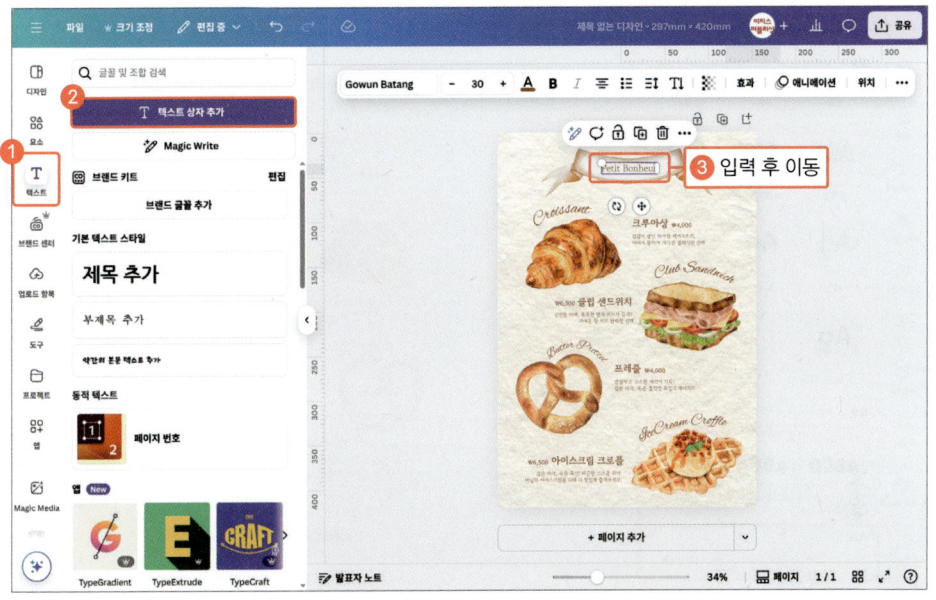

05 ❶ [Gowun Batang]을 클릭해 왼쪽에 [글꼴] 설정 창이 나타나면 ❷ 글꼴 검색란에 Alex Brush를 입력합니다. ❸ 검색 결과에서 [Alex Brush] 글꼴을 선택해서 바꾸고 ❹ 글자 크기도 58.3으로 수정해 줍니다.

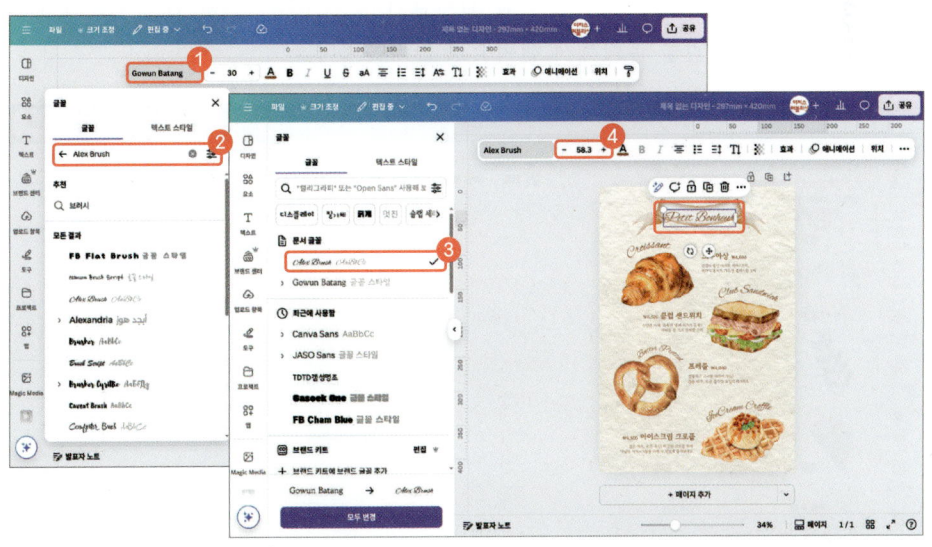

06 ❶ 가게 이름 텍스트 상자를 선택한 채로 ❷ [효과]를 클릭합니다. ❸ [곡선]을 선택하고 ❹ 바로 아래에서 조절 바를 -30으로 조정해 다음과 같이 둥글게 말아 줍니다.

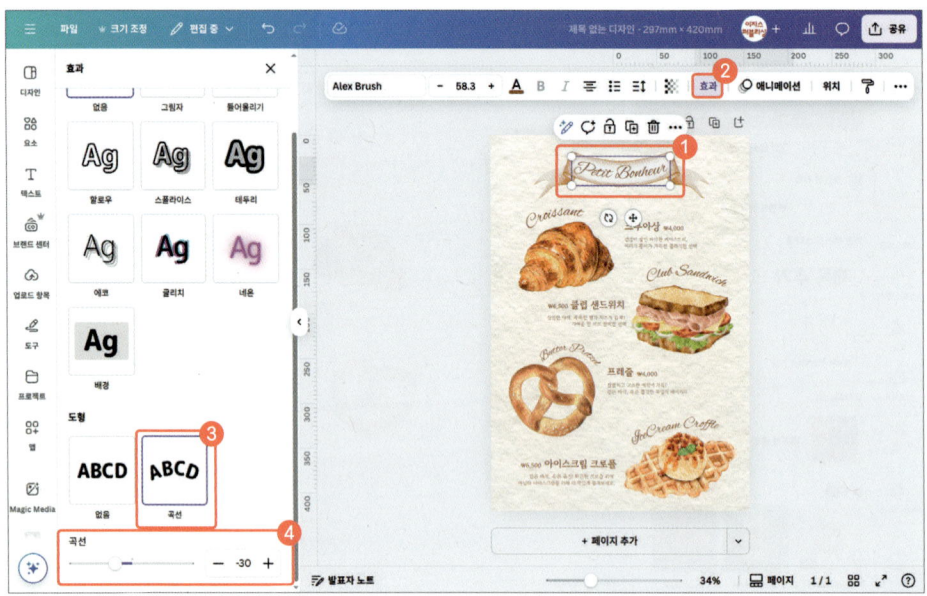

하면 된다!} 빈 공간에 요소 추가하기

01 빈 공간을 채울 요소를 추가해 보겠습니다. ❶ 왼쪽의 도구 바에서 [요소]를 클릭하고 ❷ 검색 창에 watercolor leaf를 입력합니다. ❸ [그래픽]을 선택하고 메뉴판과 어울리는 형태의 잎을 클릭해서 캔버스로 불러옵니다.

02 ① [뒤집기]를 클릭한 뒤 ② [수평 뒤집기]를 선택해서 잎의 방향을 바꿔 줍니다.

03 ① 나뭇잎 요소를 선택한 채로 [위치]를 클릭한 후 ② [너비]에 9.66, [높이]에 22.15, [회전]에 -37.2를 입력합니다. ③ 나뭇잎 요소를 드래그해서 크루아상의 왼쪽 아래 빈 공간에 배치합니다.

04 나뭇잎 요소를 2개 더 불러와서 배치해 볼게요. ❶ 왼쪽의 도구 바에서 [요소]를 클릭하고 ❷ [최근에 사용함]에서 앞서 선택한 나뭇잎 요소를 2번 클릭합니다.

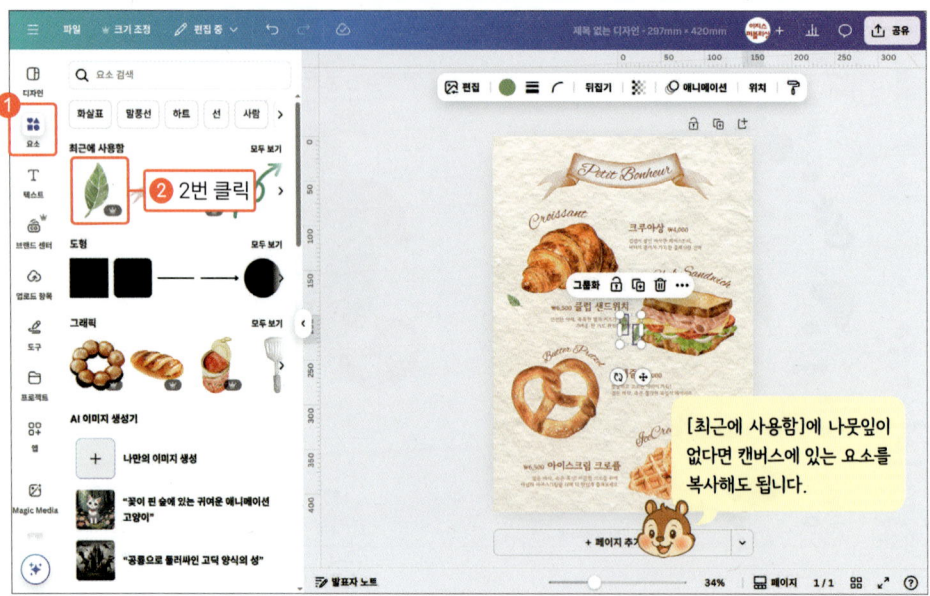

05 ❶ 나뭇잎 요소를 하나만 선택한 채로 ❷ [위치]를 클릭해서 ❸ [너비]에 10.76, [높이]에 24.67, [회전]에 22.6을 입력하고 샌드위치 오른쪽 아래에 드래그해서 배치합니다.

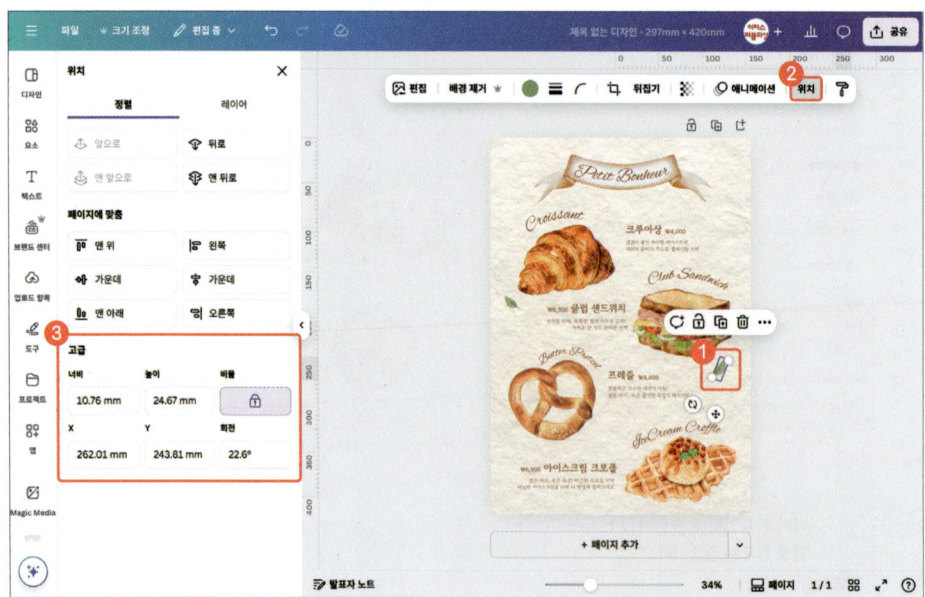

06 나머지 나뭇잎 요소도 같은 방법으로 다음과 같이 크기와 각도를 조정한 후 드래그해서 프레즐의 오른쪽 아래 빈 공간에 배치합니다.

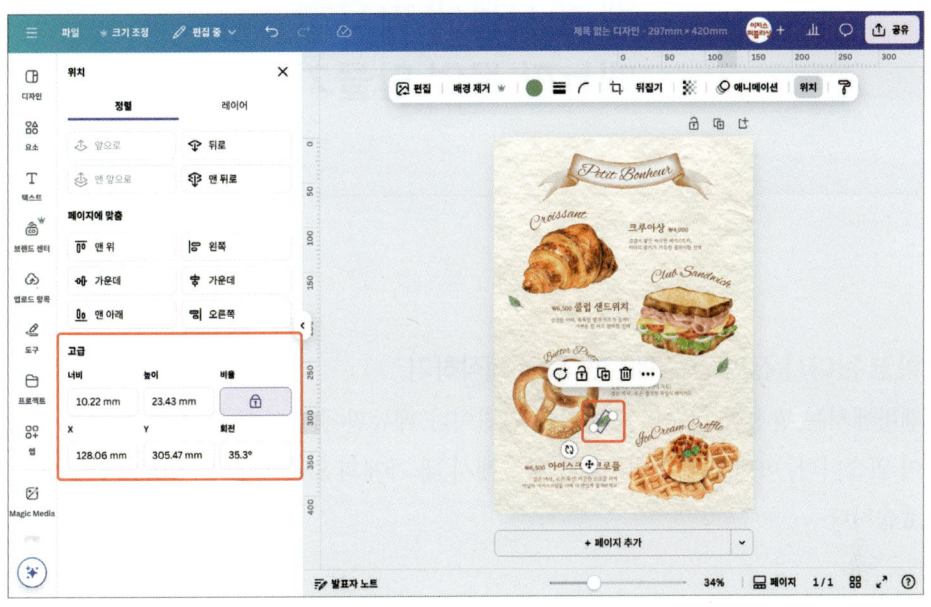

> 방구석 다람쥐의 깨알 팁!
>
> **캔바에서는 디자인을 인쇄해서 배송까지 해줘요!**
>
> 캔바에서는 직접 만든 메뉴판을 인쇄해 주는 기능도 제공해요. 작업 화면 오른쪽 위에서 ❶ [공유]를 클릭하고 [이 디자인 공유] 창이 나타나면 ❷ [Canva에서 인쇄]를 선택해 보세요. 화면 위에 [인쇄할 수 있도록 디자인이 복사되고 크기가 조정되었습니다.]라는 창이 뜹니다. 오른쪽에서 제품 형태를 선택하면 바로 주문할 수 있습니다. 만약 A3 크기로 작업했다면 [크기 유형]에서 ❸ [A3]를 선택하고 ❹ [계속]을 클릭해 결제하고 주소까지 입력해 주문하면 됩니다.
>
>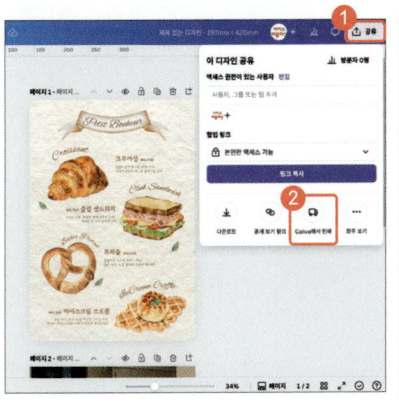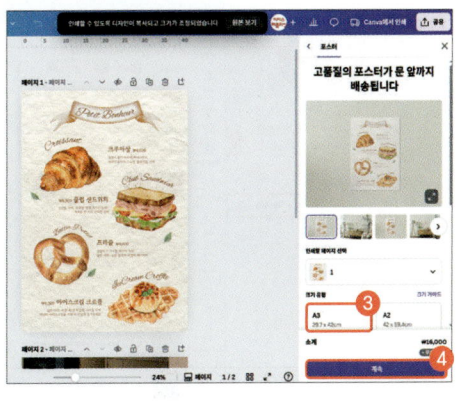

09 ✦ 수채화 느낌의 메뉴판 만들기 **267**

4단계

웹 게시물에 활용할
메뉴판 목업 만들기

하면 된다! } 진짜 같은 메뉴판 목업 제작하기

캔바에서는 완성한 디자인을 길가의 간판이나 메뉴판에 간단히 합성할 수 있는 기능이 있습니다. 이번엔 캔바의 '앱'을 활용해서 내 가게의 SNS에 올릴 목업을 만들어 보겠습니다.

01 캔바의 작업 화면 아래쪽에서 **[페이지 추가]**를 클릭합니다. 빈 화면이 나타납니다.

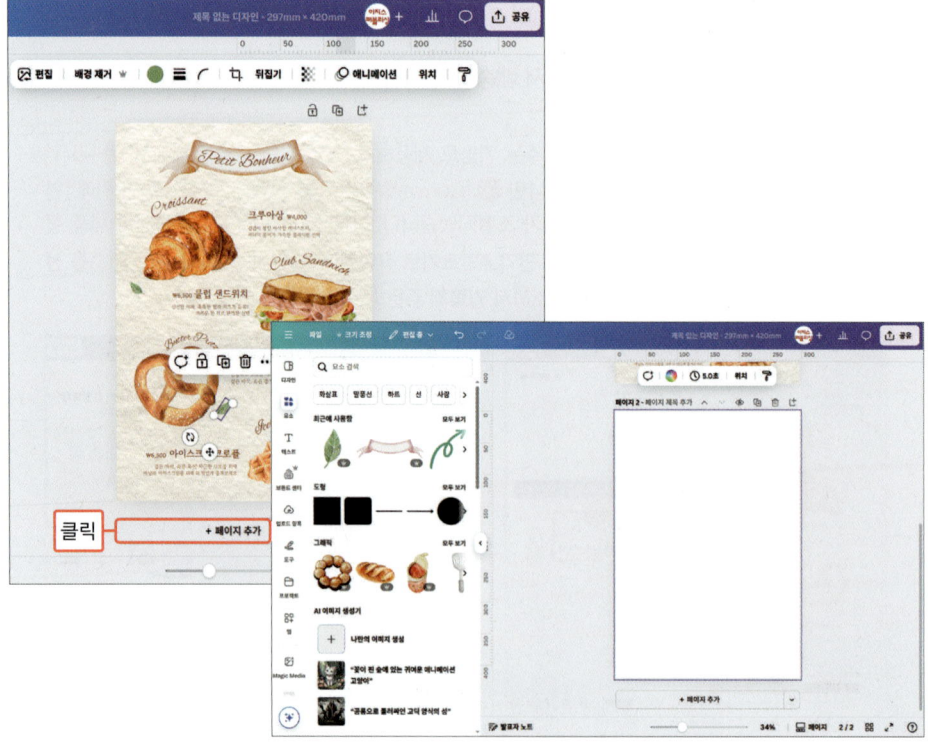

02 ① 왼쪽의 도구 바에서 [앱]을 클릭하고 ② 검색 창에 Mockup을 입력합니다. ③ 아래 검색 결과에서 [Mockups]를 선택합니다. 다음과 같은 창이 나오면 ④ [열기]를 클릭합니다.

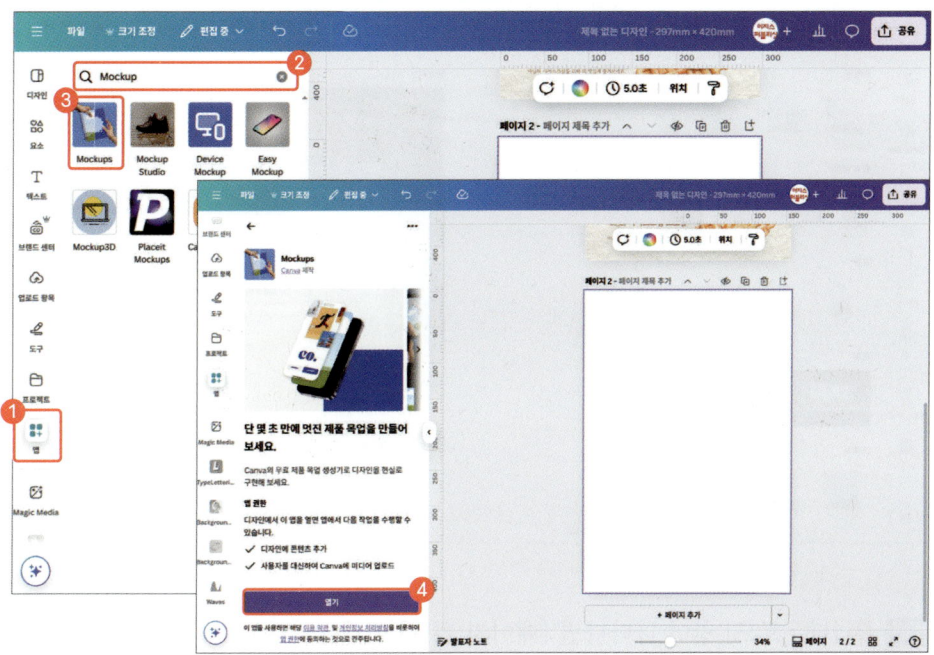

03 합성할 수 있는 목업 목록이 나타납니다. ① 스크롤을 클릭한 채 아래로 내려 [야외] 오른쪽의 [모두 보기]를 선택합니다. ② [야외] 창이 열리면 마음에 드는 간판을 선택합니다. ③ 모서리 조절점을 드래그해서 화면에 꽉 차게 만들어 줍니다.

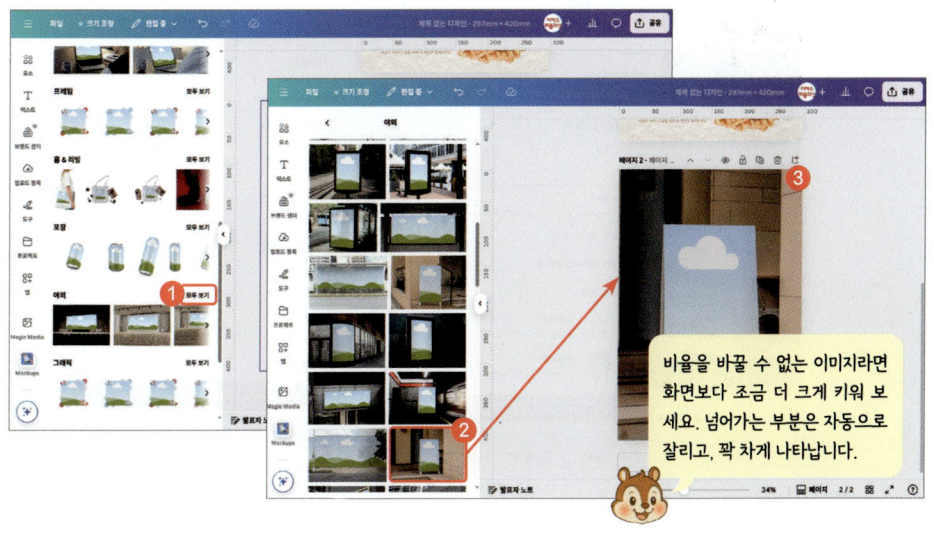

비율을 바꿀 수 없는 이미지라면 화면보다 조금 더 크게 키워 보세요. 넘어가는 부분은 자동으로 잘리고, 꽉 차게 나타납니다.

09 ✦ 수채화 느낌의 메뉴판 만들기

04 앞에서 작업한 메뉴판 이미지를 목업에 깔끔하게 넣으려면 이미지 상태로 내려받는 것이 좋습니다. ❶ [공유]를 클릭한 뒤 ❷ [다운로드]를 선택합니다.

05 ❶ [다운로드] 창이 나타나면 [페이지 선택] 아래에서 [1~2페이지]를 선택하고 ❷ [2페이지]의 선택을 해제한 뒤 ❸ [완료]를 클릭합니다. ❹ [다운로드]를 클릭하면 이미지가 저장됩니다.

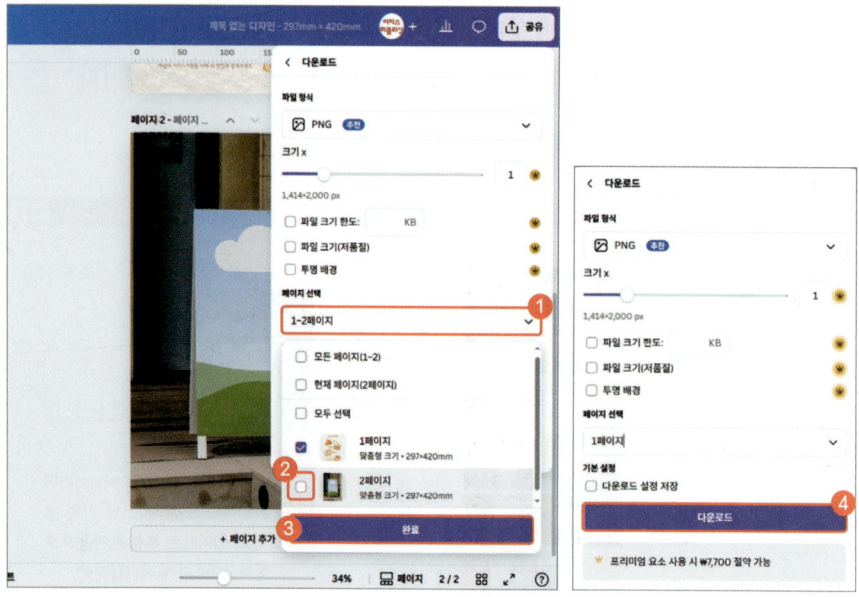

06 ❶ 다운로드 창을 빠져나와 2페이지를 클릭하고 ❷ 왼쪽의 도구 바에서 [업로드 항목]을 클릭합니다. ❸ [파일 업로드]를 클릭해 내려받은 메뉴판 이미지를 불러옵니다.

07 메뉴판 이미지를 클릭하면 2페이지에 나타납니다. 이미지를 선택한 채 메뉴판의 빈 부분으로 드래그해서 이동해 보세요. 이미지가 흐릿하게 변하면 손을 떼도 됩니다.

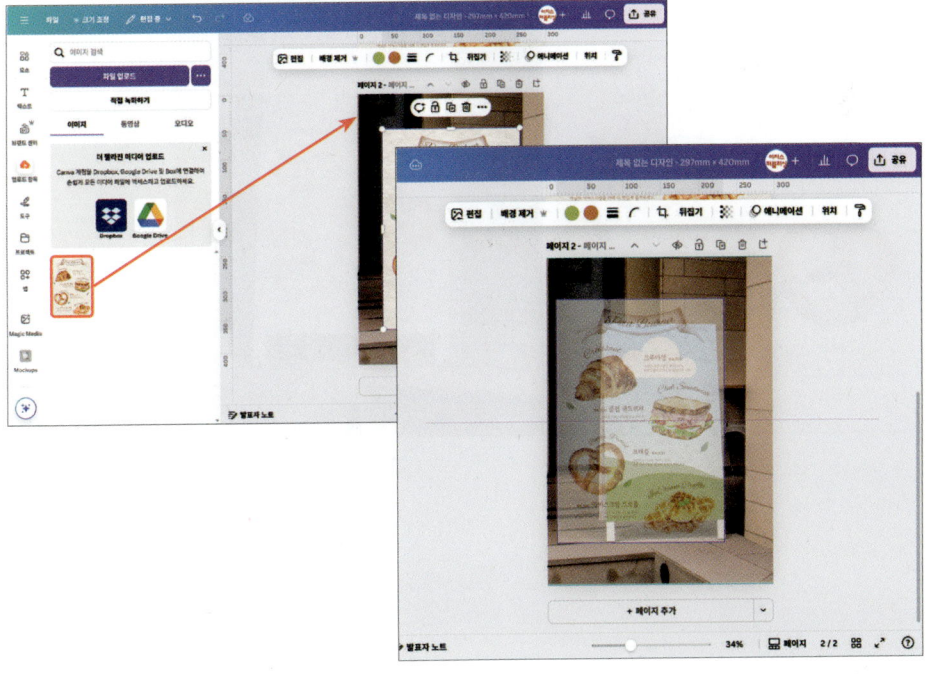

09 ✦ 수채화 느낌의 메뉴판 만들기 271

08 ❶ [편집]을 클릭하고 ❷ [맞춤]을 선택한 뒤 ❸ [변경 사항 적용하기]를 클릭합니다.

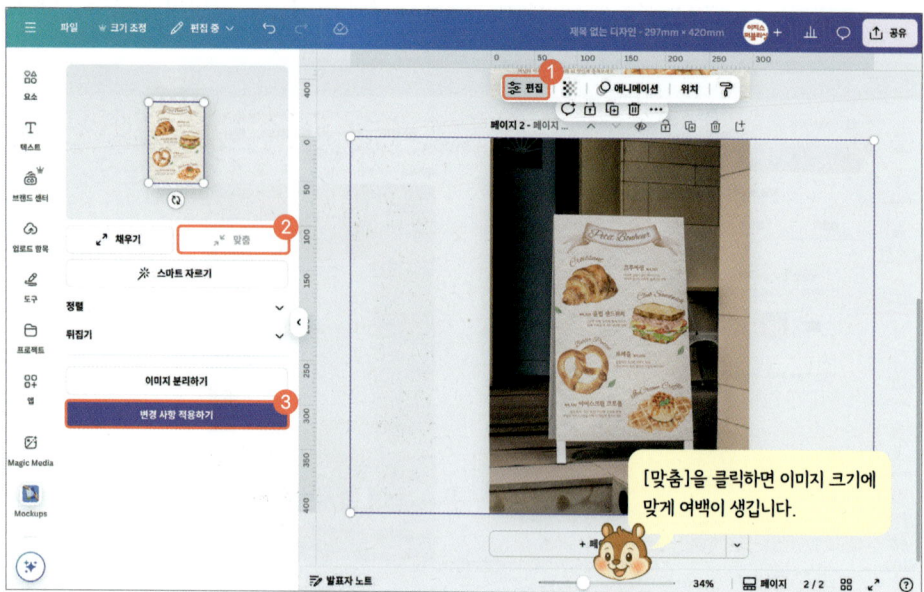

[맞춤]을 클릭하면 이미지 크기에 맞게 여백이 생깁니다.

09 이미지가 완성됐습니다.

> **방구석 다람쥐의 깨알 팁!**
>
> ### 사용만 해도 디자인이 쉬워지는 6가지 앱
>
> 캔바의 '앱'에는 수많은 기능이 있어서 무엇을 활용할지 고민되는데요. 이런 분들을 위해 제가 자주 사용하는 카테고리별 추천 앱 6개를 골라 봤습니다.
>
> Blend Image: 이미지 2컷을 자연스럽게 혼합하여 독특한 아트 효과를 만드는 앱
>
>
>
> Easy Reflections: 이미지에 반사 효과를 쉽게 추가하는 앱
>
>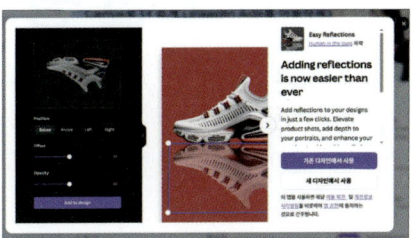
>
> Mockups: 제품 목업(mockup, 모형)을 바로 만들 수 있는 앱
>
>
>
> Image Blender: 부드러운 그라데이션 효과로 합성 이미지를 자연스럽게 만들 수 있는 앱
>
>
>
> Transform Image: 이미지를 뒤틀거나, 기울이거나, 왜곡을 주고 싶을 때 수정할 수 있는 앱
>
>
>
> Gradient Generator: 5가지 색으로 그라데이션을 만들고 위치와 방향까지 설정해 주는 앱
>
>

프로 요금제 실습

✦ 10 ✦

앞으로 튀어나오는 모션 광고 만들기

캔바의 모션 기능을 활용하면 누구나 손쉽게 역동적인 광고를 만들 수 있습니다. 단순한 슬라이드가 아니라, 부드러운 애니메이션과 감각적인 효과로 시선을 사로잡는 모션 광고를 만들어 보겠습니다.

✦ 완성 이미지

✦ 완성 파일
bit.ly/canva_motion

✦ 동영상 강의

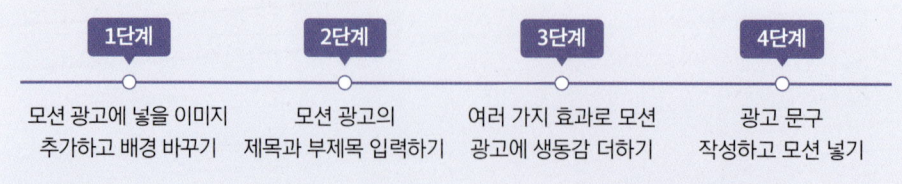

1단계	2단계	3단계	4단계
모션 광고에 넣을 이미지 추가하고 배경 바꾸기	모션 광고의 제목과 부제목 입력하기	여러 가지 효과로 모션 광고에 생동감 더하기	광고 문구 작성하고 모션 넣기

1단계

모션 광고에 넣을 이미지 추가하고 배경 바꾸기

하면 된다!} 요소 추가하고 배경색 넣기

먼저 디자인의 기본이 될 요소를 추가하고 그에 맞는 배경색을 넣어 보겠습니다. 이번 예제에서는 과일이 주인공인 만큼 중앙에 과일 요소를 큼직하게 배치해 볼게요.

01 캔바에 로그인한 후 메인 화면에서 [프레젠테이션]을 클릭합니다. 새로운 캔버스가 나타납니다.

✦ 캔버스가 저장될 위치를 먼저 지정하려면 숨은 메뉴를 연 뒤 [프로젝트]를 클릭하고 '캔바 실습' 폴더로 들어가서 [새 항목 추가 → 디자인]을 클릭하세요.

10 ✦ 앞으로 튀어나오는 모션 광고 만들기

02 ❶ 왼쪽의 도구 바에서 [요소]를 클릭하고 ❷ 검색 창에 망고를 입력한 뒤 ❸ [사진]을 클릭합니다. ❹ 검색 결과에서 다음과 같은 망고 사진 요소를 클릭해 불러옵니다.

요소를 찾기 어렵다면 이지스 퍼블리싱 자료실에서 '템플릿 링크 모음'을 클릭해 보세요.

03 ❶ 화면 오른쪽 위에서 [위치]를 클릭해 [위치] 창이 나타나면 ❷ [너비]에 828.1, [높이]에 631.4를 입력합니다. ❸ 망고 이미지를 드래그해서 캔버스 아래쪽 중앙에 배치합니다.

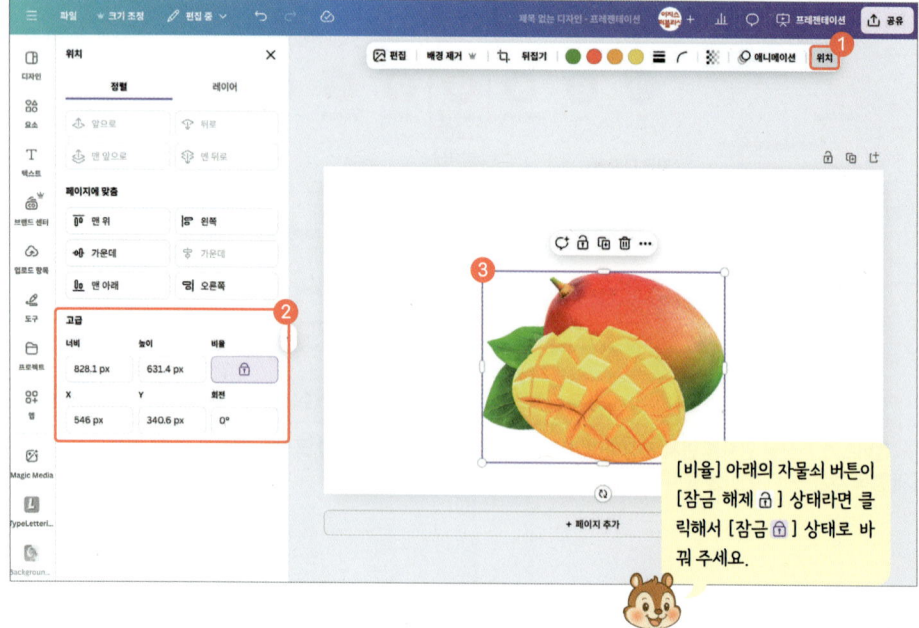

[비율] 아래의 자물쇠 버튼이 [잠금 해제 🔓] 상태라면 클릭해서 [잠금 🔒] 상태로 바꿔 주세요.

04 캔버스 배경에 망고와 어울리는 색을 설정하겠습니다. ❶ 캔버스를 클릭하고 ❷ 화면 위쪽에서 [배경 색상 ◉]을 클릭합니다. ❸ [색상] 창이 나타나면 [문서 색상] 아래에서 [새로운 색상 추가 ⊕]를 클릭하고 ❹ 아래쪽 색상 코드란에 FFDE59를 입력합니다. 배경이 노란색으로 바뀌었습니다.

2단계

모션 광고의 제목과 부제목 입력하기

하면 된다!} 브랜드 글꼴 추가하기

캔바에서 쓸 수 있는 한글 글꼴은 한정되어서 원하는 것을 정확히 표현하기 쉽지 않을 때도 있죠. 대신 원하는 글꼴을 불러와 디자인에 사용할 수 있는 '브랜드 글꼴' 기능을 사용할 수 있습니다. 한글 글꼴이 중요한 디자인을 만들 때는 사용하고 싶은 글꼴을 미리 내려받아 두는 것이 좋습니다.

브랜드 글꼴 추가 방법

01 먼저 이번 실습에서 사용할 무료 글꼴을 내려받아 보겠습니다. ❶ 눈누(noonnu.cc)에 접속한 뒤 ❷ 오른쪽 위 검색 창에 페이퍼로지를 입력합니다. ❸ 검색 결과에서 [페이퍼로지]를 클릭합니다.

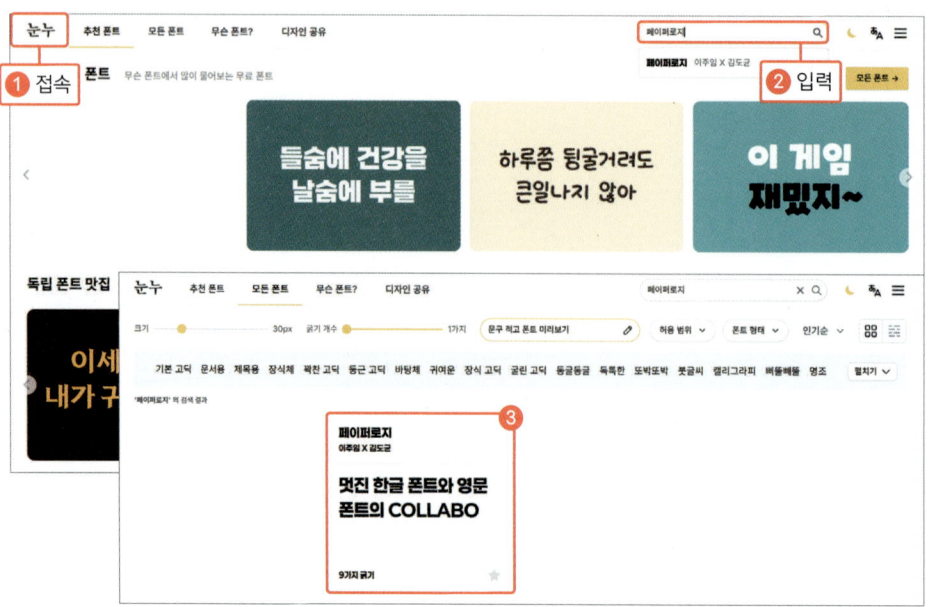

02 ❶ [다운로드 페이지로 이동]을 클릭해 글꼴 소개 페이지로 이동하면 ❷ 아래에서 [DOWNLOAD]를 클릭합니다.

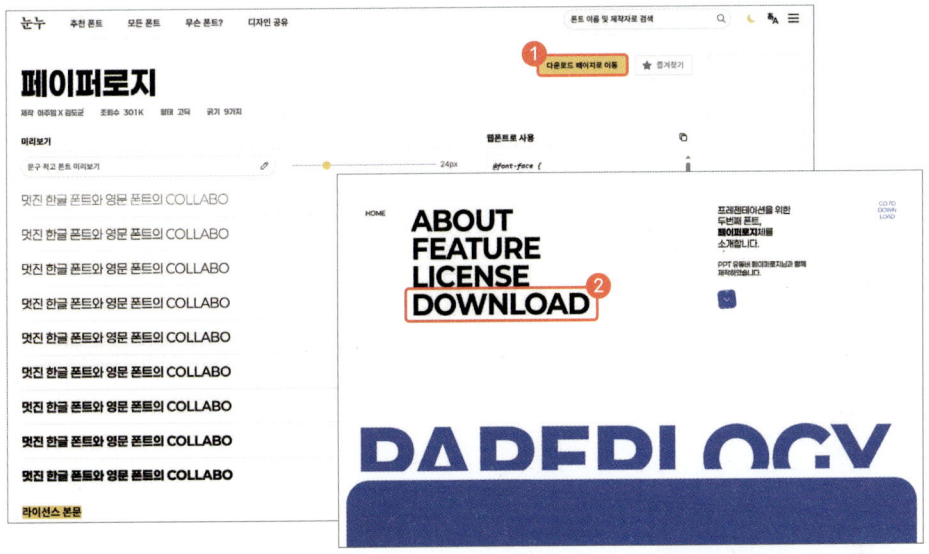

03 ❶ 두 번째에 있는 다운로드 버튼을 선택합니다. 파일이 설치되면 ❷ [최근 다운로드 기록] 아래에서 파일을 선택한 후 압축을 풀어 줍니다.

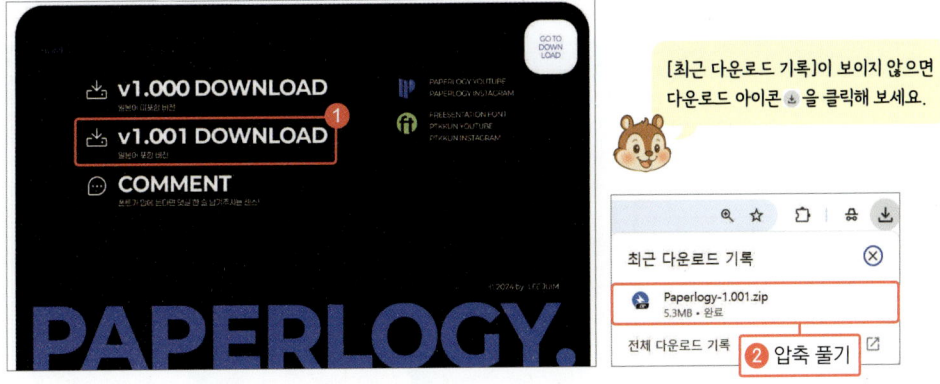

[최근 다운로드 기록]이 보이지 않으면 다운로드 아이콘 을 클릭해 보세요.

04 다시 캔바의 작업 화면으로 이동합니다. ❶ 왼쪽의 도구 바에서 [텍스트]를 클릭하고 ❷ [브랜드 글꼴 추가]를 선택합니다.

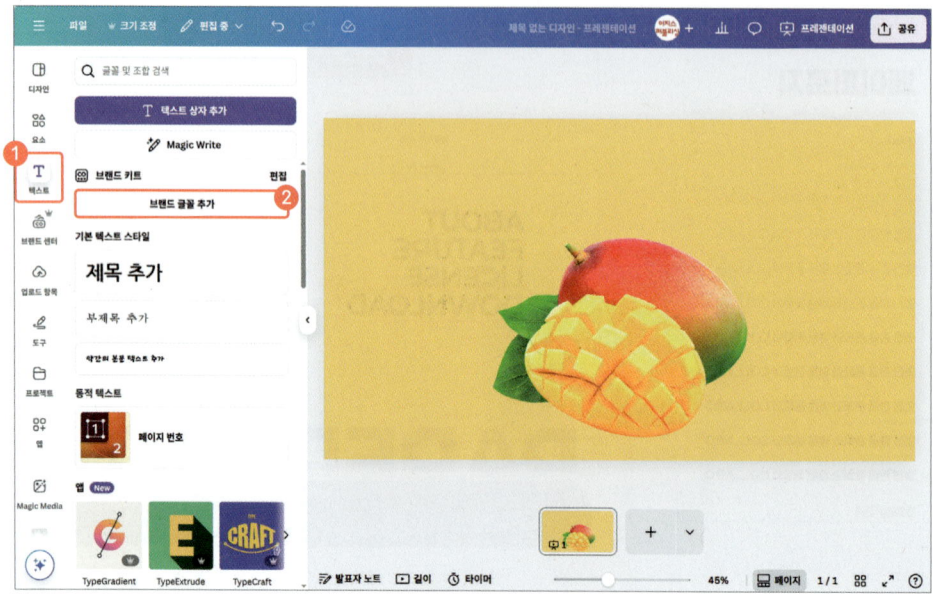

05 ❶ [글꼴] 창이 나타나면 오른쪽 위에서 [새 항목 추가 +]를 클릭하고 ❷ [글꼴 업로드]를 선택합니다.

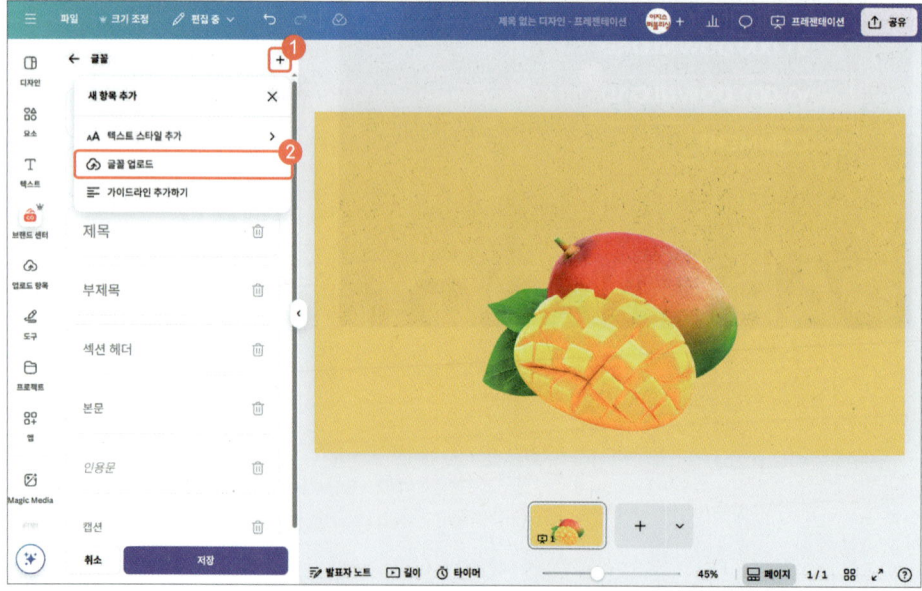

06 [업로드된 글꼴] 창이 나타나면 ① [파일 선택]을 클릭합니다. ② [열기] 창이 뜨면 방금 내려받은 [Paperlogy] 글꼴을 모두 선택한 뒤 ③ [열기]를 클릭합니다.

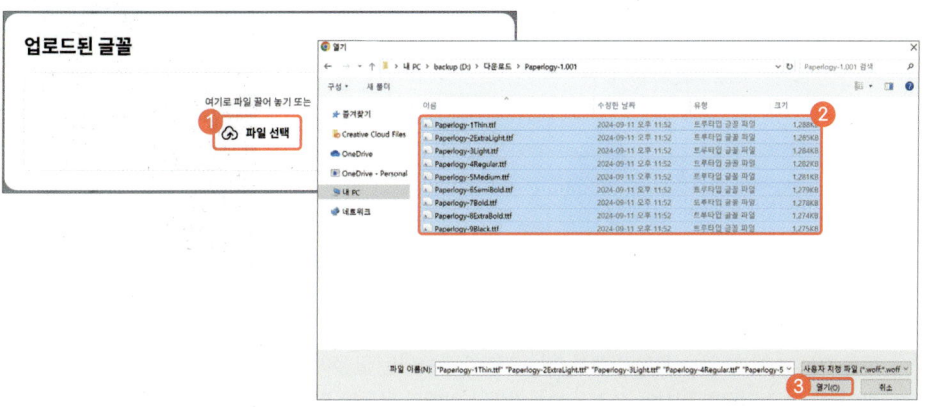

07 [다음을 확인해 주세요.] 창이 나타나면 ① [예, 업로드하겠습니다.]를 클릭합니다. 잠시 기다리면 ② [업로드된 글꼴] 아래에 [Paperlogy]가 나타납니다. [업로드된 글꼴] 창에서 오른쪽 [닫기 ✖]를 클릭하면 브랜드 글꼴 추가가 완료됩니다.

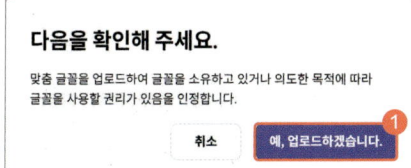 

> **방구석 다람쥐의 깨알 팁!**
>
> ### 글꼴을 잘 골라 사용하면 저마다 다른 느낌을 낼 수 있어요!
>
> 글꼴을 추가하는 방법도 배웠으니, 이제 마음에 드는 무료 글꼴을 추가해 사용해 보세요. 글꼴을 잘 사용하면 저마다 다른 느낌으로 디자인해 볼 수 있어요. 이번 실습에서는 다음 5개 글꼴을 추천합니다.
>
> #### 1. 프리텐다드(Pretendard)
> 획이 정갈하고 딱 떨어져서 정보 전달에 최적화된 단정한 고딕체예요. 두께가 다양해서 강조하고 싶은 부분만 볼드를 적용해도 자연스럽게 포인트를 줄 수 있어요.
>
>

2. 페이퍼로지(Paperlogy)

직선적인 구조와 단단한 인상이 특징인 깔끔하고 담백한 고딕체예요. 큰 사이즈에서도 시원하게 읽혀서 광고 문구나 카드뉴스에 잘 어울려요.

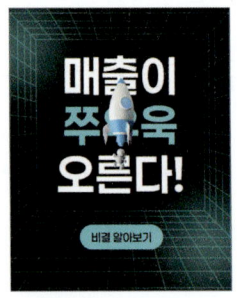

3. 여기어때 잘난체

둥근 형태 속에 힘 있는 굵기와 개성 있는 구조가 돋보이는 글꼴이에요. 재치 있고 당당한 인상을 풍겨서 슬로건이나 이벤트 문구에 활용하기 좋아요.

4. 카페24 빛나는별체

자연스러운 손글씨 스타일로, 따뜻하고 감성적인 분위기를 연출할 수 있어요. 포인트로 쓰면 더욱 잘 어울려요

5. 카페24 당당해체

굵고 안정감 있는 고딕 스타일이지만, 단순히 강한 인상만 풍기진 않아요. 넓은 글자폭과 깔끔한 곡선 덕분에 오히려 세련되고 고급스러운 무게감을 느낄 수 있어요. 강조하고 싶은 메시지를 담을 때 강렬하면서도 세련된 인상을 줄 수 있는 글꼴이에요.

하면 된다!} 제목과 부제목 추가하기

01 먼저 제목을 추가해 보겠습니다. ❶ 왼쪽의 도구 바에서 [텍스트]를 선택하고 ❷ [제목 추가]를 클릭합니다. ❸ 텍스트 상자에 Mango를 입력하고 가운데에 배치합니다. ❹ 글꼴에서 [Nanum Gothic]을 선택하고 다음과 같이 수정해 보세요.

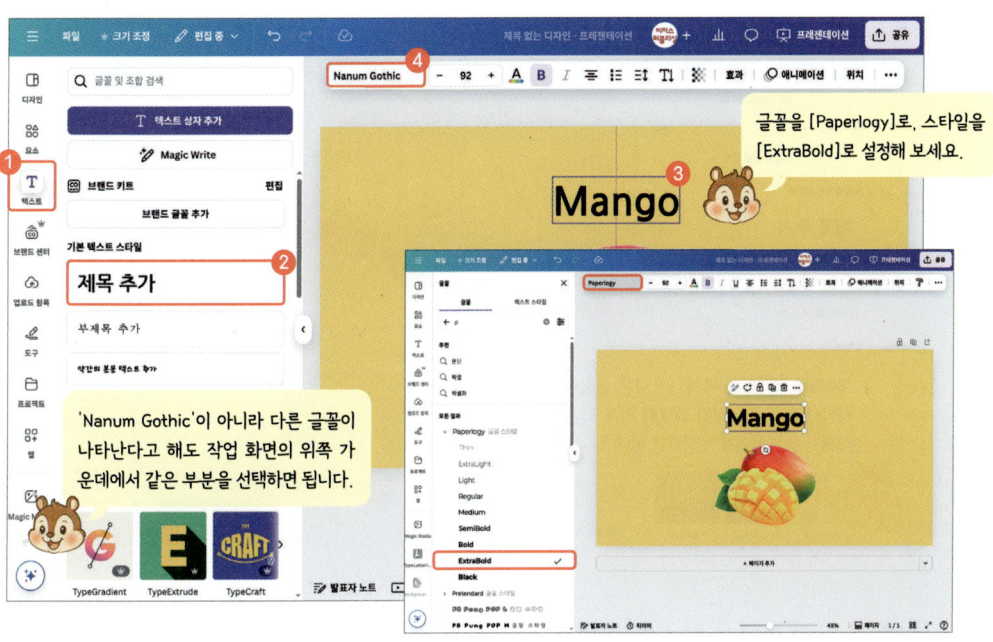

02 ❶ 텍스트 상자를 선택한 채 [텍스트 색상 A]을 클릭해 ❷ [텍스트 색상] 창이 나타나면 [기본 단색] 아래에서 흰색을 선택합니다. ❸ 글자 크기는 235로 설정합니다.

03 부제목도 추가해 보겠습니다. ❶ 왼쪽의 도구 바에서 [텍스트]를 선택하고 ❷ [부제목 추가]를 클릭합니다. ❸ 텍스트 상자에 다음과 같이 내용을 입력하고 제목 위에 배치합니다. ❹ [Baekmuk Batang]을 클릭하고 글꼴과 스타일을 수정해 보세요.

'Baekmuk Batang'이 아니라 다른 글꼴이 나타난다고 해도 작업 화면의 위쪽 가운데에서 같은 부분을 선택하면 됩니다.

글꼴을 [Paperlogy]로, 스타일을 [Bold]로 설정해 보세요.

04 ❶ 부제목에서 강조하지 않을 부분을 드래그해 선택하고 ❷ [굵게 B]를 클릭해서 두꺼운 글꼴을 얇게 바꿉니다.

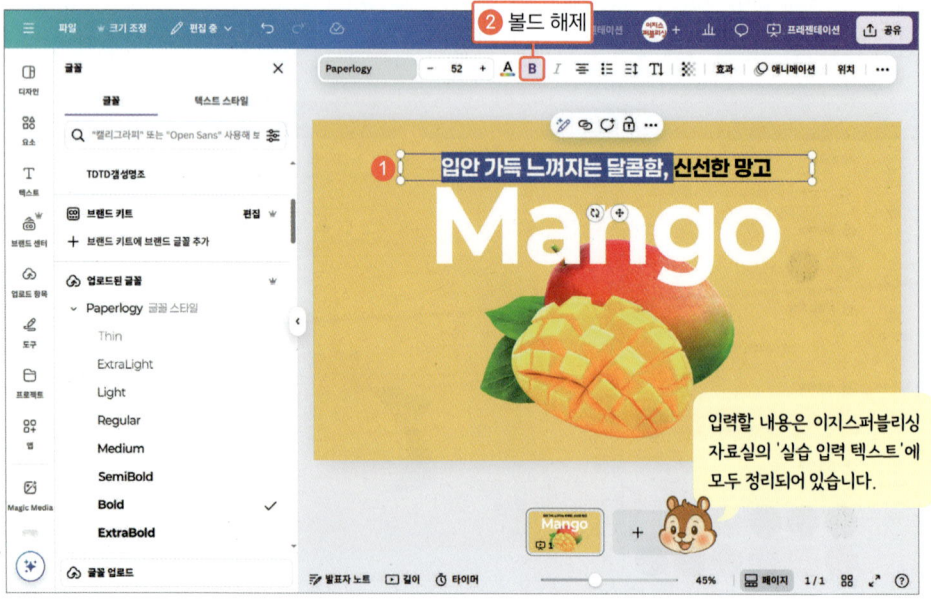

입력할 내용은 이지스퍼블리싱 자료실의 '실습 입력 텍스트'에 모두 정리되어 있습니다.

05 ❶ 부제목을 선택한 상태에서 ❷ [텍스트 색상 🅰]을 클릭합니다. [텍스트 색상] 창이 나타나면 ❸ [기본 단색] 아래에서 흰색을 선택합니다. ❹ 글자 크기는 35.9로 설정합니다.

하면 된다!} 레이어 기능과 효과로 제목 돋보이게 만들기

01 ❶ 망고 요소를 선택하고 ❷ 화면 오른쪽 위에서 [위치]를 클릭합니다. ❸ [위치] 창이 나타나면 [레이어]를 클릭하고 ❹ 망고 요소 왼쪽의 ⋮⋮를 드래그해서 맨 위로 끌어올려 줍니다.

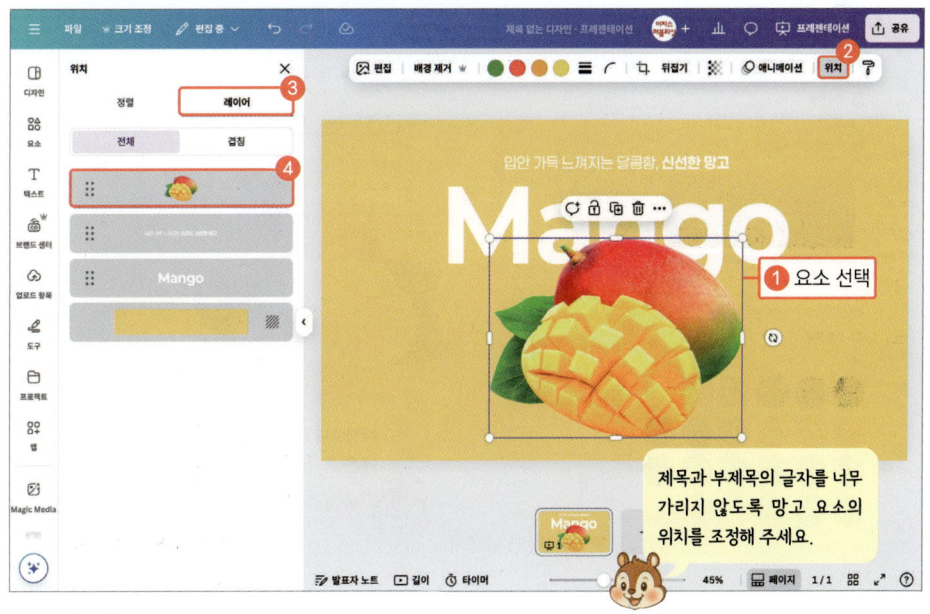

10 ✦ 앞으로 튀어나오는 모션 광고 만들기   **285**

02 제목과 부제목에 입체감이 나도록 효과를 넣어 보겠습니다. ❶ [Shift]를 누른 채 제목과 부제목을 모두 선택한 후 ❷ [효과]를 클릭합니다. ❸ 왼쪽에 [효과] 창이 나타나면 [네온]을 선택하고 ❹ [강도]는 100으로 설정합니다. 네온 효과가 적용되었습니다.

03 이번엔 제목과 부제목 뒤에 그림자 효과를 넣어서 네온 효과를 조금 차분하게 만들어 보겠습니다. ❶ [텍스트 색상 A]을 클릭해 [텍스트 색상] 창이 나타나면 ❷ [새로운 색상 추가 ⊕]를 선택합니다. ❸ 아래쪽 색상 코드란에 FFBF00을 입력합니다.

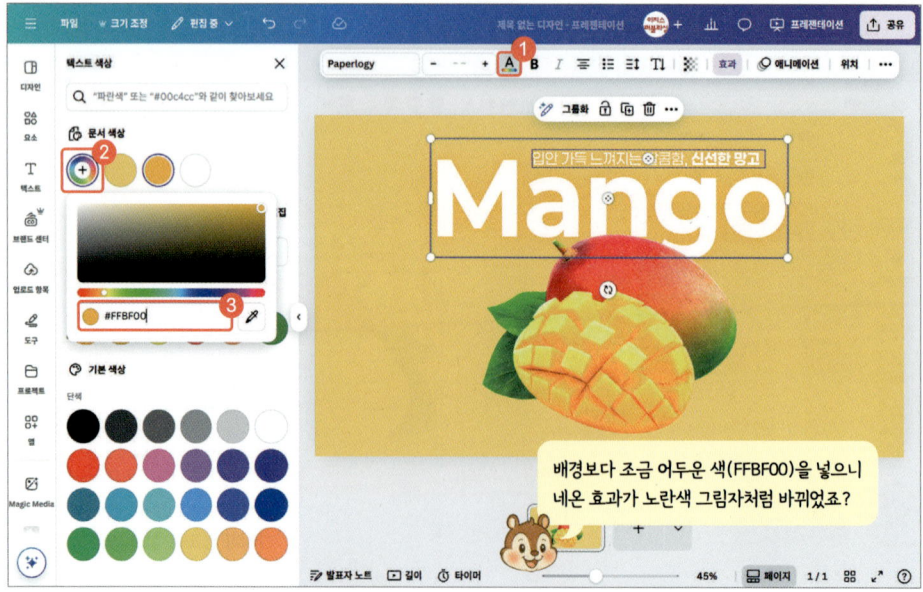

3단계

여러 가지 효과로
모션 광고에 생동감 더하기

하면 된다!} 물이 튀는 효과 추가하기

이제 과일에 물이 튀는 듯한 효과를 추가해서 싱싱함을 더해 줍시다. 캔바에서는 요소를 불러오는 것만으로도 이런 효과를 추가할 수 있습니다.

01 ❶ 왼쪽의 도구 바에서 [요소]를 클릭하고 ❷ 검색 창에 water splash를 입력합니다. ❸ [사진]을 클릭하고 ❹ 검색 결과에서 다음과 같이 물이 튀는 듯한 요소를 선택해 캔버스로 불러옵니다.

02 ❶ 화면 오른쪽 위에서 [위치]를 클릭해 [위치] 창이 나타나면 ❷ [너비]에 758.6, [높이]에 483.6을 입력한 후 ❸ 왼쪽으로 드래그해서 배치합니다.

03 ❶ Ctrl + C 를 눌러 물이 튀는 요소를 복사한 후 Ctrl + V 로 붙여 넣어 하나 더 만들어서 이어지는 느낌으로 오른쪽에 배치합니다. ❷ 오른쪽 요소를 선택한 상태에서 [위치]를 다시 클릭하고 ❸ [너비]에 715, [높이]에 455.8을 입력한 뒤 ❹ 왼쪽 요소보다 약간 위에 위치하도록 이동합니다.

04 물이 튀는 효과의 색을 망고의 색과 맞춰 보겠습니다. ① 먼저 왼쪽 요소를 선택한 후 ② [편집]을 클릭해 [이미지] 창이 나타나면 ③ [효과 → 듀오톤]을 선택해 줍니다.

두 요소를 한꺼번에 선택하면 듀오톤 기능이 보이지 않으니, 꼭 하나씩 선택해서 따로 설정해 주세요.

05 ① 왼쪽에 [듀오톤] 창이 나타나면 [포멜로]를 선택하여 전체 배경색과 물이 튀는 요소의 색을 맞춰 보겠습니다. ② [하이라이트] 오른쪽의 [색상 코드 ◯]를 클릭하고 ③ 아래쪽 색상 코드란에 FFB800을 입력합니다. 이어서 ④ [그림자] 오른쪽의 [색상 코드 ●]를 클릭하고 ⑤ 아래쪽 색상 코드란에 FFA100을 입력합니다.

오른쪽 요소의 색도 같은 방법으로 적용해 보세요.

10 ✦ 앞으로 튀어나오는 모션 광고 만들기　289

06 ① Shift 를 누른 채 물이 튀는 요소를 모두 선택합니다. ② [위치]를 클릭한 뒤 ③ [레이어]를 선택하고 ④ 다음과 같은 순서로 정렬합니다.

하면 된다!} 망고에 어울리는 잎 요소 추가하기

01 ① 왼쪽의 도구 바에서 [요소]를 클릭하고 검색 창에 ② 잎을 입력합니다. ③ [사진]을 클릭해 ④ 검색 결과에서 다음과 같은 잎 요소를 선택해 캔버스로 불러옵니다.

02 ① 불러온 잎 요소를 선택한 상태에서 [위치]를 클릭합니다. ② [위치] 창이 나타나면 [너비]에 268.5, [높이]에 141.6을 입력한 후 ③ 'M' 자 아래로 드래그해 다음과 같이 배치합니다.

왼쪽에 다음과 같은 메뉴가 보이지 않으면 [정렬]을 클릭해 보세요.

03 ① 잎 요소를 선택한 상태에서 Ctrl + C 를 눌러 복사한 뒤, Ctrl + V 로 붙여 넣어 1개 더 만들어 줍니다. ② [위치]를 클릭하고 ③ [너비]에 209.2, [높이]에 110.4, [회전]에 -40.4를 입력한 후 ④ 망고 요소의 오른쪽에 배치합니다.

04 ❶ 왼쪽의 도구 바에서 [요소]를 클릭합니다. ❷ [최근에 사용함]에서 불러왔던 이미지 오른쪽에 나타난 [더 보기 ...]를 클릭하고 ❸ [지금과 비슷한 이미지 더 보기]를 선택합니다.

05 ❶ 다음과 같은 잎 이미지를 불러온 후 ❷ [위치]를 클릭합니다. ❸ [위치] 창이 나타나면 [너비]에 158.8, [높이]에 316, [회전]에 28.6을 입력한 후 ❹ 'O' 자 오른쪽에 배치합니다.

06 잎 요소 3개가 역삼각형을 이루도록 위치를 조금씩 조절해 줍니다.

07 잎 이미지가 과일에 비해 어두워 보이네요. ❶ 'M' 자 왼쪽의 잎을 선택한 상태에서 ❷ [편집]을 클릭하고 ❸ [조정]을 선택합니다. ❹ [밝기]를 24, [대비]를 -15, [그림자]를 100으로 조정합니다.

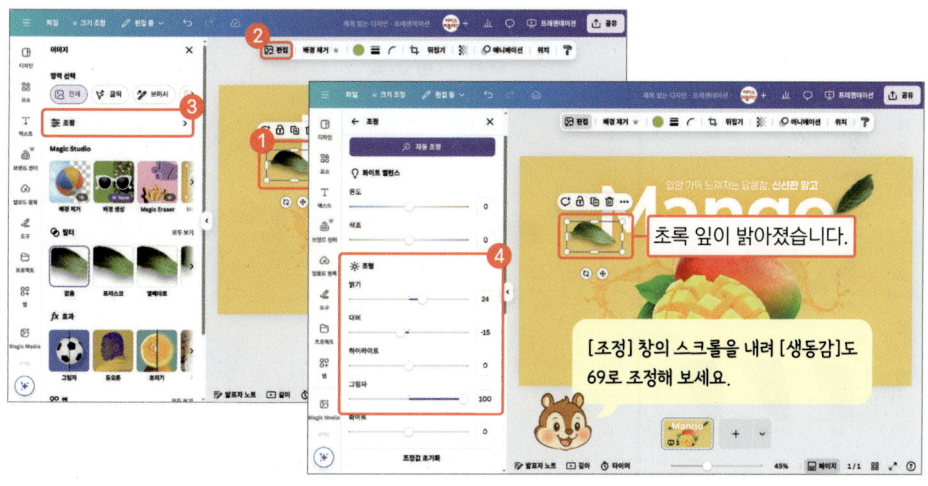

08 ① 'O'의 오른쪽에 있는 잎 요소를 선택한 상태에서 ② [밝기]를 51로 조정합니다. ③ 같은 방법으로 망고의 오른쪽에 있는 잎 요소의 밝기도 조정합니다.

09 잎이 멀리 있는 느낌이 나도록 흐림 효과를 추가해 보겠습니다. ① 'O' 자 오른쪽에 있는 잎 요소를 선택한 채 ② [편집]을 클릭한 후 ③ [효과 → 흐리기]를 선택합니다.

10 ❶ [흐리기] 창이 나타나면 [전체 이미지]를 클릭하고 ❷ 강도를 62로 조절하여 흐림 효과를 줍니다. ❸ [흐리기] 창의 왼쪽 위에서 ⓧ를 클릭해서 창을 닫으면 ❹ 다음과 같이 잎 요소에 흐림 효과가 적용되어 나타납니다.

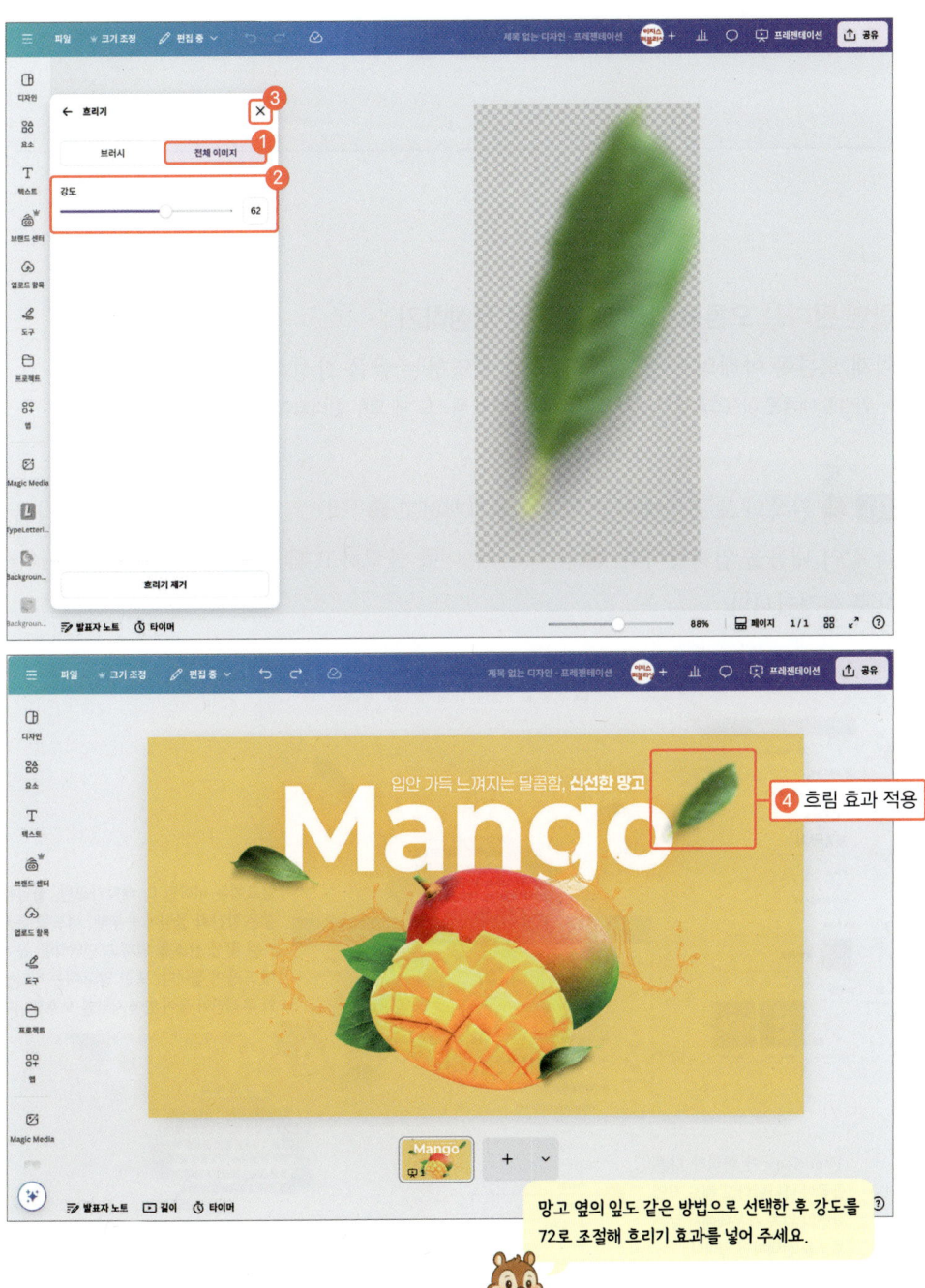

망고 옆의 잎도 같은 방법으로 선택한 후 강도를 72로 조절해 흐리기 효과를 넣어 주세요.

4단계

광고 문구 작성하고 모션 넣기

하면 된다!} 오른쪽 아래에 설명 글 작성하기

이제 오른쪽 아래의 빈 공간에 망고를 설명하는 글을 작성해 보겠습니다.

✦ 입력할 내용은 이지스퍼블리싱 자료실의 '실습 입력 텍스트'에 모두 정리되어 있습니다.

01 ❶ 왼쪽의 도구 바에서 [텍스트]를 선택하고 ❷ [텍스트 상자 추가]를 클릭해 다음과 같이 내용을 입력합니다. ❸ [Paperlogy]를 클릭하고 ❹ 글꼴 스타일을 [Medium]으로 설정합니다.

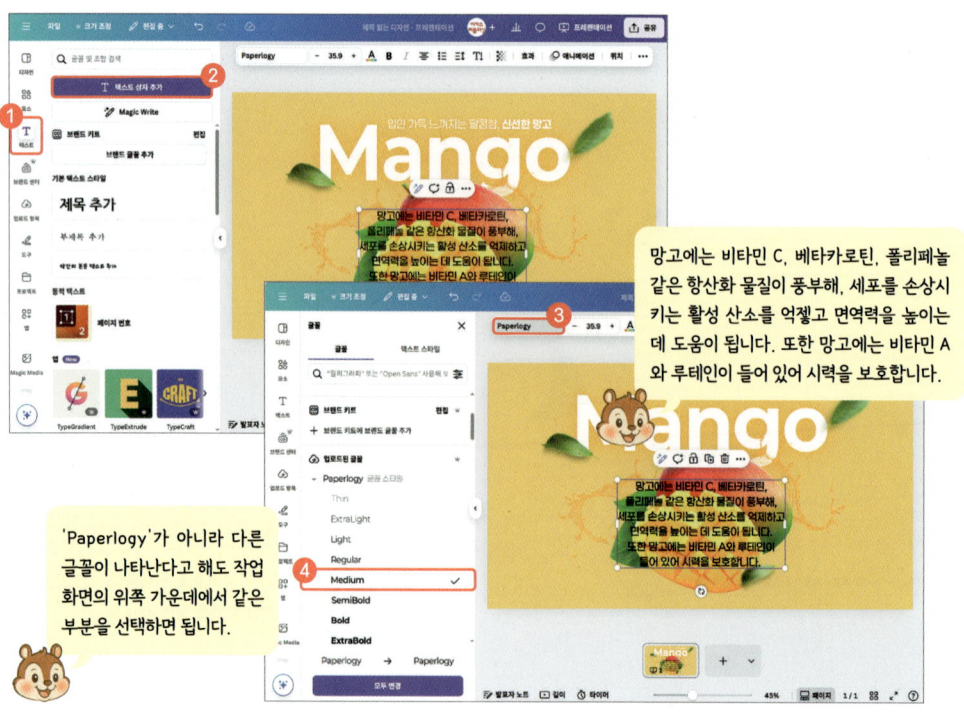

망고에는 비타민 C, 베타카로틴, 폴리페놀 같은 항산화 물질이 풍부해, 세포를 손상시키는 활성 산소를 억제고 면역력을 높이는 데 도움이 됩니다. 또한 망고에는 비타민 A와 루테인이 들어 있어 시력을 보호합니다.

'Paperlogy'가 아니라 다른 글꼴이 나타난다고 해도 작업 화면의 위쪽 가운데에서 같은 부분을 선택하면 됩니다.

02 ❶ [텍스트 색상 A]을 클릭해서 [텍스트 색상] 창이 나타나면 ❷ [기본 단색]에서 흰색을 선택합니다. ❸ 글자 크기는 20.7으로 설정하고 ❹ [정렬]을 한 번 클릭해서 [왼쪽 정렬]로 바꿔 줍니다.

03 ❶ 텍스트를 선택하고 ❷ 화면 오른쪽 위에서 [효과]를 클릭합니다. ❸ [효과] 창이 나타나면 [네온]을 선택하고 ❹ [강도]를 100으로 설정합니다.

텍스트 상자의 크기도 문장 길이에 알맞게 조절해 보세요.

04 ① [텍스트 색상 A]을 클릭해 [텍스트 색상] 창이 나타나면 ② [새로운 색상 추가 ⊕]를 선택하고 ③ 아래쪽 색상 코드란에 FFBF00을 입력합니다. ④ 텍스트 상자를 클릭한 채 오른쪽 아래로 드래그해서 이동합니다.

하면 된다!} 망고가 튀어나오는 모션 만들기

이제 망고가 앞으로 튀어나오는 듯한 움직임을 넣어 보겠습니다. 파워포인트 작업을 할 때 애니메이션을 넣는 것과 비슷하다고 생각하면 돼요.

01 ① 캔버스 아래에 있는 페이지의 오른쪽 위에서 ⋯ 을 선택한 후 ② [페이지 복제]를 클릭해서 똑같은 페이지를 만듭니다.

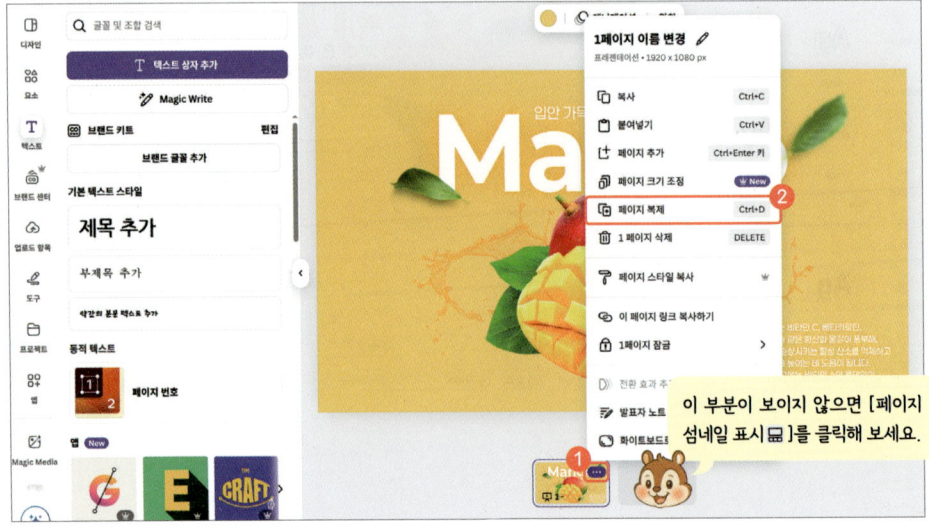

02 1페이지에 있는 요소의 전체 크기를 줄여서 망고 뒤로 배치해 보겠습니다. ❶ 1페이지를 선택하고 ❷ 망고 요소와 제목, 부제목을 제외한 나머지 요소의 모서리 조절점을 클릭한 채 각각 드래그해서 줄입니다. ❸ 잎 요소 3개와 물이 튀는 요소 2개, 설명글을 망고 요소 안에 모아 줍니다.

03 망고 요소가 맨 위에 오도록 조정하겠습니다. ❶ [위치]를 클릭합니다. [위치] 창이 나타나면 ❷ [레이어]를 선택하고 ❸ 망고 요소가 맨 위로 오도록 이동해 줍니다.

10 ✦ 앞으로 튀어나오는 모션 광고 만들기 299

04 망고 요소와 제목의 글자 크기도 작게 줄여 봅시다. ❶ 제목을 선택하고 글자 크기를 176으로 조정합니다. ❷ 망고 요소를 선택한 채로 [위치]를 클릭하고 [너비]에 576, [높이]에 439.2를 입력합니다.

05 망고 요소와 글자 요소가 가운데에 오도록 위치를 조금씩 조정합니다.

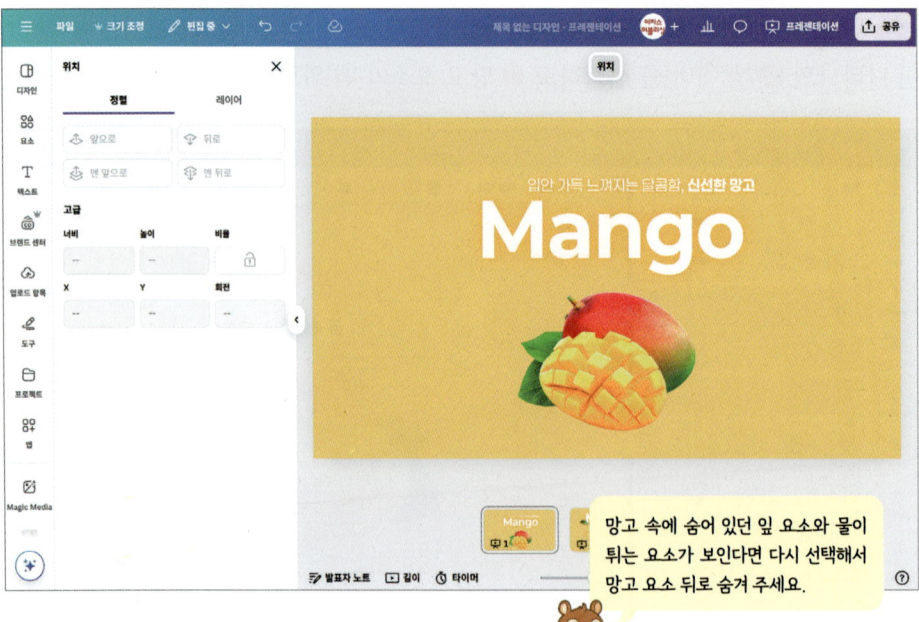

망고 속에 숨어 있던 잎 요소와 물이 튀는 요소가 보인다면 다시 선택해서 망고 요소 뒤로 숨겨 주세요.

06 ① 작업 화면 아래쪽에서 [페이지 섬네일 표시 페이지]를 클릭합니다. ② 마우스 커서를 1페이지와 2페이지 사이로 이동해 [전환 효과 추가]를 클릭합니다.

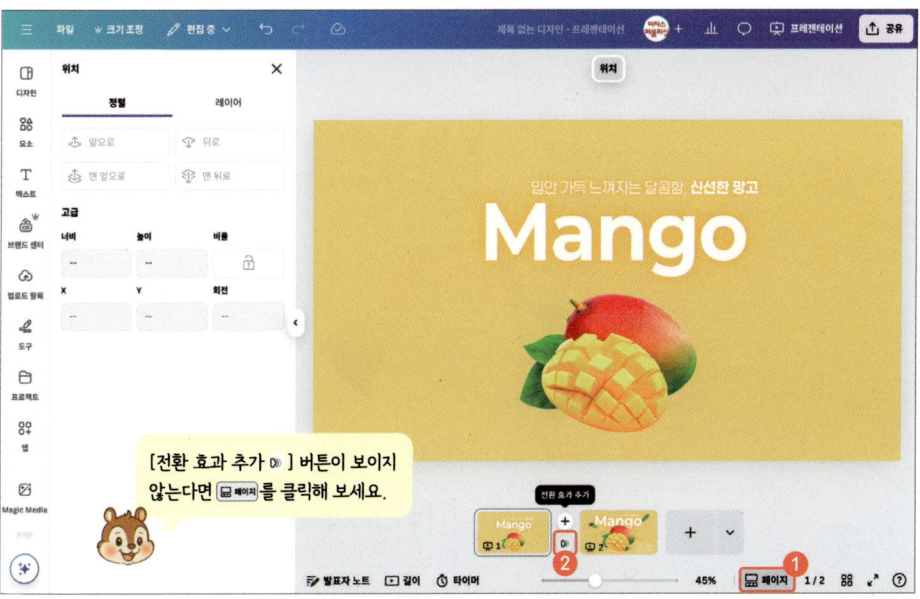

[전환 효과 추가] 버튼이 보이지 않는다면 페이지를 클릭해 보세요.

07 왼쪽 [전환 효과] 창에서 [일치 요소 이동]을 클릭해 주면 모션 효과가 적용됩니다.

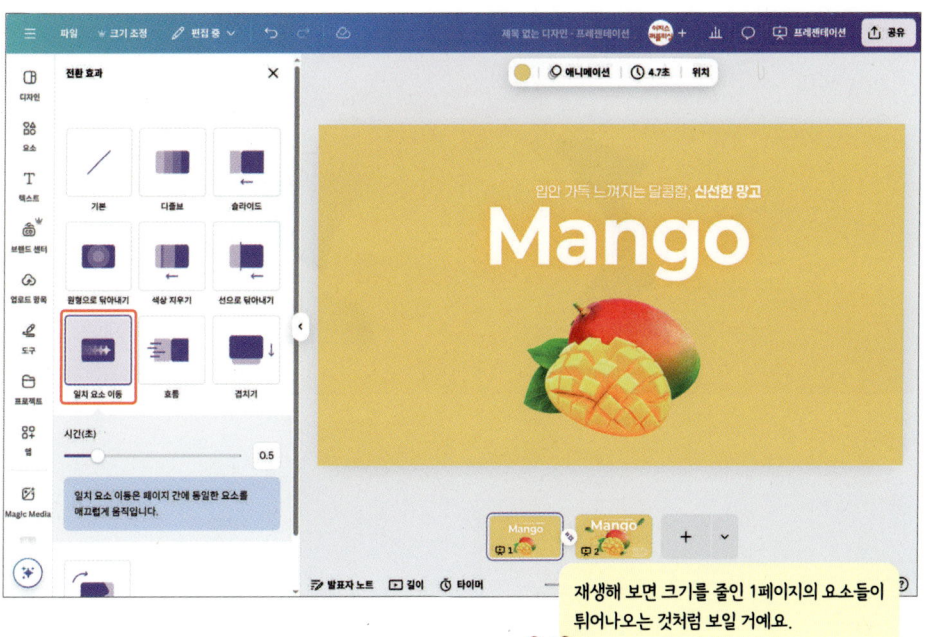

재생해 보면 크기를 줄인 1페이지의 요소들이 튀어나오는 것처럼 보일 거예요.

08 과일이 앞으로 튀어나오는 듯한 모션 광고를 완성했습니다.

↳ 망고 요소가 확대되면서 요소들이 튀어나옵니다.

프로 요금제 실습

11

진짜 작동하는
브랜드 홍보 홈페이지 만들기

캔바에서는 몇 번만 클릭해도 홈페이지를 간단히 만들 수 있어요. 이번에는 'DDL(Delicious Dessert Lab)'이라는 가상의 쿠키 브랜드와 어울리는 디자인으로 브랜드 홍보 홈페이지를 만들어 보겠습니다.

✦ 완성 이미지

✦ 완성 파일

bit.ly/canva_landing

✦ 동영상 강의

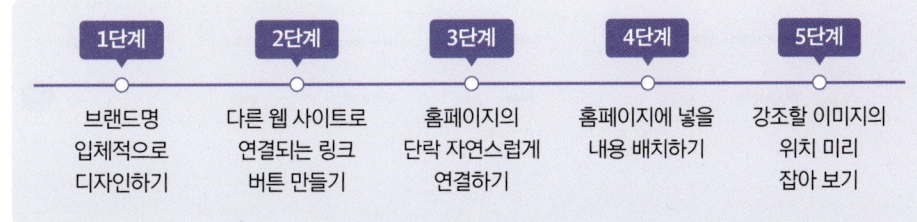

1단계	2단계	3단계	4단계	5단계
브랜드명 입체적으로 디자인하기	다른 웹 사이트로 연결되는 링크 버튼 만들기	홈페이지의 단락 자연스럽게 연결하기	홈페이지에 넣을 내용 배치하기	강조할 이미지의 위치 미리 잡아 보기

1단계

브랜드명
입체적으로 디자인하기

하면 된다!} 기본 서식 활용해 단락 구분하기

캔바에서는 별다른 프로그래밍을 하지 않아도 간단하게 홈페이지를 만들 수 있도록 기본 서식을 제공합니다. 그뿐만 아니라 'my.canva.site'로 끝나는 실제 홈페이지 주소도 제공해서 다른 사람이 실제로 접속해 볼 수도 있어요. 그럼 단락을 구분하는 것부터 천천히 시작해 볼까요?

01 ❶ 캔바에 로그인한 후 메인 화면에서 [웹사이트]를 선택합니다.

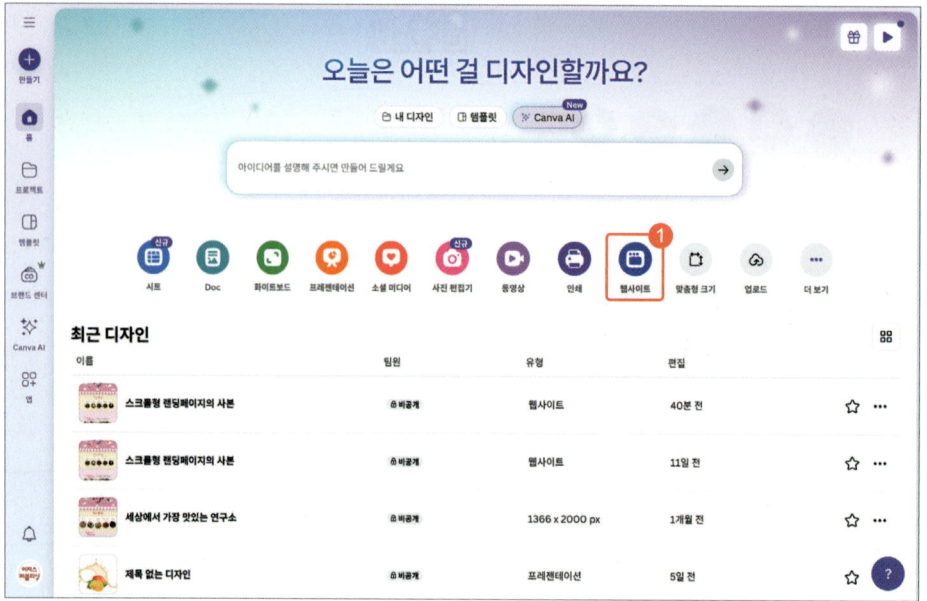

02 ① 먼저 캔버스를 세로로 길게 늘린 뒤 세 단락으로 나눠 내용을 분리해 주겠습니다. ② 왼쪽의 도구 바에서 [요소]를 클릭하고 ③ [도형]에서 사각형을 선택해서 캔버스에 불러온 후 ④ 왼쪽 위로 위치를 옮깁니다.

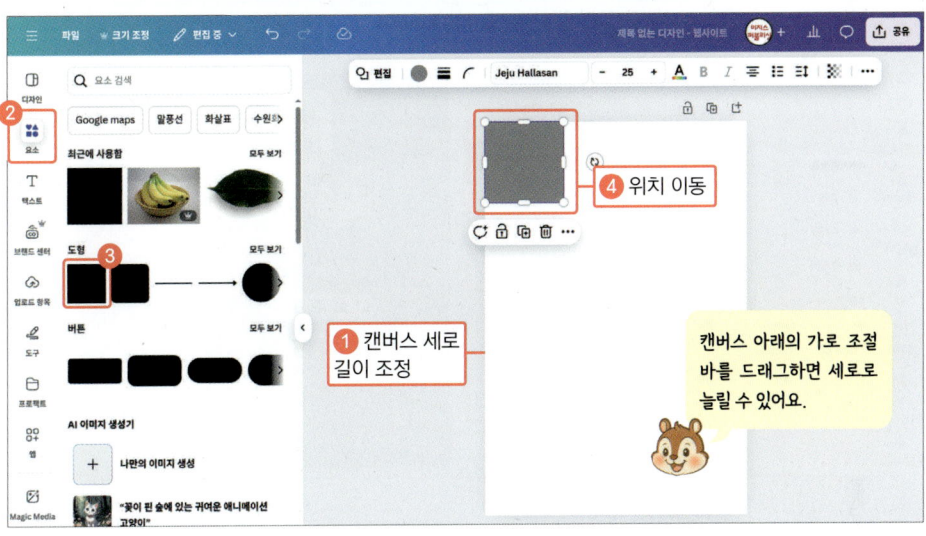

03 ① 사각형을 선택한 상태로 오른쪽 위에서 [더 보기 …]를 클릭하고 ② [위치]를 선택합니다. [위치] 창이 나타나면 ③ [정렬 → 고급] 아래에서 [너비]에 1366, [높이]에 667을 입력합니다. 1번째 단락을 나눌 직사각형의 위치와 크기를 설정했습니다.

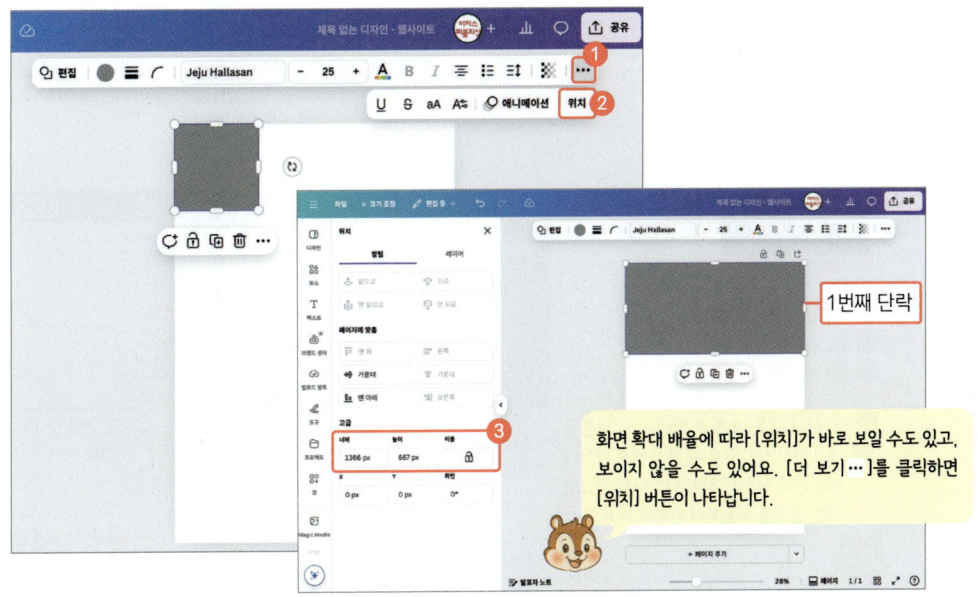

04 Ctrl + C 를 눌러 1번째 직사각형 요소를 복사한 뒤 Ctrl + V 로 붙여 넣어 2개 더 만든 후 아래로 드래그해서 빈 부분을 모두 채웁니다.

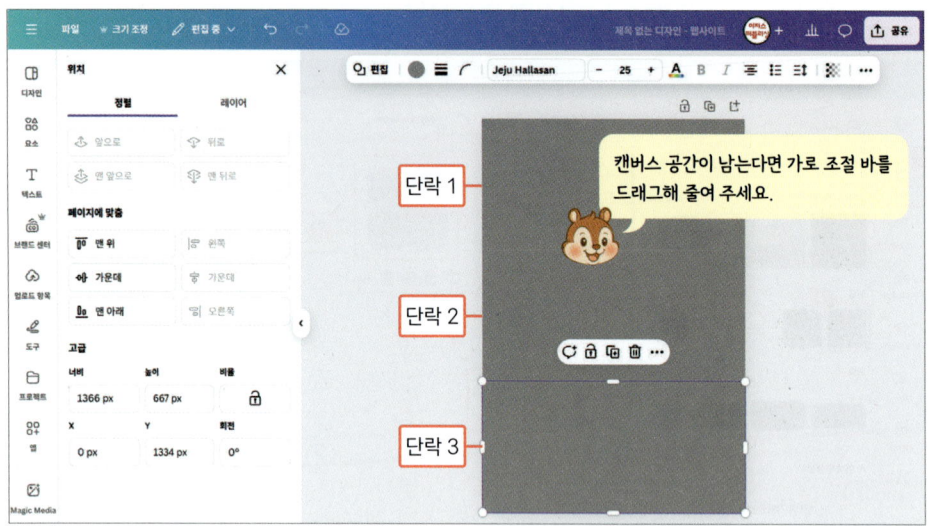

05 도형 3개를 구분할 수 있도록 색을 바꿔 보겠습니다. ❶ 단락 1을 선택하고 ❷ [색상 ●]을 클릭해서 ❸ [색상] 창이 나타나면 [새로운 색상 추가 ⊕]를 클릭하고 ❹ 아래쪽 색상 코드란에 F497C1을 입력합니다. 나머지 ❺ 2번째, ❻ 3번째 단락도 같은 방법으로 다음과 같이 색을 바꿔 줍니다.

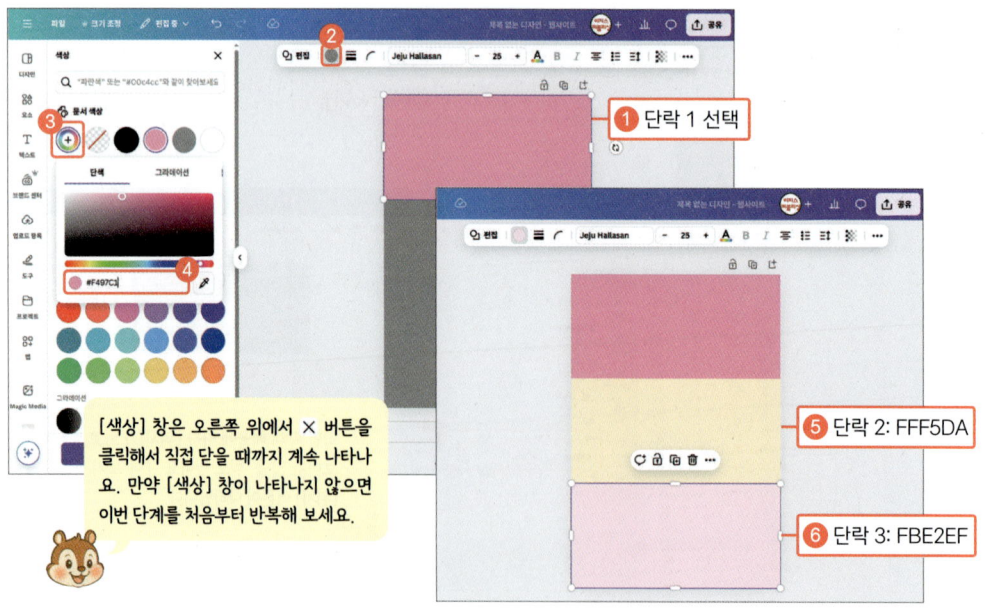

하면 된다!} TypeLettering 앱으로 제목 넣기

캔바에는 웹 브라우저의 '확장 프로그램'처럼 다른 사람이 만든 기능을 추가해서 쓸 수 있는 '앱'이 있다고 했죠? 앱을 활용하면 목업뿐만 아니라 문자 디자인도 클릭 한 번으로 만들 수 있습니다. 이번에는 'TypeLettering' 이라는 앱을 활용해서 간단히 문자 디자인을 해보겠습니다.

01 ① 왼쪽의 도구 바에서 [앱]을 선택하고 ② 오른쪽 검색란에 typelettering을 검색합니다. ③ 아래 검색 결과에서 [TypeLett...] 앱을 선택합니다.

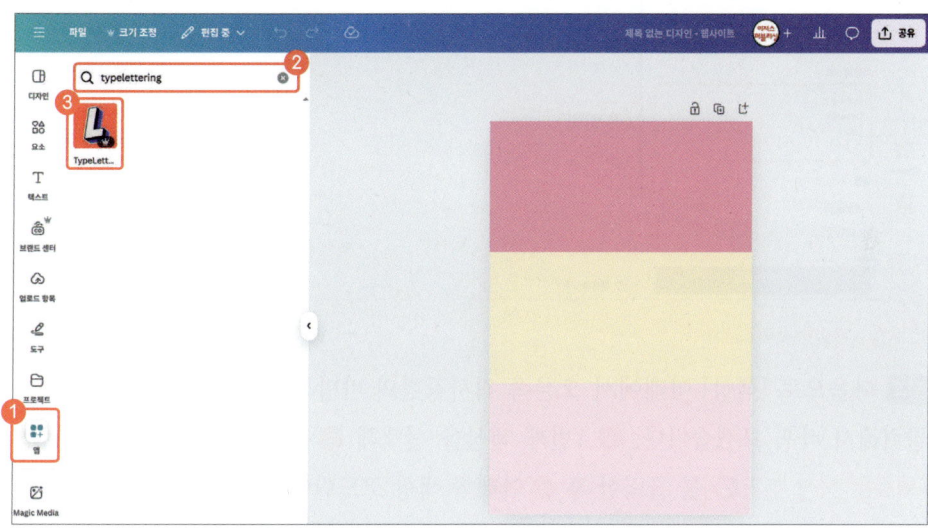

02 ① TypeLettering 앱의 첫 화면에서 [열기]를 클릭하고 ② 4번째의 [Super Rad] 템플릿을 선택합니다.

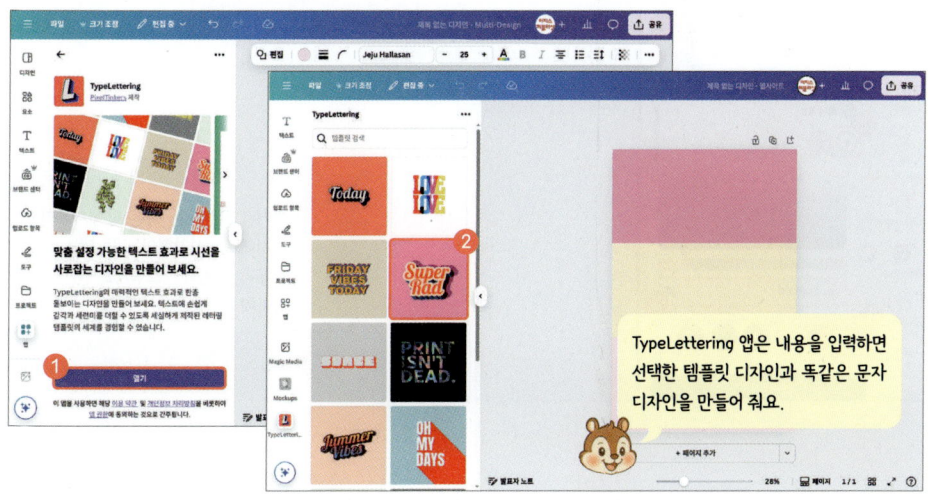

11 ✦ 진짜 작동하는 브랜드 홍보 홈페이지 만들기

03 ① [기본 텍스트] 아래에 Delicious Dessert Lab을 입력하면 ② 바로 위에 [Super Rad] 템플릿과 같은 문자 디자인을 적용해서 보여 줍니다.

04 다음으로 [색상] 아래에서 오른쪽 직사각형의 바탕색과 어울리는 색을 하나씩 클릭해서 바꿔 보겠습니다. ① 1번째 색상을 선택해 ② [문서 색상] 창이 나타나면 [새로운 색상 추가 ⊕]를 클릭한 후 ③ 아래쪽 색상 코드란에 F497C1을 입력합니다.

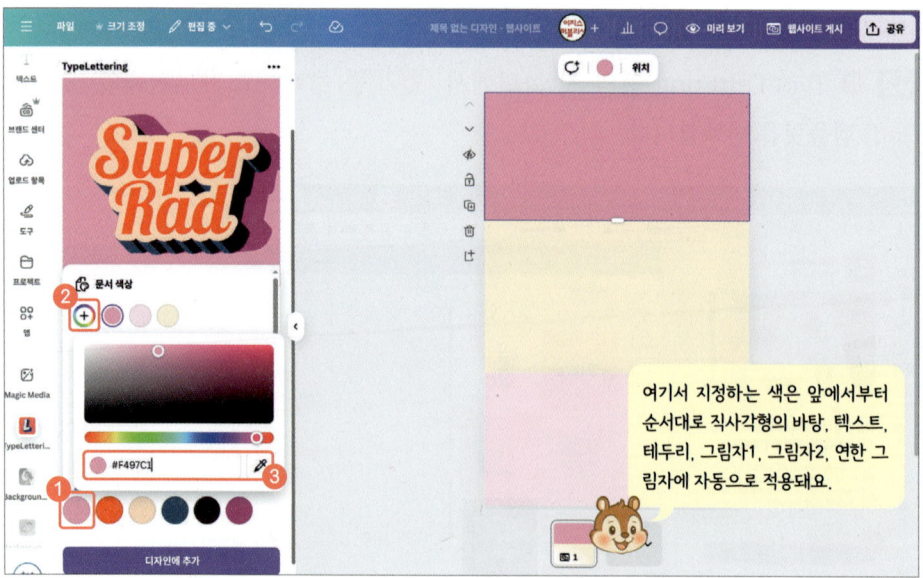

05 같은 방법으로 앞에서부터 색상을 차례로 선택한 뒤 각각 다음과 같이 ❶ FF3B94, ❷ FED9BC, ❸ 005077, ❹ 4C0631을 입력하고 마지막으로 연한 그림자에 적용되도록 ❺ F497C1을 다시 지정합니다.

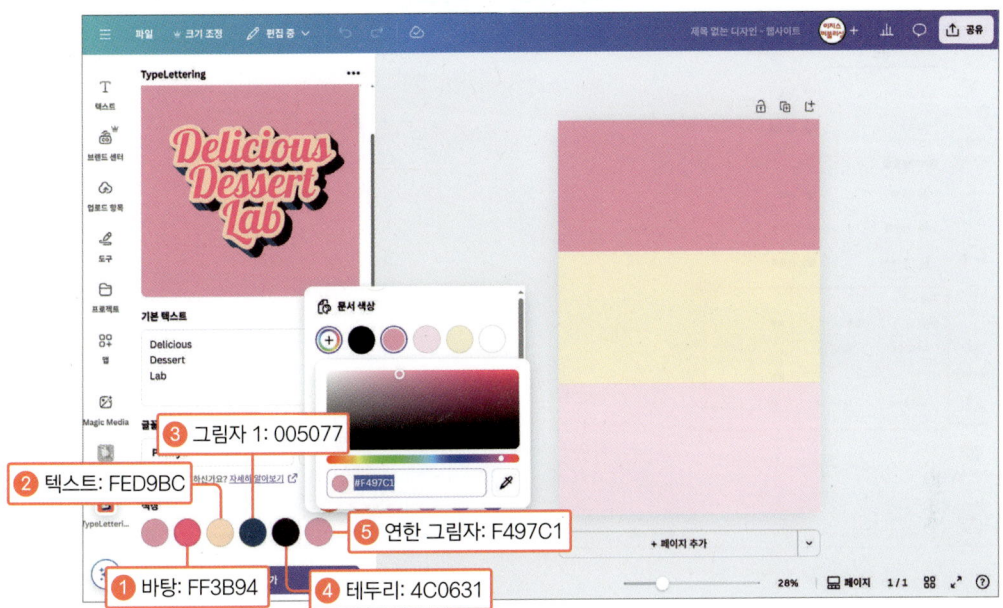

06 ❶ [디자인에 추가]를 클릭해서 오른쪽 캔버스로 불러와 ❷ 단락 1로 드래그해 이동합니다.

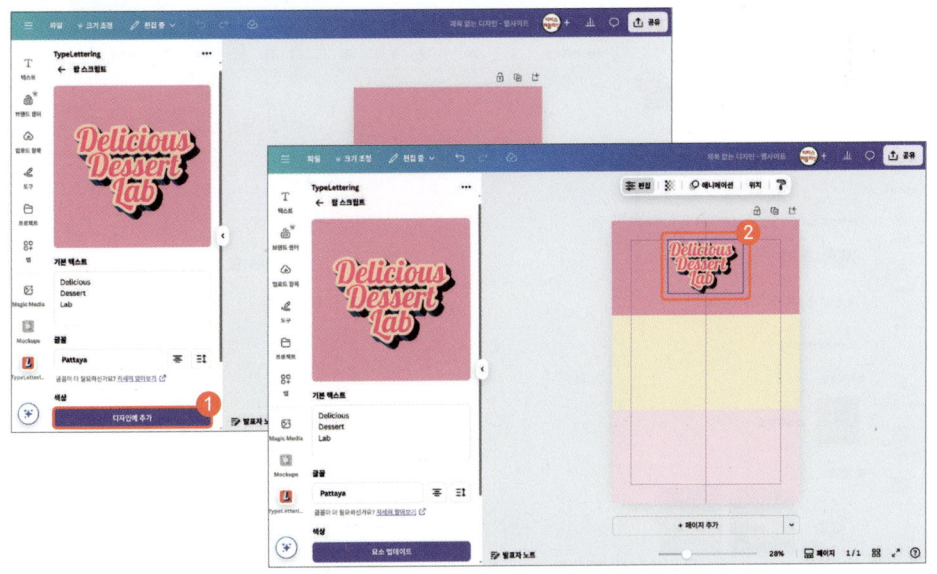

11 ✦ 진짜 작동하는 브랜드 홍보 홈페이지 만들기

07 ① [위치]를 클릭해 [위치] 창이 나타나면 ② [너비]에 467.6, [높이]에 323.7을 입력합니다. ③ 텍스트 상자가 가운데에 오도록 위치를 조정합니다.

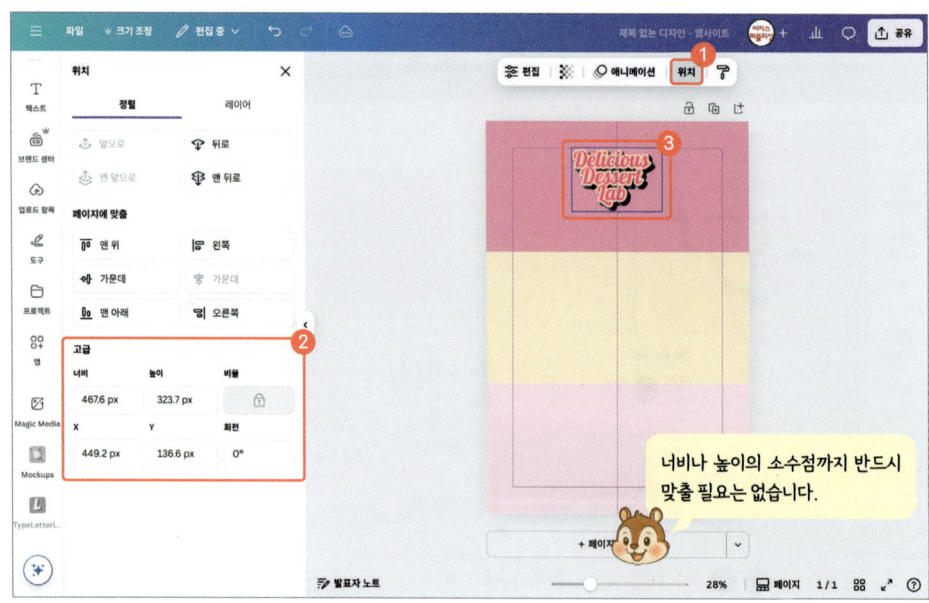

08 각 줄의 첫 글자만 색을 바꿔서 강조해 보겠습니다. ① 왼쪽의 도구 바에서 [텍스트]를 클릭하고 ② [텍스트 상자 추가]를 선택해 텍스트 상자에 첫 번째 줄의 첫 글자인 D를 입력합니다. 같은 방법으로 D, L 텍스트 상자도 각각 추가해 만들어 보세요.

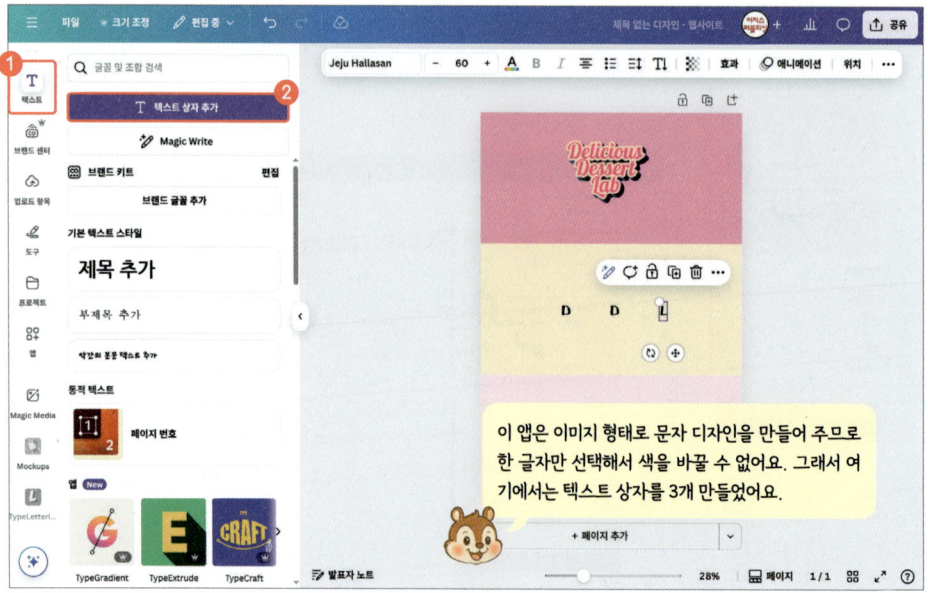

09 ① Shift 를 누른 채 텍스트 상자 3개를 모두 선택합니다. ② [Jeju Hallasan]을 클릭해 [글꼴] 설정 창이 나타나면 ③ 검색란에 Pattaya를 입력합니다. ④ 검색 결과에서 Pattaya 글꼴을 선택한 후 ⑤ 글자 크기를 84.5로 설정합니다.

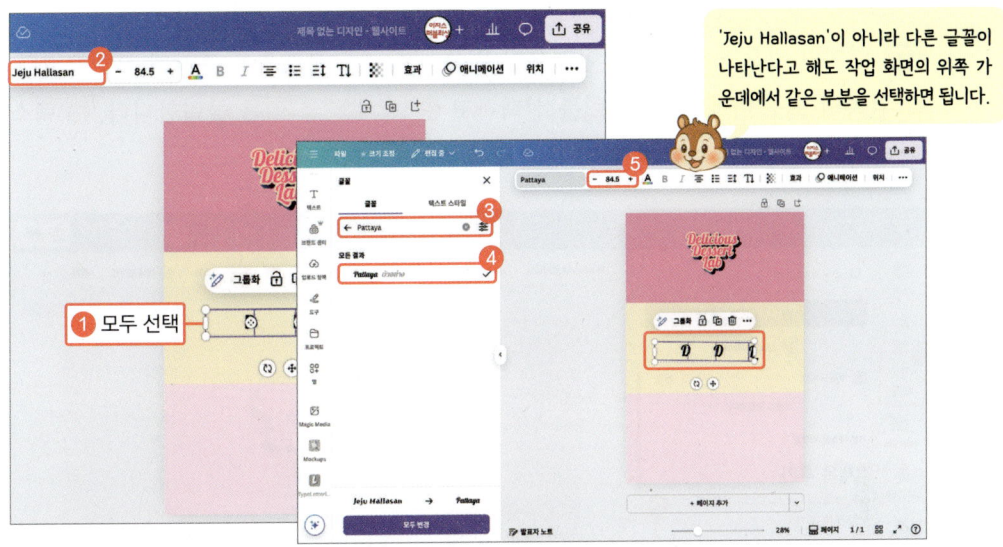

'Jeju Hallasan'이 아니라 다른 글꼴이 나타난다고 해도 작업 화면의 위쪽 가운데에서 같은 부분을 선택하면 됩니다.

10 ① [텍스트 색상 A]을 클릭하고 ② [새로운 색상 추가 ⊕]를 클릭해 [색상] 창이 나타나면 ③ 아래쪽 색상 코드란에 81C1EA를 입력합니다. ④ 글자색이 바뀌면 바깥의 빈 곳을 클릭해 전체 선택을 해제한 뒤, 글자를 하나씩 선택해서 각 줄의 첫 번째 글자 위치로 드래그해 줍니다. 글자의 색이 자연스럽게 정리되었습니다.

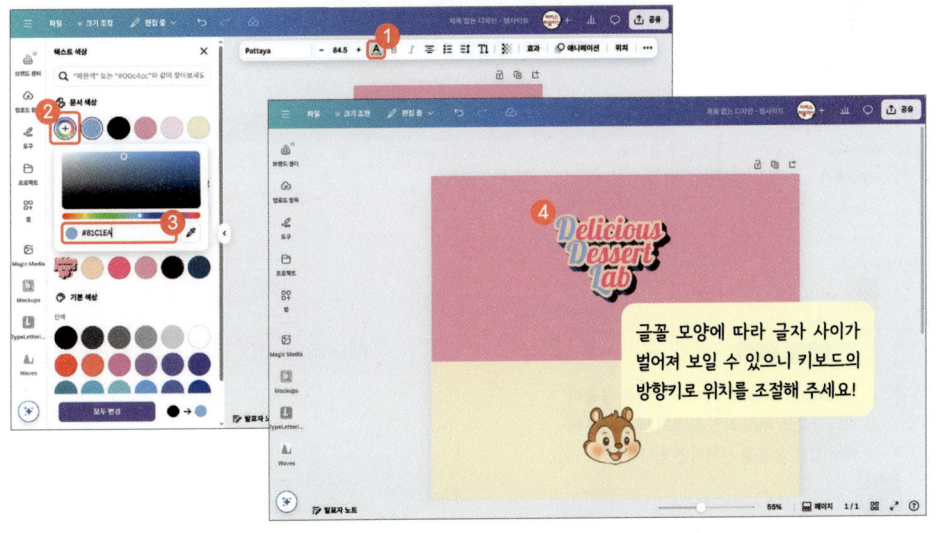

글꼴 모양에 따라 글자 사이가 벌어져 보일 수 있으니 키보드의 방향키로 위치를 조절해 주세요!

11 ✦ 진짜 작동하는 브랜드 홍보 홈페이지 만들기   311

하면 된다!} 부제목 넣고 효과 추가하기

캔바에서도 문구에 부채꼴 효과를 넣을 수 있습니다. 곡선 효과를 활용해서 부제목을 부채꼴 모양으로 둥글게 만들어 보겠습니다.

01 영어만 있으면 알아보기 어려우니 위쪽에 한글로 부제목을 추가해 보겠습니다. ❶ 왼쪽의 도구 바에서 [텍스트]를 선택하고 ❷ [부제목 추가]를 클릭합니다. ❸ 텍스트 상자가 나타나면 다음과 같이 부제목 내용을 입력합니다.

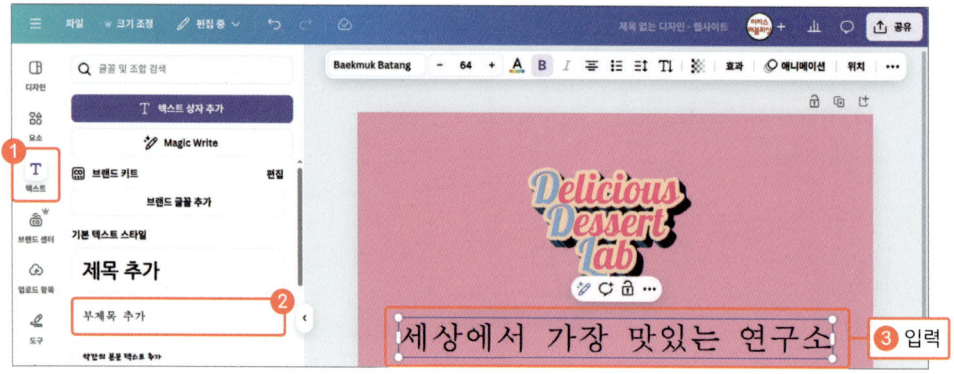

02 ❶ [Baekmuk Batang]을 클릭하면 왼쪽에 [글꼴] 설정 창이 나타납니다. ❷ [글꼴] 아래 검색란에 210 타임라인을 입력하고 ❸ 검색 결과에서 [210 타임라인] 글꼴을 선택합니다.

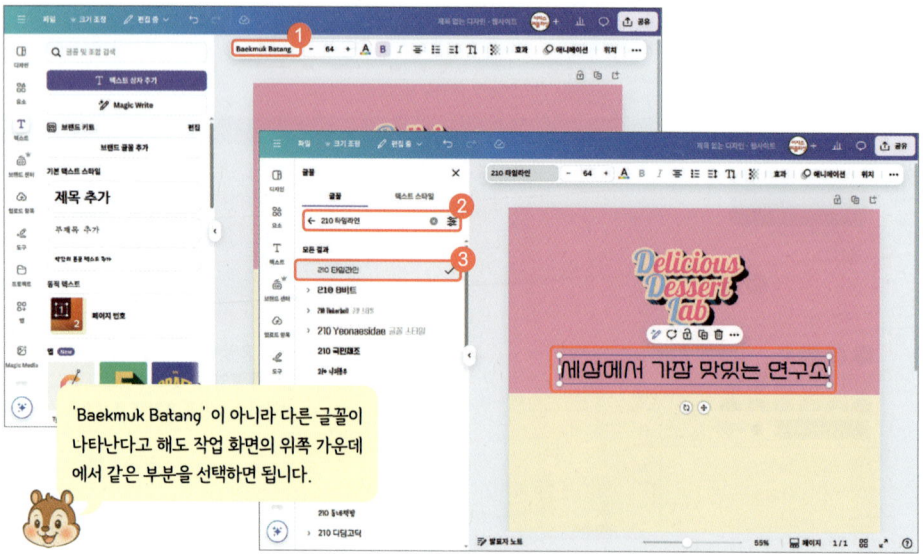

'Baekmuk Batang'이 아니라 다른 글꼴이 나타난다고 해도 작업 화면의 위쪽 가운데에서 같은 부분을 선택하면 됩니다.

03 ① [텍스트 색상 A]을 클릭해 [텍스트 색상] 창이 나타나면 ② [기본 단색] 아래에서 흰색을 선택합니다. ③ 화면 위에서 글자 크기를 23.6으로 설정합니다.

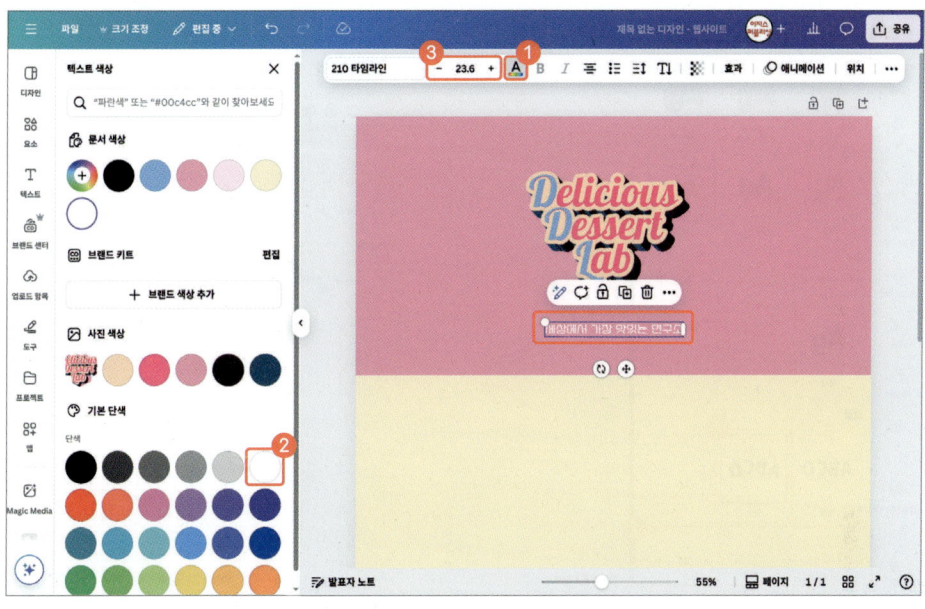

04 부제목에 텍스트 효과를 추가해 보겠습니다. ① 부제목을 선택한 후 ② 화면 위에서 [효과]를 클릭합니다. ③ [효과] 창이 나타나면 [스타일] 아래에서 [네온]을 선택하고 ④ [강도]를 50으로 설정합니다.

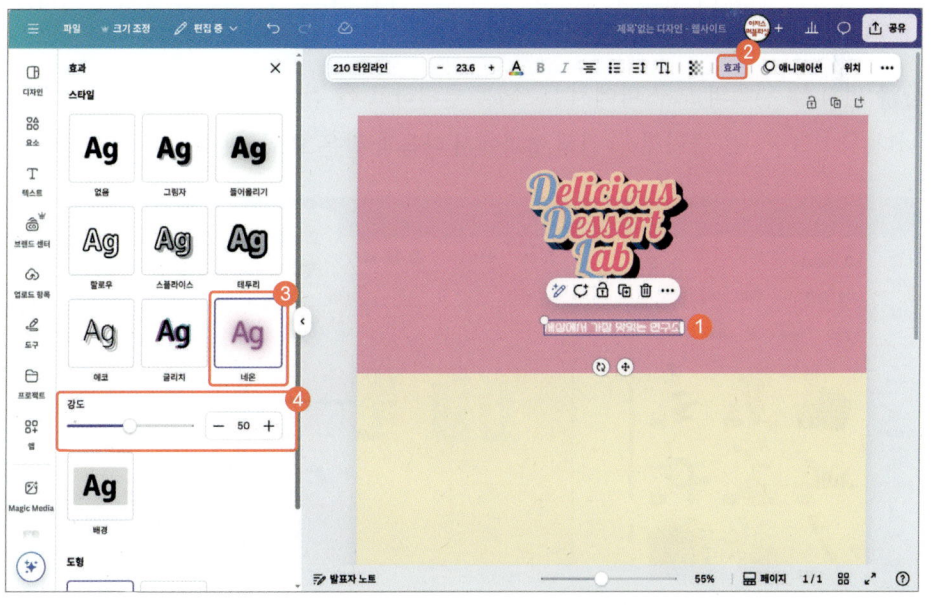

05 ① 스크롤을 아래로 내려 [도형]에서 [곡선]을 선택한 후 ② [곡선]을 26으로 조정합니다. ③ 부제목을 제목 위로 드래그해서 위치를 잡습니다.

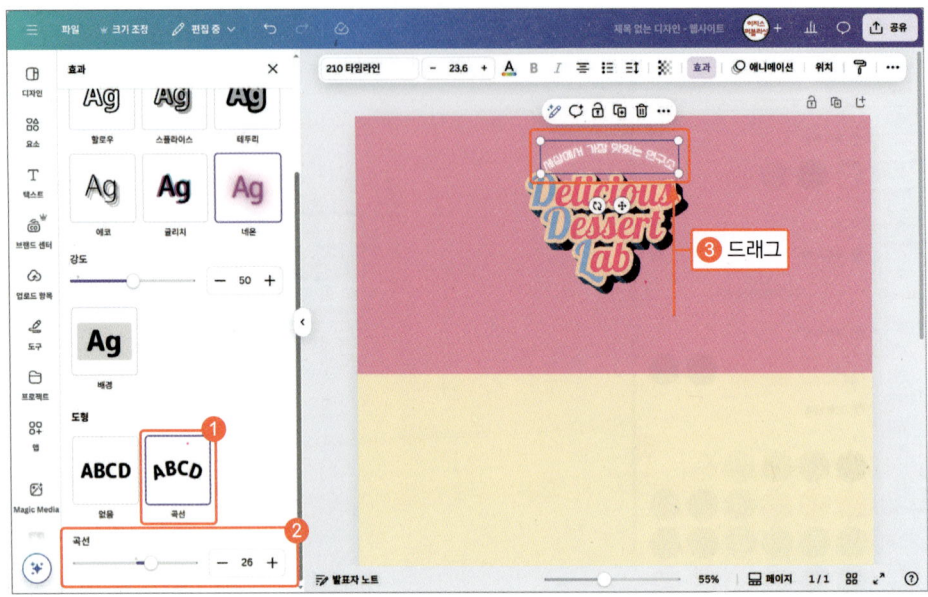

하면 된다!} 제목과 부제목 주변에 꾸밈 요소 넣기

주변의 빈 공간은 여러 가지 요소를 추가해서 꾸며 줍니다. 브랜드의 이름에 '연구소'를 뜻하는 'Lab'이 있으니, 연구소와 디저트 하면 떠오르는 요소를 넣어 봅시다.

01 먼저 ① 왼쪽의 도구 바에서 [요소]를 클릭하고 ② 검색란에 실험실 3d를 입력합니다. ③ [그래픽]을 클릭해 ④ 검색 결과에서 다음과 같은 요소 3개를 찾아 배치합니다.

02 그래픽 요소의 크기를 적절히 줄여 보겠습니다. ❶ 먼저 왼쪽의 시험관 요소를 선택하고 ❷ 화면 오른쪽 위에서 [위치]를 클릭합니다. ❸ [위치] 창이 나타나면 [너비]에 83.3, [높이]에 86.5, [회전]에 -14.4를 입력합니다. 나머지 두 그래픽 요소도 같은 방법으로 다음과 같이 크기와 각도를 조정해 보세요.

03 발랄한 분위기에 맞게 요소의 밝기를 조금 올려 주겠습니다. ❶ 왼쪽의 시험관 요소를 선택하고 ❷ [편집]을 클릭한 후 ❸ [조정]을 클릭합니다. [조정] 창이 나타나면 ❹ [조명] 아래에서 [밝기]를 10으로 수정합니다. 나머지 두 그래픽 요소도 같은 방법으로 밝기를 다음과 같이 조정합니다.

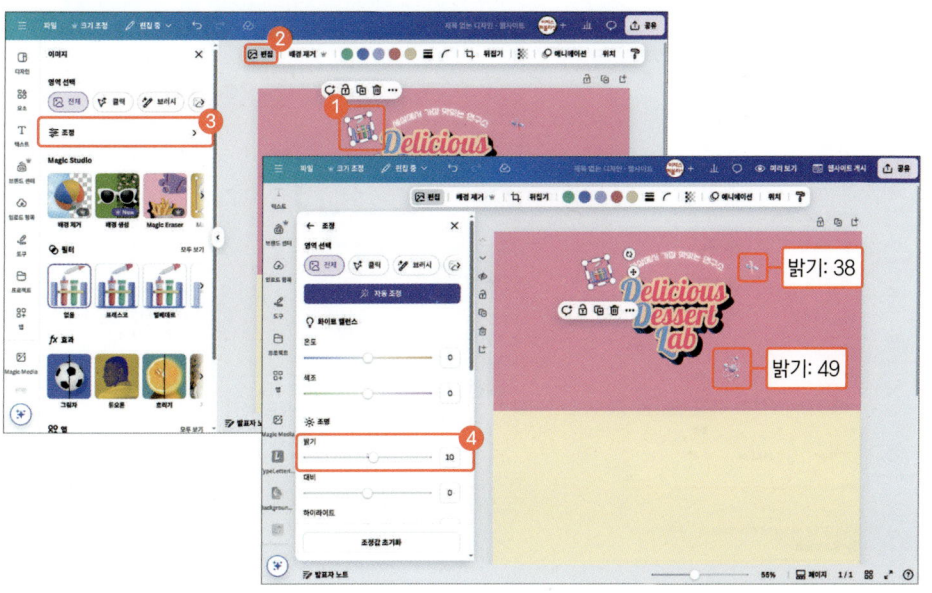

04 꾸밈 요소를 추가해 보겠습니다. ❶ 왼쪽의 도구 바에서 [요소]를 클릭하고 ❷ 오른쪽 검색란에 디저트 3d를 입력합니다. ❸ [그래픽]을 클릭하고 검색 결과에서 ❹ 다음과 같은 요소를 찾아 배치합니다.

05 ❶ 딸기 케이크 요소를 선택한 채 ❷ 화면 오른쪽 위에서 [위치]를 클릭합니다. ❸ [너비]에 100, [높이]에 98.6, [회전]에 31을 입력합니다. 나머지 요소도 다음과 같이 크기를 조정한 후 배치해 줍니다.

06 컵케이크 요소를 선택한 뒤 아래쪽의 가로 조절 바를 잡고 위쪽으로 드래그합니다. 다음 단락으로 넘어가 어색해 보이는 부분을 간단히 잘라 낼 수 있습니다.

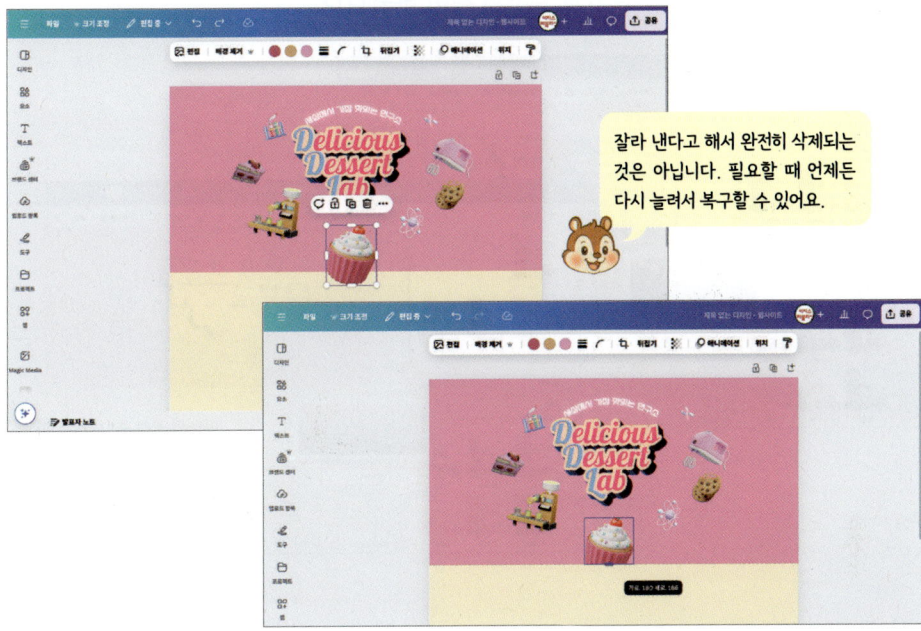

잘라 낸다고 해서 완전히 삭제되는 것은 아닙니다. 필요할 때 언제든 다시 늘려서 복구할 수 있어요.

07 반죽 기계의 색감을 전체 색감과 어울리게 만들어 보겠습니다. ❶ 반죽 기계 요소를 선택하고 ❷ [편집]을 클릭합니다. ❸ 왼쪽 [이미지 창]의 [효과] 아래에서 [듀오톤]을 선택해 [듀오톤] 창이 나타나면 ❹ [맞춤화]를 선택합니다.

듀오톤은 이미지의 기존 색을 지우고 내가 선택한 2가지 색만으로 구성되도록 바꾸는 기능이에요. 화려한 이미지라면 조금 단조로워질 수도 있지만, 내가 원하는 색으로 바꿀 수 있다는 장점이 있어요.

11 ✦ 진짜 작동하는 브랜드 홍보 홈페이지 만들기 317

08 ❶ [하이라이트] 오른쪽의 [색상 코드 ●]를 클릭하고 ❷ 색상 코드란에 FFFFFF 을 입력합니다. ❸ [그림자] 오른쪽의 [색상 코드 ●]도 클릭하고 ❹ 색상 코드란에 F24578을 입력합니다. 반죽 기계 요소의 색이 바뀝니다.

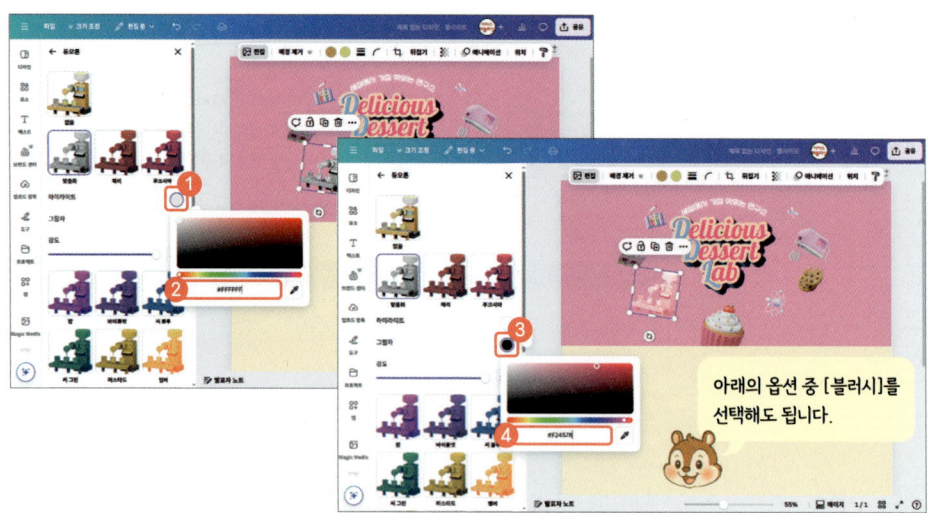

아래의 옵션 중 [블러시]를 선택해도 됩니다.

09 반죽 기계의 컵 위로 컵케이크 요소를 올려 컵케이크를 만드는 기계처럼 바꿔 보겠습니다. ❶ 왼쪽의 도구 바에서 [요소]를 클릭하고 ❷ 오른쪽 검색란에 컵케이크 3d를 입력합니다. ❸ [그래픽]을 클릭해 아래 검색 결과에서 어울리는 컵케이크 요소를 찾아 ❹ 다음과 같이 배치한 후 Shift를 누른 채 모두 선택합니다. ❺ [그룹화]를 클릭해 움직이지 않게 만듭니다.

[위치]를 클릭하고 컵케이크 요소의 크기를 29.5*37.7, 각도를 15.6으로 조정해 보세요.

10 마찬가지로 분위기에 맞게 요소의 밝기를 조금 올려 주겠습니다. ① 왼쪽의 케이크 요소를 선택하고 ② [편집]을 클릭한 뒤 ③ [조정]을 클릭합니다. [조정] 창이 나타나면 ④ [조명] 아래에서 [밝기]를 43으로 수정합니다. 나머지 요소도 같은 방법으로 다음과 같이 밝기를 조정합니다.

11 구름 일러스트를 추가해서 제목 주변을 더 채워 보겠습니다. ① 왼쪽의 도구 바에서 [요소]를 클릭하고 ② 오른쪽 검색란에 구름 3d를 입력합니다. ③ [그래픽]을 클릭해 아래 검색 결과에서 마음에 드는 구름 요소를 찾아 클릭합니다.

총 6개를 불러와 주세요.

12 ① 구름 요소를 하나 선택한 채로 화면 오른쪽 위에서 ② [위치]를 클릭합니다. 왼쪽에 [위치] 창이 나타나면 ③ [너비]에 113.4, [높이]에 61을 입력합니다. 나머지 요소도 같은 방법으로 다음과 같이 크기를 조정한 후 보기 좋게 배치합니다.

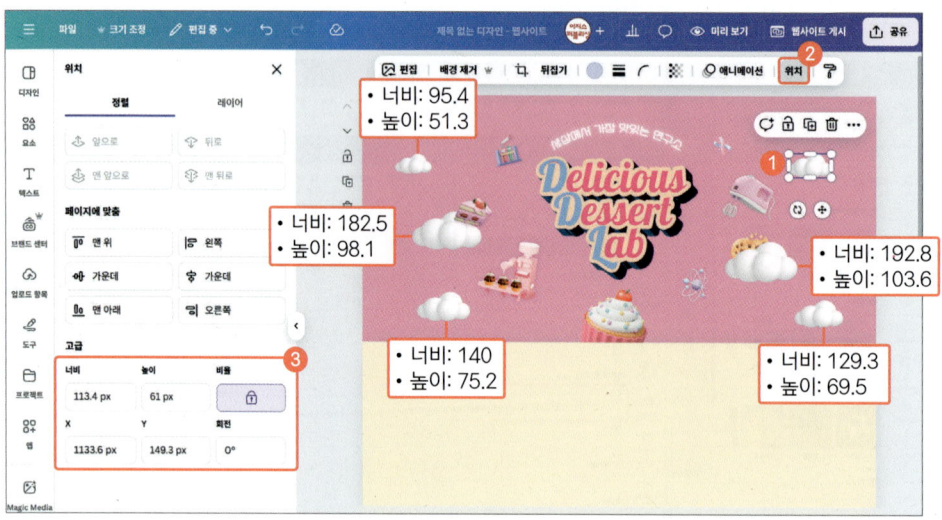

13 구름 뒤로 숨은 쿠키 요소를 꺼내 보겠습니다. ① 쿠키 요소를 선택하고 ② 화면 오른쪽 위에서 [위치]를 클릭합니다. 왼쪽에 [위치] 창이 나타나면 ③ [레이어]를 클릭하고 ④ 쿠키 요소를 맨 위로 끌어올려 줍니다. ⑤ 쿠키가 구름 위로 올라왔습니다.

14 나머지 빈 공간은 꾸밈 요소를 넣어 보겠습니다. ❶ 왼쪽의 도구 바에서 [요소]를 클릭하고 ❷ 오른쪽 검색란에 컨페티 3d를 입력합니다. ❸ [그래픽]을 클릭하고 ❹ 아래 검색 결과에서 마음에 드는 꾸밈 요소를 클릭해 불러옵니다.

15 장식용 요소는 그대로 쓰는 것보다 조각조각 잘라서 배치해 보세요. 내 디자인의 빈 곳을 정확히 채울 수 있어서 완성도를 높일 수 있습니다. ❶ 장식용 요소를 선택한 채 화면 위에서 [자르기]를 클릭한 뒤 ❷ 조절 바를 움직여 조각 하나만 선택하고 ❸ [자르기] 창 아래에서 [완료]를 클릭합니다. 다른 요소도 같은 방법으로 잘라 준비해 둡니다.

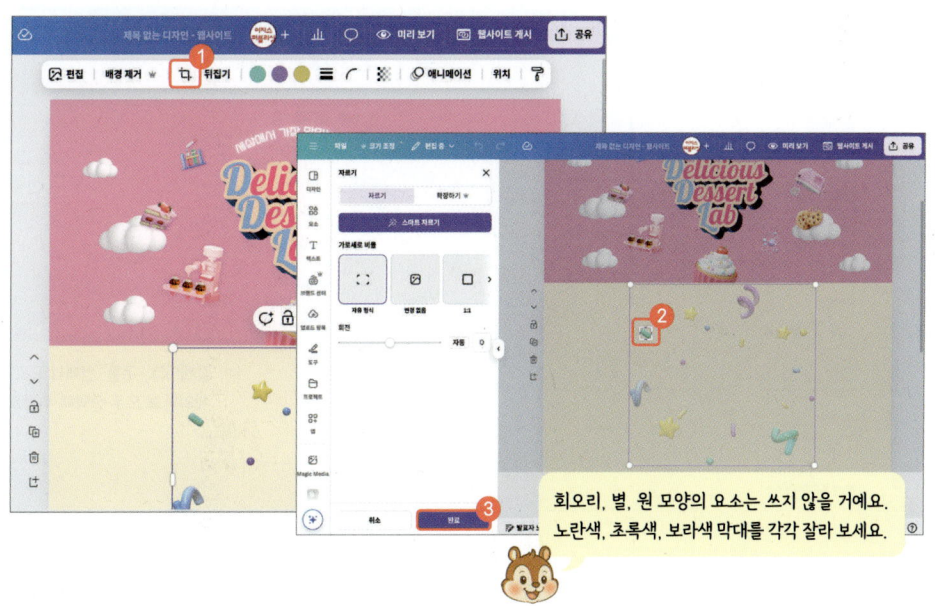

회오리, 별, 원 모양의 요소는 쓰지 않을 거예요.
노란색, 초록색, 보라색 막대를 각각 잘라 보세요.

16 Ctrl + C를 눌러 장식용 요소를 여러 개 복사해서 Ctrl + V로 붙여 넣은 후 다음과 같이 배치합니다.

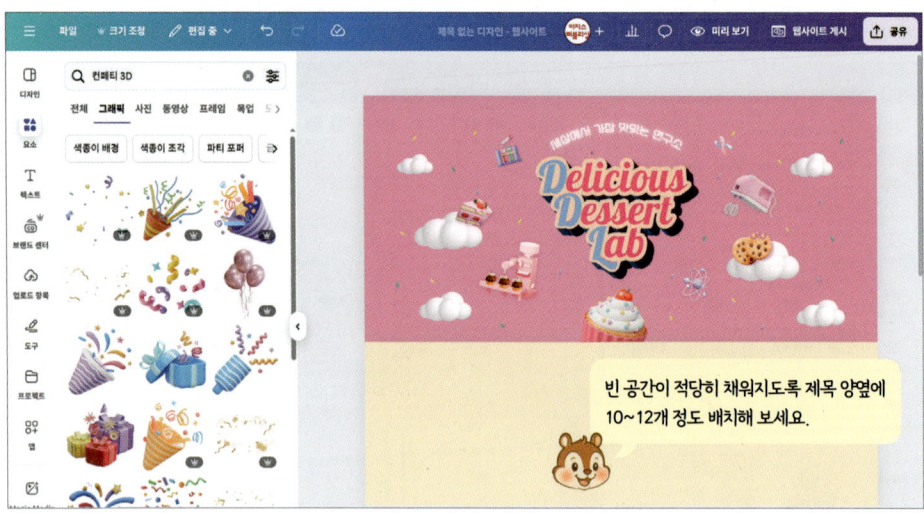

하면 된다!} 애니메이션과 효과 넣기

이번에는 여러 요소에 애니메이션 효과를 주어 시선을 집중시켜 볼게요.

01 ❶ Shift 를 누른 채 다음과 같이 요소를 선택합니다. ❷ 화면 위에서 [애니메이션]을 클릭해 왼쪽에 [애니메이션] 창이 나타나면 ❸ [떠오르기]를 선택합니다.

02 마지막으로 제목 옆에 빛 요소를 추가해서 주목도를 조금 더 올려 보겠습니다. ❶ 왼쪽의 도구 바에서 [요소]를 클릭하고 ❷ 오른쪽 검색란에 빛을 입력한 후 ❸ [그래픽] 아래 검색 결과에서 다음과 같은 빛 요소를 추가합니다.

03 ❶ 화면 오른쪽 위에서 [위치]를 선택해 [위치] 창이 나타나면 ❷ [너비]에 238, [높이]에 241.1을 입력한 후 ❸ 다음과 같이 첫 행의 첫 글자인 D의 맨 윗부분으로 드래그해서 이동해 줍니다.

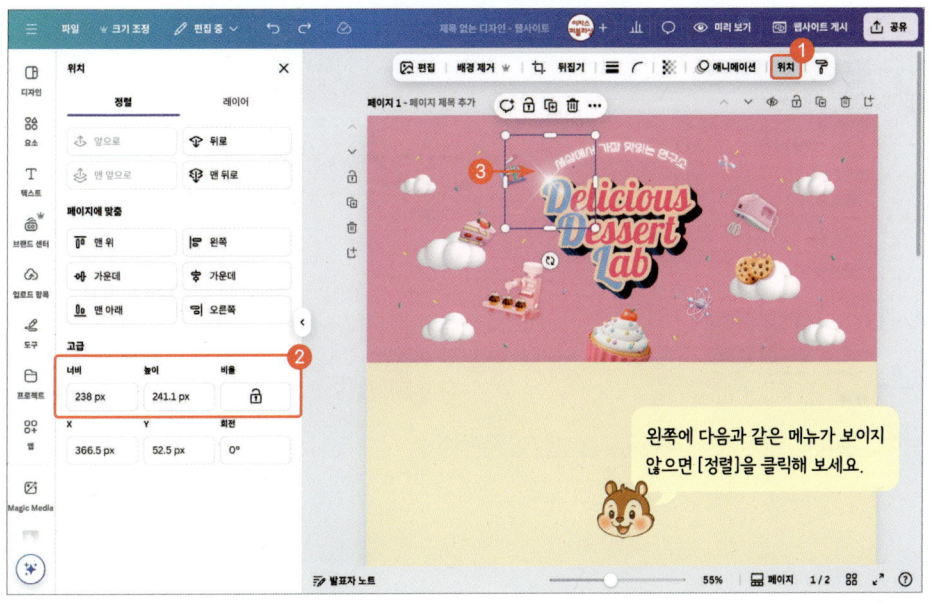

2단계

다른 웹 사이트로 연결되는
링크 버튼 만들기

하면 된다!} 링크 기능으로 웹 사이트 주소 연결하기

캔바의 '링크' 기능을 활용하면 다른 웹 사이트로 이동할 때 사용하는 버튼도 간단히 만들 수 있습니다. 여기에서는 인스타그램과 유튜브로 이동할 수 있는 버튼을 만들어 보겠습니다.

01 ① 캔바 작업 화면의 왼쪽 도구 바에서 [텍스트]를 선택하고 ② [텍스트 상자 추가]를 클릭해 ③ 텍스트 상자가 나타나면 INSTAGRAM을 입력합니다. ④ 텍스트 상자를 선택한 채 [Ctrl] + [C]를 눌러 복사해서 [Ctrl] + [V]로 붙여 넣은 후 내용을 YOUTUBE로 바꾸고 화면 오른쪽 위에 배치합니다.

텍스트 상자는 2개만 만들면 됩니다.

02 ① Shift 를 누른 채 텍스트 상자 2개를 모두 선택합니다. ② 글자 크기를 14.5
로 바꿉니다.

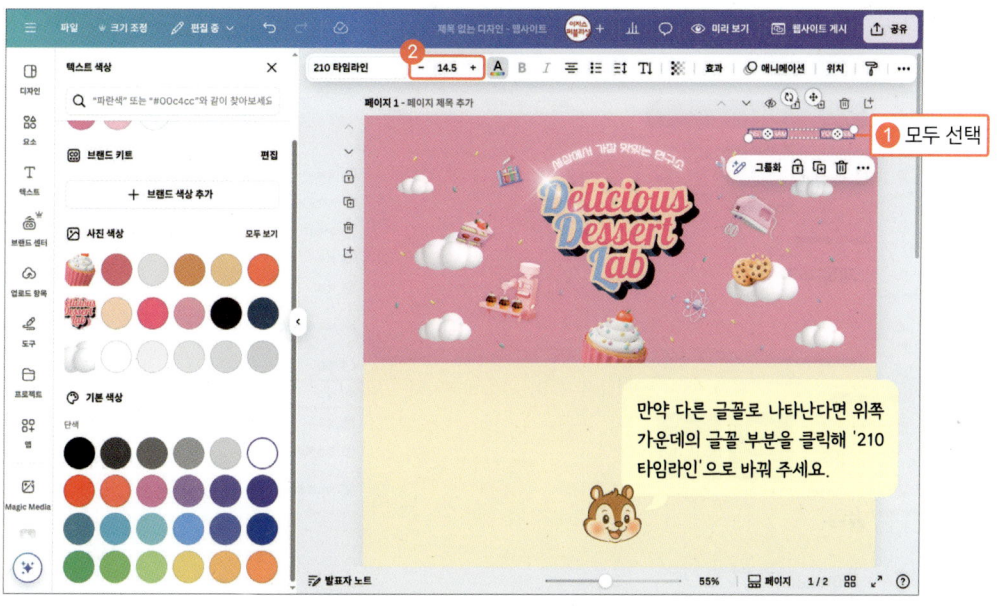

03 ① [텍스트 색상 A]을 클릭해 오른쪽에 [텍스트 색상] 창이 나타나면 ② [기본
단색] 아래에서 흰색을 선택합니다.

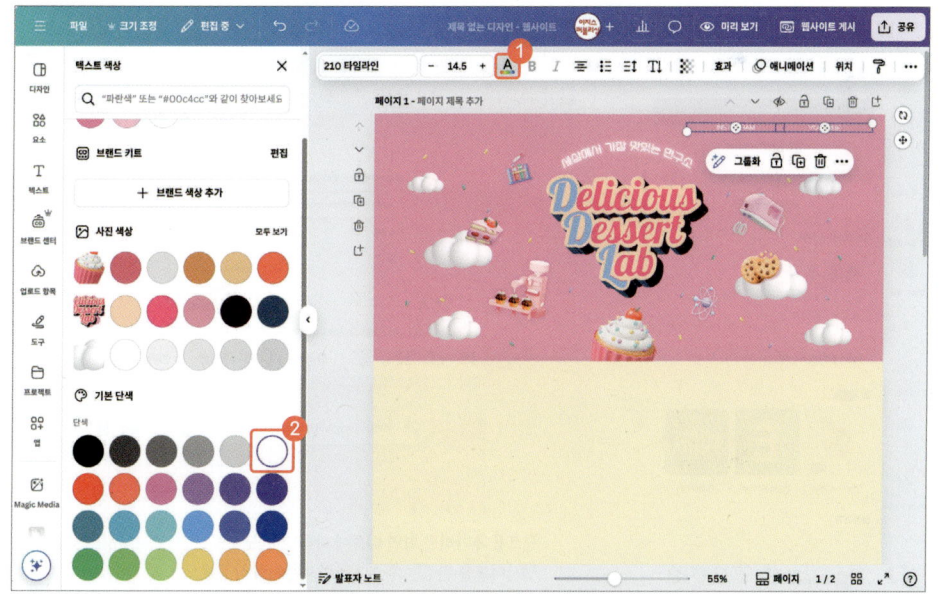

04 ① 왼쪽의 [INSTAGRAM] 글자를 선택하고 마우스 오른쪽 버튼을 누른 후 ② [링크]를 선택합니다.

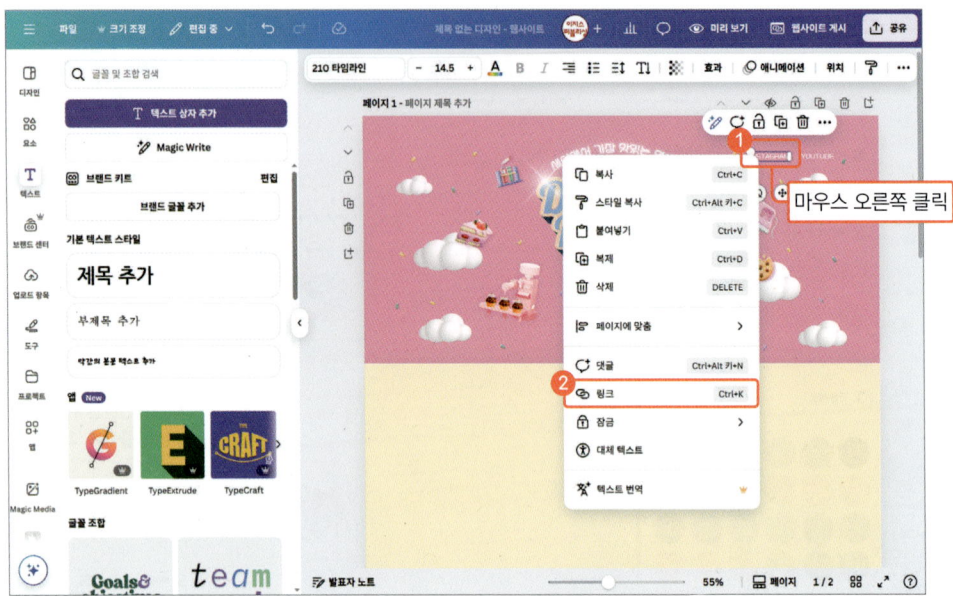

05 ① 링크를 입력하는 창이 나타나면 자신의 인스타그램 주소를 입력하고 ② [완료]를 클릭합니다. ③ [INSTAGRAM]에 링크가 삽입됩니다.

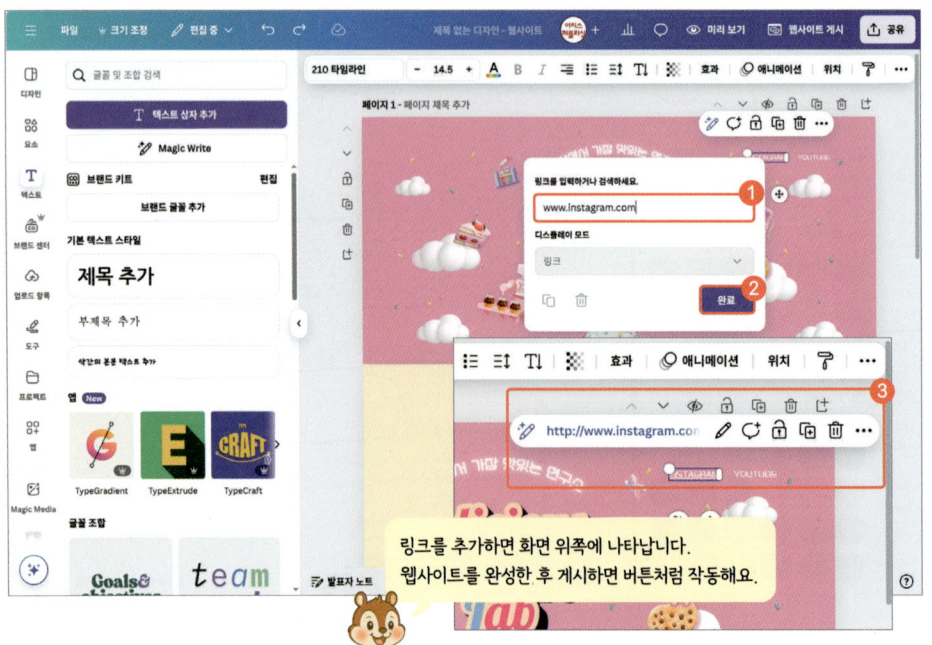

06 오른쪽의 [YOUTUBE]에도 같은 방법으로 링크를 추가해 줍니다.

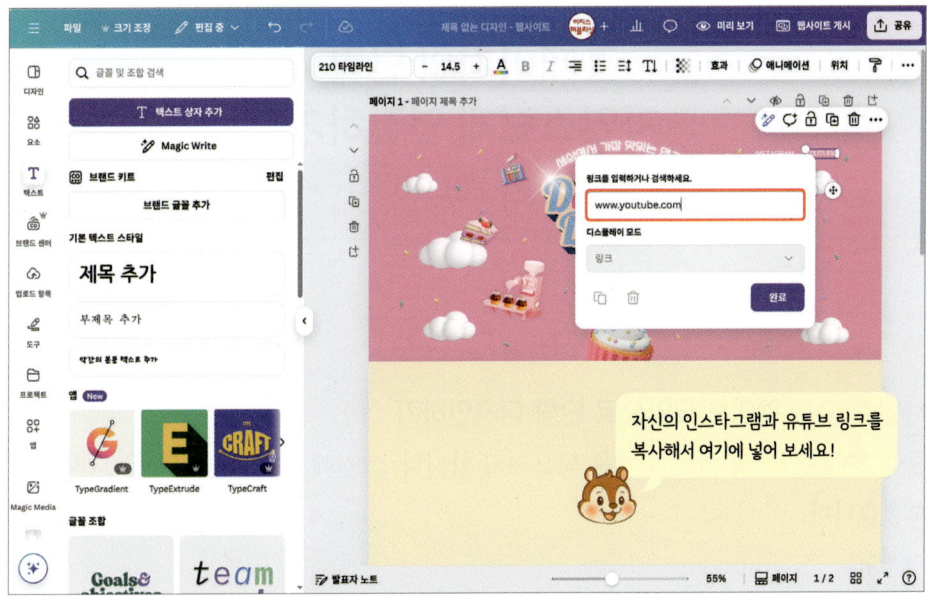

 방구석 다람쥐의 깨알 팁!

캔바로 포털 사이트를 만들 수도 있나요?

우리가 자주 사용하는 포털 사이트를 떠올려 봅시다. 여러 메뉴를 클릭하면 해당하는 내용을 열 수 있고, 또 그 안에서 다른 내용을 살펴볼 수 있죠? 하지만 캔바는 아쉽게도 버튼을 클릭해 특정 섹션으로 바로 이동하는 '앵커 링크' 기능은 지원하지 않아요. 내부로 통하는 링크를 연결할 수 없는 대신 외부 링크나 다른 캔바 페이지로만 연결할 수 있습니다. 캔바로 네이버 같은 포털 사이트까지 구현하기는 어렵지만, 대신 다양한 페이지를 이어 붙여서 간단한 홈페이지를 만들 수 있어요.

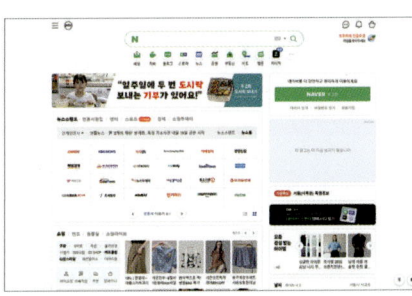
페이지를 클릭해 또 다른 페이지로 이동할 수 있는 포털 사이트

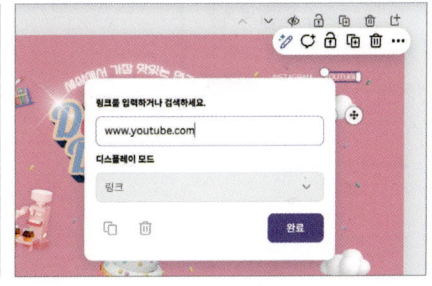
설정해 둔 하나의 페이지로만 이동할 수 있는 랜딩 페이지

11 ✦ 진짜 작동하는 브랜드 홍보 홈페이지 만들기 327

> 3단계

홈페이지의 단락
자연스럽게 연결하기

하면 된다!} 웨이브 모양으로 단락 디자인하기

단락 2에는 가게의 메뉴 소개를 넣으려고 합니다. 그전에 먼저 레이아웃을 디자인해 보겠습니다.

01 디저트 가게 느낌이 나게 차양 요소를 추가해 보겠습니다. ❶ 캔바 작업 화면의 왼쪽 도구 바에서 [요소]를 선택하고 ❷ 오른쪽 검색란에 awning을 입력합니다. ❸ [그래픽]을 클릭합니다. ❹ 검색 결과에서 다음과 같은 요소를 선택해 불러옵니다.

02 전체 느낌을 통일하기 위해 추가한 연두색 차양을 분홍색 계열로 바꿔 보겠습니다. ❶ 불러온 그래픽 요소를 선택하고 ❷ 먼저 첫 번째 [색상⬤]을 클릭해 차양 아랫부분부터 색을 바꿔 보겠습니다. ❸ 왼쪽에 [색상] 창이 나타나면 [새로운 색상 추가⊕]를 클릭하고 ❹ 아래쪽 색상 코드란에 F497C1을 입력합니다.

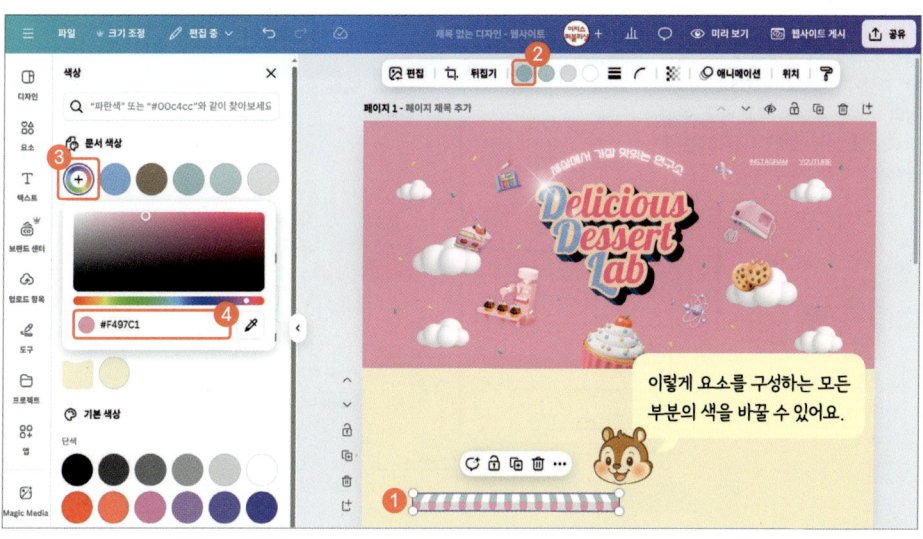

03 ❶ 다음으로 두 번째 [색상⬤]을 클릭해 차양 윗부분의 색을 바꿔 보겠습니다. 왼쪽에 [색상] 창이 나타나면 ❷ [새로운 색상 추가⊕]를 클릭한 뒤 ❸ 아래쪽 색상 코드란에 FFBBDF를 입력합니다.

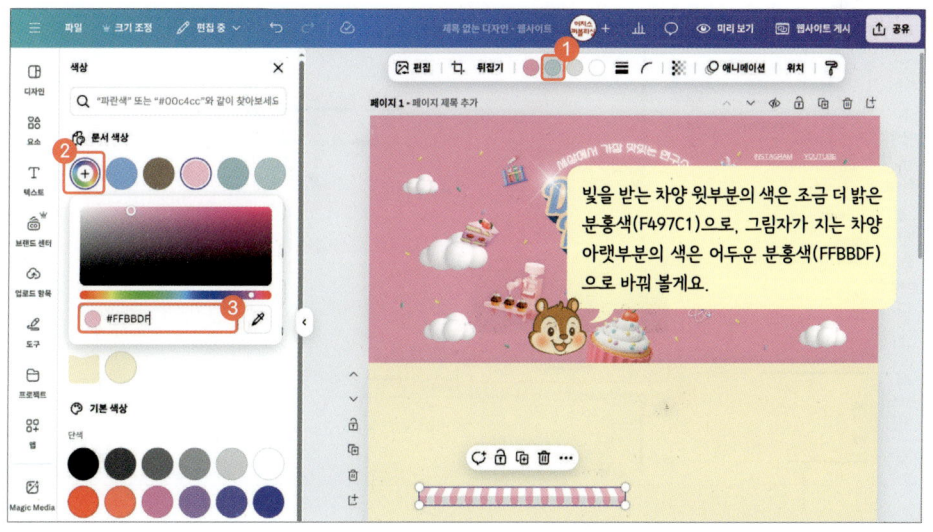

04 차양 밑에 그림자 효과를 넣어 입체감 나게 해보겠습니다. ① 화면 위에서 [편집]을 클릭하고 ② [효과] 아래에서 [그림자]를 클릭합니다. ③ [그림자] 창이 나타나면 [곡선]을 선택하고 ④ [흐림 정도]를 20, [거리]를 43, [곡선]을 67로 설정합니다.

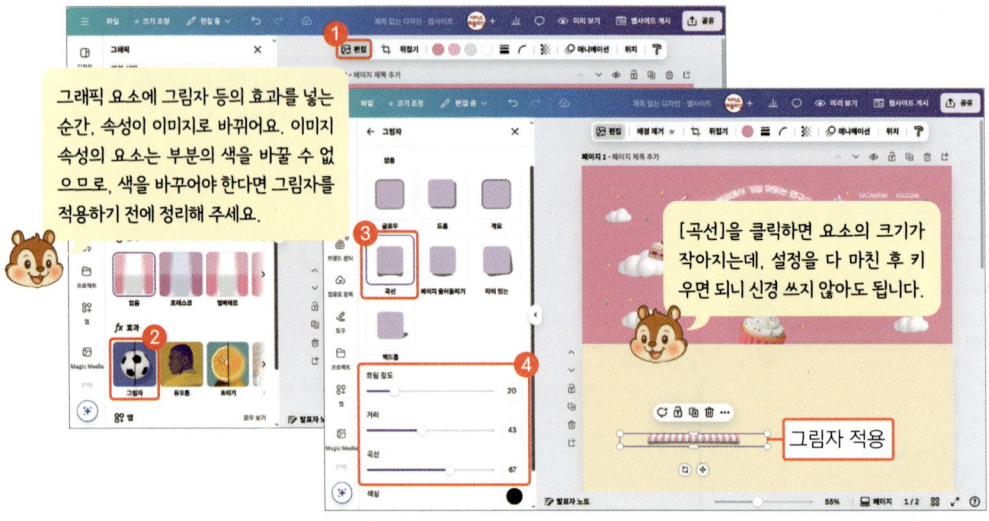

05 ① 이어서 [색상] 오른쪽의 [색상 코드 ●]를 클릭하고 ② 색상 코드란에 EDDDA4를 입력합니다. 그림자가 노란색으로 바뀌면서 배경색과 잘 어우러집니다.

06 차양 요소 테두리의 조절 바를 잡고 크기를 키운 후 다음과 같이 배치합니다.

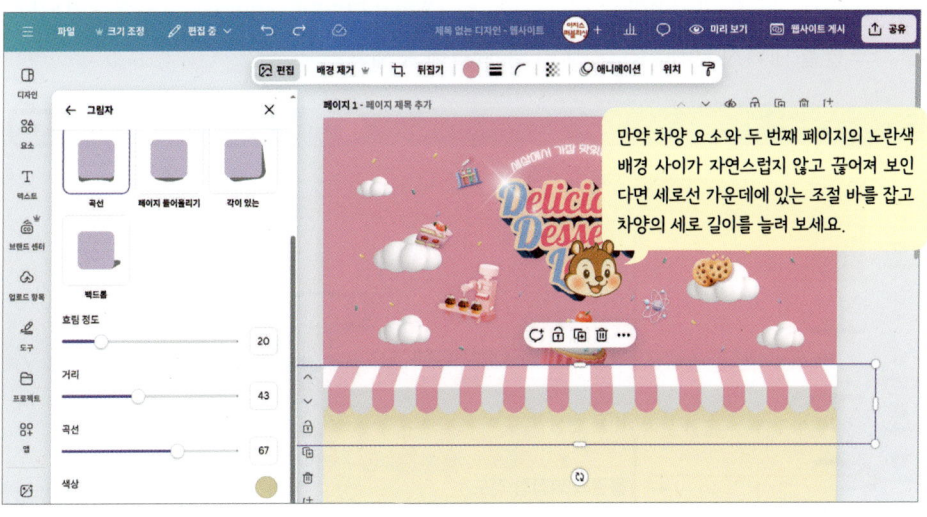

만약 차양 요소와 두 번째 페이지의 노란색 배경 사이가 자연스럽지 않고 끊어져 보인다면 세로선 가운데에 있는 조절 바를 잡고 차양의 세로 길이를 늘려 보세요.

하면 된다!} Waves 앱으로 자연스러운 물결 모양 추가하기

이어서 단락 2의 아래쪽에 물결 모양을 넣어 단락 3과 자연스럽게 이어지도록 레이아웃을 구성해 보겠습니다. 원하는 물결 모양을 만들려면 직접 요소를 찾아야 했을 텐데, 캔바의 'Waves'라는 앱을 이용하면 물결의 강도나 모양을 마음대로 지정해 만들 수 있어서 편리합니다.

01 ❶ 왼쪽의 도구 바에서 [앱]을 클릭하고 ❷ 오른쪽 검색란에 waves를 입력합니다. ❸ 검색 결과에서 [Waves] 앱을 선택하고 ❹ [Waves] 창의 [열기]를 클릭합니다.

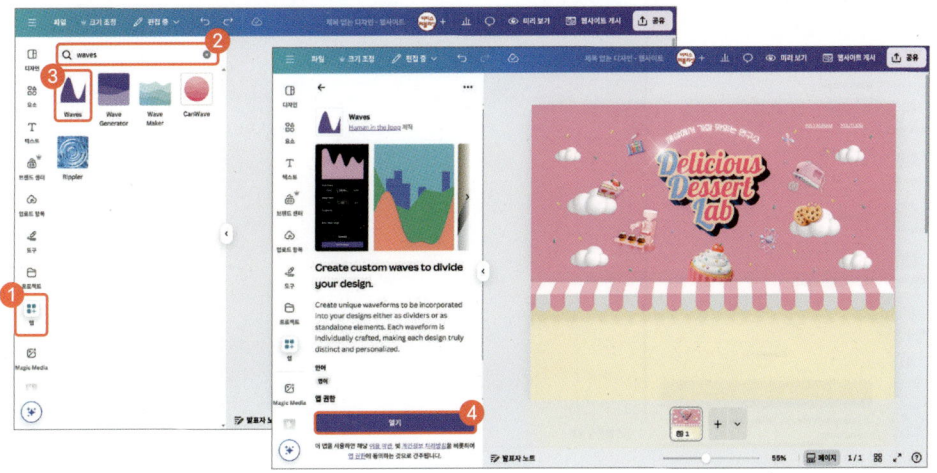

02 화면 왼쪽에 [Waves] 창이 나타나면 ❶ [Wave shape]는 [Curves]로, ❷ [Aspect ratio]는 16:9로, ❸ [Complexity]는 5로, ❹ [Wave height range]는 2로 설정합니다. ❺ 스크롤을 내려서 [Add to design]을 클릭해 주세요.

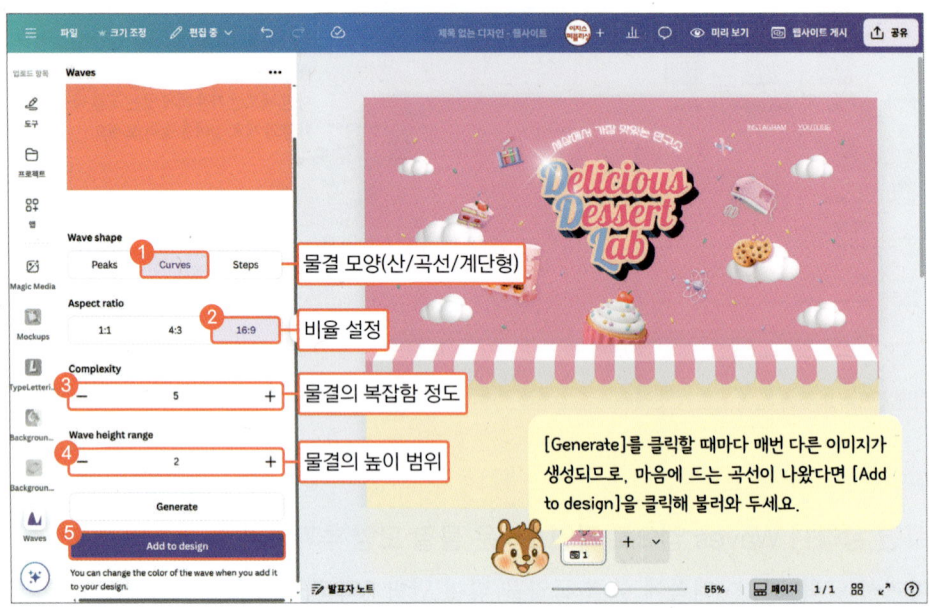

03 ❶ 물결 모양이 화면에 꽉 차도록 크기를 늘리고 ❷ [회전]을 클릭한 채로 파도 모양이 아래로 가도록 회전해 줍니다.

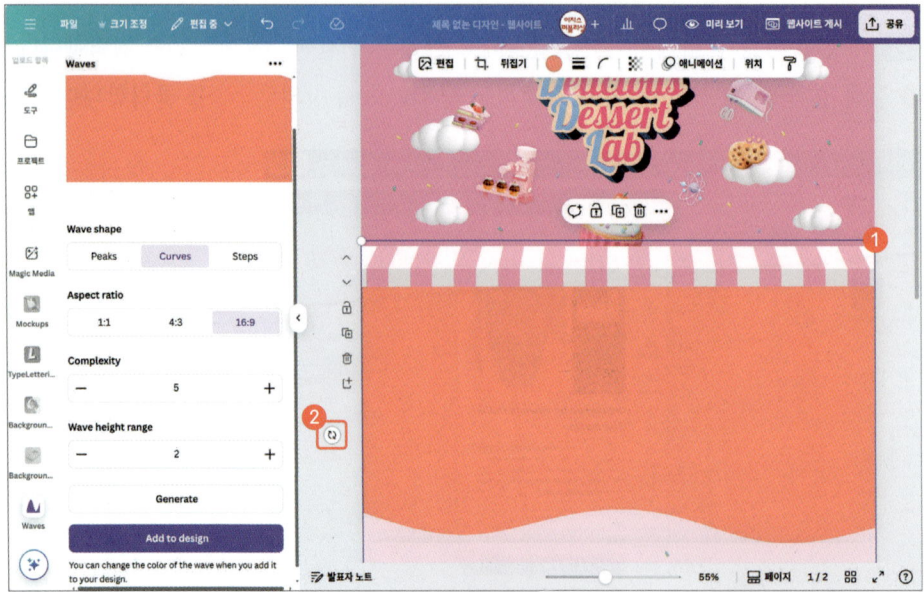

04 색깔을 원래 배경색인 노란빛으로 변경해 주겠습니다. ❶ 물결 요소를 선택한 상태로 ❷ 화면 위쪽에서 [편집]을 클릭해 [그래픽] 창이 나타나면 ❸ [효과] 아래에서 [듀오톤]을 선택합니다.

05 ❶ 왼쪽에 [듀오톤] 창이 나타나면 [맞춤화]를 클릭합니다. ❷ [하이라이트] 오른쪽의 [색상 코드]를 클릭하고 ❸ 색상 코드란에 FFF5D1을 입력합니다. ❹ [그림자] 오른쪽의 [색상 코드 ●]를 클릭하고 ❺ 색상 코드란에 FFF5D1을 입력합니다.

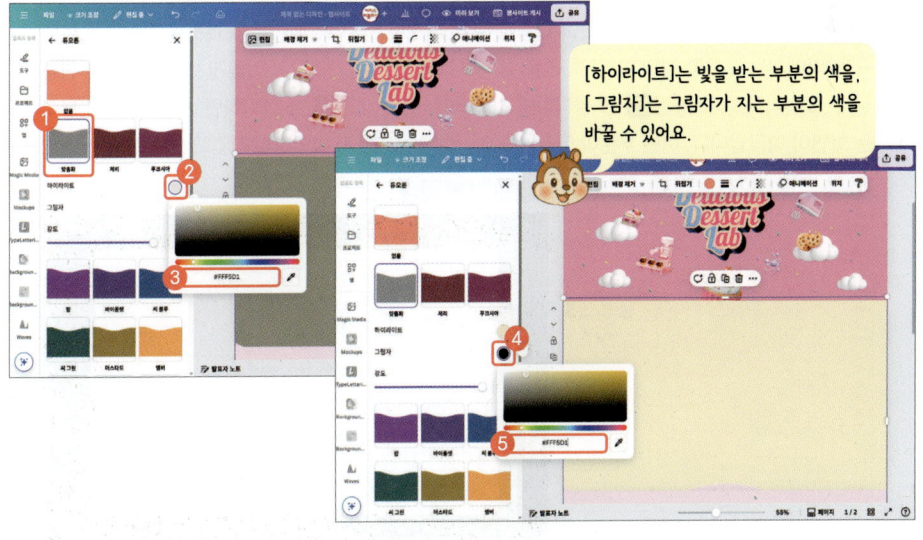

[하이라이트]는 빛을 받는 부분의 색을, [그림자]는 그림자가 지는 부분의 색을 바꿀 수 있어요.

06 ❶ 물결 요소를 위쪽으로 잠시 이동한 뒤 배경 부분을 클릭합니다. ❷ [배경 색상]을 클릭한 뒤 ❸ [문서 색상] 아래 5번째의 색을 클릭합니다. ❹ 물결 요소를 선택한 채 Ctrl + [를 누르면 차양 뒤로 이동합니다. 다음과 같이 위치를 자연스럽게 수정해 주세요.

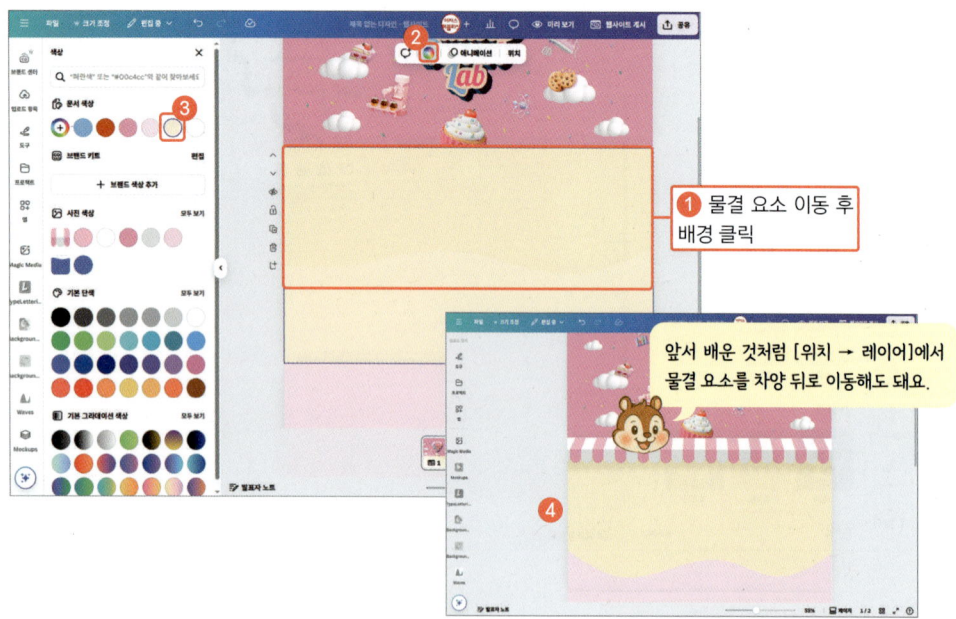

❶ 물결 요소 이동 후 배경 클릭

앞서 배운 것처럼 [위치 → 레이어]에서 물결 요소를 차양 뒤로 이동해도 돼요.

 방구석 다람쥐의 깨알 팁!

만든 홈페이지가 어떻게 보이는지 중간 점검하고 싶어요

홈페이지는 오류가 발생할 수도 있어 다른 곳으로 배포하기 전 꼭 확인하는 과정을 거쳐야 하는데요. 캔바에서는 오른쪽 위의 [미리 보기]를 클릭해 내가 만든 홈페이지가 어떻게 보이는지 중간 점검할 수 있습니다. [데스크톱 💻]을 클릭하면 컴퓨터에서, [모바일 📱]을 클릭하면 스마트폰에서 보이는 화면이 나타납니다. 어떤 부분이 잘리거나 이상하게 보이는지 확인하며 작업해 보세요.

미리 보기로 홈페이지를 확인하는 모습

4단계

홈페이지에 넣을 내용 배치하기

하면 된다!} 반짝이는 효과가 나는 제목 만들기

이제 두 번째 페이지의 제목을 만들어 보겠습니다.

01 ❶ 캔바 작업 화면의 왼쪽 도구 바에서 [텍스트]를 선택합니다. ❷ [제목 추가]를 클릭하고 Best Menu를 입력합니다.

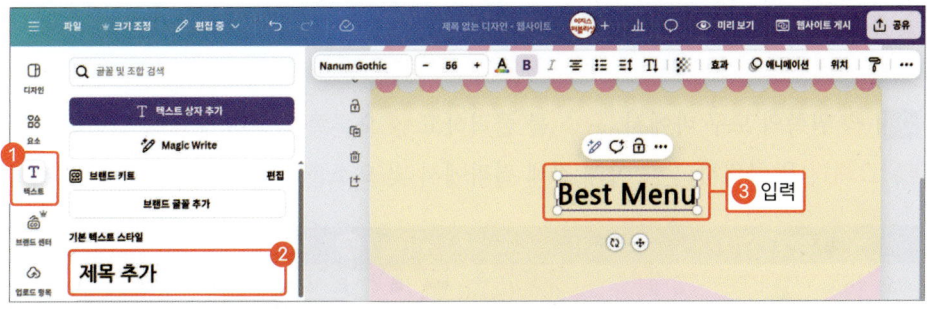

02 ❶ 화면 위쪽에서 [Nanum Gothic]을 클릭하면 왼쪽에 [글꼴] 설정 창이 나타납니다. ❷ [글꼴] 아래 검색란에 Pattaya를 입력하고 ❸ 검색 결과에서 [Pattaya] 글꼴을 선택한 후 ❹ 글자 크기를 60.2로 설정합니다.

'Nanum Gothic' 이 아니라 다른 글꼴이 나타난다고 해도 작업 화면의 위쪽 가운데에서 같은 부분을 선택하면 됩니다.

03 ❶ 화면 위쪽에서 [텍스트 색상 A]을 클릭해 왼쪽에 [텍스트 색상] 창이 나타나면 ❷ [문서 색상] 아래에서 [새로운 색상 추가 ⊕]를 클릭합니다. ❸ 아래쪽 색상 코드란에 FF6FBA를 입력하고 ❹ 다음과 같이 차양 아래 가운데로 이동합니다.

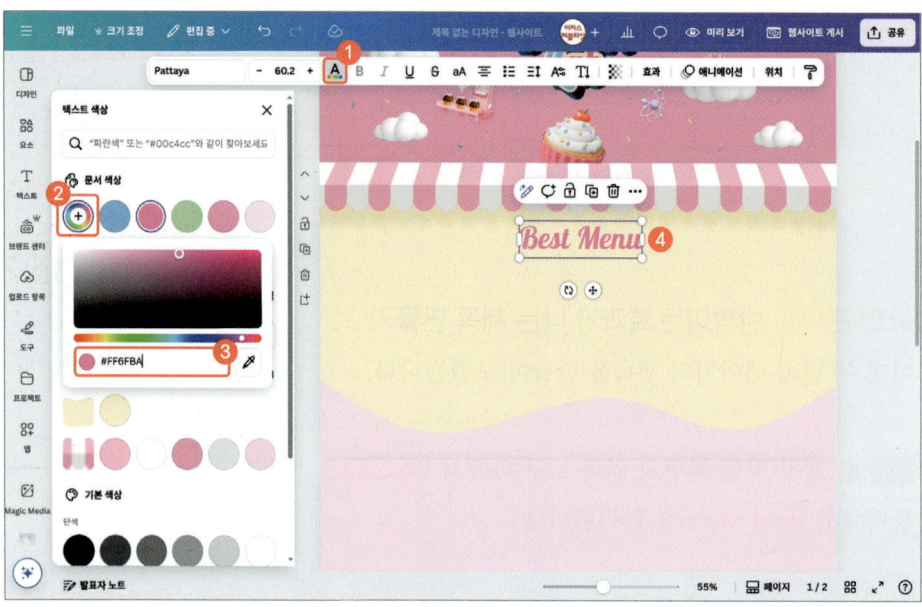

04 ❶ 왼쪽의 도구 바에서 [요소]를 클릭하고 ❷ 오른쪽 검색란에 빛을 입력합니다. ❸ [그래픽]을 클릭하고 ❹ 아래 검색 결과에서 빛 요소를 2번 클릭해 불러옵니다.

05 ❶ 빛 요소 하나를 선택한 채 ❷ 화면 오른쪽 위에서 [위치]를 클릭해 [위치] 창이 나타나면 ❸ [정렬]을 클릭합니다. ❹ [너비]에 98.1, [높이]에 98을 입력한 뒤 'B'와 'e' 사이에 배치합니다. ❺ 나머지 빛 요소도 같은 방법으로 크기를 조정한 뒤 'e'와 'n' 사이에 배치합니다.

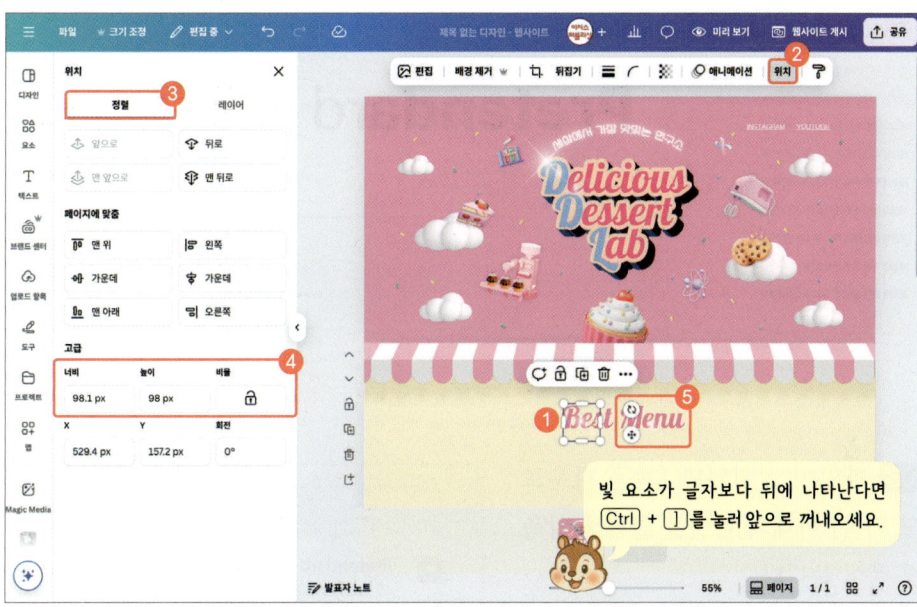

하면 된다!} 부제목과 설명에 쓸 브랜드 글꼴 추가하기

부제목과 본문 설명 글에 쓰일 글꼴을 내려받아 보겠습니다.

01 ❶ 눈누(noonnu.cc)에 접속한 뒤 ❷ 메인 화면 오른쪽 위 검색란에 프리텐다드 를 입력합니다. ❸ 검색 결과에서 [프리텐다드]를 클릭합니다.

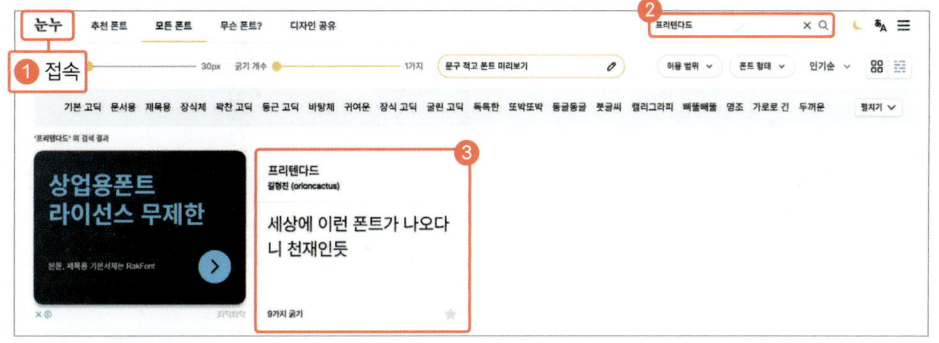

02 ❶ [다운로드 페이지로 이동]을 클릭해 글꼴 소개 페이지로 이동하면 ❷ 왼쪽에서 [글꼴 다운로드]를 클릭합니다.

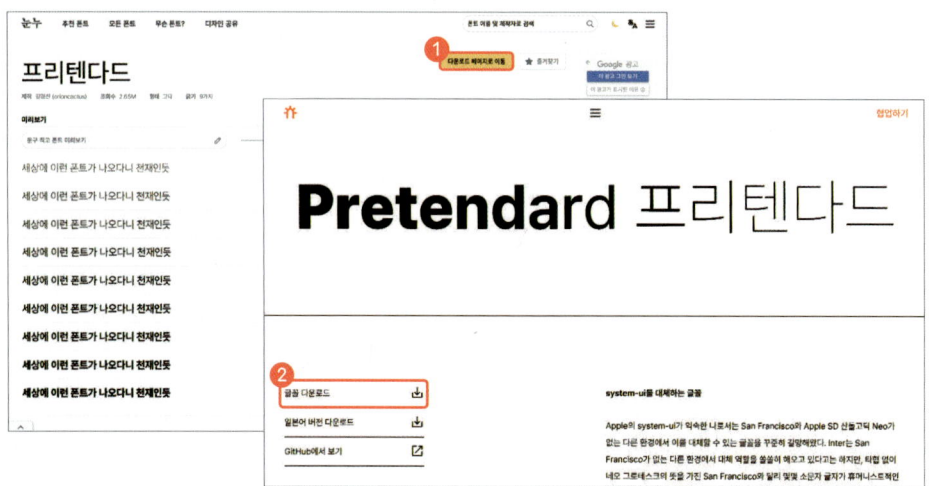

03 파일이 설치되면 [최근 다운로드 기록] 아래의 파일을 클릭해 압축을 풀어 줍니다.

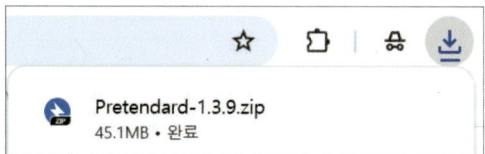

04 다시 캔바 작업 화면으로 이동합니다. ❶ 왼쪽의 도구 바에서 [텍스트]를 클릭하고 ❷ [브랜드 글꼴 추가]를 클릭합니다. [글꼴] 창이 나타나면 ❸ 오른쪽에서 [새 항목 추가 ➕]를 클릭하고 ❹ [글꼴 업로드]를 선택합니다.

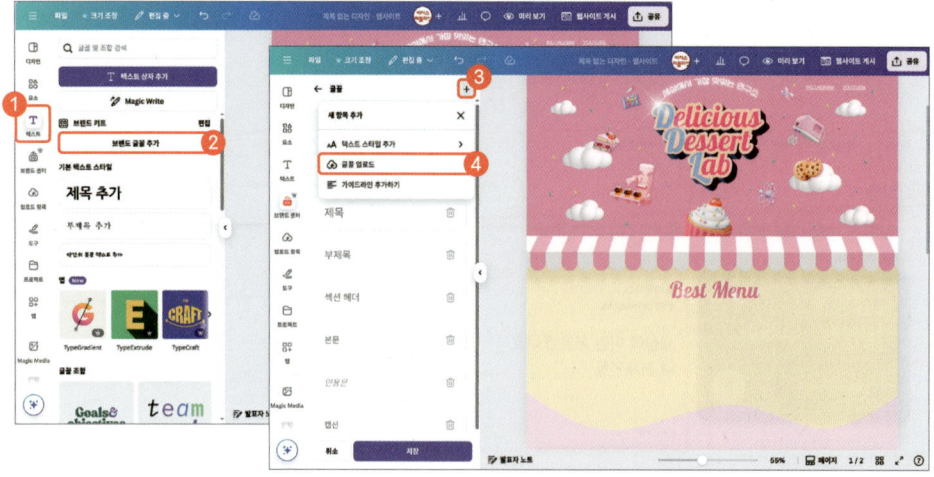

05 글꼴을 선택할 수 있는 [업로드된 글꼴] 창이 나타납니다. ❶ [파일 선택]을 클릭하고 ❷ 조금 전에 내려받은 [Pretendard] 글꼴을 모두 선택한 뒤 ❸ [열기]를 클릭합니다.

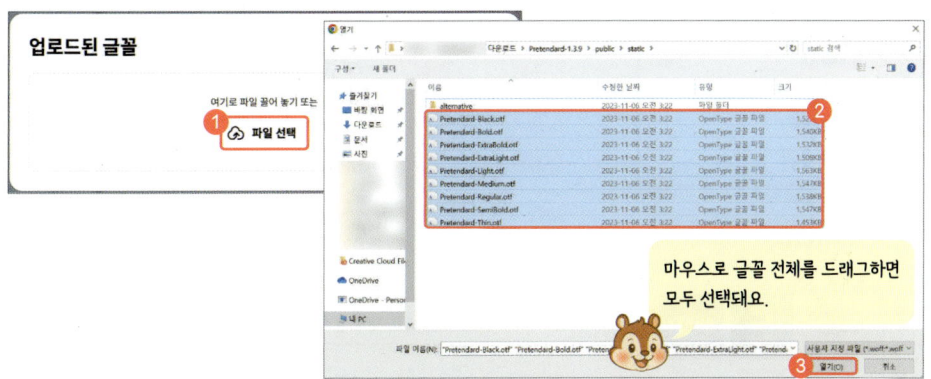

06 [다음을 확인해 주세요.] 창이 나타나면 ❶ [예, 업로드하겠습니다.]를 클릭합니다. 잠시 후 [업로드된 글꼴] 창에 [Pretendard]가 보이면 ❷ 창 오른쪽에 있는 [닫기 ✕]를 클릭합니다. 브랜드 글꼴 추가가 완료됩니다.

하면 된다!} 부제목 넣고 쿠키 요소 배치하기

먼저 제목 아래로 부제목을 넣어 디자인에 밸런스를 맞춰 주겠습니다.

01 ❶ 왼쪽의 도구 바에서 [텍스트]를 선택합니다. ❷ [부제목 추가]를 클릭해 캔버스에 텍스트 상자가 나타나면 ❸ 디디엘 대표 연구원이 추천하는 BEST MENU를 입력합니다.

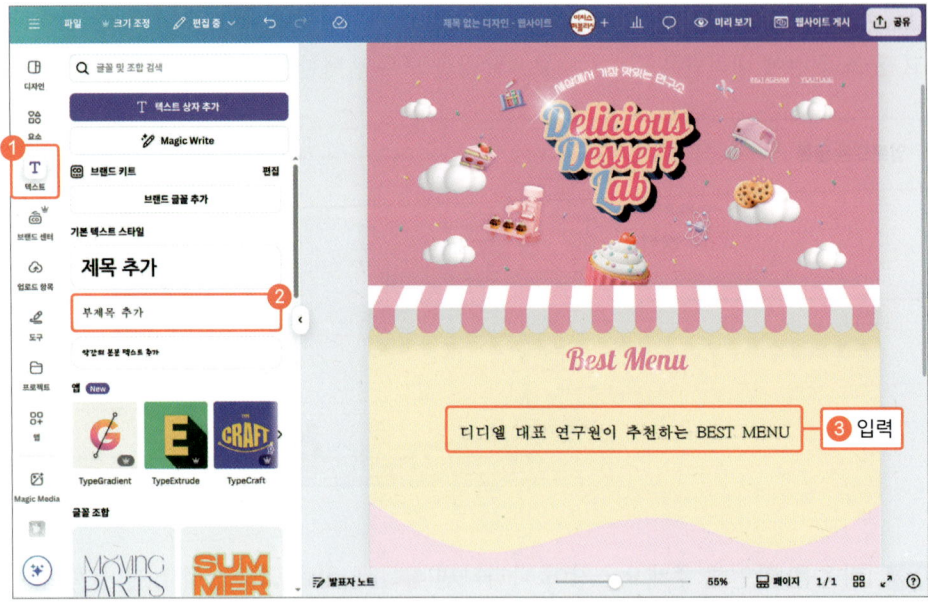

02 ① 텍스트 상자를 선택한 채로 화면 위쪽에서 [Baekmuk Batang]을 클릭하면 왼쪽에 [글꼴] 설정 창이 나타납니다. ② [글꼴] 아래 검색란에 pretendard를 입력하고 ③ 아래 검색 결과에서 [Pretendard] 글꼴을 선택합니다. ④ 화면 위쪽에서 글자 크기를 12.7로 설정하고 ⑤ 다음과 같이 제목 아래에 배치합니다.

03 ① 부제목에서 [BEST MENU] 부분을 드래그해 선택하고 ② 화면 위쪽에서 [굵게 B]를 클릭해 두껍게 만듭니다.

부제목 전체에 두꺼운 글꼴이 적용되어 있다면 'Best Menu' 앞부분을 선택하고 [굵게 B]를 해제해 주세요.

04 부제목 텍스트 상자를 선택한 상태에서 ① [텍스트 색상 A]을 클릭해 [텍스트 색상] 창이 나타나면 ② [문서 색상] 아래에서 [새로운 색상 추가 ⊕]를 클릭합니다. ③ 아래쪽 색상 코드란에 A2975D를 입력합니다.

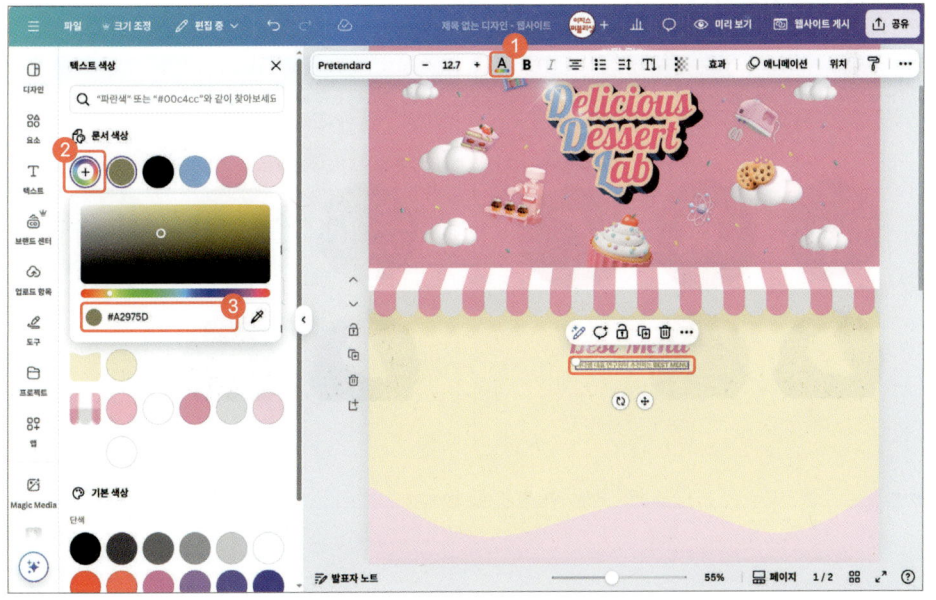

05 이제 쿠키 요소를 추가해 보겠습니다. 먼저 이지스퍼블리싱 홈페이지의 자료실에서 실습 파일을 내려받습니다. ① 왼쪽의 도구 바에서 [업로드 항목]을 클릭하고 ② [파일 업로드]를 선택합니다. ③ 메인이 되는 제품의 사진을 불러온 뒤 단락 2에 배치해 주세요.

✦ 이지스퍼블리싱 자료실의 '템플릿 링크 모음'에서 자료 이미지를 복사해도 됩니다.

06 쿠키 요소를 하나씩 선택한 뒤 화면 위쪽에서 [배경 제거]를 클릭해 이미지에 포함된 배경을 지웁니다.

07 쿠키를 배치할 도형을 만들어 보겠습니다. ❶ 왼쪽의 도구 바에서 [요소]를 클릭하고 ❷ [도형]에서 첫 번째 사각형을 클릭해 캔버스에 불러옵니다.

08 ❶ 화면 오른쪽 위에서 [더 보기 ⋯]를 클릭한 뒤 ❷ [위치]를 클릭합니다. ❸ 왼쪽에 [위치] 창이 나타나면 [너비]에 188.7, [높이]에 303.9를 입력합니다.

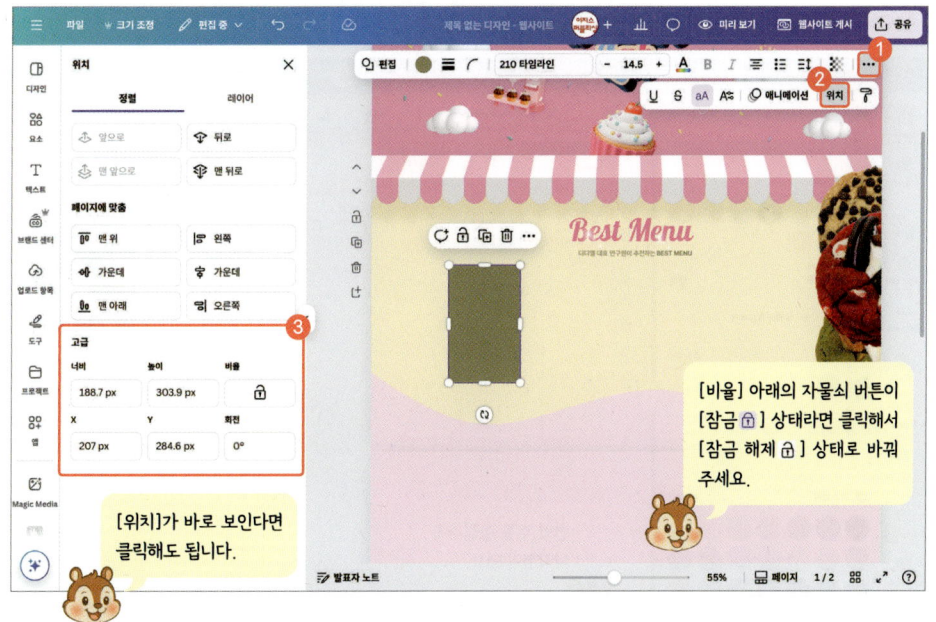

09 ❶ 직사각형 요소를 클릭한 채 [색상●]을 선택합니다. 왼쪽에 [색상] 창이 나타나면 ❷ [문서 색상] 아래에서 [새로운 색상 추가●]를 클릭하고 ❸ 아래쪽 색상 코드란에 FFFEF1을 입력합니다.

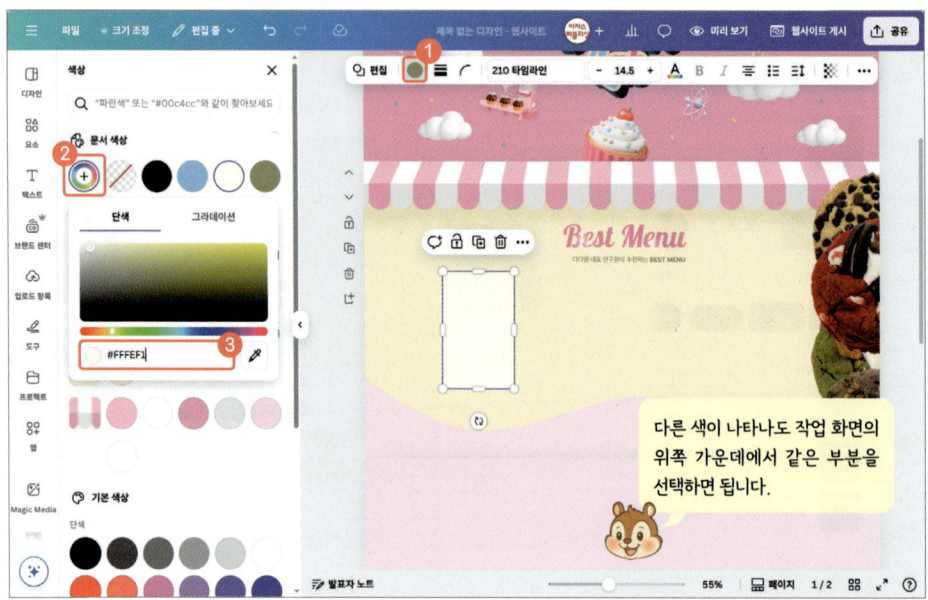

10 이번엔 직사각형 요소의 모서리를 둥글게 만들어 보겠습니다. ❶ [모서리 둥글게 만들기]를 클릭하고 ❷ [모서리 둥글게 만들기]에 24, [변]에 4를 입력합니다.

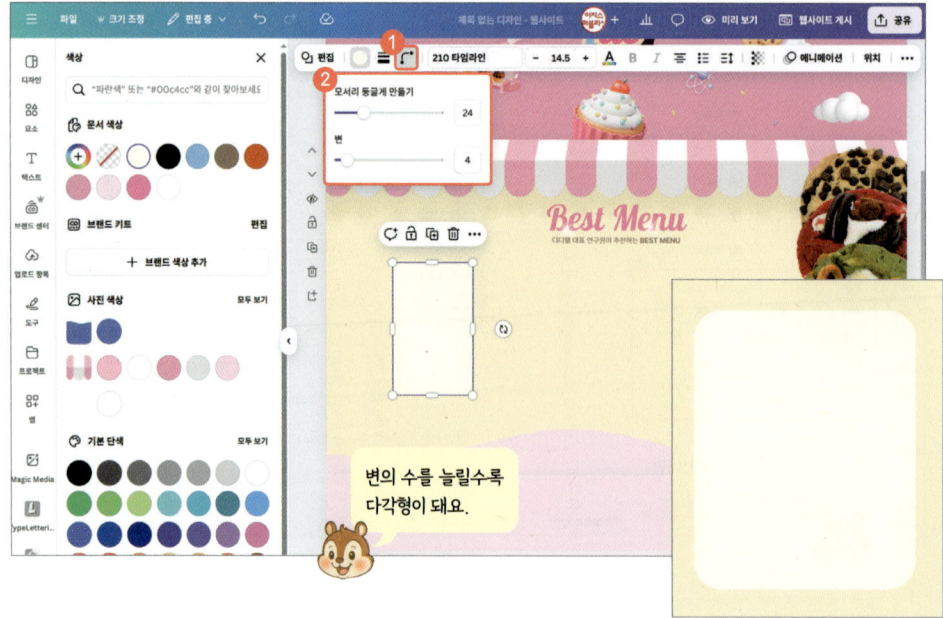

하면 된다!} 메뉴명과 간단한 설명 추가하기

이제 앞에서 만든 직사각형 요소 안에 메뉴명과 소개하는 설명 글, 쿠키 요소를 추가하고 애니메이션 효과까지 적용해 보겠습니다.

`01` 메뉴명부터 만들어 보겠습니다. ❶ 왼쪽의 도구 바에서 [텍스트]를 선택하고 ❷ 오른쪽에서 [텍스트 상자 추가]를 클릭합니다. ❸ 생성된 텍스트 상자의 첫 번째 메뉴명으로 초코쫀득쿠키를 입력하고 앞에서 만든 직사각형 요소 안으로 이동합니다.

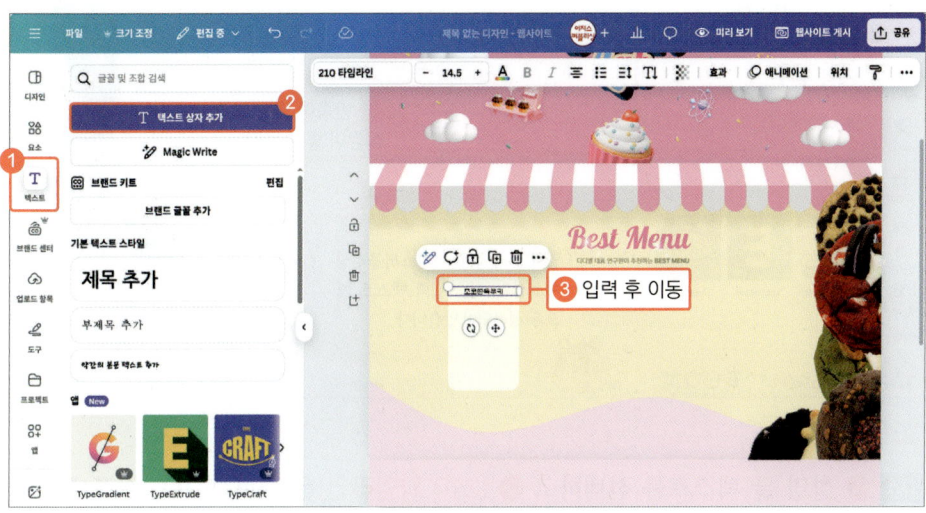

`02` ❶ 메뉴명 텍스트를 선택하고 ❷ [210 타임라인]을 클릭합니다. [글꼴] 설정 창의 ❸ [글꼴] 아래 검색란에 pretendard를 입력합니다. ❹ 검색 결과의 [pretendard] 아래에서 글꼴 스타일을 [ExtraBold]로 설정하고 ❺ 글자 크기를 19.6으로 설정합니다.

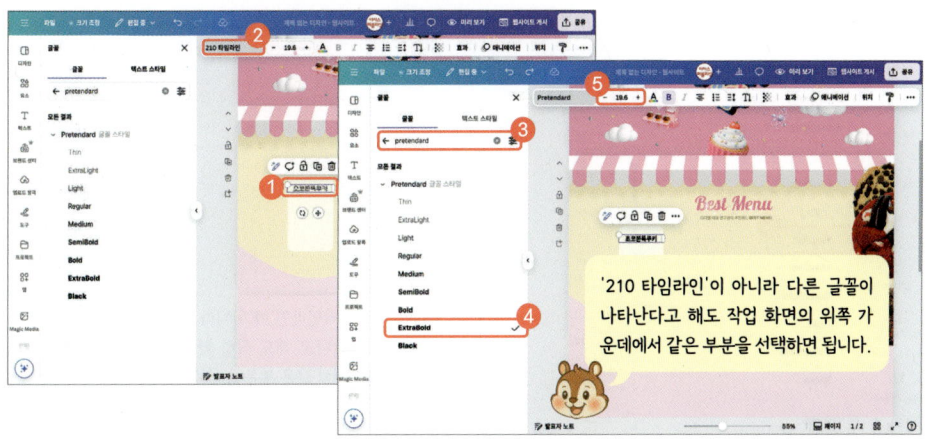

'210 타임라인'이 아니라 다른 글꼴이 나타난다고 해도 작업 화면의 위쪽 가운데에서 같은 부분을 선택하면 됩니다.

03 이번엔 메뉴명 밑에 설명 글을 입력해 보겠습니다. ❶ 다시 왼쪽의 도구 바에서 [텍스트]를 선택합니다. ❷ [텍스트 상자 추가]를 클릭해서 캔버스에 텍스트 상자가 나타나면 ❸ 다음과 같이 메뉴명을 소개하는 설명 글 내용을 입력합니다.

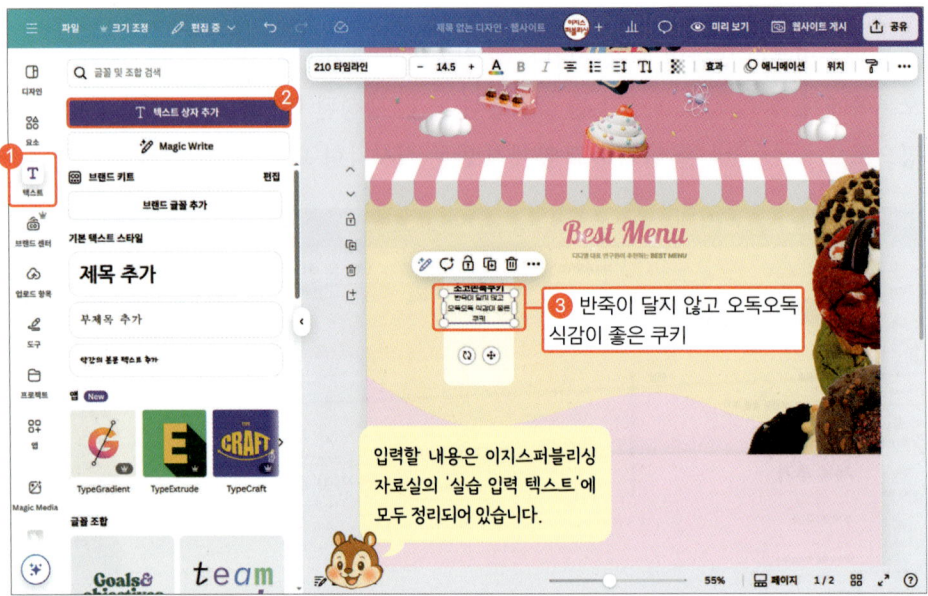

04 ❶ 설명 글 텍스트를 선택하고 ❷ [210 타임라인]을 클릭합니다. 왼쪽에 글꼴 설정 창이 나타나면 ❸ [업로드된 글꼴]에서 [Pretendard]를 찾아 클릭합니다. ❹ 글꼴 스타일은 [Regular]로 설정하고 ❺ 글자 크기는 7.9로 설정합니다.

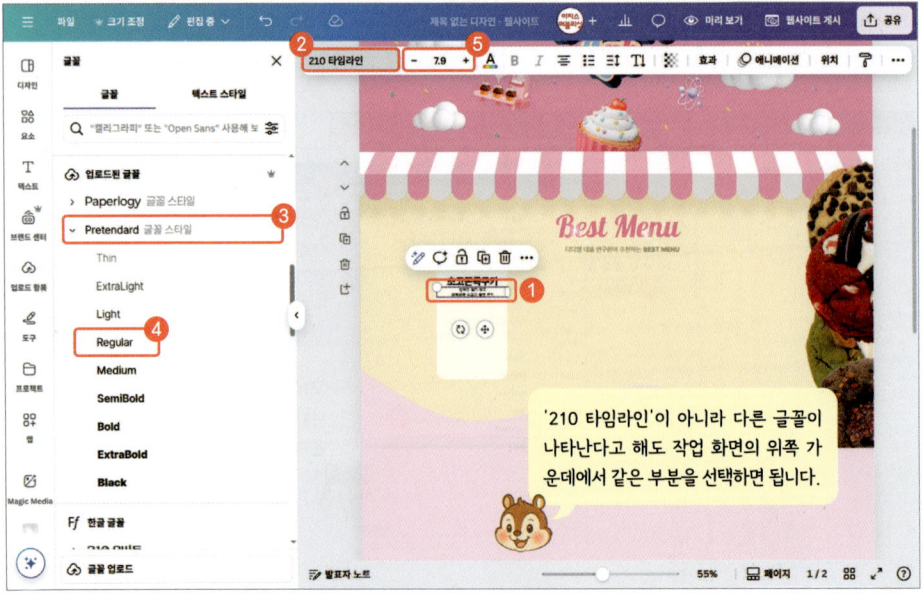

05 메뉴명과 설명 글 텍스트의 색을 설정하겠습니다. ❶ Shift 를 누른 채 제목과 설명 글 텍스트 상자를 모두 선택합니다. ❷ 화면 위쪽에서 [텍스트 색상 A]을 클릭해 왼쪽에 [텍스트 색상] 창이 나타나면 ❸ [문서 색상] 아래에서 [새로운 색상 추가 +]를 선택합니다. ❹ 아래쪽 색상 코드란에 A2795D를 입력합니다.

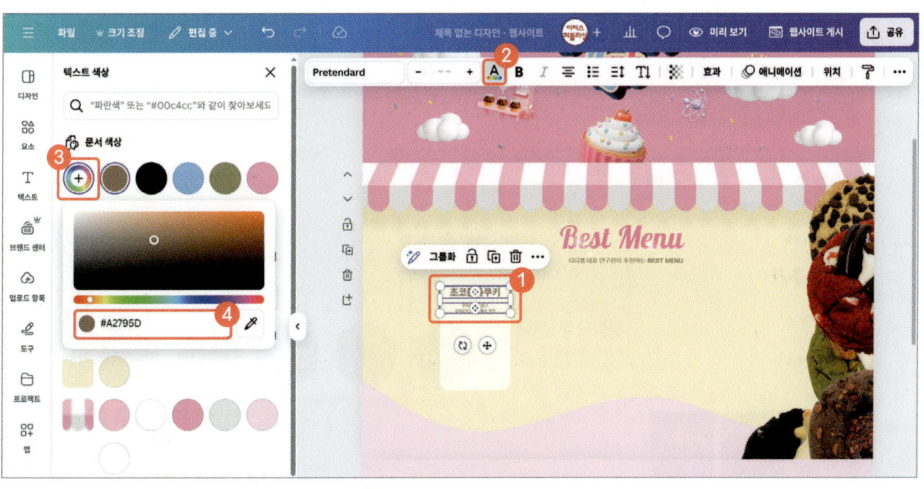

06 이번엔 첫 번째 메뉴명과 설명 글에 해당하는 쿠키 요소를 가져와 배치하겠습니다. ❶ 오른쪽에 옮겨 둔 쿠키 요소 중에 첫 번째 것을 찾아 직사각형 요소의 설명 글 밑으로 가져옵니다. ❷ 화면 오른쪽 위에서 [위치]를 클릭해 왼쪽에 [위치] 창이 나타나면 ❸ [너비]에 184.4, [높이]에 188.4를 입력하고 다음과 같이 배치합니다.

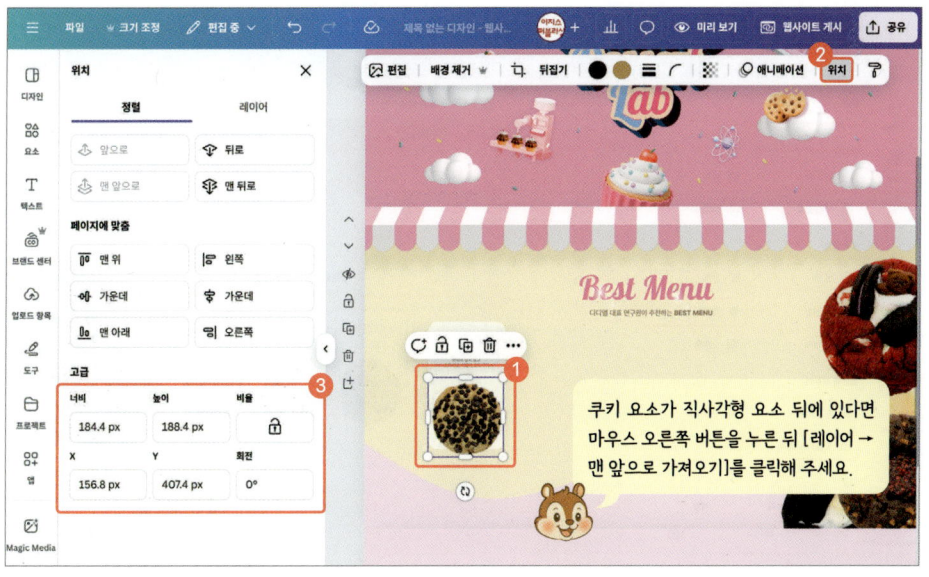

07 앞에서 불러온 쿠키 요소가 총 5개이므로 직사각형 요소와 메뉴명, 설명 글을 넣을 텍스트 상자가 4개 더 필요합니다. ❶ Shift를 누른 채 쿠키와 직사각형 요소, 제품명과 설명 글 텍스트 상자를 모두 선택합니다. ❷ Ctrl + C를 눌러 복사한 뒤 Ctrl + V로 붙여 넣어 4개를 더 만들어 줍니다.

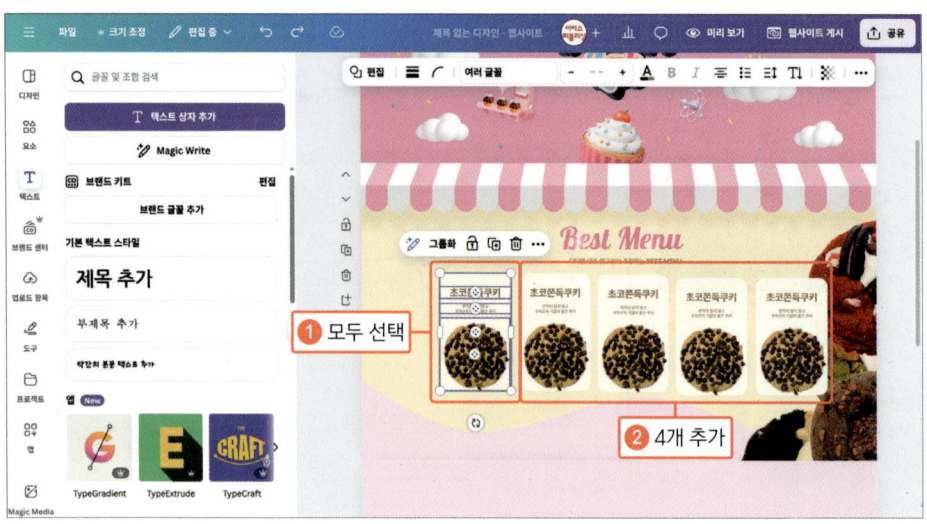

08 ❶ Shift를 누른 채 직사각형 요소를 모두 선택합니다. ❷ 화면 오른쪽에서 [더 보기 ...]를 클릭한 뒤 ❸ [위치]를 선택합니다. 왼쪽에 [위치] 창이 나타나면 ❹ [정렬 → 고르게 띄우기]에서 ❺ [깔끔하게 정리]를 선택합니다. ❻ 이어서 [가운데]도 클릭합니다.

[위치]가 바로 보인다면 클릭해도 됩니다.

09 같은 방법으로 메뉴명, 설명 글, 쿠키 요소의 정렬도 가운데에 오도록 맞춰 줍니다.

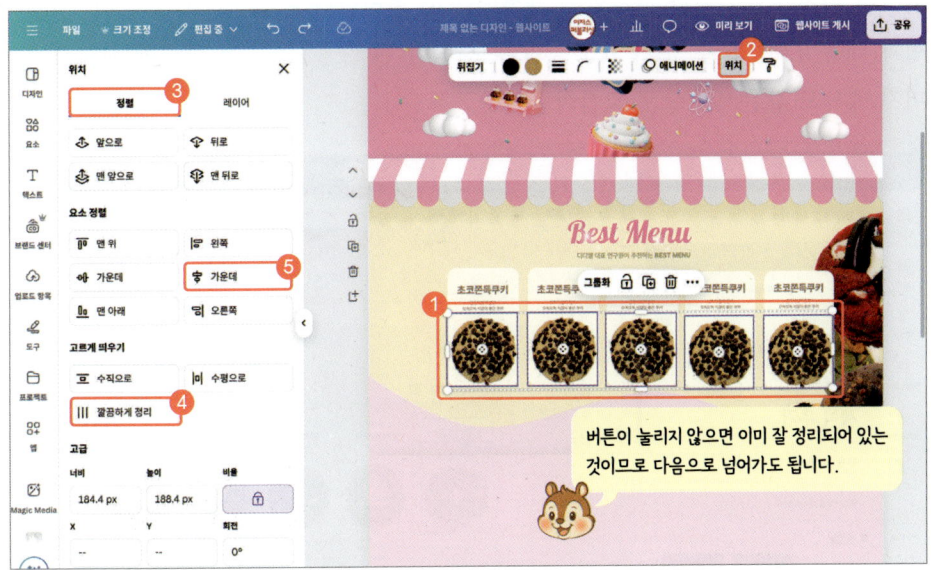

10 나머지 4개의 메뉴도 쿠키 요소에 맞게 메뉴명과 설명 글 내용을 바꿔 줍니다. 글이 길어서 넘친다면 텍스트 상자의 길이를 늘립니다.

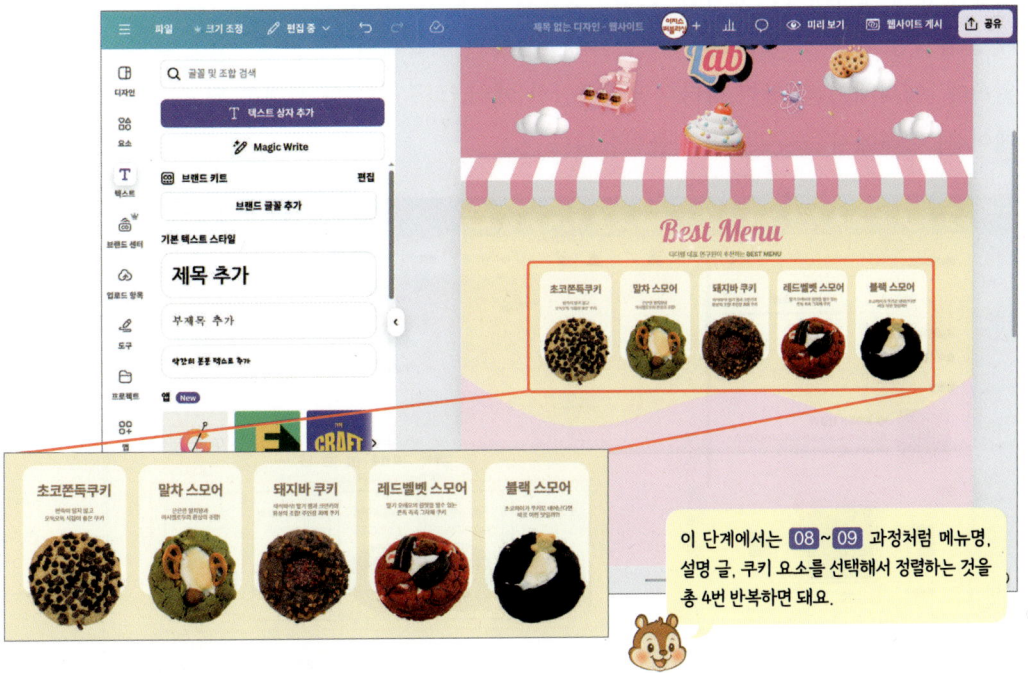

11 다음으로 디자인이 흐트러지지 않게 요소를 그룹으로 묶겠습니다. 요소를 그룹화하면 위치를 옮기거나 디자인을 완성했을 때 편리합니다. ❶ Shift 를 눌러 직사각형과 메뉴명, 설명 글, 쿠키 요소를 모두 선택한 뒤 ❷ [그룹화]를 클릭합니다. ❸ 나머지 메뉴도 같은 방법으로 그룹화합니다.

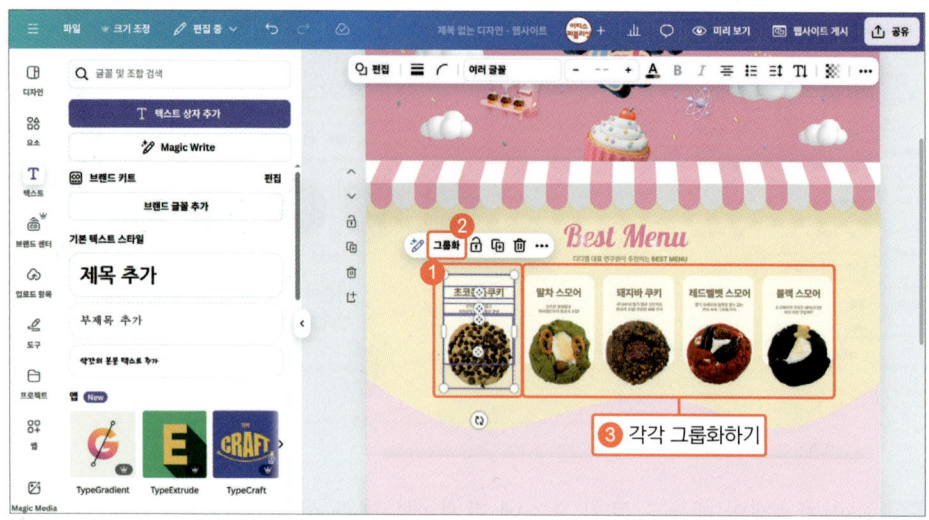

12 메뉴에 애니메이션 효과를 넣어서 생동감 나게 해보겠습니다. ❶ Shift 를 누른 채 그룹화한 메뉴 5개를 모두 선택합니다. ❷ 화면 위쪽에서 [애니메이션]을 클릭해 왼쪽에 [애니메이션] 창이 나타나면 ❸ [일반]에서 [파노라마]를 선택한 뒤 ❹ [애니메이션] 아래에서 [들어갈 때]를 클릭합니다.

5단계

강조할 이미지의 위치 미리 잡아 보기

하면 된다!} 프레임으로 레이아웃 잡기

이제 단락 3으로 넘어가겠습니다. 이번에는 프레임을 이용해 사진을 넣을 위치와 사진의 크기를 미리 정해 보고, 어울리는 사진을 프레임 안에 넣어서 조금 더 풍성해 보이게 해 봅시다.

01 ① 캔바 작업 화면의 왼쪽 도구 바에서 [요소]를 선택합니다. ② [프레임]을 클릭하고 ③ 모서리가 둥근 정사각형 프레임을 2개 불러온 뒤 ④ 조절 바를 잡고 가로로 늘립니다.

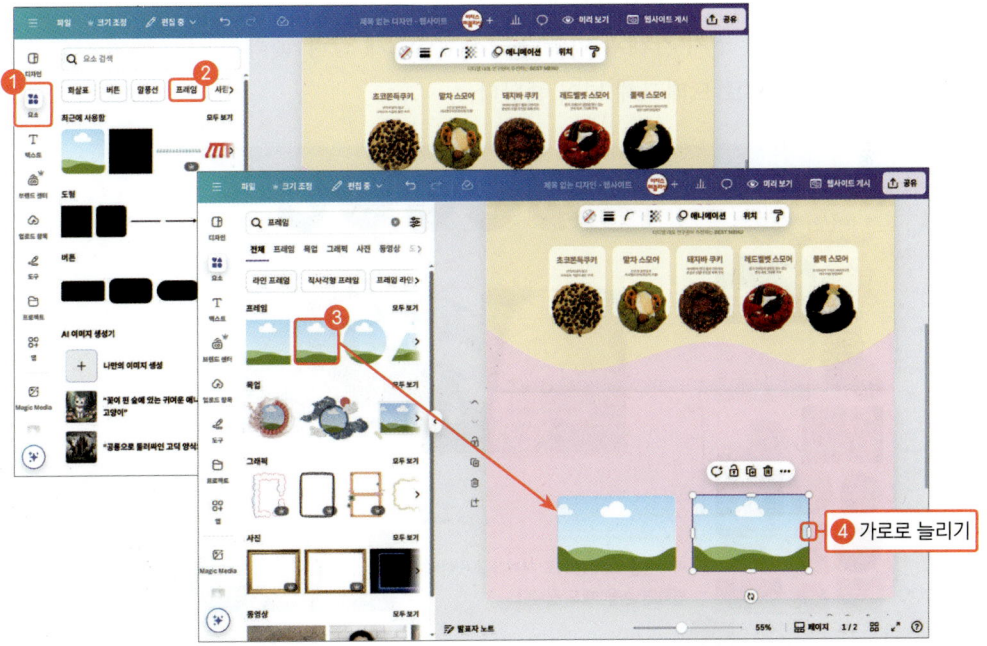

02 ❶ Shift 를 누른 채 불러온 프레임 2개를 모두 선택합니다. ❷ 화면 위쪽에서 [위치]를 클릭해 왼쪽에 [위치] 창이 나타나면 ❸ [정렬]을 클릭합니다. ❹ [너비]에 455.4, [높이]에 263.2를 입력합니다.

03 배치가 끝났으니 프레임에 쿠키 사진을 넣겠습니다. ❶ 왼쪽의 도구 바에서 [요소]를 선택하고 ❷ 오른쪽 검색란에 쿠키를 입력한 뒤 ❸ [사진]을 선택합니다. ❹ 아래 검색 결과에서 쿠키 가게와 어울리는 사진을 2개 골라 불러옵니다. ❺ 추가한 사진을 프레임 안으로 드래그해 넣어 줍니다.

04 Shift 를 누른 채 ① 2페이지의 제목 텍스트 상자와 빛 요소 2개를 모두 선택하고 Ctrl + C 를 눌러 복사한 뒤 ② Ctrl + V 로 프레임 위쪽에 붙여 넣습니다. ③ 제목을 Delicious로 변경합니다.

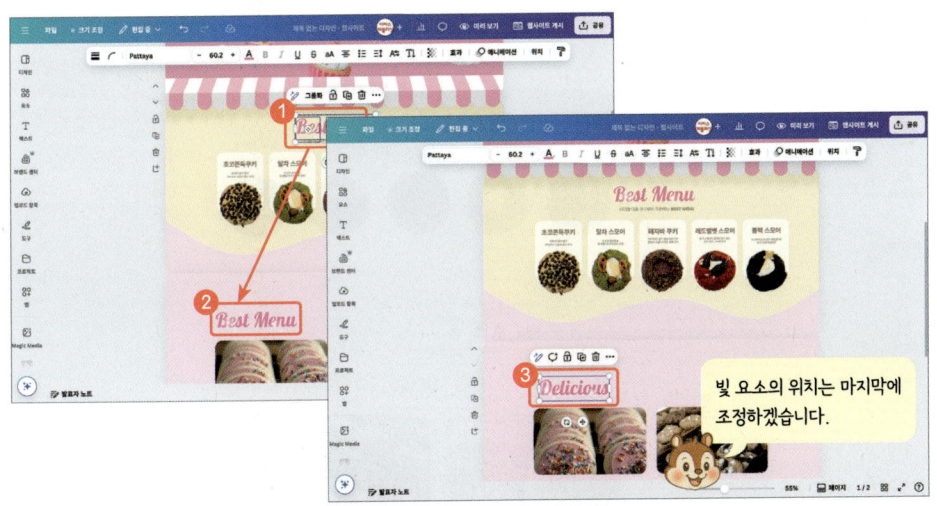

05 ① Ctrl + C 를 눌러 [Delicious] 텍스트 상자를 복사한 뒤 Ctrl + V 로 프레임 위에 붙여 넣고 ② 제목을 Memories로 변경합니다.

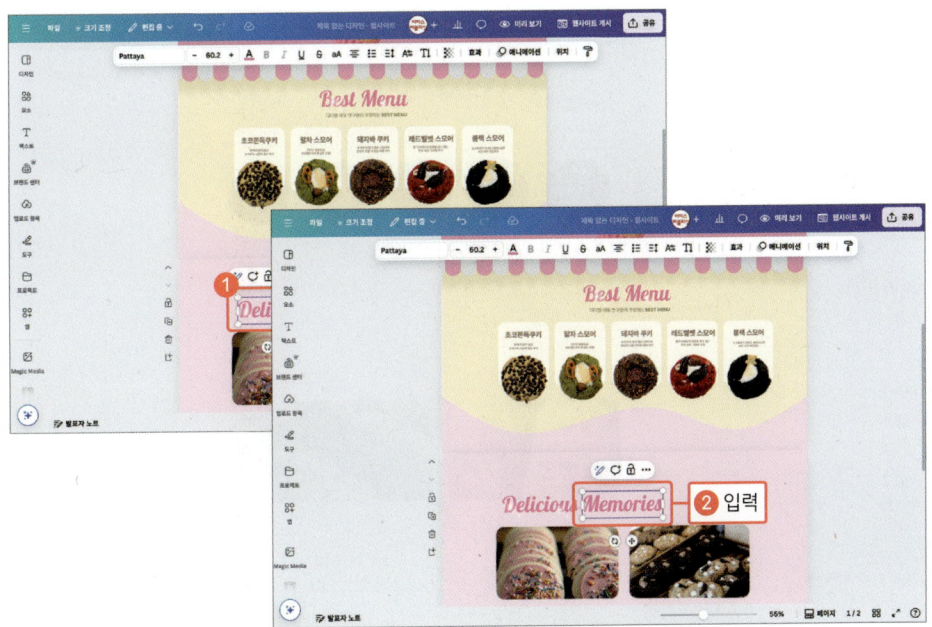

06 ① Shift 를 눌러 두 텍스트 상자를 모두 선택한 뒤 ② 글자 크기를 53.1로 변경합니다.

07 빛 요소의 위치를 다음과 같이 조정한 후 제목을 2행으로 배치합니다.

1행의 'D', 2행의 'o'에 빛 요소를 배치해 보세요.

08 제목의 오른쪽에 브랜드를 소개하는 글을 추가하겠습니다. ① 왼쪽의 도구 바에서 [텍스트]를 선택하고 오른쪽에서 ② [텍스트 상자 추가]를 선택합니다. ③ 캔버스에 텍스트 상자가 나타나면 다음과 같이 내용을 입력합니다.

09 텍스트 상자를 선택한 채로 ① 글자 크기를 11.8로 설정하고 ② [정렬]을 한 번 클릭해서 [왼쪽 정렬]로 바꿔 줍니다. ③ [간격]을 클릭하고 ④ [줄 간격]을 1.76으로 조정합니다.

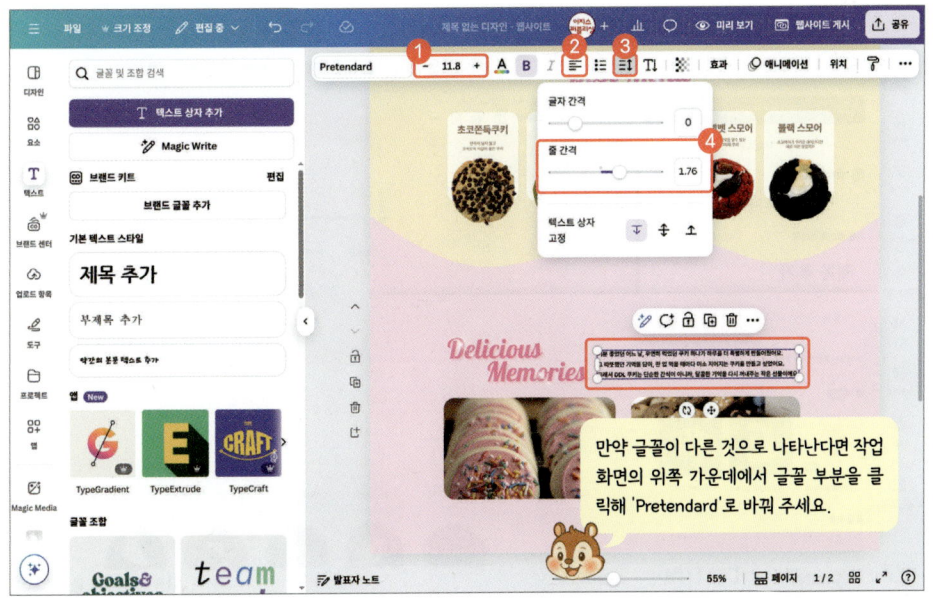

10 ① [텍스트 색상 A]을 클릭해 [텍스트 색상] 창이 나타나면 ② [문서 작성] 아래에서 [새로운 색상 추가 ⊕]를 선택합니다. ③ 아래쪽 색상 코드란에 A2795D를 입력합니다.

11 빈 공간에는 1페이지에서 사용한 색종이 조각을 복사해서 넣어 보겠습니다. 단락 1로 이동해서 Shift 를 누른 채 색종이 조각 요소를 선택한 후 Ctrl + C 를 눌러 복사합니다.

356 셋째마당 ✦ 캔바로 브랜드에 쓰일 콘텐츠 만들기

12 단락 3으로 이동해서 Ctrl + V 로 색종이 조각 요소를 붙여 넣어 줍니다. 다음과 같이 빈 공간을 자유롭게 채워 보세요.

13 350쪽 실습 끝부분에서 메뉴 5개에 적용한 애니메이션을 여기에서도 동일하게 넣어 보겠습니다. ❶ Shift 를 누른 채 두 이미지 요소를 선택합니다. ❷ 화면 위쪽에서 [애니메이션]을 클릭합니다. 왼쪽에 [이미지] 창이 나타나면 ❸ [일반]에서 [떠오르기]를 선택하고 ❹ [애니메이션]에서 [들어갈 때]를 클릭합니다.

14 움직이는 브랜드 디자인을 완성했습니다. 작업 화면의 오른쪽 위에서 [웹사이트 게시]를 클릭하면 지금까지 완성한 브랜드 디자인을 웹 사이트 형태로 볼 수 있습니다. ① [웹사이트 게시]를 클릭해 [웹사이트] 창이 나타나면 ② [웹사이트 URL] 아래 입력란에 주소를 내 마음대로 지정하면 됩니다. ③ [설정]을 클릭해 검색 엔진 노출 등의 설정을 마친 뒤 ④ [게시 과정 계속 진행]을 클릭합니다. ⑤ 마지막으로 [게시]를 클릭합니다.

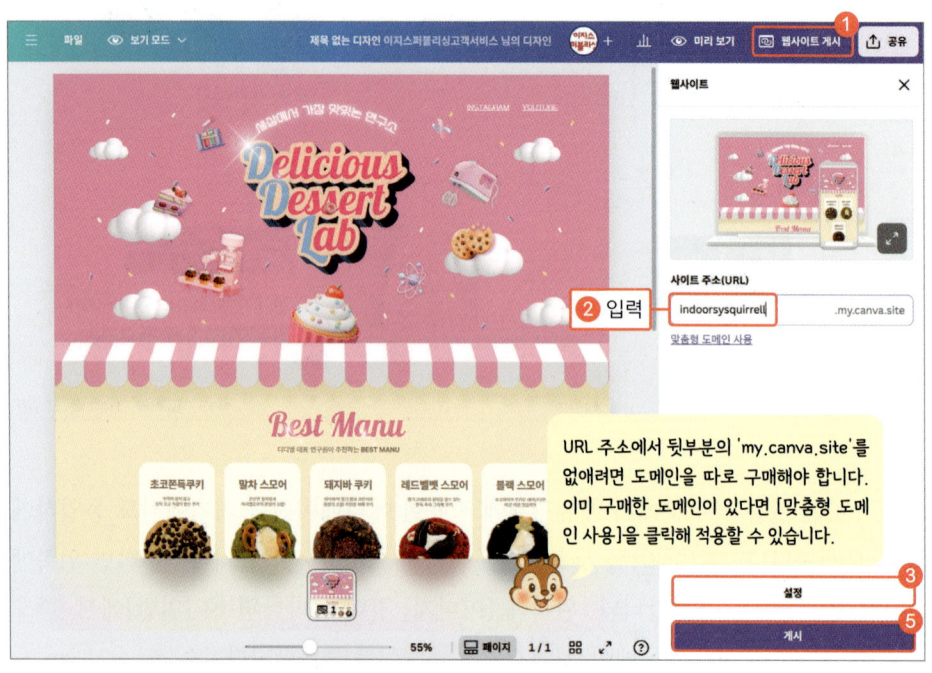

> 실전 과제

색감이 돋보이는
카페 포스터 만들기

미션 브랜드 글꼴을 사용하고 업로드 이미지를 불러와 카페 포스터를 만들어 보세요

셋째마당에서 배운 내용을 참고하여 카페 포스터를 만들어 보세요. 브랜드 글꼴을 활용하고, 쿠키 이미지를 업로드한 다음 다양한 요소와 함께 구성해 보겠습니다.

✦ 디자인에 사용할 요소와 입력할 내용은 이지스퍼블리싱 홈페이지 자료실의 '템플릿 링크 모음', '실습 입력 텍스트'에 모두 정리되어 있습니다.

동영상 강의

✦ **완성 이미지**

✦ **힌트**
① 이지스퍼블리싱 자료실에서 쿠키 이미지를 내려받고 배경을 제거해 보세요.
② 왼쪽의 도구 바에서 [요소]를 클릭하고 검색란에 '그라데이션', '딸기 누끼'를 입력해 보세요.
③ 'Paperlogy' 글꼴을 사용해 보세요.
④ '네온' 효과를 넣어 보세요.
⑤ 포인트 색은 'FFA8DC'를 사용해 보세요.

✦ **완성 파일**
bit.ly/canva_cafeposter

✦ **해설 답안**
bit.ly/canva_project_answer

부록

완성도를 2배로 올리는 디자인 상식

미리캔버스와 캔바를 활용한 디자인 작업에 흥미가 생겼다면 부록 내용까지 읽어 보세요. 디자인의 완성도를 높이는 색상 선택법은 물론, 채도/명도로 분위기를 바꾸고 서로 다른 크기의 글자와 요소를 배치하는 방법까지 알차게 정리했습니다.

- 디자인을 채워 줄 추천 색상 5가지
- 채도와 명도로 디자인의 느낌 바꾸기
- 디자인의 완성도를 높이는 '60:30:10 법칙'
- 실패하지 않는 색 조합 방법 추천
- 작업물의 완성도를 높이는 정렬 팁

디자인을 채워 줄 추천 색상 5가지

'색 조합을 잘 해야 디자인이 예쁘다'는 말을 들어본 적 있죠? 색은 '디자인의 감정을 결정하는 핵심 요소'라고 할 수 있을 정도로 중요해요. 브랜드를 운영하는 기업이라면 색으로 브랜드의 정체성과 감성을 직관적으로 전달할 수 있고, 같은 디자인이라도 색의 조합에 따라 전혀 다른 분위기를 연출할 수도 있죠. 그럼 5가지 색을 함께 살펴보면서 어떤 느낌을 주는지 배워 봅시다.

■ 빨강(Red)

빨간색은 강렬한 감정을 불러일으키며 열정, 에너지, 긴장감을 상징합니다. 마케팅에서는 소비자의 주의를 끌고 행동을 유도하는 데 빨간색을 활용합니다. 빨간색은 강렬한 느낌이 나서 포인트 색상으로 사용하기에는 좋지만, 반복해서 사용할 경우 디자인의 가독성이 떨어진다는 단점이 있습니다. 검은색과 흰색 등 차분한 느낌이 나는 기본 색을 위주로 사용하고, 중요한 부분에만 빨간색을 적용하면 강조한 느낌이 듭니다.

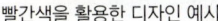
빨간색을 활용한 디자인 예시

> 열정, 에너지, 긴장감을 표현하는 빨강

🟦 파랑(Blue)

파란색은 신뢰와 안정감을 주므로 금융이나 기술 같은 분야에서 자주 사용해요. 또한 깔끔하고 차분한 인상을 주어서 어디에나 잘 어울립니다. 같은 파란색이라도 명도를 조절하면 느낌이 완전히 달라진다는 데 파란색의 매력이 있습니다. 밝은 파랑은 시원하고 산뜻한 느낌을 주고, 어두운 파랑은 묵직하고 차분한 느낌이 나죠. 그래서 파란색 하나를 사용하더라도 밝기를 달리하면 다양한 분위기를 낼 수 있습니다.

파란색을 활용한 디자인 예시

🟩 민트(Mint)

민트색은 신선하고 청결한 느낌을 주고 젊고 활기찬 분위기를 만들어 줍니다. 뷰티, 헬스 케어, 친환경 브랜드에서 민트색을 자주 쓰는 것을 볼 수 있습니다. 최근에는 민트색의 부드럽고 세련된 이미지 때문에 더 많이 사용하고 있어요. 전체 배경에 쓰는 것보다 글자나 아이콘에 포인트 색으로 넣으면 깔끔한 분위기를 낼 수 있습니다.

민트색을 활용한 디자인 예시

🟨 노랑(yellow)

노란색 또는 금색은 고급스럽고 눈에 잘 띕니다. 어린아이를 연상시켜 활기차고 창의적인 분위기를 연출할 수도 있습니다. 노란색은 밝은색이어서 배경이 똑같이 밝으면 잘 보이지 않아요. 그래서 글자에 노란색을 사용할 때는 대비가 강한 짙은 바탕색을 사용해야 잘 어울립니다. 짙은 배경 위에 노란색 글자를 사용하면 가독성이 좋아질 뿐만 아니라 주목도가 올라가는 효과를 낼 수 있습니다.

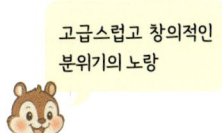

고급스럽고 창의적인 분위기의 노랑

노란색을 활용한 디자인 예시

⬛ 검정(black)

검은색은 고급스럽고 세련된 느낌이 나서 명품 브랜드나 고급스러운 디자인에서 자주 사용합니다. 디자인에 사용하면 강한 대비 효과로 현대적인 느낌을 줄 수 있어요. 검은색은 보통 바탕색으로 많이 활용하며, 제품이나 중요한 글자로 시선을 모아 집중도와 전달력을 높여 줍니다. 디자인에 검은색을 쓰면 깔끔하고 정돈된 느낌이 나죠. 다만 어두운 남색이나 탁한 파스텔 계열의 색처럼 색감이 비슷한 색상과 함께 쓰면 경계가 모호하고 흐릿해 보일 수 있으니 주의해야 해요.

세련되고 현대적인 검정

검은색을 활용한 디자인 예시

🔍 채도와 명도로 디자인의 느낌 바꾸기

채도는 색의 선명하고 강렬한 정도를 나타냅니다. 채도가 높을수록 색이 더 진하고 선명하게 바뀌고, 채도가 낮을수록 탁하고 흐려 보입니다. 명도는 색이 얼마나 밝고 어두운지를 나타내고요. 채도와 명도를 어떻게 쓰는지에 따라 디자인의 느낌이 달라지므로, 이 두 가지는 디자인의 기본이라고 할 수 있습니다. 그럼 이번에도 예시와 함께 채도와 명도에 따라 디자인의 느낌이 어떻게 달라지는지 알아볼까요?

높은 채도와 낮은 채도

채도가 높으면 선명하고 강렬한 느낌이 나서 시선을 집중시키는 효과가 있으며 활기찬 분위기를 연출해요. 형광색의 네온, 강렬하고 생생한 비비드 등이 여기에 속합니다. 반면, 채도가 낮으면 연하고 부드러운 느낌이 나서 차분한 분위기를 자아냅니다. 연한 파스텔이나 튀지 않는 뉴트럴 등이 여기에 속합니다.

높은 채도를 활용한 디자인 예시

낮은 채도를 활용한 디자인 예시

높은 명도와 낮은 명도

같은 계열의 색이라도 명도에 따라 느낌이 크게 달라집니다. 명도가 높을수록 흰색에 가까워지고, 명도가 낮을수록 검은색에 가까워지죠. 명도가 높으면 밝고 경쾌한 느낌을 주고 부드럽고 가벼운 인상을 남깁니다. 반대로 명도가 낮으면 어둡고 차분한 분위기를 연출할 수 있고 고급스러우면서 무게감 있는 느낌이 듭니다. 명도의 차이는 전체 디자인의 분위기나 전달하고자 하는 느낌에 큰 영향을 미치므로 상황에 맞게 사용하는 것이 좋아요.

높은 명도를 활용한 디자인 예시   낮은 명도를 활용한 디자인 예시

디자인의 완성도를 높이는 '60:30:10 법칙'

사실 디자인은 3가지 색만 잘 선택해도 조화롭게 만들 수 있습니다. 색이 많아지면 오히려 디자인이 복잡해 보일 수 있어요. 디자인에서 자주 사용하는 색상 조합 가운데 '60:30:10 법칙'이 있습니다. 이 법칙은 전체 색상 배치를 조화롭게 구성하기 위해서 색상을 결정하기 전에 먼저 비율을 정해 두고 시작합니다. 60%는 기본 배경이 되는 주요 색으로, 30%는 보조 역할을 하는 색으로, 그리고 10%는 시선을 끄는 포인트 색으로 구성하는 것이죠.

이 비율을 활용하면 색이 많아도 혼란스럽지 않고 깔끔하면서도 안정된 인상을 줄 수 있어요. 이 법칙을 지킨 디자인 예시를 살펴봅시다. 60%는 배경에 깔린 베이지색으로, 30%는 글자와 요소에 사용한 초록색으로, 그리고 10%는 강조 요소에 쓴 노란색으로 구성해서 전체적으로 편안해 보입니다.

60:30:10 법칙을 적용해서 구성한 디자인 예시

🔍 실패하지 않는 색 조합 방법 추천

어떤 색을 어떻게 조합해서 써야 하냐고요? 이제 어떻게 해도 실패하지 않는 색 조합 방법 2가지를 추천해 보겠습니다.

모노크롬

모노크롬(monochrome)은 색을 하나만 선택하고 채도와 명도를 조절해서 톤에 변화를 주는 방식입니다. 예를 들어 파란색이라면 [진한 파란색 - 중간 정도의 파란색 - 옅은 파란색]을 사용하는 것이죠. 같은 색 계열을 사용해서 디자인에 통일감과 안정감을 주고 복잡해 보이지 않아서 깔끔한 느낌을 전달할 수 있어요.

모노크롬은 주로 사용할 색을 하나만 정한 뒤 그 색을 밝히거나 어둡게 만들어 함께 사용하면 되므로 초보자도 쉽게 활용할 수 있는 색 조합 방법입니다. 모노크롬도 앞서 살펴본 '60:30:10 법칙'을 활용하면 자연스럽고 조화로운 디자인을 만들 수 있습니다.

색 조합 유형	느낌	색상 코드
■ 블루 모노크롬	일관성, 안정감, 전문적인 분위기	• 메인: #1E88E5 • 중간 톤: #64B5F6 • 밝은 톤: #BBDEFB
■ 그린 모노크롬	자연, 신선함, 편안함	• 메인: #43A047 • 중간 톤: #81C784 • 밝은 톤: #C8E6C9
■ 레드 모노크롬	강렬함, 에너지, 역동성	• 메인: #E53935 • 중간 톤: #EF9A9A • 밝은 톤: #FFCDD2

보색

보색은 서로 반대에 위치한 색을 의미합니다. 파랑-주황, 빨강-초록, 보라-노랑처럼 얼핏 보기엔 어울리지 않을 것 같은 색을 선택하는 것이죠. 보색을 사용할 두 색을 50:50 비율로 하면 자극적일 수 있으므로 70:30 정도로 조절하는 것이 좋습니다.

보색 조합	느낌	색상 코드
■ 파랑 — ■ 주황	시원함 vs 따뜻함 → 강한 대비와 생동감 (웹, 배너에 자주 사용)	• 파랑: #1E88E5 • 주황: #FB8C00
■ 빨강 — ■ 초록	에너지 vs 안정 → 크리스마스 느낌, 강렬함 (식품, 이벤트 강조)	• 빨강: #E53935 • 초록: #43A047
■ 보라 — ■ 노랑	고급스러움 vs 명랑함 → 시선 집중 효과 (뷰티, 패션에 활용도 높음)	• 보라: #8E24AA • 노랑: #FDD835

🔍 작업물의 완성도를 높이는 정렬 팁

디자인할 때 많은 분이 어려워하는 정렬과 배치 팁도 알아봅시다. 요소를 어디에 어떻게 두느냐에 따라 디자인의 완성도가 달라질 수 있어요. 지금 주변에 보이는 광고 이미지를 살펴보세요. 글자나 요소를 모두 오른쪽으로 정렬한 디자인을 본 적 있나요? 모든 요소를 왼쪽에 몰아넣거나 가운데에 배치한 디자인은 있어도, 오른쪽에 요소를 배치한 디자인은 보기 어려울 거예요. 왜냐하면 요소를 오른쪽에 배치하면 시선이 부자연스러워서 잘 사용하지 않기 때문입니다. 이처럼 일상 속의 디자인에도 정렬의 기본 원칙이 숨어 있어요. '정렬'은 디자인에서 글자나 이미지 같은 요소를 가지런히 배치하는 방법을 뜻해요. 정렬을 잘 하면 디자인이 깔끔하고 보기 좋으며 사람들이 내용을 더 쉽게 이해할 수 있습니다.

글자가 많다면 왼쪽 정렬

다음 예시를 살펴봅시다. 왼쪽보다 오른쪽 이미지를 봤을 때 각각의 정보가 훨씬 눈에 잘 들어오지 않나요? 왼쪽 이미지는 요소를 왼쪽과 오른쪽에 이리저리 배치해서 시선을 어디에 두어야 할지 혼란스럽지만, 오른쪽 이미지는 요소를 통일감 있게 한쪽에 배치해서 시선이 편안해요.

특히 전달할 정보가 많을 때는 '왼쪽 정렬'을 사용하는 것이 좋아요. 왼쪽 정렬은 우리가 책을 읽는 방식과 비슷해서 눈에 익숙합니다. 정보 전달용 콘텐츠에 왼쪽 정렬을 사용한다면 신뢰감 있고 전문적인 느낌을 줄 수 있습니다.

정렬을 통일하지 않은 예시

정렬을 왼쪽으로 통일한 예시

문장을 강조하고 싶다면 가운데 정렬

요소를 모두 왼쪽으로 정렬해서 어딘가 허전하거나 붕 떠 보인다면 가운데 정렬을 시도해 보세요. 가운데 정렬은 글이 화면의 가운데에서 시작해 좌우로 퍼져서 시각적으로 균형을 이루므로 안정감을 줄 수 있습니다. 가운데 정렬은 특히 문장이 짧거나 강조하고 싶은 부분이 있을 때 효과적이에요. 요소가 적을수록 가운데 정렬의 힘은 더 크게 느낄 수 있습니다. 공간을 꽉 채운 느낌이 나서 요소를 하나만 써도 콘텐츠가 완성된 듯한 인상을 줄 수 있죠.

예를 들어 모든 요소를 왼쪽 정렬하면 반대쪽은 비어 있는 느낌이 들 수 있는데, 가운데 정렬을 하면 요소 사이의 여백을 적절히 조절해서 조화를 이루므로 완성도 있어 보입니다.

빈 공간이 많아 보이는 왼쪽 정렬　　　여백이 적절하게 조화를 이룬 가운데 정렬

찾아보기

한글

ㄱ

가로 간격 맞추기	179, 195
가로 세로 비율 고정	133, 202
가로세로 비율	221, 239
가운데	172, 210
가운데 정렬	147, 203
간격	224, 355
검정	363
곡선	253, 330
공통점	22
굵게	233, 341
그라데이션	83
그라데이션 마스크	185, 199
그라데이션 바	83
그래픽	240, 336
그룹 해제하기	209
그룹화	350
그리드 뷰	70
그림자	90, 176
글꼴 검색 창	88
글꼴 업로드	338
글자 색상	89, 211
글자 정렬	88, 203
글자 조정	93, 210
글자 크기	89, 169
기본 도형	82, 201
기본 팔레트	89, 198
길이	70
깔끔하게 정리	243, 348

ㄴ

네온	286, 313
노랑	363
눈누	278

ㄷ

다시 생성	184
다시 실행	39
다운로드	225, 270
댓글	65
더 보기	305, 343
데이터	42
도구	67
도구 바	39, 65
도움말	45
도형	82, 201
동시 수정	54, 78
동영상	43
동영상 에디터	45
되돌리기	39
둥근 모서리	140, 202
뒤로 보내기	101, 167
뒤집기	265
듀오톤	289, 333
들어갈 때	350, 357
디자인	66
디자인 에디터	45
디자인허브	42
떠오르기	357

ㄹ

라인 심벌	226
레이아웃	208
레이어	285, 320
레터링 심벌	226
링크	326

ㅁ

마커	222
만들기	227
맞춤	272
맞춤형 크기	246
매직 미디어	69
맨 앞으로 가져오기	145
메뉴	39, 65
명도	365
명함(가로형)	228
모노크롬	366
모두 보기	269
미리 보기	334
미리캔버스	21
민트	362

ㅂ

바코드	43
발표자 노트	70
밝기	118, 319
배경	41
배경색	190
배경 색상	230, 334
배경으로 만들기	110, 160
배경 제거	116, 163
벡터	156, 260
변경 사항 적용하기	272
보색	367
복원하기	164
본문 텍스트 추가	96, 205
부제목 추가	256, 339
부제목 텍스트 추가	113, 189
분석	65
불투명도	86, 206

브랜드 글꼴	278, 338
브랜드 센터	67
블로그 적용	155
비슷한 사진 찾기	115
비트맵	156
빠른 작업	70
빨강	361

ㅅ

사진	40
상단 영역	39, 65
상세 이미지	28
새 캔버스	182, 199
새로운 색상 추가	222, 356
색상 선택	230
색상 채우기	86, 154
선	193
섬네일	28
수정	164
수평 뒤집기	265
순서	101, 127
스마트	220
스포이드	149

ㅇ

안내선	181
애니메이션	322, 357
앱	68, 273
업로드	40
업로드 항목	67
여기어때 잘난체	282
여러 글꼴	232
오디오	43
왼쪽 정렬	368

찾아보기

요금제	27
요소	40, 66
요소 크기 입력	85, 207
워크스페이스	47
웹사이트 게시	358
위치	230, 352
이미지 묘사	184
이미지 생성	220
이미지 페이지에 추가	183
이미지를 배경으로 설정	247
인쇄물 제작	39
인스타그램	326
일러스트	94, 154
일러스트 심벌	226
일치 요소 이동	301

ㅈ

자르기	238, 321
자유 형식	238
작업 화면	38, 64
저작권	30
저장	39
전체 화면	70
전환 효과 추가	301
정렬	230, 355
제거 영역 보기	164
제목 입력 창	39, 65
제목 텍스트 추가	87, 203
조절점	101, 238
조정	250, 319
중간	179, 193
지금과 비슷한 이미지 더 보기	240, 292
직접 조정	118, 165
찜	44

ㅊ

차이점	24
채도	364
최근에 사용함	266, 292
축소	45, 70

ㅋ

카드뉴스	82
카페24 당당해	282
카페24 빛나는별체	282
캐릭터 심벌	226
캔바	22
캔바 AI	219
캔바에 질문하기	70
캔버스	45, 69
컬렉션	103, 196
크기 조정	39
크리에이터	42

ㅌ

타이머	70
테두리 색상	240
테마	42
텍스트	40, 66
텍스트 상자 추가	232, 355
텍스트 색상	225, 356
템플릿	39

ㅍ

파노라마	350
파랑	362
파일 업로드	229, 342
파일 형식	46, 70
페이지 복제	298

페이지 섬네일 숨기기	70
페이지 재생 시간	40
페이지 추가	229, 268
페이퍼로지	278
편집 중	65
평가판	34, 59
폴더	48, 72
폴라로이드 사진	130
프레임	124, 136
프레젠테이션	275
프로젝트	71
프리미엄	183
프리텐다드	281
필터	40

ㅎ

하단 영역	45, 69
하이라이트	289, 333
학생 및 교사 요금제	27
한 장의 이미지로 합치기	215
행간/자간 조정	93
화살표	119
확대	45, 70
회원 가입	32, 56
회전	92, 332
효과	253, 313
휴지통	53, 77
흐리기	294

영어

Add to design	332
AI 기능	23
AI 도구	41
AI 포토	182
Aspect ratio	332
Blend Image	273
Canva AI	219
Canva에서 인쇄	267
Complexity	332
Curves	332
Draw	222
Easy Reflections	273
Gradient Generator	273
Image Blender	273
Magic Media	69
Mockups	269, 273
monochrome	366
QR	43
Super Rad	307
Transform Image	273
TypeLettering	307
Wave height range	332
Wave Shape	332
Waves	331

숫자

60:30:10	365
1:1	221

마케팅, 업무 활용 무엇이든

된다! 시리즈 구체적으로 도와주는 책

된다! 5가지 프로젝트로 완성하는 포토샵 2025

디자인 기초 잡고 AI 활용부터
10분 컷 카드 뉴스 만들기까지!

강아윤 지음 | 25,000원

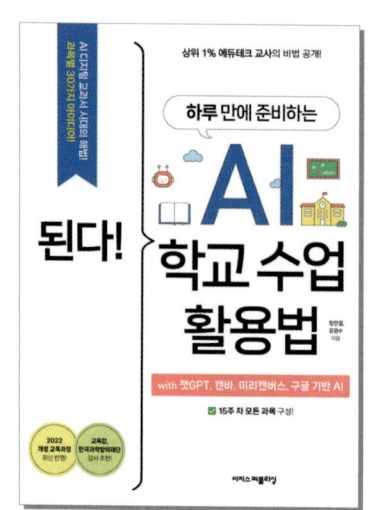

된다! 하루 만에 준비하는 AI 학교 수업 활용법

상위 1% 에듀테크 교사의
수업 비법을 공개합니다!

정인걸, 김경수 지음 | 19,800원

된다! 하루 만에 만드는 AI 사진&이미지

챗GPT부터 미드저니까지 다 통한다!
유튜브, 블로그 어디든 활용 가능

김원석 지음 | 17,800원

된다! 하루 만에 끝내는 챗GPT 활용법 — 전면 개정 3판

글쓰기, 영어 공부, 수익 창출도 된다!
업무부터 자기 계발까지 활용 범위 넓히기

프롬프트 크리에이터 지음 | 20,000원

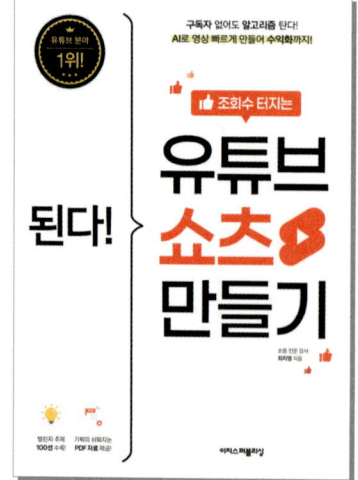

된다! 조회수 터지는 유튜브 쇼츠 만들기

구독자 없이도 알고리즘 탄다!
AI로 빠르게 영상 만들어 수익화까지!

최지영 지음 | 22,000원

된다! 블로그 10분 작성법

상위 1% 블로거가 쓰는
생성형 AI 활용 노하우

코예커플 지음 | 18,000원

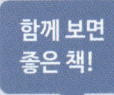 함께 보면 좋은 책!

디자이너라면 소장해야 할 필독서!
실무 조언부터 배색 아이디어까지 디자인 고민을 한결 덜어 드려요

일 잘하는 디자이너

클라이언트 설득부터 타이포그래피,
색상 선택, 면접 준비까지!
현실 조언 69가지

시부야 료이치 지음 | 안동현 역 | 16,000원

색 잘 쓰는 디자이너

디자이너에게 영감을 주는
배색·디자인 아이디어 800가지

고바야시 레나 지음 | 강아윤 감수 | 18,000원

3년 연속 베스트셀러!

일반인을 위한
생성 AI 실무 입문서!

최신 버전 GPT-4.1 반영!

된다! 하루 만에 끝내는 챗GPT 활용법

인공지능에게 일 시키고 시간 버는 법

인공지능 전문 유튜버 '프롬프트 크리에이터' 지음

3년 연속 베스트셀러!
2만 독자에게 사랑받은 **1일 완성 입문서!**
"챗GPT를 이해하고 활용하는 데 이보다 더 좋은 시작점은 없을 것!"
"디지털 기술에 대한 두려움을 극복할 수 있도록 자신감을 심어 주는 책!"

전면 개정 3판!

유튜브 무료 강의 제공!

최신 생성 AI 정보 업데이트 중!

인공지능 전문 유튜버 '프롬프트 크리에이터' 지음 | 316쪽 | 20,000원

이지스퍼블리싱